普通高校"十三五"规划教材·管理学系列

资本运营概论
（第二版）

曹永峰 ◎ 主　编

杨俭英　孟伶云 ◎ 副主编
王怀庭　夏妍艳

清华大学出版社
北京

内 容 简 介

本书是在第一版的基础上修订而成,系统介绍了资本运营的基本知识与基本原理,以及资本运营的各种模式。本书共分为九章,第一章是资本运营概述,主要介绍资本及资本运营的基本内涵,以及资本运营的环境、风险与防范;第二章至第八章重点介绍了资本运营的各种模式,包括企业上市、债券融资、私募股权基金与风险投资、并购、资本重组、资本收缩、债务重组与清算等资本运营模式的最新理论和实务;第九章主要介绍了跨国资本运营的股权经营、合资经营、境外上市、跨国融资、跨国并购与外汇管理等内容。

本书内容精练,层次清晰,系统性、应用性、可读性强,既适合普通高校的经济管理专业本科学生使用,又可作为企业管理人员、经济工作人员的参考读物。

图书在版编目(CIP)数据

资本运营概论 / 曹永峰主编. —2版. —北京:清华大学出版社,2019(2025.7重印)
(普通高校"十三五"规划教材. 管理学系列)
ISBN 978-7-302-51978-2

Ⅰ.①资… Ⅱ.①曹… Ⅲ.①资本经营—高等学校—教材 Ⅳ.①F272.3

中国版本图书馆 CIP 数据核字(2018)第 294730 号

责任编辑:吴　雷
封面设计:汉风唐韵
版式设计:方加青
责任校对:宋玉莲
责任印制:曹婉颖

出版发行:清华大学出版社
　　　　网　　　址:https://www.tup.com.cn,https://www.wqxuetang.com
　　　　地　　　址:北京清华大学学研大厦 A 座　　　　邮　　编:100084
　　　　社 总 机:010-83470000　　　　邮　　购:010-62786544
　　　　投稿与读者服务:010-62776969,c-service@tup.tsinghua.edu.cn
　　　　质 量 反 馈:010-62772015,zhiliang@tup.tsinghua.edu.cn
印 装 者:小森印刷(天津)有限公司
经　　销:全国新华书店
开　　本:185mm×260mm　　　　印　　张:18.75　　　　字　　数:454 千字
版　　次:2013 年 6 月第 1 版　　2019 年 4 月第 2 版　　印　　次:2025 年 7 月第 16 次印刷
定　　价:55.00 元

产品编号:080859-02

第二版前言

党的十八届三中全会提出"使市场在资源配置中起决定性作用",党的十九大报告中也指出"经济体制改革必须以完善产权制度和要素市场化配置为重点,实现产权有效激励、要素自由流动、价格反应灵活、竞争公平有序、企业优胜劣汰",这标志着社会主义市场经济发展进入了一个新阶段。在新时代背景下,资本运营已经成为每一家企业必须面对的重大课题。

本书第一版于 2013 年出版,至今已经 5 年。在此期间,我国资本市场不断发展、日益完善,资本运营的规模和深度也随之不断提升,公司上市成为热门话题,公司并购和重组持续火热,不少企业积极探索资产证券化,盘活公司资产,加速资本周转。国家在融资、投资、并购等方面也发布了一些新的规章制度。

本次修订,在保持第一版的特色、框架体系基本不变的前提下,力求反映我国资本市场的新变化,对资本运营的学科理论、政策法规、企业实务等进行更新和充实,增加了大量的案例和背景资料。具体而言,本次修订体现在如下方面。

第一章资本运营概述,主要是重新组织了第三节资本运营环境的相关内容,由第一版的金融市场概述、货币市场、资本市场、外汇市场和投资银行五部分内容整合为金融市场的含义和金融市场的分类两部分内容,并把投资银行并入资本市场的内容中,同时增加了相关案例。

第二章企业上市,首先,把第一版的第二节境外上市调整到第九章跨国资本运营中;其次,新增加了第三节公司退市,主要包括退市的含义、退市的类型和我国上市公司的退市制度三部分内容;最后,新增了九个相关案例。

第三章债券融资,在第一节公司债券中新增加了"公司债券的上市、转让与暂停、终止上市"的内容,并且在每一节中新增了一个案例。

第四章私募股权基金与风险投资,首先,把原第一版标题中的"私募股权投资"修改为"私募股权基金",然后把第一版中的先叙述风险投资后叙述私募股权投资的顺序调整为先叙述私募股权基金后叙述风险投资,并修订了私募股权基金的相关内容;其次,加入了全新的一节——"第二节 私募股权基金协助企业转型的模式";最后,还新增加了九个相关案例。

第五章并购，首先，对并购的概念部分进行了修改，增加了并购的动机与案例；其次，对第一版中的第二节并购理论进行了删减；再次，对并购行为决策的内容进行了精简，加入了配套案例；最后，对反并购策略进行了调整，同时每个策略都辅以案例来进行阐述。

第六章资本重组，主要是对第三节企业托管经营的类型按照其内容及经营实体重新分类，新增了"企业托管经营的模式""企业托管经营的积极效应及存在的问题"等内容，并且新增了相关案例。

第七章资本收缩，主要是根据最新修订的《公司法》，对股份回购的特征进行了修改，增加了相关案例。

第八章债务重组与清算，主要是根据最新修订的《企业会计准则第12号——债务重组》，重新界定了债务重组的含义，增加了相关案例。

第九章跨国资本运营，将原"第三节 跨国并购"调整到"第四节 跨国融资"后面。

本次修订由曹永峰负责，杨俭英参与修订第二章和第三章，王怀庭参与修订第一章和第六章至第九章，夏妍艳参与修订第四章和第五章，孟伶云参与统稿。作者参阅、借鉴了许多专家学者的研究成果，也参考了许多同行的相关教材和案例资料，在此向他们表示衷心的感谢。

经过此次修订，本书有了一定的进步，但由于编者水平有限，书中难免存在疏漏之处，敬请广大读者批评指正。

编者

2018 年 12 月

第一版前言

  资本运营是市场经济条件下社会资源配置的重要方式之一，是企业实现资本增值的重要手段，是企业发展壮大的重要途径。资本运营是利用市场法则，以利润最大化和资本增值为目标，以价值管理为核心，通过对资本及其运动所进行的运作和经营活动，实现企业资本的价值增值。

  资本运营是市场经济发展到一定阶段的产物。资本运营有助于扩张企业规模，壮大企业实力，以较少的资本调动或支配更多的社会资本；有助于推动企业产品结构的调整，降低企业市场风险，借助市场高效率地调整自身生产经营方向，优化产品结构；有助于优化企业资本结构，提高企业潜在发展能力，促使企业的长期债务资本和权益资本的比例趋于合理，同时也分散投资的风险。随着我国市场经济体制的不断完善、资本市场的不断成熟，以及我国企业在国际市场上的不断开拓，资本运营已经成为每一家企业都必须面对的重大课题。因此，我们更加迫切需要熟知资本运营的基本知识，理解和掌握资本运营的基本理论和基本方法，了解资本运营领域的最新动态和发展趋势。

  本书共分为九章。第一章是对资本运营的概述，主要介绍资本与资本运营的基本内容，以及资本运营的环境、资本运营的风险与防范。第二章和第三章分别介绍企业直接融资最重要的两种形式——企业上市和债券融资。随着我国多层次资本市场的不断完善以及我国企业不断融入国际资本市场的实践，股票的发行上市已成为我国现代企业资本运营的主要方式之一。公司债券作为一项重要的直接融资工具，无论对完善资本市场结构，还是优化公司资本结构都起着非常重要的作用。第四章介绍风险投资与私募股权投资（PE）。风险投资，又称为创业投资，不同于传统的投资活动，有着鲜明的特色、体系和运作模式。从广义的角度来看，风险投资也被认为是私募股权投资的一种。第五章重点介绍并购。并购是企业资本运营的主要方式，是企业实现自身战略意图、实现低成本扩张的根本途径，也是资本市场实现资源优化配置和提高效率的重要手段。第六章至第八章主要介绍资本重组的基本内容与基本方式。资本重组是指企业对其所拥有的资本进行重新配置与组合。资本重组的方式主要有扩张式资本重组、收缩式资本重组以及债务重组与清算。第九章介绍跨国资本运营。跨国资本运营是资本运营在内涵外延上的拓展，是资本运营在空间上的跨越国界，与国内相比，跨国资本运营面对的环境较为复杂，采取的策略也具有其独特性。

　　本书是多人共同协作的产物，编写者在多年的本科生教学基础上，经过多次修改补充而成。具体写作分工是：曹永峰第 1 章、第 5 章至第 9 章，杨俭英第 2 章和第 3 章，孟伶云第 4 章。在本书的编写过程中，参阅、借鉴了许多专家学者的研究成果，以及国内外经济管理著作及报纸杂志的相关文章，在此向有关作者表示诚挚的谢意！

　　本书被立项为浙江省"十一五"重点教材建设项目，同时被立项为湖州师范学院重点建设教材。本书的编写得到了湖州师范学院商学院的大力支持。在出版过程中，清华大学出版社的编辑们付出了大量心血，在此表示衷心的感谢。

　　由于理论水平有限，以及对于资本运营实务的认识不够深刻，书中疏漏与谬误在所难免，敬请广大读者批评指正。

编　者

目　录

第一章　资本运营概述

第二章　企　业　上　市

第三章　债　券　融　资

第四章 私募股权基金与风险投资

第五章 并　　购

第六章　资本重组

第七章　资本收缩

第八章　债务重组与清算

第九章　跨国资本运营

第一章 资本运营概述

内容提要　资本运营是企业实现资本增值的重要手段，是企业发展壮大的重要途径。本章第一节主要介绍资本的含义、特点和形式，以及企业资本的构成；第二节主要介绍资本运营的基本内容；第三节主要介绍资本运营的环境；第四节主要介绍资本运营的风险与管理。

学习要点
- 了解资本的含义、特点、形式及构成；
- 掌握资本运营的含义、内容与模式；
- 熟悉资本运营的目标与特点；
- 了解资本运营的环境；
- 了解资本运营的风险及管理。

第一节　资　本

20 世纪 90 年代，资本运营这一新名词在我国出现。随着我国改革开放的不断深入，市场经济的不断完善，越来越多的企业认识到资本运营的重要性。资本运营已经成为企业实现快速增长、发展壮大的重要手段和途径。资本运营，顾名思义，其研究的对象就是资本及其运营。因此，本书首先从资本的含义说起。

一、资本的含义

资本的概念由来已久，马克思主义经济学和西方经济学都对资本与资本理论进行过深入研究。《新帕尔格雷夫经济学大辞典》把资本的界定分为两类，一类是作为一种生产要素的资本；另一类是作为生产关系的资本。[①]

（一）作为一种生产要素的资本

从生产的角度来看，古典经济理论认为生产有三要素：土地、劳动和资本。每一种生产要素有其自身的范围：土地是一个存量，劳动是一种流量，而资本则是以资本货存量形式存在的货币资本。

新古典理论对资本作为生产要素的论述，存在不同的观点。奥地利经济学家庞巴维克认为生产需要时间，因此需要资本货形式的预付，并认为资本品是生产出来的生产资料。马歇尔把获得准租金的资本品同获得利息的货币资本区别开来。萨缪尔森认为，资本是一种不同形式的生产要素，是一种生产出来的生产要素，一种本身就是经济的、产出的耐用投入品。

[①] 约翰·特伊韦尔，默里·米尔盖特，彼得·纽曼. 新帕尔格雷夫经济学大辞典（第一卷）[M]. 北京：经济科学出版社，1996：356-365.

格林沃尔德主编的《现代经济词典》也从生产的角度对资本进行了界定，认为资本是用于生产其他商品，包括厂房和机器在内的所有商品的名称。资本是生产的三要素之一，其他两要素是土地和劳动。从企业的角度来看，资本是一家公司的总财富或总资产，因而不仅包括资本货物（有形的资产），同时也包括商标、商誉和专利权等。作为会计学的术语，它代表从股东那里得到的全部货币，加上留归企业用的全部利润。[①]

简言之，从西方经济学的角度看，资本主要是被理解为一种生产要素，资本概念一般是指生产资料。从上述观点还可以看出，西方经济学主要关注的是资本的自然属性。西方经济学把劳动生产过程解释为一种投入与产出之间的技术关系，把人类的劳动活动与原料和工具等同地作为生产要素。因此，资本同劳动一起存在于每一个社会。

（二）作为一种社会关系的资本

马克思不仅从资本的自然属性对资本进行了充分的论述，而且从资本的社会属性对资本进行了详细的论述。马克思指出："资本的合乎目的的活动只能是发财致富，也就是使自身增大或增值。"[②] 可见，资本的自然属性就是追求价值增值，这也是商品经济的共性。马克思更进一步认为，只有在资本主义社会里，资本品才是资本。这是因为资本不是物，而是一定组合的社会关系，并对这些关系网中的物体赋予社会物体的特殊内容。因此，要了解资本，人们必须根据它作为社会关系的特殊性来进行解释。

作为一种社会关系的资本又可以分为两种：作为个别的社会关系的资本与作为占统治地位的社会关系的资本。资本作为个别的社会关系，多数与创造利润有关，最常见的形式是预支一笔货币 M，以收回更大一笔货币 M'。最早流行的资本化身是高利贷者的资本 M—M' 和商人资本 M—C—C'—M'。这两种资本实际上自有货币时就有了，并且已经在许多不同的文明社会中存在了几千年。

马克思认为从 M 到 M' 有三条途径。第一条途径是金融资本 M—M' 的循环。第二条途径是商业资本 M—C—C'—M' 的循环，这里资本家的才干在于"贱买贵卖"，以增加循环的利润。第三条途径是 M—C—…P…C'—M' 的循环，货币资本可能被预支去购买包括生产资料（原料、厂房和设备）在内的商品 C 和劳动力，这些要素后来启动了生产过程 P，最后得到的产品 C' 被销售出去以获得（增大了的）货币资本 M'。这时，资本家的才干就是如何使劳动生产效率超过实际工资，这就是一切利润的源泉。马克思把超过原价值的余额称为剩余价值。

资本主义生产的目的就是增值价值，即创造剩余价值。剩余价值是雇佣工人创造的，但被资本家无偿占有。因此，按照马克思主义政治经济学的观点，资本是一种可以带来剩余价值的价值，体现了资本家对工人的剥削关系。马克思指出："资本并不是一种物品，而是一种以物为媒介而成立的人与人之间的社会关系。"[③]

资本主义只是一种特殊历史形态的社会制度，作为一种社会形态不可能永远存在下去。

---

① D. 格林沃尔德 . 现代经济词典 [M]. 北京：商务印书馆，1981：362.

② 马克思 . 政治经济学批评 . 马克思恩格斯全集（第四十六卷）[M]. 北京：人民出版社，1979：225.

③ 马克思 . 资本论（第一卷）[M]. 北京：人民出版社，1963：845.

但资本作为生产活动中的一个必要条件，它是客观存在的，在社会再生产过程中，不断地实现价值增值。正因为有了资本增值，才有增值部分归谁所有的问题，也即资本的社会属性。在社会主义生产关系中，资本由社会劳动共同占有，相应地，资本增值部分归全体劳动者所有，最终实现全体劳动者共同富裕。综上所述，本书认为在当今市场经济体系下，资本可定义为能带来价值增值的价值。

二、资本的特点

在市场经济体系下，无论是资本主义还是社会主义，资本作为一种价值增值的价值，一种重要的生产要素，都具有以下四个方面的特点。

（一）资本的增值性

资本必然追求价值增值，这就是说追求价值增值是资本的本质特征。在资本主义生产方式以前的高利贷资本和商人资本，其目的是创造利润和价值增值。在资本主义生产方式下，资本家的资本是为了追求剩余价值最大化。在社会主义生产方式下，资本运动的目的也是实现利润增长和价值增值。因此，资本的本质特征是价值增值。

（二）资本的流动性

资本增值是在资本的流动中实现的，而资本对于价值增值的追求决定了资本的持续流动。在资本流动中，资本从价值形式转换到实物形式，再从实物形式转化到价值形式；资本流动还意味着资本从一个所有者手中流动到下一个所有者手中，从一个地区流动到另一个地区，从一个产业流动到另一个产业，如此循环往复，周而复始。

（三）资本的异质性

资本总是由异质的资本品构成。在生产过程中，投入的各种异质的资本品表现为各种各样的生产资料，如现金和存款等货币资本，机器、厂房、原材料等实物资本，知识产权、专有技术、商标等无形资本，各类劳动力等人力资本、产权资本以及管理资本等。

（四）资本的风险性

资本在价值增值的过程中，常常伴随着各种各样的风险。资本流动是在外部市场环境中完成的，而外部环境具有复杂性和变动性，如宏观政策的变动、经济运行的波动、技术进步的不确定性等，再加上资本主体对外部环境认知的有限性，常常使资本增值的未来收益率与期望值存在偏差，即风险。

三、资本的形式

在现代市场经济条件下，资本主要表现为以下五种形式。

（一）货币资本

货币资本是最常见的资本形态。通常，资本表现为预先支付的一笔货币，因此也可以称货币资本是资本最一般的形态。货币资本通常包括现金、持有的银行活期与定期存款等，也包括企业持有的银行汇票存款、银行本票存款、信用保证金存款等。

（二）实物资本

实物资本也可称为物质资本，通常指的是以实物形态表现出来的资本。在生产经营过程中，实物资本通常表现为两类：固定资产和存货。固定资产主要是指耐久性生产资料，即所有不在单一生产阶段中完全被消耗的生产过程投入品，包括房屋、厂房、机器设备、运输工具等。存货则通常包括企业持有的制成品、在制品、原材料和物料等。

（三）无形资本

无形资本是指能为企业实现盈利目的，没有实物形态，并通过经济活动，借助有形资产增值的各种信息、知识及资源等，可以分为以下几类：知识资本、环境资本、市场资本、关系资本及信息资本，主要包括商标、专利权、发明权、专有技术、特许权、土地使用权、矿山开采权、某些资源的租赁权、企业文化、企业品牌、企业环境资源、客户关系等。[①]

（四）知识资本

在会计学领域，知识资本往往与无形资产等同，就像是无形资产的代名词，而我们认为知识资本是无形资本，但并不能说企业所有的无形资本都是知识资本。托马斯·斯图尔特认为，知识资本是企业、组织和国家所拥有的最有价值的资产，知识资本的价值体现在人力资本、结构资本和顾客资本三者之中。知识资本包含了企业实物资源以外的、所有由知识构成的资源所对应的权益，主要包括知识产权、企业文化、企业信念（愿景和战略）、企业制度、品牌等。

（五）人力资本

所谓人力资本，指的是劳动者投入到企业中的知识、创新概念和管理方法的一种资源总称。西奥多·舒尔茨认为，人力资本是体现在劳动者身上，通过投资形式并由劳动者的知识、技能和体力所构成的资本，可以用来获得未来收益。一个国家的人力资本可以通过劳动者的数量、质量以及劳动时间来度量。

四、企业资本的构成

资本运营的主体是企业，因此，本书重点关注企业的资本。从现代企业制度安排角度来看，企业资本的构成大体可以分为三个层次。

---

① 　罗福凯，袁龙龙.企业无形资本运营分析 [J].财务与会计·理论版，2012：21-23.

（一）资本的核心层

企业资本的核心层由企业的资本金构成，即投资者投入企业的资本，也就是企业在工商行政管理部门登记的注册资本。

（二）资本的中间层

资本的中间层即企业所有者（股东）权益，不仅包括资本金（实收资本），而且还包括资本公积、盈余公积和未分配利润等。

（三）资本的外围层

资本的外围层不仅包括企业所有者权益，而且还包括借入资本。借入资本主要是从企业外部取得的各种借款，包括银行借款和发行债券借款，也包括补偿贸易方式和融资租赁方式获得固定资本而形成的长期应付款。资本的构成如图 1-1 所示。

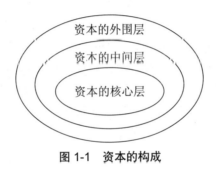

图 1-1　资本的构成

第二节　资本运营概述

一、资本运营的含义

资本运营这一概念产生于我国 20 世纪 90 年代。西方经济学中与资本运营相关的内容散见于《投资学》《金融学》《公司理财》等教材或专著中，但资本运营的实践活动却始于西方 20 世纪初。随着改革开放的不断深入，我国对资本运营的实践探索也在不断深化。与此同时，对资本运营的理论研究和探讨也成为热点。

（一）资本运营的内涵

所谓资本运营，就是以资本的价值增值为目的，以价值管理为核心，对资本及其运动所进行的运作和经营活动。资本运营是市场经济条件下社会资源配置的重要方式之一，它是通过资本层次的资本品流动来实现资源优化配置的。资本运营是利用市场法则，通过资本的运作与经营，实现资本的价值增值的一种经营方式。

关于资本运营的含义，可以从广义和狭义两个角度来理解。广义的资本运营是指以价值化、证券化资本或者可以按价值化、证券化操作的物化资本为基础，通过兼并、收购、资产重组、战略联盟等途径，实现资本最大限度增值的运营管理方式。狭义的资本运营是从企业的层面来探讨的，与企业的生产经营相对，主要是指企业的外部交易型战略的运用，其核心战略就是兼并与收购。

广义的资本运营概念可以理解为以利润最大化和资本增值为目标，以价值管理为核心，通过对资本结构的动态调整和生产要素的优化重组，实现对企业资产有效运营的一种经营方式。

资本运营的作用在于：（1）有助于扩张企业规模，壮大企业实力，以较少的资本调动或支配更多的社会资本；（2）有助于推动企业产品结构的调整，降低企业市场风险，借助市场高效率地调整自身生产经营方向，优化产品结构；（3）有助于优化企业资本结构，提高企业潜在发展能力，促使企业的长期债务资本和权益资本的比例趋于合理，同时也可分散投资的风险。

目前，在不同的书籍中，也常常提及资本经营、资本运作等名词。资本运营包含了运筹、谋求和治理等含义，不仅重视微观的经营管理，也重视宏观的筹划与管理。经营的本意是筹划营造，运作的本意是指运行和工作，它们都有筹划、运行和管理之意，三者的基本含义是相近的。但经营和运作侧重于微观的经营管理。鉴于在不同名称的书籍中，资本经营、资本运作等概念的界定与本书所界定的资本运营概念基本相近，在本书中对于资本运营、资本经营和资本运作概念等同看待。

（二）资本运营与生产经营的区别与联系

有学者认为，广义的资本运营泛指以资本增值为目的的经营活动，企业为实现资本增值最大化这一目标的全部活动都包含在内，生产经营自然也包含在内。我们认为，因为资本运营这一概念就是与生产经营相对而提出来的，所以不能无限制地加以泛化。

1. 资本运营与生产经营的区别

（1）从经营对象来看，资本运营的对象是企业的资本及其运动，侧重的是企业经营过程中的价值方面，追求的是价值增值；生产经营的对象则是产品及其生产销售过程，侧重的是企业经营过程的使用价值方面，其目的主要是提供有竞争力的产品和服务。（2）从经营领域来看，资本运营主要是在资本市场上进行运作和经营；而生产经营则主要是在生产资料市场、劳动力市场、技术市场、商品市场等市场上进行运作和经营。（3）从经营方式来看，资本运营主要是通过资本的筹措与投资、兼并重组等方式，提高资本运营效率，实现价值增值；而生产经营主要是通过技术研发、产品创新、质量与成本控制、市场营销等，提升产品竞争力和市场占有率，从而实现利润最大化。（4）从企业的发展战略来看，资本运营不但注重企业内部的资本积累，更注重通过资本的外部兼并重组等实现扩张或收缩的战略；而生产经营则主要依赖通过销售更多的产品，创造更多的利润，实现企业自身的积累。（5）从经营风险来看，资本运营基于组合投资、风险分散原则，常常将资本多样化；而生产经营则往往依靠一个或几个主导产品经营，通过产品开发和更新换代、提升产品竞争力来规避风险。表 1-1 清晰地表达出了资本运营与生产经营的区别。

表 1-1 资本运营与生产经营的区别

内　容	资 本 运 营	生 产 经 营
经营对象	资本	产品
经营领域	资本市场	商品市场、劳动力市场、技术市场等
经营方式	资本的筹措与投资、兼并重组等	技术研发、产品创新、质量与成本控制、市场营销等
发展战略	内部积累和外部扩张	内部积累
经营风险	多元化经营，风险分散	单一式经营，风险集中

2. 资本运营与生产经营的联系

资本运营与生产经营也存在密切的联系，两者的最终目的是一致的，都是实现企业价值的最大化；两者相互依存，生产经营是基础，但企业的生产经营是以资本作为前提条件的，而资本也必须通过生产经营活动，才能实现其增值目的。因此，资本运营与生产经营是相辅相成、密切相关的。

二、资本运营的目标

资本运营的总体目标是实现资本的价值增值。由于资本运动的循环往复性，对资本的增值要求，既要考虑短期的目标，同时还要考虑增值的长期目标，从而达到所要实现的总体目标。短期目标可以用利润最大化目标和股东权益最大化目标来衡量，长期目标可以用企业价值最大化目标来衡量。

（一）利润最大化目标

这里的利润是财务会计范畴的概念，根据会计核算规则，利润等于收入减去成本的差额。企业将资本投入生产经营后，一方面支付各种成本；另一方面带来各种收益。将所得收益与支付的成本相比，如果收益大于成本，企业实现利润；反之，如果收益小于成本，则出现亏损。为实现利润最大化，大体上有两条基本的思路：一是尽可能地降低成本，在收益不变的情况下，成本最低，则可实现利润最大化；二是在成本不变的条件下，尽可能实现收益最大。利润的数据容易得到，而且被大众普遍接受和理解，因此，用利润最大化作为短期目标是合适的。

（二）股东权益最大化

股东权益，也叫所有者权益，是指投资者对企业净资产的所有权，包括实收资本、资本公积金、盈余公积金和未分配利润。企业实现的利润越多，从税后利润中提取的盈余公积金就越多，盈余公积金既可用于弥补企业的亏损，也可以用于转增资本，使投入企业的资本增多。如果企业期末股东权益总额大于期初总额，则企业的自有资本增值。期末股东权益总额减去期初总额，所得就是本期股东权益的增加额，本期股东权益增加额除以期初总额即为本期股东权益的增长率。

（三）企业价值最大化

在市场经济条件下，企业作为整体被并购是常有的事。许多希望扩张生产能力的企业会发现，通过收购其他企业来获得额外生产能力的成本比自己从头做起的成本要低得多，因而需要对整个企业的价值进行评估。决定企业价值的基础是企业的获利能力，通常计算企业价值的方法是现金流折现法，即假定企业连续经营，将企业未来经营期间每年的预期收益，用适当的折现率折现、累加得到企业价值。如果企业价值大于企业全部资产的账面价值，则意味着企业价值增值；反之，如果企业价值小于企业全部资产的账面价值，则意味着企业价值贬值。

需要指出的是，在企业的长期经营过程中，不仅要注重利润最大化和股东权益最大化，而且也要注重企业价值最大化。利润最大化、所有者权益最大化和企业价值最大化三者不是对立的，而是一致的。只有实现利润最大化，才能实现所有者权益最大化，进而才能实现企业价值最大化。

比较起来，企业价值最大化更具有全面性，因为企业价值是根据企业未来各期的预期收益和考虑了风险报酬率的折现率（资本成本）来计算的，既考虑了货币时间价值，又考虑了投资的风险价值。利润最大化和所有者权益最大化两种目标易于衡量，而企业价值最大化目标的衡量则比较复杂。

三、资本运营的特点

资本运营是以资本的价值增值为目的，结合资本本身的特点，在运作和经营资本时注重价值管理，其特点可以概括为以下四个方面。

（一）资本运营注重价值管理

资本运营的对象是价值化、证券化了的物化资本，或者是可以按价值化、证券化操作的物化资本。因此，资本运营的特征之一就是以价值形态进行运作与经营管理。它要求以最少的资源和要素投入获取最大的收益，即不仅要考虑有形资本的投入产出问题，还要考虑无形资本的投入产出问题。不仅重视生产经营过程中生产资料的消耗与产品生产，更关注企业的价值变动和价值增值。

（二）资本运营注重资本流动

资本只有在流动中才能实现增值。资本运营就是通过并购、重组等形式盘活闲置、效率低下的资本存量，使资本不断地从效率低、效益差的地方流动到效率高、效益好的地方，通过资本流动获取更多的增值机会，最大限度地实现资本增值。需要注意的是：资本运营中的资本循环流动与生产经营中的资本循环流动不尽相同，资本运营中的资本可以表现为生产资本，也可以表现为货币资本、虚拟资本等。

（三）资本运营注重风险运营

资本运营总是与风险相伴的，其风险性是客观存在的，而且风险发生的范围更广。由于环境的复杂性，资本运营过程中不仅有经济风险、经营风险、财务风险、技术风险、管理风险和行业风险，而且还有政策风险、体制风险、社会文化风险等。随着环境的不断变化，这些风险也会随之变化。资本运营风险还存在传递性和波及效应，因此也更具破坏性。在资本运营过程中，必须采取各种方式合理有效地规避风险。

（四）资本运营注重开放经营

资本运营要求最大限度地支配和使用资本，因此，企业不仅要关注自身内部的资源，而且要关注外部资源。资本运营的开放性主要体现在对外部资源的获取和利用上。这使得资本运营不仅要突破地域概念、打破市场分割、跨越行业壁垒，而且需要面对不同企业、不同行业、不同地域甚至不同国家的竞争与合作。更广阔的活动空间与领域要求资本运营表现出比生产经营更大的开放性。

四、资本运营的内容与模式

（一）资本运营的基本内容

资本运营是指对资本进行有效运作和经营，对资本的运动过程进行运筹和谋划，其内容可以划分为以下四个方面。

1. 资本筹集

企业进行资本运营的前提条件是拥有足够的资本。资本筹集，也叫融资，是指为支付超过现金的购货款而采取的货币交易手段，或为取得资产而集资所采取的货币手段。通过融资，筹集企业从创建到生存发展所需的资本，使企业得以维持正常的经营，并不断发展壮大。企业创建之初，必须要有本金；维持企业的生存，必须拥有一定规模的资本量；企业要发展壮大，必须要有追加的资本供应。从企业的角度来说，融资是企业资金筹集的行为与过程，即企业根据自身的生产经营状况和资金拥有的状况，以及投资和未来发展的需要，通过科学的决策，采取恰当的方式，从一定的融资渠道经济有效地筹集资金的行为。融资企业通常通过公开发行股票并上市，继而配股、增发新股等进行融资，也通过发行债券或可转换公司债券、设立基金等进行融资。

2. 资本投资

投资就是将融资获得的资本投入使用，从事生产经营和资本运营活动，以达到经营目的并获取良好的经营效益。企业投资的目的是扩大生产、实现财务盈利和降低风险，可以通过实业投资、金融投资和产权投资来实现。实业投资是主要以实业（工业、农业、商业等）为对象的投资，通过创建和经营企业，从事生产、流通等经营活动。金融投资则主要是指从事购买股票、债券和基金等金融产品的投资活动。产权投资则是以产权为对象的投资活动，主要包括兼并与收购、重组、剥离与分立、破产与清算以及风险投资等活动。

3. 资本运动与增值

资本运动与增值是指将筹集的资本投入使用，开始资本的运动过程，并在运动过程中实现价值增值。资本的运动大体可以分成三类。（1）实业资本的资本运动与价值增值，其资本流动与增值过程可以表述为 $M—C\cdots P\cdots(C+\Delta C)—(M+\Delta M)$，其中 M 为预付的货币资本，C 为商品资本，P 代表着生产。资本依次通过货币资本、生产资本和商品资本的循环，最后实现资本的价值增值。（2）金融资本的资本运动与价值增值，其资本流动与增值过程可以表述为 $M—F—(M+\Delta M)$，其中 F 代表金融产品。（3）产权资本的资本运动与价值增值，其资本流动与增值过程可以表述为 $M—PR\cdots(PR+\Delta PR)\cdots(M+\Delta M)$，其中 PR 代表着产权。产权资本活动有并购重组、剥离与分立等多种形式，其运动过程也存在着中断和继起。

4. 价值增值分配

资本是有社会属性的，资本归谁所有，其价值增值部分将由其所有者进行分配。企业通过资本运营实现的利润，在缴纳所得税、提取盈余公积金和公益金后，即为净利润，归企业股东所有，并由其分配。企业可以将盈余公积金转增资本金，扩大资本运营的规模。借入资本在运营中实现的增值，首先支付利息给贷款者，剩余部分计入企业的利润，归股东所有。股份有限公司的分红可采取现金形式，也可以采取股票形式。

上述基本内容并未提及国内外的区分。如果资本运营活动跨越国界，就变成了国际资本运营。国际资本运营主要包括通过国际资本市场进行融资、向境外进行投资、外汇管理、国际资本的保值增值等。

（二）资本运营的基本模式

企业的战略选择可以有三条路径，一是扩张战略；二是收缩战略；三是内部调整。其中扩张战略中分为内部积累和外部扩张战略。企业内部积累主要是指企业依赖自身盈利的再投入，以及在此基础上通过企业内部其他因素条件的改善，如改进管理方法、开发新产品等，从而实现企业扩张。内部积累主要从属于生产经营，外部扩张战略则主要通过并购、战略联盟等形式实现企业的快速扩张。企业有时候为了提高运行效率，也会采取收缩性战略，主要通过剥离、分立、股份回购等形式缩小企业规模。企业在运行过程中，也会出现结构需要优化的时候，这就需要进行内部调整，通常采取资产重组、债务重组等来优化企业资产结构、债务结构等。企业的发展战略如图 1-2 所示。

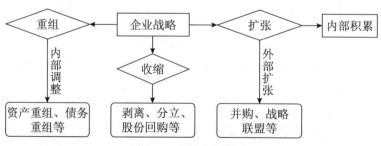

图 1-2　企业发展战略

第三节　资本运营的环境

一、金融市场的含义

在市场经济条件下，资本运营必定是在市场环境中进行的。在现代市场体系中，有三类重要的市场对资本运营起着主导作用，这就是要素市场、商品市场和金融市场。企业的资本从具体内容来看表现为货币资本、实物资本、无形资本等，与上述三类市场都存在特定的联系。资本运营以资本及其运动为对象，与金融市场的联系最为直接和最为密切。

（一）金融市场的概念

金融市场是指资金供应者和资金需求者双方进行金融资产交易的市场，是实现货币借贷和资金融通、办理各种票据和有价证券交易活动的市场。

这里的金融资产是指一切代表未来收益或资产合法要求权的凭证，亦称为金融工具或证券。这些金融工具可以分为两类：（1）债务性证券，是指可以偿还本金并具有固定收益要求权的金融资产，如债券、存款单等；（2）权益性证券，则是指不能偿还本金但具有权益要求权的金融资产，如普通股票等。随着金融市场的不断发展，债务性证券与权益性证券的界限越来越模糊，如可转换公司债券，是一种债务性证券，但它可以按照一定的条件转换为股票，即转化为权益性证券。

金融市场是从事各种金融业务的场所，这些业务主要有资金的借贷与融通、外汇与黄金买卖等，因而金融市场包括：（1）货币市场，又称为短期资本市场，是指经营 1 年以内的短期资金融通的市场，包括银行短期信贷市场、银行同业拆放市场、短期证券市场和贴现市场；（2）资本市场，是指经营 1 年以上的中长期资金融通的市场，包括银行中长期信贷市场和证券市场；（3）外汇市场；（4）黄金市场①。如果金融业务活动超越了国界，该市场就称为国际金融市场。

在金融市场上，直接反映了金融资产的供求关系，并受到价格机制等各种机制的调节。金融市场上借贷资金的集中和分配，会帮助形成一定的资金供给与资金需求的对比，从而形成该市场的"价格"——利率。

（二）金融市场的功能

1. 资金集聚与融通

金融市场能引导众多分散的小额资金汇聚起来，形成可以投入到社会再生产的资金集合。在市场经济运行中，每个经济单位的闲置资金是相对有限的，这些暂时不用的资金相对零散，不足以满足大规模的投资要求。这就需要一个能将众多的小额资金汇聚起来以形

---

① 由于黄金很少作为企业资本运营的工具，因此本书在此不单独进行介绍。

成大额资金的渠道。金融市场就提供了这种渠道。金融市场创造了多种多样的金融资产，并保证其流动性，资金供求双方都可以通过金融市场的交易找到满意的资金融通渠道。

2. 资源配置与风险再分配

通过市场机制，金融市场将资本从低效率利用的部门转移到高效率的部门，从而使资本配置到效率最高或效用最大的用途上，实现资本的合理配置与有效利用。在证券市场上，投资者可以通过证券价格波动和公开信息来判断整体经济的运行情况，以及相关行业、企业的发展前景进行投资决策。通常，资金总是流向最有发展潜力，能够为投资者带来最大收益的部门和企业。在金融市场上，风险无处不在，无时不在。不同的投资者具有不同的风险偏好。风险厌恶者可以利用金融工具把风险转移给风险爱好者，或风险厌恶程度较低的人，从而实现风险的转移，也可以通过组合投资实现风险的分散。需要注意的是，通过金融资产的交易，对于某个局部来说，风险由于分散、转移到别处而在此处消失，但不是指从总体上消除了风险。

3. 资金供求调节与宏观经济调节

金融市场一头连着资金供给者，另一头连着资金需求者。金融市场的运行机制通过对资金供求双方的影响而发挥着调节宏观经济的作用。金融市场的调节作用可以分为直接调节和间接调节。在金融市场的直接融资活动中，只有符合市场需要、效益高的投资对象，才能获得投资者的青睐。而投资对象在获得资本后，只有保持较高的收益和较好的发展前景，才能继续生存并进一步发展。金融市场通过这种特有的引导资本形成及合理配置的机制就是一种直接调节机制。政府部门也可以通过金融市场对经济进行间接调控。例如，中央银行实施货币政策，通过金融市场调节货币供应量、传递政策信息，最终影响到各经济主体的经济活动，从而达到调控宏观经济的目的。

二、金融市场的分类

（一）货币市场

1. 票据市场与贴现市场

货币市场中使用的票据有商业票据和银行承兑票据两类。商业票据是工商业者之间由于信用关系形成的短期无担保债务凭证的总称。在商业票据的基础上，由银行承兑，允诺票据到期履行支付义务，便成为银行承兑票据。票据交易的市场就是票据市场。

典型的商业票据产生于商品交易的延期支付，有商品交易的背景。但商业票据只反映由此产生的货币债权债务关系，并不反映交易的内容。在商业票据中，还有大量并无交易背景而只是单纯以融资为目的发出的票据，即融通票据。相对于融通票据，有真实交易背景的票据则称为真实票据。融通票据的发行者多为大型商业公司和金融公司，发行面额多为大额整数，以方便交易。

银行承兑票据由银行承兑，其信用风险相对较小。由于由银行承诺承担最后付款责任，实际上是银行将其信用出借给企业，因此，企业必须交纳一定的手续费。这里，银行是第一责任人，而出票人则负第二责任。需要指出的是，在市场经济发达国家，银行承兑票据其发行人大多是银行自身。

用票据进行短期融资有一个基本的特征——利息先付，即出售票据的一方融入的资金低于票据面值，票据到期时按面值还款，差额部分就是支付给票据买方（贷款人）的利息，这种融资的方式就叫贴现。票据贴现是短期融资的一种典型方式，因此，狭义的短期融资市场也叫票据贴现市场，简称为贴现市场。在票据贴现市场，充当买方的一般是商业银行、贴现公司、货币市场基金等专门从事短期借贷活动的金融机构，也有掌握闲置资金的非金融机构。

2. 回购市场

回购市场是指通过回购协议进行短期资金融通交易的市场。所谓回购协议是指在出售证券的同时，和证券的买方签订协议，约定在一定期限后按原定价格或约定价格购回所卖证券，从而获得即时可用资金。从本质上说，回购协议是一种抵押贷款，其抵押品就是证券。

由于回购交易相当于有抵押品的贷款，充当抵押的一般是信用等级较高的国债、银行承兑汇票等证券，因此，回购交易具有风险低、流动性高等特点。

还有一种逆回购协议，它是从资金供应方的角度出发，相对于回购协议而言的。在逆回购协议中，买入证券的一方同意按约定期限、以约定价格出售其所买入的证券。从资金供应者角度来看，逆回购协议是回购协议的逆进行。

3. 银行间拆借市场

银行间拆借市场是指银行同业间短期的资金借贷市场。市场的参与者为商业银行以及其他各类金融机构。拆借期限短，有隔夜、7天、14天等，最长不过1年。我国银行间拆借市场于1996年1月联网试运行，其交易方式主要有信用拆借和回购两种方式，其中主要是回购方式。

4. 短期政府债券市场

短期政府债券，是政府部门以债务人身份承担到期偿付本息责任的期限在1年以内的债务凭证。广义的短期政府债券市场包括国家财政部门所发行的债券，以及地方政府代理机构所发行的债券。狭义的短期政府债券市场则仅指国库券，一般来说，政府短期证券市场主要是指国库券市场。

短期国库券的期限品种有3个月、6个月、9个月和12个月。国库券通常采用贴现方式发行，发行的频率较高。国库券的期限短，有政府信誉做担保，因而可以视为无风险的证券。国库券市场的流动性在货币市场中是最高的，几乎所有的金融机构都参与这一市场的交易。

5. 大额可转让存单市场

大额存单是由商业银行发行的一种金融产品，是存款人在银行的存款证明。可转让大额存单与一般存单不同的是，期限不低于7天，金额为整数，而且在到期前可以转让。存单市场分为发行市场和二级市场，在发行市场上发行的大额可转让存单，在未到期前，可以在二级市场交易。

6. 货币市场共同基金

共同基金是将众多的小额投资者的资金集合起来，由专门的经理人进行市场运作，赚取收益后按一定的期限及持有的份额进行分配的一种金融组织形式。对于主要在货币市场上进行运作的共同基金，则称为货币市场共同基金。

（二）资本市场

1. 股票市场

（1）股票。股票是投资者向公司提供资金的权益合同，是公司的所有权凭证，代表着持有者对公司资产和收益的剩余索取权。股票持有人可以按照公司的分红政策定期或不定期地取得红利收入。股票没有到期日，持有人可以将其出售。发行股票可以帮助公司筹集资金，却并不意味着有债务负担。

股票可以分为普通股和优先股。普通股是在优先股要求权得到满足后才参与公司利润和资产分配的股票，它代表着最终的剩余索取权。普通股股东一般有出席股东大会的会议权、表决权、选举与被选举权等，他们通过投票（通常是一股一票和简单多数原则）来行使剩余控制权。优先股是指在剩余索取权方面较普通股优先的股票，这种优先表现在可以分得固定股息，且在普通股之前收取股息，但通常优先股股东没有投票权。

（2）股票的一级市场与二级市场。股票的一级市场，也叫发行市场，是通过发行股票进行筹资活动的场所。新发行的股票包括初次发行和再发行的股票，前者是公司第一次向投资者出售的原始股，后者是在原始股的基础上增加了新的份额的股票。

一级市场的整个运作过程通常由前期准备阶段、后期认购与销售阶段组成。在前期准备阶段，要对一些主要问题进行决策：一是发行方式的选择，通常可以在公募与私募两种方式中选择；二是选定作为承销商的投资银行；三是准备招股说明书；四是确定发行价格。在后期的认购与销售阶段，按照预定的方案发售股票，通常采用包销、代销和备用包销等方式进行销售。

股票的二级市场，也叫流通市场，是投资者之间买卖已发行股票的场所。二级市场通常可以分为有组织的证券交易所和场外交易市场。但也出现了具有混合特征的第三市场和第四市场。

证券交易所是由证券管理部门批准的，为证券的集中交易提供固定场所和有关设施，制定各项规则以形成公正合理价格和有条不紊秩序的正式组织。场外交易是相对于证券交易所而言的，凡是在证券交易所之外的股票交易活动都可以称为场外交易。场外交易起先主要是在各证券商的柜台上进行的，因此也称为柜台交易。第三市场是指原来在证券交易所上市的股票移到场外进行交易而形成的市场。换言之，是已上市却在证券交易所之外进行交易的股票买卖市场，以区别于一般意义上的柜台市场，它是一种店外市场。第四市场是指许多机构大投资者，完全撇开经纪商和交易所，直接与对方联系，进行上市股票和其他证券的交易。

2. 债券市场

（1）债券。债券是一种资金借贷的证书，该证书载明发行者在指定日期支付利息并在到期日偿还本金的承诺，其要素包括债务的面额与利息、利息支付方式、期限、债务证书的发行人、求偿等级、限制性条款、抵押与担保、选择权（如赎回与转换条款）等内容。

债券的种类繁多，按照发行主体不同可以分为政府债券、公司债券和金融债券三大类。政府债券是指中央政府、地方政府发行的债券，它以政府的信誉作担保，因而通常无须抵押品，其风险在各类投资工具中最小。公司债券是公司为筹集营运资本而发行的债券，其合同要求不管公司业绩如何，都应优先偿还其固定收益，否则将在相应破产法的裁决下寻求解决，因而其风险小于股票，但比政府债券高。金融债券是银行等金融机构为筹集资金而发行的债券，由于银行的资信度比一般公司高，其信用风险也较公司债券低。

（2）债券的一级市场与二级市场。债券的一级市场，也叫发行市场。债券的发行与股票类似，不同之处在于有发行合同书和债券评级两个方面，同时还多了一个到期偿还环节。发行合同书是一种信托契约，是说明债券持有人和发行人双方权益的法律文件，由受托管理人（通常是银行）代表债券持有人利益，监督合同书中各条款的履行。债券评级，也叫债券信用评级，是以发行人发行的有价债券为对象进行的信用评级，其目的在于告诉投资人债券发行人的盈利能力、偿债能力。信用级别越高，债券发行人的偿债能力越好，债券发行成本就可以越低。目前，最著名的三大评级机构是美国标准普尔公司、穆迪投资服务公司、惠誉国际信用评级有限公司。

债券的二级市场也与股票的二级市场类似，其交易机制也无差别。证券交易所是债券二级市场的重要组成部分，在证券交易所申请上市的债券主要是公司债券，但国债一般不用申请即可上市，享有上市豁免权。大多数债券的交易是在场外市场进行的，场外市场是债券二级市场的主要形态。

3. 投资基金

（1）投资基金的概念。投资基金，也称为"共同基金""互助基金"，是通过发行基金股份，将投资者分散的资金集中起来，由基金托管人委托职业经理人管理，专门从事证券投资活动，并将投资收益分配给基金持有者的一种金融组织。简言之，投资基金就是一种利益共享、风险共担的集合投资组织。

投资基金一般由发起人设立，通过发行证券募集资金。基金的投资人不参与基金的管理和操作，只定期取得投资收益。基金管理人根据投资人的委托进行投资运作，收取管理费。在证券市场品种不断增多、交易复杂程度不断提高的背景下，普通人与专业人士相比，在经营业绩方面的差距越来越大。将个人不多的资金委托给专门的投资管理人集中运作，也可以实现投资分散化和降低风险的目的。

投资基金的特点可以概括为四点：①成本低，将小额资本汇集起来，具有规模优势；②风险低，将资金分散投资，有效组合降低风险；③投资机会多，专业人士管理，能更好地抓住投资机会；④便利，投资基金从发行、收益分配、交易、赎回都有专门机构负责，方便快捷。

基金的种类较多，根据组织形式的不同，可分为公司型基金和契约型基金；根据投资目标的不同，可分为收入型基金、成长型基金和平衡型基金；根据资金募集方式和来源不同，可分为私募基金和公募基金；根据其投资对象，可大体上分为货币市场基金、对冲基金、股票基金、产业投资基金等。

（2）基金与股票、债券的差异

第一，反映的经济关系不同。股票反映的是一种所有权关系，是一种所有权凭证，投资者购买股票后就成为公司的股东；债券反映的是债权债务关系，是一种债权凭证，投资者购买债券后就成为公司的债权人；基金反映的则是一种信托关系，是一种受益凭证，投资者购买基金份额就成为基金的受益人。

第二，所筹资金的投向不同。股票和债券是直接投资工具，筹集的资金主要投向实业领域；基金是种间接投资工具，所筹集的资金主要投向有价证券等金融工具或产品。

第三，投资收益与风险大小不同。通常情况下，股票价格的波动性较大，是一种高风险、高收益的投资品种；债券可以给投资者带来较为确定的利息收入，波动性也较股票要小，是一种低风险、低收益的投资品种；基金投资于众多股票和债券，能有效分散风险，是一种风险相对适中、收益相对稳健的投资品种。

4. 投资银行

（1）投资银行的概念

①投资银行的定义

投资银行（investment bank，corporate finance），简称投行，是主要从事证券发行、承销、交易、企业重组、兼并与收购、投资分析、风险投资、项目融资等业务的非银行金融机构，是资本市场上的主要金融中介。投资银行的直接金融中介功能如图 1-3 所示。

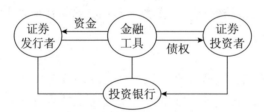

图 1-3 投资银行直接金融中介功能

美国金融学专家罗伯特·库恩（Robert Kuhn）将投资银行划分为以下四个层次。

第一，广义投资银行：指任何经营华尔街金融业务的金融机构，业务包括证券、研究、资产管理、私人财富管理、私人股权、风险投资、国际海上保险以及不动产投资等几乎全部金融活动。某些大型投资银行还发行自己的信用卡，并涉足商业银行业务。

第二，较广义投资银行：指经营全部资本市场业务的金融机构，业务包括证券承销与经纪、企业融资、兼并收购、咨询服务、资产管理、创业资本等，与广义投资银行的定义相比，不包括不动产经纪、保险和抵押业务。

第三，较狭义投资银行：指经营部分资本市场业务的金融机构，业务包括证券承销与经纪、企业融资、兼并收购等，与较广义投资银行的定义相比，不包括创业资本、基金管理和风险管理工具等创新业务。

第四，狭义投资银行：狭义投资银行的业务仅指财务顾问（兼并收购、重组、股权转让等咨询服务）和承销（股票发行、债务发行、特殊金融工具发行等）。

世界各国对投资银行的划分和称呼不尽相同，美国的通俗称谓是投资银行，英国则称商人银行。以德国为代表的一些国家实行银行业与证券业混业经营，通常由银行设立公司从事证券业务经营。由于欧洲金融业在历史上多采取混业经营，事实上独立的"商人银行"数量不多，大部分都是综合性银行或"全能银行"，即同时经营商业银行和投资银行业务。日本和我国一样，将专营证券业务的金融机构称为证券公司。

②投资银行的经营模式

投资银行的经营模式有分业经营和混业经营两种模式。

第一，分业经营。分业经营是指对金融机构业务范围进行某种程度的"分业"管制。分业经营有三个层次：其一是指金融业与非金融业的分离；其二是指金融业中银行、证券和保险三个子行业的分离；其三是指银行、证券和保险各子行业内部有关业务的进一步分离。通常所说的分业经营是指第二层次中银行业、证券业和保险业之间的分离，有时特指银行业与证券业之间的分离。

第二，混业经营。混业经营与分业经营相对，是指金融机构在货币和资本市场进行多业务、多品种、多方式的交叉经营和服务的总称。混业经营模式大致可以分为两大类：一种是德国式模式，以全能型的商业银行为本体，全面经营银行、证券、保险业务，最终扩大为金融控股公司；另一种是美国模式，通过设立金融控股公司，将独立的银行、证券、保险公司集其名下。

（2）投资银行的主要业务

根据《中华人民共和国证券法》第一百二十五条，经国务院证券监督管理机构批准，证券公司可以经营下列部分或者全部业务：证券经纪；证券投资咨询；与证券交易、证券投资活动有关的财务顾问；证券承销与保荐；证券自营；证券资产管理；其他证券业务。

①证券经纪

证券经纪业务是指证券公司通过其设立的证券营业部，接受客户委托，按照客户要求，代理客户买卖证券的业务。证券经纪业务是随着集中交易制度的实行而产生和发展起来的。由于在证券交易所内交易的证券种类繁多，数额巨大，而交易厅内席位有限，一般投资者不能直接进入证券交易所进行交易，因此只能通过特许的证券经纪商作为中介来促成交易的完成。证券经纪业务包含的要素有：委托人、证券经纪商、证券交易所和证券交易对象。在中国，具有法人资格的证券经纪商是指在证券交易中代理买卖证券，从事经纪业务的证券公司。

②证券投资咨询

证券投资咨询是指综合类证券公司为客户提供的有关资产管理、负债管理、风险管理、流动性管理、投资组合设计、估价等多种咨询服务。投资银行的投资咨询业务是联结一级和二级市场、沟通证券市场投资者、经营者和证券发行者的纽带和桥梁。习惯上常将投资咨询业务的范畴定位在对参与二级市场的投资者提供投资意见和管理服务上。有时候，投资银行提供的咨询服务包含在证券承销、经纪、基金管理等业务之中。

③与证券交易、证券投资活动有关的财务顾问

证券公司的财务顾问业务是其所承担的对公司尤其是上市公司的一系列证券市场业务的策划和咨询业务的总称，主要指在公司的股份制改造、上市、在二级市场再筹资以及发生兼并收购、出售资产等重大交易活动时提供专业性财务意见。

企业兼并与收购已经成为除证券承销与经纪业务之外最重要的业务组成部分。投资银行可以多种方式参与企业的并购活动，包括：寻找兼并与收购的对象、向猎手公司和猎物公司提供有关买卖价格或非价格条款的咨询、帮助猎手公司制订并购计划或帮助猎物公司针对恶意的收购制订反收购计划、帮助安排资金融通和过桥贷款等。此外，并购中往往还包括"垃圾债券"的发行、公司改组和资产结构重组等活动。

④证券承销与保荐

证券承销是投资银行最本源、最基础的业务活动。证券公司承销的职权范围很广，包括该国中央政府、地方政府、政府机构发行的债券；该国企业发行的股票和债券；外国政府和公司在该国和世界发行的证券以及国际金融机构发行的证券等。证券公司在承销过程中一般要按照承销金额及风险大小来权衡是否要组团承销和选择承销方式。通常的承销方式有以下四种：

第一，包销。这意味着主承销商和其辛迪加成员同意按照商定的价格购买发行的全部证券，然后再把这些证券卖给客户。这时发行人不承担风险，风险转嫁到了投资银行的身上。

第二，投标承购。它通常是在投资银行处于被动竞争较强的情况下进行的。采用这种发行方式的证券通常都是信用较高，颇受投资者欢迎的证券。

第三，代销。这一般是由于投资银行认为该证券的信用等级较低，承销风险大而形成的承销方式。这时投资银行只接受发行者的委托，代理其销售证券，如在规定的期限计划内发行的证券没有全部销售出去，则将剩余部分返回证券发行者，发行风险由发行者自己承担。

第四，赞助推销。当发行公司增资扩股时，其主要对象是现有股东，但又不能确保现有股东均认购其证券，为防止难以及时筹集到所需资金，甚至引起该公司股票价格下跌，发行公司一般都要委托投资银行办理对现有股东发行新股的工作，从而将风险转嫁给投资银行。

保荐即保举、推荐之意。保荐人是证券市场的一种特有的证券公司，这种证券公司既是企业上市的担保人，又是企业上市的推荐人。保荐人应当遵守业务规则和行业规范，诚实守信，勤勉尽责，对发行人的申请文件和信息披露资料进行审慎核查，督导发行人规范运作。保荐人的资格及其管理办法由国务院证券监督管理机构规定。

⑤证券自营

证券自营是证券公司以自主支配的资金或证券，在证券一级市场和二级市场上从事以营利为目的并承担相应风险的证券买卖行为。证券自营业务的范围一般包括以下四个方面：

第一，一般上市证券的自营买卖。上市证券是证券公司自营业务的主要方面。证券公司根据行情变化进行证券自营买卖业务。上市证券的自营买卖具有吞吐量大、流动性强等特点。

第二，一般非上市证券的买卖。一般非上市证券的自营买卖又称柜台自营买卖，主要交易非上市证券。非上市证券主要包括两种情况：一是上市公司的非流通股份；二是非上市公司的股权证。

第三，兼并收购中的自营买卖。证券公司根据市场发展，可以从事投资银行中的兼并收购业务。证券公司可以根据收购对象的潜在价值先行收购，这些收购对象包括上市公司的各种股份以及非上市公司的股权，然后再将所收购股份出售给其他公司。

第四，证券承销业务中的自营买卖。证券承销商在发行业务中一般采取余额包销的方式。证券在发行中由于种种原因若未全额销售，根据协议，余额部分由证券商买入。这种情况多在政策变动和股市疲软时发生。证券公司将择机卖出这部分证券。

⑥证券资产管理

资产管理业务，一般是指证券经营机构开办的资产委托管理，即委托人将自己的资产交给受托人、由受托人为委托人提供理财服务的行为。资产管理业务是证券经营机构在传统业务基础上发展的新型业务。国外较为成熟的证券市场中，投资者大都愿意委托专业人士管理自己的财产，以取得稳定的收益。证券经营机构通过建立附属机构，如基金公司来管理投资者委托的资产。投资者将自己的资金交给训练有素的专业人员进行管理，避免了因专业知识和投资经验不足而可能引起的不必要风险，对整个证券市场发展也有一定的稳定作用。

⑦其他证券业务

随着资本市场的发展和不断创新，证券私募发行、项目融资、资产证券化、风险投资等都将成为证券公司的业务组成。

第一，证券私募发行。证券的发行方式分作公募发行和私募发行两种，前面所讲的证券承销实际上是公募发行。私募发行又称私下发行，就是发行者不把证券售给社会公众，而是仅售给数量有限的机构投资者，如保险公司、共同基金等。私募发行不受公开发行的规章限制，除能节约发行时间和发行成本外，也能够比在公开市场上交易相同结构的证券给投资银行和投资者带来更高的收益率，所以，近年来私募发行的规模仍在扩大。但同时，私募发行也有流动性差、发行面窄、难以公开上市扩大企业知名度等缺点。

第二，项目融资。项目融资是对一个特定的经济单位或项目策划安排的一揽子融资的技术手段，借款者可以只依赖该经济单位的现金流量和所获收益用作还款来源，并以该经济单位的资产作为借款担保。投资银行在项目融资中起着非常关键的作用，它将与项目有关的政府机关、金融机构、投资者与项目发起人等紧密联系在一起，协调律师、会计师、工程师等一起进行项目可行性研究，进而通过发行债券、基金、股票或拆借、拍卖、抵押贷款等形式组织项目投资所需的资金融通。投资银行在项目融资中的主要工作是：项目评估、融资方案设计、有关法律文件的起草、有关的信用评级、证券价格确定和承销等。

第三，资产证券化。资产证券化是指经过投资银行把某公司的一定资产作为担保而进行的证券发行，是一种与传统债券筹资不同的新型融资方式。进行资产转化的公司称为资产证券发起人。发起人将持有的各种流动性较差的金融资产，如住房抵押贷款、信用卡应收款等，分类整理为一批资产组合，出售给特定的交易组织，即金融资产的买方（主要是投资银行），再由特定的交易组织以买下的金融资产为担保发行资产支持证券，用于收回购买资金，这一系列过程就称为资产证券化。资产证券化的证券即资产证券为各类债务性债券，主要有商业票据、中期债券、信托凭证、优先股票等形式。资产证券的购买者与持有人在证券到期时可获本金、利息的偿付。证券偿付资金来源于担保资产所创造的现金流量，即资产债务人偿还的到期本金与利息。如果担保资产违约拒付，资产证券的清偿也仅限于被证券化资产的数额，而金融资产的发起人或购买人无超过该资产限额的清偿义务。

第四，风险投资。风险投资又称创业投资，是指对新兴公司在创业期和拓展期进行的资金融通，具有风险大、收益高的特点。新兴公司一般是指运用新技术或新发明、生产新产品、具有很大的市场潜力、可以获得远高于平均利润的利润、但也充满了极大风险的公司。由于高风险，普通投资者往往都不愿涉足，但这类公司又最需要资金的支持，因而为投资银行提供了广阔的市场空间。投资银行涉足风险投资有不同的层次：其一，采用私募的方式为这些公司筹集资本；其二，对于某些潜力巨大的公司有时也进行直接投资，成为其股东；其三，更多的投资银行是设立"风险基金"或"创业基金"以向这些公司提供资金来源。

（三）外汇市场

1. 外汇市场的含义

外汇市场是指由经营外汇业务的银行、各种金融机构以及个人进行外汇买卖和调剂外汇余缺的交易场所。外汇市场的交易可以分为四个层次，即顾客之间、银行与顾客之间、银行与银行之间、银行与中央银行之间的交易。如图1-4所示，在这些交易中，外汇经纪人往往起着中介作用。

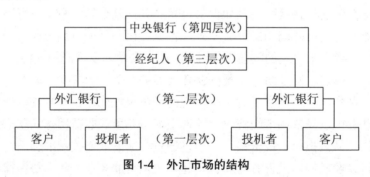

图1-4　外汇市场的结构

2. 外汇市场的参与者

（1）中央银行：买进卖出不同外汇来干预汇率。

（2）外汇银行：①代客买卖，进出口业务相关；②以自己的账户直接买卖。

（3）客户：个人和公司。

（4）外汇经纪人：①受委托在银行和客户之间"跑街"，通过技术和关系网，收取佣金，没有风险；②以自有资金进行买卖，有风险。

（5）造市者：大规模地从事某种货币或外汇业务，并能操纵市场行情的交易者（外汇银行和投资基金），他们拥有雄厚的资金、技术娴熟的交易员、先进的设备、遍布各地的网点。

【小资料】

　　乔治·索罗斯（George Soros），创立"对冲基金"（量子基金）。1992年夏突然袭击英镑，引起英镑危机，英镑被迫退出欧洲货币机制，索罗斯净赚20亿美元；1997年索罗斯投机泰国货币泰铢，大捞一把，由此诱发亚洲金融危机，这使亚洲一些国家经济陷入困境，居民生活水平下降。

3. 外汇市场的分类

　　（1）按交易主体，可将外汇市场分为批发市场和零售市场。

　　（2）根据组织形态，可将外汇市场分为有形外汇市场和无形外汇市场。

　　（3）按政府对外汇市场的干预程度，可将外汇市场分为官方外汇市场、自由外汇市场、外汇黑市。

　　（4）按外汇业务的不同特征，可将外汇市场分为即期外汇市场、远期外汇市场、外汇期货市场、外汇期权市场。

第四节　资本运营的风险与管理

一、资本运营的风险

　　资本运营风险是指资本运营主体在资本运营中，因外部环境的复杂性和易变性，以及运营主体对环境的认知能力的有限性，而导致的资本运营未来收益与期望值的偏差。

　　人们通常认为，风险主要是指不利可能性的出现。但风险的定义与之有一些出入，要正确理解这一定义，需把握以下三个方面。

　　（1）资本运营风险产生的主要原因来自运营环境的复杂性和不确定性。

　　（2）资本运营主体由于自身能力有限，使其对环境的认知也是有限的，最终导致运营风险的产生。

　　（3）未来收益与期望值的偏差可能为正，也可能为负，都是风险。任何投资都有风险，资本运营风险与期望收益往往成正比关系，"高风险，高收益；低风险，低收益"，通常说的是风险越大，期望收益越大，大损失的机会也越多；风险越小，期望收益越小，大损失的机会也越少。

二、资本运营风险的类型

　　资本运营风险可以分为系统性风险和非系统性风险。系统性风险又称为不可分散风险，其特点是由共同的因素所致，影响到所有经济单位，不能通过组合投资来分散。系统性风险主要包括政策风险、体制风险、经济风险、社会风险等。非系统性风险，又称为可分散风险，其特点是由单个因素所致，影响到个别经济单位，能通过组合投资来分散。非系统性风险主要包括经营风险、行业风险、财务风险、管理风险、技术风险，如表 1-2 所示。

表 1-2 资本运营风险

风险类型	风险因素	
	外部环境	运营主体
政策风险	财政货币政策变化 内外贸易政策变化 资本运营的政府行为 产业结构调整	对国家当前的有关政策缺乏深入研究 对国家政策未来的变动趋势未作预测 对国家政策未来变动趋势预测不准确 对国家政策、法规理解有误
体制风险	政治体制改革未到位 经济体制改革未到位 社会保障体系不健全 就业环境变化	企业缺乏完全的经营决策权 资本运营的决策体制不完善及方法不恰当 下岗职工安置困难
经济风险	通货膨胀 金融危机 宏观经济衰退 资本市场利率（汇率）的变动	对目标企业的资产评估不准 跨国资本运营 过高估计自己的经济实力 目的只是改善当前的经营状况
社会风险	社会价值观念的改变 社会心态的不确定 社会信念改变	与目标企业文化有差异 新的规章制度与运营后的企业不配套 物质文化的整合
经营风险	宏观经济不景气 信息市场不发达	经营方向选择不当 市场预测错误 缺乏市场开发能力 战略规划脱离实际 管理模式选择失误
行业风险	行业内竞争激烈	所处的行业竞争激烈 所处行业竞争对手实力强大
财务风险	资本市场不完善 国家银根紧缩，资金缺乏 税收政策改变	资本过小 投资过大 信用降低 周转资金不足 目标企业的资产负债率过高 资金筹措困难，成本过高
管理风险	国家对企业资本运营的监控系统还未形成 政府主管部门过分干涉	资本运营主体的管理素质不高 对资本运营后目标企业的重整和再造不当 与目标企业管理部门的协调与交流不及时、不顺畅 对目标企业人才资源的处理不当
技术风险	国家科技政策的变化 技术转移和技术商品化速度变快 国家对知识产权的保护情况	对新技术开发方向判断有误 对技术开发投入过大，前景难测 对投入目标企业的技术保护不力

三、资本运营的风险管理

资本运营的环境是变化的，企业必须根据外部环境的变化，进行风险的动态管理。风险管理的目标是通过防范和化解风险，尽量减少风险可能造成的损失，努力实现资本的价值增值。因此，要全面评估资本运营风险，根据对风险的评估和分析，制定风险管理对策，并全面执行风险管理的相关措施，将风险控制在可以承受的范围之内。资本运营风险管理的措施主要有以下四种：

1. 风险回避法

企业在实施资本运营方案时，可以选择风险较小的方案，一方面可以达到回避风险的目的，另一方面也可以通过放弃整个资本运营活动或放弃其中的一些项目，从根本上消除风险可能造成的损失。

2. 风险转移法

企业可以通过某些手段将部分或全部资本运营风险转移给他人承担，以减少风险可能造成的损失。

3. 风险分散法

借鉴组合投资理论，企业在资本运营过程中可以通过多元化经营、对外投资、与其他企业合资或联盟等方式分散风险。

4. 风险控制法

风险控制是指对已经发生的风险，通过采取一定的措施来降低风险可能造成的损失程度。企业可以建立风险控制系统，对风险进行预测、分析、监控，以便及时发现和化解风险。

案例 1-1　广东恒健投资控股有限公司：探索国有资本运营新模式

广东恒健投资控股有限公司（以下简称恒健控股公司）成立于 2007 年 8 月 20 日，经广东省人民政府批准设立，是由广东省人民政府国有资产监督管理委员会履行出资人职责的国有独资投资控股公司。恒健控股公司成立十余年，从最初注册资本仅 0.5 亿元，跃升为广东省属净资产最大（截至 2017 年年底，资产总额 2 820 亿元、净资产 1 677 亿元）的超大型国有企业。恒健控股公司积极发挥"广东省产业运营商"作用，逐渐形成"四位一体＋基金"产融结合商业模式。

2018 年 5 月 4 日，由广东、澳门共同推动设立，重点支持粤港澳大湾区基础设施建设的首期 200 亿元广东粤澳合作发展基金（以下简称"粤澳基金"）正式签约。粤澳基金的设立，既是粤澳两地在金融合作模式方面的创新尝试，也是恒健控股公司作为粤澳基金管理公司控股方，立足国有资本运营公司和产融结合平台功能定位，全力打造"四位一体＋基金"产融结合商业模式的一个重要缩影。

成立十余年，恒健控股公司在实现自身蝶变的同时，积极发挥"广东省产业运营商"

作用，在推进省属国有企业改革、推动广东省产业结构调整升级和创新驱动战略、支持省重大项目和基础设施建设、深化供给侧结构性改革、服务粤港澳大湾区战略等关键领域和重点项目中取得大量实质性成果，为广东经济社会发展大局和国资国企改革作出了积极贡献。

2018年，作为广东省唯一省级国有资本运营公司，恒健控股公司主动肩负起省委、省政府和省国资委交予的重大改革发展任务，做强做优做大基金投资、资本运营、资产管理等核心业务板块，做好"广东省产业运营商"，当好省国资委管资本的"专业操盘手"，在新一轮的国资布局结构调整和国企改革浪潮中勇立潮头，开启新征程。

一、打造数千亿"基金航母"，探索产融结合新模式

2017年2月，恒健控股公司发起设立500亿元规模的珠三角优化发展基金。在不到一年的时间里，该基金就已完成投资项目4个，实际投资24.29亿元，带动投资超过168亿元，给相关企业的转型升级提供了重要的资金支持。

从珠三角优化发展基金，到助力广东乡村振兴的400亿元农业供给侧结构性改革基金，再到布局制造业蓝海市场的200亿元先进制造业基金，以及如今服务大湾区建设的粤澳基金，2017年，恒健控股公司强势布局规模超6 000亿元的"基金航母"，通过放大国有资本功能，带动更多社会资本服务全省经济结构调整和产业发展。

"为尽可能发挥恒健控股公司作为广东唯一省级国有资本运营平台对全省经济社会发展的作用，公司不是以自有资本直投项目，而是将其作为引导资金，以基金方式撬动大量社会资本，为广东经济社会发展和国资国企改革服务。"恒健控股公司董事、总经理唐军说。自2012年启动基金业务以来，经过多年的探索，恒健控股公司找到了具有广东特色的国有资本运营公司的独特模式。在唐军看来，这一模式是一种"四位一体＋基金"的产融结合商业模式。

"四位一体"即政府、产业、恒健控股公司、金融机构四方角色，恒健控股公司作为产融结合平台，对接各方需求和资源，并提供专业化服务，充分发挥政府和市场两种优势及各个利益相关者各自优势，将政府和国企意图转化为市场可实现的解决方案，并降低风险。

"基金模式"一方面放大了国有资本引导功能；另一方面能够根据资产风险水平灵活设计风险解决方案，满足市场不同风险偏好的资本投资需求。

据唐军介绍，公司成立十余年，已累计支持省重大项目200亿元，支持地市项目189亿元，投入省战略新兴产业9.3亿元，支持省属企业改革发展105亿元，投入130亿元引导央企在粤投资，在境内外平台投入30亿元布局金控，曾为两家省属国企通过借壳上市打造了两个上市平台，全力配合省国资委实施50家省属国企体制机制改革试点工作，布局超6 000亿元规模的基金生态群。

二、做改革"推手"和资本"巧手"，创新国企改革广东模式

在国企和市场的眼中，恒健控股公司往往会以"白衣骑士"的形象出现，即在相关企业发展的关键阶段、特殊时期，选择与企业一起应对挑战、把握机遇，帮助企业改革发展，由此深得政府和企业信任。

2014年广东启动50家省属二三级国企体制机制创新试点工作。借助此轮试点，恒健控股公司以广东国有企业重组发展基金为抓手，成功打造出国企改革"产业规划＋资本结构优化＋机制激活＋证券化"广东模式，受到了各方的认可。

当前，这片国企改革"试验田"正迎来收获季。截至2017年年末，国企发展母子基金规模合计39.11亿元，母基金实缴规模9亿元，累计完成基金入股18家，完成股份制改造工作15家，实施员工持股18家，累计投资金额近6亿元。

既要做好改革"推手"，还要打通跨境融资渠道，练就投融一体的资本"巧手"。自成立之初试水重整粤美雅并一举奠定自身地位之后，恒健控股公司开始更多地在资本市场展示身手，以价值投资为理念，帮助企业改革发展，助力打造核心竞争力强的行业领军企业，推动广东产业转型升级，支持国资骨干企业做强做大。

迄今颇有影响的案例是，2010年恒健控股公司果断参与TCL定向增发，支持其8.5代薄膜晶体管液晶显示器件生产线项目在省内建设，为推动广东省产业转型升级、加快培育战略性新兴产业作出积极贡献；2012年又参与格力电器定增，助其扩展销售渠道。2017年，恒健控股公司更是成功参与上汽集团定向增发，积极切入上海国企改革，并成功参与盈峰环境定向增发，以实际行动践行"绿水青山就是金山银山"的理念。

不仅如此，恒健控股公司也通过行使股东权利，积极参与持股央企的决策管理，通过持续增资、供给侧结构性改革以及金融资本支持等方式增强央企在粤投资。目前，恒健控股公司持有中广核、南方电网、中航通飞、韶钢、湛钢等央企股权，2017年，这些央企经营指标总体良好，尤其是韶钢，在2017年转型升级的第一年，淘汰落后产能100多万吨，全年实现营业收入261亿元，同比上升72%，实现净利润25.6亿元，同比增长约13倍，创下了韶钢建厂以来的历史新高。

担当好国企改革"推手"和国有资本运作"巧手"，恒健控股公司有何底气？

"我们拥有两大核心优势：信用优势和融资优势。"唐军指出：一方面，恒健控股公司凭借优质基础资产和在境内获得AAA信用评级、境外获得中国国家主权信用级别的优势，可聚集各金融机构和金融市场巨量资本对接广东发展项目；另一方面，依靠巨量资产规模和低资产负债率，使恒健控股公司平台具备强大的融资能力。

正是凭借这些优势，近年来，恒健控股公司不断提升资本运营能力，在省属国企改革、资本市场业务、建设跨境融资平台等多个领域实现创新发展。展望未来，"我们希望成为中国一流的国有资本运营平台，最优秀的省属国有资产管理平台，广东省最大的战略性新兴产业孵化平台"，唐军说。

复习思考题

一、在线测试题（扫描书背面的二维码获取答题权限）

扫描此码 自我测试

二、简答题

1. 简述资本运营的内容。

2. 简述投资基金的特点。

3. 请列举投资银行的主要业务。

4. 举例说明金融市场的功能有哪些？

三、论述题

试论述资本运营的风险类型及管理措施。

第二章　企业上市

内容提要

企业股权融资和债权融资是直接融资最重要的两种主要形式。随着我国多层次资本市场的不断完善以及我国企业不断融入国际资本市场的实践，股票的发行上市已成为我国现代企业资本运营的主要方式之一。本章第一节重点介绍了企业股票发行上市的基本知识；第二节主要介绍了上市企业的股利政策；第三节主要介绍了上市公司的退市制度。

学习要点

- 掌握企业上市的含义；
- 熟悉股票首次公开发行与上市的程序；
- 了解买壳上市与借壳上市的基本程序；
- 了解股利政策的基本含义；
- 熟悉相关的退市制度。

第一节　企业上市概述

一、企业上市的基本概念及其意义

（一）企业上市与上市公司

1. 企业上市与上市公司的含义

企业上市是指股份有限公司发行的股票经过证券管理部门批准在证券交易所上市交易，实现公司的社会化。相对应的，上市公司就是指其股票在证券交易所上市交易的股份有限公司。公司股票上市交易是企业资本运营的高级形式，有条件的企业应积极争取上市。

在我国，企业的上市与企业的股票公开发行往往是同时进行的。公司在申请公开发行股票的同时也申请其获准发行的流通股在交易所上市交易，因此，首次直接上市往往与首次公开发行（initial public offering，IPO）紧密相连。股票发行是向投资人出售股份、募集资金的过程，而股票上市是连接股票发行和股票交易的"桥梁"。

2. 上市公司的特点

（1）上市公司是股份有限公司。股份有限公司可以是非上市公司，但上市公司必须首先是股份有限公司。

（2）上市公司要经过政府主管部门的批准。按照《中华人民共和国公司法》的规定，股份有限公司要上市必须经过国务院或者国务院授权的证券管理部门批准，未经批准的，不得上市。

（3）上市公司发行的股票在证券交易所交易。发行的股票不在证券交易所交易的不是上市股票。

从国际经验来看，世界知名的大企业几乎全是上市公司。例如，美国500家大公司中有95%的是上市公司。

3. 上市公司与非上市公司的区别

（1）与一般的非上市公司相比，上市公司可利用证券市场进行筹资，广泛地吸收社会上的闲散资金。

（2）相对于非上市股份公司，上市公司对财务披露要求更为严格。

（3）上市公司的股份可以在证券交易所中挂牌自由交易流通（全流通或部分流通，每个国家的制度不同），非上市公司股份只能协议转让，不可以在证交所交易流通。

（4）上市公司和非上市公司的问责制度不一样。上市公司将接受公众监督和各种监管。

（5）公司上市必须具备一定的条件。根据中国证券监督管理委员会颁布的《首次公开发行股票并上市管理办法》，发行人自股份有限公司成立后，持续经营时间应当在3年以上；最近3个会计年度净利润均为正数且累计超过人民币3 000万元；最近3个会计年度经营活动产生的现金流量净额累计超过人民币5 000万元；或者最近3个会计年度营业收入累计超过人民币3亿元；发行前股本总额不少于人民币3 000万元等。上市公司经营不善、发生重大违规或达不到上市条件时，则必须退市。

（6）上市公司能取得整合社会资源的权利，如公开增发股票，非上市公司则没有这个权利。

（二）上市路径与上市地

1. 上市路径

（1）境内发行人民币普通股（A股）。A股是由中国境内的公司发行，供境内机构、组织或个人（不含台、港、澳投资者）以人民币认购和交易的普通股股票。A股不是实物股票，以无纸化电子记账，实行"T+1"交割制度，有涨跌幅（10%）限制，参与投资者为中国大陆机构或个人。

按投资主体来分，我国上市公司的股份可以分为国有股、法人股和社会公众股。其中，国有股是指有权代表国家投资的部门或机构以国有资产向公司投资形成的股份，包括公司现有国有资产折算成的股份；法人股是指企业法人或具有法人资格的事业单位和社会团体以其依法可经营的资产向公司非上市流通股权部分投资所形成的股份，根据法人股认购的对象，可将法人股分为境内发起法人股、外资法人股和募集法人股三个部分；社会公众股是指股份公司采用募集设立方式设立时向社会公众（非公司内部职工）募集的股份，也即社会公众依法以其拥有的财产投入公司时形成的可上市流通的股份。

我国国有股和法人股目前还不能上市交易。国家股东和法人股东要转让股权，可以在法律许可的范围内，经证券主管部门批准，与合格的机构投资者签订转让协议，一次性完成大宗股权的转移。由于国家股和法人股占总股本的比重大，在大多数情况下，要取得一家上市公司的控股权，收购方需要从原国家股东和法人股东手中协议受让大宗股权。近年来，随着兼并收购、买壳、借壳等资产重组活动的展开，国有股、法人股的转让行为也逐渐增多。

除少量公司职工股、内部职工股及转配股上市流通受一定限制外，绝大部分的社会公众股都可以上市流通交易。

（2）境外发行外资股并在境内上市（B股）。B股的正式名称是人民币特种股票。它是以人民币标明面值，以外币认购和买卖，在中国境内（上海、深圳）证券交易所上市交易的外资股。B股公司的注册地和上市地都在境内，2001年前投资者限制为境外人士，2001年之后，开放境内个人居民投资B股。自2000年后B股已经停止发行。

2. 上市地

中国境内上市地：上海证券交易所和深圳证券交易所。上海证券交易所成立于1990年11月26日，同年12月19日开业，经过多年发展，已成为拥有股票、债券、基金、衍生品四大类证券交易品种、市场结构较为完整的证券交易所。深圳证券交易所于1990年12月1日开始营业，是经国务院批准设立的全国性证券交易场所，注重支持科技企业、中小企业和民营企业发展。

（三）企业上市的意义

股份制是近代以来出现的一种企业组织形态，是市场经济发展的产物和要求。相对于家族企业、合伙企业等其他企业组织形式，股份制优势十分明显。股份制通过股权的多元化，有效分散了集中投资所产生的巨大风险，通过把分散资本积聚成巨额资本，适应了社会化大生产的需要；通过股票的自由买卖，实现了资本的流动和资源的优化配置。许多优秀的企业通过股份制改造和发行上市，借助资本市场的力量，迅速发展壮大，成为商界巨头和行业旗帜。从国际经验来看，世界知名的大企业几乎全是上市公司。因此，上市对于企业的发展来说具有极其重要的战略意义，表现在以下几个方面。

1. 利用资本市场可以推动企业实现规范发展

企业改制上市的过程，就是企业明确发展方向、完善公司治理、夯实基础管理、实现规范发展的过程。企业改制上市前，要分析内外部环境，评价企业优势劣势，找准定位，使企业发展战略清晰化。改制过程中，保荐人、律师事务所和会计师事务所等众多专业机构为企业出谋划策，通过清产核资等一系列过程，帮助企业明晰产权关系，规范纳税行为，完善公司治理、建立现代企业制度。企业改制上市后，要围绕资本市场发行上市标准努力"达标"和"持续达标"，同时，上市后的退市风险和被并购的风险，能促使高管人员更加诚实守信、勤勉尽责，促使企业持续规范发展。

上市后，企业可以建立以股权为核心的完善的激励机制，吸引和留住核心管理人员以及关键技术人才，为企业的长期稳定发展奠定基础。

2. 利用资本市场可使企业获得长期稳定的资本性资金

企业通过发行股票进行直接融资，可以打破融资瓶颈束缚，获得长期稳定的资本性资金，改善企业的资本结构；可以借助股权融资独特的"风险共担，收益共享"机制实现股权资本收益最大化；还可以通过配股、增发、可转债等多种金融工具实现低成本的持续融资。

与银行贷款等间接融资方式不同，直接融资筹得的资金既不用付利息，亦没有偿还时限的压力，使企业能够无忧地扩展业务。企业可以投入更多资金用于研发，企业上市将有效地增强企业创业和创新的动力和能力。

【案例 2-1】

深圳万科企业股份有限公司于 1988 年首次上市时融资额为 2 800 万元，直接融资使其在短期内获得了巨额资金，实现百亿元乃至千亿元的跨越式发展，从一个名不见经传的小公司发展成为房地产业巨头，2016 年公司首次跻身《财富》"世界 500 强"，位列榜单第 356 位；2017 年位列榜单第 307 位。

3. 企业上市可以有效提升企业的品牌价值和市场影响力

从传统意义上讲，企业传播品牌或形象主要有三个途径：口碑、广告和营销（或公共关系）。而实际上，公开发行与上市具有更强的品牌传播效应。进入资本市场表明企业的成长性、市场潜力和发展前景得到承认，本身就是荣誉的象征。同时，改制上市对企业的品牌建设作用巨大。路演和招股说明书可以公开展示企业形象；每日的交易行情、公司股票的涨跌，成为千百万投资者必看的公司广告；媒体对上市公司拓展新业务和资本市场运作新动向的追踪报道，能够吸引成千上万投资者的眼球；机构投资者和证券分析师对企业的实时调查、行业分析，可以进一步挖掘企业潜在价值。

4. 企业上市可以发现公司的价值，实现公司股权的增值

股票上市，相当于为公司"证券化"的资产提供了一个交易平台，增强了公司股票的流动性，通过公开市场交易有利于发现公司的价值，实现公司股权的增值，为公司股东、员工带来财富。上市后股票价格的变动，会形成对公司业绩的一种市场评价机制，也会成为公司并购的重要驱动力，对公司管理层形成有效的鞭策作用。对于业绩优良、成长性好、讲诚信的公司，其股价会保持在较高的水平上，不仅能够以较低的成本持续筹集大量资本，不断扩大经营规模，而且可以将股票作为工具进行并购重组，进一步培育和发展公司的竞争优势和竞争实力，增强公司的发展潜力和发展后劲，进入持续快速发展的通道。而对于管理不善的公司来说，在价格机制的引导下，资本流向好公司，逐渐淘汰差公司，股价的下跌使公司面临着随时被收购的命运。

总之，上市可以实现企业资产的证券化，大大增强资产流动性，公司股东和管理层可以通过出售部分股权等获得巨额收益。上市后公司并购的手段得到拓宽，可以发行股票将上市股份作为支付手段进行并购。对于那些希望通过并购获得成长的企业来说，其重要性是不言而喻的。

上市也有一定的负面影响。①上市费用较高，且时间较长。公司发行股票尤其是上市前引进战略投资者时，会把股票价格定得低一些，这也是公司支付的成本。②上市公

司需要定期公布上市公司的财务报表及投资项目等信息，上市公司需要让股民知道拿着他们投入的钱干了什么。同时，竞争对手也会看到上市公司的这些数据，因此保密性不强。③上市公司有被恶意收购或控股的风险，其创新商业模式或核心技术有被模仿的风险。

二、公司设立与企业改制

由于历史和体制的原因，在我国证券市场上市的企业大多都是新设股份制企业，这是因为在我国大部分企业都是非股份制企业，要想实现企业的上市就必须对原有的企业所有制形式、组织形式等进行改造，使之成为股份制企业。也只有如此，企业才有可能上市。

（一）公司设立

1. 公司设立的含义

在我国，公司设立的过程经常被称作公司开办、公司设立、公司成立。实际上，公司的设立与一般公司开办、公司成立是有区别的。

所谓公司的开办，是指公司创办人通过人力、物力、财力等方面的投资和基本建设，形成公司最初的生产经营能力的过程，它是一种单纯的经济行为，所以公司开办属于经济学范畴的概念。

所谓公司设立，是指公司创办人，为使公司取得法人资格，按照一定程序所实施的法律行为。虽然大多数情况下公司的设立也需要进行人力、物力、财力等方面的投资和基本建设，使公司具备相应的生产经营能力，但是设立行为最根本的目的，是使公司获得企业法人资格，成为独立的经济、法律主体。因此，公司的设立既具有经济意义，又具有法律意义。从经济意义上讲，设立行为使公司形成了最初的生产能力，这与公司开办是相同的。从法律意义上讲，设立行为是使公司获得企业法人资格的法律行为，它使公司成为独立的经济主体，这与公司开办是不同的。

所谓公司成立，是指公司的法人资格，依一定程序在法律上被确认。公司成立和公司设立的目的是相同的，都是为使公司取得法人资格，只不过设立是为达到目的而实施的行为，成立是设立行为最后达到目的结果。工商行政机关签发公司营业执照之日，就是公司成立之日。

2. 公司设立的原则

公司设立有四种不同的原则，即自由设立原则、特许设立原则、核准设立原则和准则设立原则。在公司法学中，这四个原则被分别概括为自由设立主义、特许设立主义、核准主义和准则主义。公司设立原则的不同，决定了公司这种市场主体设立的基本程序的不同，实际上也就形成了不同的市场主体准入制度。自由设立主义指政府对公司的设立不施加任何干预，公司设立完全依设立者的主观意愿进行。特许设立主义是指公司须经特别立法或基于国家元首的命令方可设立。核准主义指公司的设立需首先经过政府行政机关的审批许可，然后再经政府登记机关登记注册方可设立。准则主义是指法律规定公司设立要件，公司只要符合这些要件，经登记机关依法登记即可成立，而无须政府行政机关的事先审批或核准；近年来对该原则进行了完善，实行所谓的严格准则主义，如进一步严格规定公司的设立要件、加重公司发起人的设立责任、增强公示要求等。我国《公司法》对设立有限责任公司和股份有限公司基本上采用严格准则主义。

3. 公司设立的方式

公司设立的方式基本为两种，即发起设立和募集设立。发起设立，是指由发起人认购公司应发行的全部股份而设立公司，主要有以下两种情况：一是新设设立，即发起人出资新设设立一个公司；二是改制设立，即企业将原来性质为国有、集体或有限公司资产（包括净资产）进行评估确认后作为原投资者出资，然后采取对企业进行增资扩股等方式改制为符合《公司法》规定的股份有限公司。

募集设立，是指由发起人认购公司发行的部分股份，其余股份向社会公开发行或向特定对象发行，从而设立公司。募集设立既可以是通过向社会公开发行股票的方式设立，也可以是不发行股票而只向特定对象募集而设立。这种方式只为股份有限公司设立之方式。由于募集设立的股份有限公司资本规模较大，涉及众多投资者的利益，故各国公司法均对其设立程序严格限制。例如，为防止发起人完全凭借他人资本设立公司，损害一般投资者的利益，各国大都规定了发起人认购的股份在公司股本总数中应占的比例。我国的规定比例是35%。

4. 设立股份有限公司需要具备的条件

企业申请发行股票，必须先设立股份有限公司。据《公司法》的规定，设立股份有限公司应当具备以下条件：

（1）发起人符合法定人数。应当有2人以上200人以下为发起人，其中须有过半数的发起人在中国境内有住所。

（2）有符合公司章程规定的全体发起人认购的股本总额或者募集的实收股本总额。法律、行政法规以及国务院决定对股份有限公司注册资本实缴、注册资本最低限额另有规定的，从其规定。

（3）股份发行、筹办事项符合法律规定。

（4）发起人制定公司章程，并经创立大会通过。发起人应根据《公司法》《上市公司章程指引》的要求制定章程草案并提交创立大会表决通过。

（5）有公司名称，建立符合股份有限公司要求的组织机构。拟设立的股份有限公司应当依照工商登记的要求确定公司名称，并建立股东大会、董事会、监事会和经理等组织机构。

（6）有固定的生产经营场所和必要的生产经营条件。

5. 设立股份有限公司需要经过的程序

设立股份有限公司需要经过一系列的程序，具体如图2-1所示。

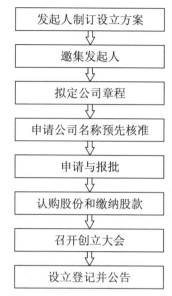

图 2-1 设立股份有限公司的程序

其中，发起人制订设立股份有限公司方案，需确定设立方式、发起人数量、注册资本和股本规模、业务范围等；申请与报批时，资金投向涉及国有资产、基本建设项目、技改项目、外商投资等有关事宜的，还要分别向有关政府部门（如国资委、发改委、商务部）报批；采取发起设立方式的，发起人缴付全部出资后应召开全体发起人大会，选举董事会和监事会成员，并通过公司章程草案；由董事会向工商行政管理部门报送设立公司的批准文件、章程、验资报告等文件，申请设立登记；公司营业执照签发日期为公司成立日期。

（二）企业改制

1. 企业改制的含义

企业改制是指依法改变企业原有的资本结构、组织形式、经营管理模式或体制等，使其在客观上适应企业发展的新的需要的过程。在我国，一般是将原单一所有制的国有、集体企业改为多元投资主体的公司制企业和股份合作制企业或者是内外资企业互转。

企业改制也指企业所有制的改变。通常我们所提到的企业改制是指国有企业的改制，但广义上也包括其他性质企业的改制，如集体企业的改制、股份合作制企业的改制、中外合作企业的改制等。企业改制的目标包括有限责任公司和股份有限公司，特别是随着企业上市的需求增大，很多企业将上市股份有限公司作为自己的改制目标。

2. 企业改制的方式

企业改制，应当在清产核资的基础上选择改制方式。企业的改制方式主要有以下几种：

（1）整体改制方式。整体改制是较为简单的改制方式，是指原企业以整体资产进行重组，并对非经营性资产不予剥离或少量剥离而改制设立新的法人实体。

（2）部分改制方式。部分改制是指将原企业以一定比例的资产和业务进行重组，设立股份有限公司。原企业（或企业集团）仍保留余下部分的经营性或非经营性资产和业务。

（3）共同改制方式。共同改制方式也称捆绑式改制方式，是指多个企业以其部分资产、业务、资金或债权，共同设立新的法人实体（股份有限公司）。

（4）整体变更方式，即先采取整体改制、部分改制、共同改制等方式对原企业进行改制，设立有限责任公司，待改制基本完成后，再依法将有限责任公司变更为股份有限公司。

3. 企业改制为股份有限公司需要经过的程序

改制设立股份有限公司，对于不同所有制成分的企业来说，改制适用的程序和参与的主体不尽相同，而不同的改制目的也可能导致改制程序和参与主体存在差异。改制重组的一般程序大体上分为四个阶段：改制准备阶段、改制工作实施阶段、公司申报设立阶段和设立后规范阶段，如图 2-2 所示。

改制准备阶段：
确定改制目标；中介机构尽职调查；拟订改制方案；上报主办单位或主管部门，取得批复；明确改制基准日，完成资产评估立项工作

改制工作实施阶段：
各中介机构正式进场对拟改制资产进行评估；出具评估报告；根据债务重组方案，取得主要债权人对债务处理的书面同意；拟订国有股权管理方案和国有土地处置方案，并取得相应批复；确定股份公司的名称；签署发起人协议，起草《公司章程》等文件；落实其他发起人及出资方式；各发起人出资到位；验资

公司申报设立阶段：
申请公司设立，取得设立公司的批准；召开公司创立大会；办理公司登记，领取《企业法人营业执照》

设立后规范阶段：
办理建账、税务登记等事项；原企业相关经营合同主体变更；资产过户，债务合同主体变更；落实股份公司机构设置方案；股份公司建章建制

图 2-2　企业改制为股份有限公司的程序

三、公司股票首次公开发行与上市的程序

公司股票发行与上市必须符合法定的程序，并遵守《证券法》《公司法》和中国证监会于 2018 年 6 月 6 号修改公布的《首次公开发行股票并上市管理办法》和《首次公开发行股票并在创业板上市管理办法》的相关规定。股票发行与上市的一般程序分为四个阶段，如图 2-3 所示。

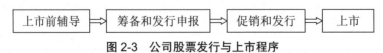

图 2-3　公司股票发行与上市程序

（一）上市前辅导

在取得营业执照之后，股份公司依法成立。按照《证券发行上市保荐业务管理办法》

（中国证券监督管理委员会【第63号令】）的有关规定，拟公开发行股票的股份有限公司在向中国证监会提出股票发行申请前，发行人应当聘请具有保荐机构资格的证券公司履行保荐职责。保荐机构在推荐发行人首次公开发行股票并上市前，应当对发行人进行辅导。保荐机构辅导工作完成后，应由发行人所在地的中国证监会派出机构进行辅导验收。上市前辅导程序如图2-4所示。

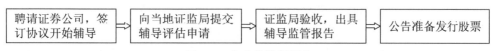

图2-4　上市前辅导程序

2. 辅导内容

（1）对发行人进行辅导，对发行人的董事、监事和高级管理人员、持有5%以上股份的股东和实际控制人（或者其法定代表人）进行系统的法规知识、证券市场知识培训。

（2）督促股份公司按照有关规定初步建立符合现代企业制度要求的公司治理基础。

（3）核查股份公司在设立、改制重组、股权设置和转让、增资扩股、资产评估、资本验证等方面是否合法、有效，产权关系是否明晰，股权结构是否符合有关规定。

（4）督促股份公司实现独立运营，做到业务、资产、人员、财务、机构独立完整，主营业务突出，形成核心竞争力。

（5）督促股份公司规范与控股股东及其他关联方的关系。

（6）督促股份公司建立和完善规范的内部决策和控制制度，形成有效的财务、投资以及内部约束和激励制度。

（7）督促股份公司建立、健全公司财务会计管理体系，杜绝会计造假。

（8）督促股份公司形成明确的业务发展目标和未来发展计划，制定可行的募股资金投向及其他投资项目的规划。

（9）对股份公司是否达到发行上市条件进行综合评估，协助开展首次公开发行股票的准备工作。

（二）筹备和发行申报

1. 准备工作

（1）聘请律师和具有证券业务资格的注册会计师分别着手开展核查验证和审计工作。

（2）和保荐机构共同制订初步发行方案，明确股票发行规模、发行价格、发行方式、募集资金投资项目及滚存利润的分配方式，并形成相关文件以供股东大会审议。

（3）对募集资金投资项目的可行性进行评估，并出具募集资金可行性研究报告；需要相关部门批准的募集资金投资项目，要取得有关部门的批文。

（4）对于需要环保部门出具环保证明的设备、生产线等，应组织专门人员向环保部门申请环保测试，并获得环保部门出具的相关证明文件。

（5）整理公司最近3年的所得税纳税申报表，并向税务部门申请出具公司最近3年是否存在税收违规的证明。

2. 申报股票发行所需主要文件

主要文件包括：（1）招股说明书及招股说明书摘要；（2）最近 3 年审计报告及财务报告全文；（3）股票发行方案与发行公告；（4）保荐机构向证监会推荐公司发行股票的函；（5）保荐机构关于公司申请文件的核查意见；（6）辅导机构报证监局备案的《股票发行上市辅导汇总报告》；（7）律师出具的法律意见书和律师工作报告；（8）企业申请发行股票的报告；（9）企业发行股票授权董事会处理有关事宜的股东大会决议；（10）本次募集资金运用方案及股东大会的决议；（11）有权部门对固定资产投资项目建议书的批准文件（如需要立项批文）；（12）募集资金运用项目的可行性研究报告；（13）股份公司设立的相关文件；（14）其他相关文件，主要包括关于改制和重组方案的说明、关于近三年及最近的主要决策有效性的相关文件、关于同业竞争情况的说明、重大关联交易的说明、业务及募股投向符合环境保护要求的说明、原始财务报告及与申报财务报告的差异比较表及注册会计对差异情况出具的意见、历次资产评估报告、历次验资报告、关于纳税情况的说明及注册会计师出具的鉴证意见、大股东或控股股东最近一年及一期的原始财务报告等。

3. 核准程序

首次公开发行股票的核准程序如图 2-5 所示。其中，申报时，发行人应当按照中国证监会的有关规定制作申请文件，由保荐人保荐并向中国证监会申报；中国证监会收到申请文件后，在 5 个工作日内作出是否受理的决定；中国证监会受理申请文件后，由相关职能部门对发行人的申请文件进行初审；中国证监会在初审过程中，将征求发行人注册地省级人民政府是否同意发行人发行股票的意见；发行人申请首次公开发行股票的，在提交申请文件后，应当按照国务院证券监督管理机构的规定预先披露有关申请文件，发行人可以将招股说明书（申报稿）刊登于其企业网站，但披露内容应当与中国证监会网站发布的内容完全一致，且不得早于在中国证监会网站的披露时间；发行审核委员会审核，发行审核委员会由国务院证券监督管理机构的专业人员和所聘请的该机构外的有关专家组成，以投票方式对股票发行申请进行表决，提出审核意见；中国证监会依照法定条件对发行人的发行申请作出予以核准或者不予核准的决定，并出具相关文件。

图 2-5 公司首次公开发行股票的核准程序

自中国证监会核准发行之日起，发行人应在 6 个月内发行股票；超过 6 个月未发行的，核准文件失效，须重新经中国证监会核准后方可发行。此外，发行申请核准后、股票发行结束前，发行人发生重大事项的，应当暂缓或者暂停发行，并及时报告中国证监会，同时履行信息披露义务。影响发行条件的，应当重新履行核准程序。股票发行申请未获核准的，自中国证监会作出不予核准决定之日起 6 个月后，发行人可再次提出股票发行申请。

根据《首次公开发行股票并在创业板上市管理办法》，在创业板上市不需要征求发行人注册地省级人民政府是否同意发行人发行股票的意见。

（三）促销和发行

1.询价

首次公开发行股票，可以通过向网下投资者询价的方式确定股票发行价格，也可以通过发行人与主承销商自主协商直接定价等其他合法可行的方式确定发行价格。发行人和主承销商应当在招股意向书（或招股说明书）和发行公告中披露本次发行股票的定价方式。

发行申请经中国证监会核准后，发行人应公告招股意向书和发行公告，开始进行推介和询价，并通过互联网向公众投资者进行推介。询价分为初步询价和累计投标询价两个阶段。发行人及其主承销商应当通过初步询价确定发行价格区间，在发行价格区间内通过累计投标询价确定发行价格。首次发行的股票在中小企业板上市的，发行人及其主承销商可以根据初步询价结果确定发行价格，不再进行累计投标询价。

初步询价结束后，公开发行股票数量在4亿股以下、提供有效报价的询价对象不足20家的，或者公开发行股票数量在4亿股以上、提供有效报价的询价对象不足50家的，发行人及其主承销商不得确定发行价格，并应当中止发行。

2.路演推介

在发行准备工作已经基本完成，并且发行审查已经原则通过（有时可能是取得附加条件通过的承诺）的情况下，主承销商（或全球协调人）将安排承销前的国际推介与询价，此阶段的工作对于发行、承销成功具有重要的意义。这一阶段的工作主要包括以下几个环节：

（1）预路演。预路演是指由主承销商的销售人员和分析员去拜访一些特定的投资者，通常为大型的专业机构投资者，对他们进行广泛的市场调查，听取投资者对于发行价格的意见及看法，了解市场的整体需求，并据此确定一个价格区间的过程。为了保证预路演的效果，必须从地域、行业等多方面考虑抽样的多样性，否则询价结论就会比较主观，不能准确地反映出市场供求关系。

（2）路演推介。路演是在主承销商的安排和协助下，主要由发行人面对投资者公开进行的、旨在让投资者通过与发行人面对面的接触更好地了解发行人，进而决定是否进行认购的过程。通常在路演结束后，发行人和主承销商便可大致判断市场的需求情况。

（3）簿记定价。簿记定价主要是统计投资者在不同价格区间的订单需求量，以把握投资者需求对价格的敏感性，从而为主承销商（或全球协调人）的市场研究人员对定价区间、承销结果、上市后的基本表现等进行研究和分析提供依据。

以上环节完成后，主承销商（或全球协调人）将与发行人签署承销协议，并由承销团成员签署承销团协议，准备公开募股文件的披露。

（四）上市

1.拟定股票代码与股票简称

股票发行申请文件通过发审会后，发行人即可提出股票代码与股票简称的申请，报证券交易所核定。

2. 上市申请

发行人股票发行完毕后，应及时向证券交易所上市委员会提出上市申请，并需提交下列文件：①上市申请书；②中国证监会核准其股票首次公开发行的文件；③有关本次发行上市事宜的董事会和股东大会决议；④营业执照复印件；⑤公司章程；⑥经具有执行证券、期货相关业务资格的会计师事务所审计的发行人最近 3 年的财务会计报告；⑦首次公开发行结束后，发行人全部股票已经中国证券登记结算有限责任公司托管的证明文件；⑧首次公开发行结束后，具有执行证券、期货相关业务资格的会计师事务所出具的验资报告；⑨关于董事、监事和高级管理人员持有本公司股份的情况说明和《董事（监事、高级管理人员）声明及承诺书》；⑩发行人拟聘任或者已聘任的董事会秘书的有关资料；⑪首次公开发行后至上市前，按规定新增的财务资料和有关重大事项的说明（如适用）；⑫首次公开发行前已发行股份持有人，自发行人股票上市之日起 1 年内持股锁定证明；⑬相关方关于限售的承诺函；⑭最近一次的招股说明书和经中国证监会审核的全套发行申报材料；⑮按照有关规定编制的上市公告书；⑯保荐协议和保荐人出具的上市保荐书；⑰律师事务所出具的法律意见书；⑱交易所要求的其他文件。

3. 审查批准

证券交易所在收到发行人提交的全部上市申请文件后 7 个交易日内，作出是否同意上市的决定并通知发行人。

4. 签订上市协议书

发行人在收到上市通知后，应当与证券交易所签订上市协议书，以明确相互间的权利和义务。

5. 披露上市公告书

发行人在股票挂牌前 3 个工作日内，将上市公告书刊登在中国证监会指定报纸上。

6. 股票挂牌交易

申请上市的股票将根据证券交易所安排和上市公告书披露的上市日期挂牌交易。一般要求，股票发行后 7 个交易日内挂牌上市。

7. 后市支持

需要券商等投资机构提供企业融资咨询服务、行业研究与报道服务、投资者关系沟通等。

【案例 2-2】 中国农业银行 IPO 案例分析

一、公司背景

中国农业银行是我国四大国有商业银行之一，在国民经济和社会发展中扮演着十分重要的角色。虽然在 1951 年，中国农业银行已经成立，当时称为农业合作银行，但是由于中国农业银行长期担负着中国"三农"发展问题，各种政策性业务制约着其发展。因此，农行真正的商业化道路起步很晚，至今为止也不过十几年的时间，就在 2010 年，农业银行在完成政策性业务及不良资产的剥离以及股份制改造后，在 A 股和 H 股同时成功上市。

二、农行 IPO 前的准备

农行上市前的准备可以分为商业化改革过程、对不良资产的剥离过程、补充资本金的过程和公司治理改革四个过程。

1. 商业化改革过程

1980 年，农行开始进行商业化改革。1994 年，中国农业发展银行成立。农业银行把农业政策性贷款和负债余额向农业发展银行进行划转。1997 年，农业银行确立以利润为核心的经营目的，从此农业银行正式步入现代商业银行的行列。

2. 对不良资产的剥离过程

1998 年，农行开始在政府的指导下，逐渐剥离其不良资产给四大资产管理公司，除此之外，农行还通过对外打包出售，资产证券化，提取呆账准备金等方式，对其不良资产进行处置。截至 2009 年年底，农行不良贷款率已经降低到 2.91%，已经低于国有银行上市要求的 10%。

3. 补充资本金的过程

除了政府向农业银行注资外，农业银行还通过其他途径来补充资本金。2008 年，中央汇金投资公司向农业银行注资 1 300 亿元。2009 年，农业银行发行了 500 亿元次级债，以此来提高资本充足率，增强营运能力，提高抗风险能力。

4. 公司治理改革过程

2009 年 1 月 15 日，中国农业银行整体改制为中国农业银行股份有限公司，注册资本为 2 600 亿元人民币，此时中央汇金投资有限责任公司和财政部代表国家各持有中国农行股份有限公司 50% 股权。中国农业银行股份有限公司按照国家有关法律法规，制定了新的公司章程，以"三会分设、三权分开、有效制衡"为原则，形成"三会一层"（股东大会、董事会、监事会和高级管理层）的现代公司法人治理架构。2009 年 11 月，中国农业银行股份有限公司在香港成立农银国际控股有限公司，成为其全资附属机构，注册资本近 30 亿港元。

三、农行上市情况

农行上市可分为上市策划、承销商选择、上市定价和最终上市四个过程。

1. 上市策划

农业银行的主要业务是立足于大陆本土的，且肩负了支持三农这样的政策性任务，在国内进行募股融资也将是一个必然的选择。在国际化方面，周边地区如香港、东南亚等将是农行走向国际的重点区域。选择在香港联交所上市将是必然选择。之前上市的国有银行积累的 A+H 上市的经验使得农行在克服上市过程中可能出现的在不同市场要同股、同权、同价等技术问题有了一定的应对准备。在充分考虑了这些因素之后，农行选择了同时在 A 股和 H 股 IPO 上市融资的上市策划方案。

2. 承销商选择

在农行 IPO 开始遴选承销商的时候，预计超过 200 亿美元募资额将使得农行 IPO 成为世界上最大的 IPO 案例之一，若按 2.5% 的费率计算，参与的投行将可分享约 5 亿美元的佣金，因此，争夺农行IPO承销商的大战在农行上市之前便显得异常激烈。最后，高盛、中金公司、摩根士坦利、摩根大通、德意志银行、麦格理和农银证券等机构将承销农行H股。中金公司、中信证券、国泰君安以及银河证券入选为农行A股承销商。

3. 上市定价

农行上市时机并不是很好。2010年，中国市场不景气，相应的各大银行的市盈率都不是很高，因此在定价时，农行的股票价格比当年中行、建行以及交行都要低。但是，由于农行有其自身的优势，在路演推介阶段，农行以"中国网点最多的商业银行""盈利增长最快的商业银行"为卖点，最终，在市场和承销商的博弈之下，A股首次公开募股价定在每股人民币2.68元，同时H股首次公开募股价定在每股3.2港元。

4. 最终上市

2010年7月15日，中国农业银行A股在上海证券交易所挂牌上市，同时于7月16日H股在香港证券交易所上市。另外，由于农行首次公开发行股票数量远远超过4亿股，因而农行及其主承销商可以在发行方案中采用"超额配售选择权"，即"绿鞋机制"，用来稳定大盘股上市后的股价走势，防止股价大起大落。最终，农行A+H两股的新股集资总额合共为221亿美元，成为当时全球最大的集资记录。

四、上市后农行经营情况

总体来说，农行上市后的经营情况是非常好的，主要体现在两个方面：经营业绩大幅提升和资产质量显著提高。

1. 经营业绩大幅提升

截至2010年年底，中国农业银行实现营业收入2 904亿元，同比增长30.7%，实现净利润949亿元，同比增长46%，增速位居四大国有银行之首。农行2010年实现归属于母公司股东的净利润948.7亿元，高于招股说明书中预测的829.1亿元，为公司股东创造了超出预期的利润，保持了强劲的增长势头。

2. 资产质量显著提高

农行的资产质量不断提高，风险抵御能力不断增强，为其以后的成长打下坚实的基础。从表2-1中可以看出农行近年来资产结构方面也是逐渐好转的。

表2-1 中国农业银行2011年度与2012年度部分财务数据（比率）表

项　　目	2011年度	2012年度
基本每股收益（元）	0.375 4	0.446 7
每股净资产（元）	2	2.31
净资产收益率-加权平均（%）	20.46	20.74
总资产报酬率（%）	1.11	1.16
净资产比率（%）	5.56	5.66
固定资产比率（%）	1.13	1.07

五、农行上市成功原因分析

（1）农行在中国经济不是很景气的时候上市成功的原因之一是因为它是中国国有

商业银行,有国家的支持。除此之外,农行独特的优势也是其成功上市的原因之一。

（2）外部条件,如中国经济快速增长,中国银行业具有良好的成长性和发展前景等。

（3）科学发行方案的设计是农行上市成功的关键。农业银行上市发行的股份配售采取了科学、合理的发行机制和分配模式。在发行机制方面,农业银行在股票发行过程中还引入了"绿鞋"机制,为稳定发行价格起到了保驾护航的作用。

（4）高密度且全面覆盖的 IPO 预路演和科学合理的定价也为农行成功上市奠定了基础。

四、买壳上市

由于国内上市核准程序非常繁杂,拟上市的企业众多,等待时间过长,一些企业采用间接上市的方式,通过在境内股市寻找壳公司,走捷径的路线运作上市,其实质是通过一系列的资本运作和审批核准,将非上市公司资产及其经营业务注入壳公司而实现上市。与一般企业相比,上市公司最大的优势是能在证券市场上大规模筹集资金,以此促进公司规模的快速增长。因此,上市公司的上市资格已成为一种"稀有资源",所谓"壳"就是指上市公司的上市资格。由于有些上市公司机制转换不彻底,不善于经营管理,其业绩表现不尽如人意,丧失了在证券市场进一步筹集资金的能力,要充分利用上市公司的这个"壳"资源,就必须对其进行资产重组,买壳上市和借壳上市就是更充分地利用上市资源的两种资产重组形式。

（一）买壳上市的含义

买壳上市又称"后门上市"或"反向收购",是指非上市公司股东通过收购一家壳公司（上市公司）的股份控制该公司,再由该公司反向收购非上市公司的资产和业务,使之成为上市公司的子公司,从而实现间接上市的资本运作行为。原非上市公司的股东一般可以获得上市公司 70% ～ 90% 的控股权。

壳的价值,不是有形资产,而是上市公司所具有的一系列优势以及这种优势可能产生或带来的现实收益。它主要来源于两个部分,一是政府赋予上市公司的特有权利和优惠,无论是增发新股、配售股票,还是税收、信贷等方面的优势,等于政府"签发"给上市公司的"特权";二是来自上市公司极高的社会知名度和规范的运作。由此可见,壳资源价值,实质上是一种无形资产价值,是公司上市后新增的一部分无形资产价值。

（二）买壳上市与首次公开发行上市的比较

1.上市操作时间

买壳上市需要 3 ～ 9 个月的时间,收购仍有股票交易的壳公司需要 3 个月,收购已停止股票交易的壳公司至恢复其股票市场交易需 6 ～ 9 个月,而做首次公开发行上市一般所需时间为一年。

2. 上市手续

首次公开发行上市有时会因承销商认为市场环境不利而导致上市推迟，或由于上市价格太低而被迫放弃，而前期上市费用如律师费、会计师费、印刷费等也将付之东流。买壳上市在运作过程中不受外界因素的影响，不需承销商的介入，只要找到合适的壳公司，操作得当，可能一步到位。

3. 上市费用

反向收购的费用要低于首次公开发行上市的费用，视壳公司的种类不同而定。

4. 运作与融资

首次公开发行一般先由承销商组成承销团介入，并且首次公开发行一旦完成，公司可立即实现融资。而买壳上市要待公司成为上市公司后，通过有效运作推动股价，然后才能以公募或私募形式增发新股或配股，进行二次融资，承销商在公司二次发行融资时才开始介入。

（三）买壳上市的主要程序

一个典型的买壳上市的运作路径可以概括为：选壳→买壳→价款支付→资产置换→挂牌（复牌），其中最重要的两个交易步骤是买壳和资产转让。买壳交易是指非上市公司股东以收购上市公司股份的形式，绝对或相对地控制一家已经上市的股份公司。资产转让交易是指公司收购非上市公司而控制非上市公司的资产及营运。

买壳上市涉及上市公司的重大购买、出售与资产置换等运作，必须符合《中华人民共和国公司法》《证券法》《上市公司收购管理办法》《上市公司重大资产重组管理办法》《公开发行证券的公司信息披露内容与格式准则第26号——上市公司重大资产重组申请文件》等有关规定，履行信息披露义务和申报程序，并经中国证监会批准。买壳上市的路径与架构见图2-6。

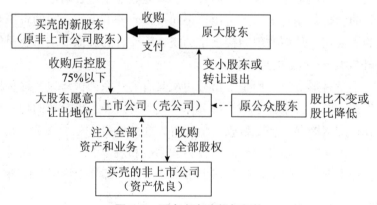

图 2-6　买壳上市路径与架构

买壳上市的具体步骤如下。

1. 选择目标壳公司

首先，挑选目标壳公司最重要的一条就是选择一些比较干净的壳。所谓比较干净的壳是指那些没有任何债务，公司经营历史比较清楚，没有任何法律纠纷和其他遗留问题的壳公司。其次，目标壳公司的股本规模要小。小盘股具有收购成本低、股本扩张能力强等优势。特别是流通盘小，易于二级市场炒作，获利机会较大。再次，是要股权相对集中。由于二级市场收购成本较高，而且目标公司较少，因此大都采取股权协议转让方式。股权相对集中易于协议转让，而且保密性好，从而为二级市场的炒作创造了条件。最后，是目标壳公司有配股资格。证监会规定，上市公司只有连续三年平均净资产收益率在10%以上（最低为6%）时，才有配股资格。买壳上市的主要目的就是配股融资，如果失去配股资格，也就没有买壳上市的必要了。

2. 买壳

买壳，即收购或受让股权。收购股权有以下两种方式：

一种方式是场外协议收购上市公司大股东持有的股权或受让上市公司的新定向增发股份，这是我国买壳上市行为的主要方式。这种收购方式成本较低，但操作困难较大，其原因是同时要得到股权原持有人和主管部门的同意，以及中国证监会的批准。

另一种方式是在二级市场上直接购买上市公司的股票。这种方式在西方流行，但是由于中国的特殊国情，只适合于流通股占总股本比例较高的公司或者"三无公司"。二级市场的收购成本太高，除非有一套详细的操作计划，才能从二级市场上取得足够的投资收益，来抵消收购成本。

获得合适的壳公司之后，便可对壳公司进行接管，改组上市公司的董事会、监事会和管理层等。

3. 价款支付

目前，有六种价款支付方式，包括现金支付、资产置换支付、债权支付方式、混合支付方式、零成本收购、股权支付方式。前三种是主要支付方式，但是现金支付对于买壳公司是一笔较大的负担，很难一下子拿出数千万元甚至数亿元现金，所以目前倾向于采用资产置换支付和债权支付方式或者加上少量现金的混合支付方式。

4. 资产置换

一是净壳。对于不太干净的壳公司，如不良资产较大、效益不佳的壳公司，需要将其原有的不良资产剥离出来，卖给关联公司，从而将不干净的壳公司变成"净壳"公司。如果原有的壳公司较为干净，也可以考虑在买壳后逐步剥离不良资产。

二是换壳。将优质资产注入壳公司，提高壳公司的业绩，从而达到配股资格，实现融资目的。

5. 复牌

在买壳上市期间，为避免股价异常波动，按照中国证监会的规定，上市公司应停牌。买壳上市完成并披露信息后再复牌交易。

【案例2-3】　　　　浪莎集团买壳上市案例分析

一、背景介绍

自2001年起，浪莎管理层就一直有意进入资本市场，以壮大发展自己。而作为一家濒临退市边缘的上市公司，*ST长控也致力于寻找重组合作者。1998年4月上市的 *ST长控，上市仅2年零10天，就被冠上ST的头衔，成为当时沪深两市1 000多家公司中从上市到ST历时最短的一家。而与四川泰港实业（集团）有限责任公司、西藏天科实业（集团）有限责任公司的第一次重组宣告失败后，ST长控又被加上星号，这使其寻觅重组者的愿望更加强烈，可以说*ST长控是一个很典型的壳公司，具有被收购的潜力，这也是浪莎所看中的。

二、浪莎集团买壳上市过程

2006年9月1日，*ST长控发布公告称，四川省国资委授权宜宾国资公司与浙江浪莎控股有限公司签署了《股权转让协议》，浪莎控股受让四川省国资委持有的全部34 671 288股国家股（占总股本的57.11%），成为*ST长控控股方，从浪莎买壳上市的方式来看采用的主要是股权的有偿转让。2007年2月8日，中国证监会正式核准*ST长控向浪莎控股定向增发10 106 300股，每股6.79元，用以购买浪莎控股持有的浙江浪莎内衣有限公司100%股权，这样就意味着浪莎买壳*ST长控从而间接上市获得了成功。

三、浪莎集团买壳上市操作流程分析

买壳上市一般模式的操作流程包括三个步骤：买壳、清壳和注壳。在浪莎集团买壳上市的案例中，并不包括清壳这个步骤。

步骤一：买壳。非上市公司通过收购等方式获得上市公司的控制权，即买到上市公司这个壳。四川省国资委授权宜宾国资公司与浪莎控股签署了《股权转让协议》，浪莎控股受让四川省国资委持有的全部34 671 288股国家股（占总股本的57.11%），从而成为*ST长控的控股方。其买壳过程见图2-7和图2-8。

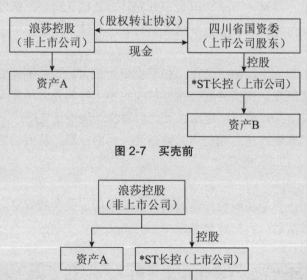

图2-7　买壳前

图2-8　买壳后

步骤二：注壳。注壳，是指上市公司向非上市公司收购其全部或部分资产，从而将非上市公司的资产纳入上市公司，实现上市。在浪莎集团买壳上市的案例中，*ST 长控先向浪莎控股定向增发股票，获得资金，并用以购买浪莎控股持有的浙江浪莎内衣有限公司 100% 股权，从而实现了浪莎集团非上市资产 A 注入上市公司 *ST 长控，从而实现非上市资产的上市，即浪莎 *ST 买壳长控从而间接上市获得了成功。其注壳过程见图 2-9 ～图 2-11。

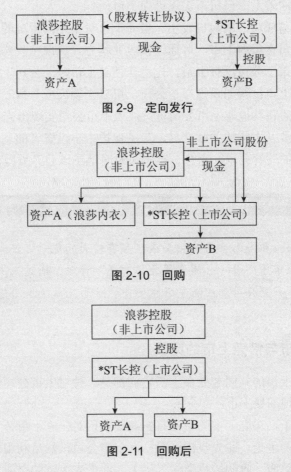

图 2-9　定向发行

图 2-10　回购

图 2-11　回购后

买壳上市后，上市公司更名为"ST 浪莎"，2008 年 6 月 12 日正式更名为浪莎股份。

五、借壳上市

（一）借壳上市

借壳上市是指非上市公司通过将其主要资产注入已上市的子公司中，实现母子公司的整体上市。借壳上市实质上是企业集团或大型公司先将其子公司或部分资产改造后上市，然后再将其他资产注入上市公司以实现上市，进而达到整体上市的目的。通常该壳公司会被改名。

（二）借壳上市的程序

借壳上市的一般做法是：第一步，集团公司先剥离一块优质资产上市；第二步，上市公司向其母公司定向增发股票作为支付对价，或通过上市公司增发、大比例的配股筹集资金收购母公司资产，将集团公司的重点项目注入上市公司中去；第三步，再通过配股将集团公司的非重点项目注入上市公司，实现借壳上市。

借壳上市相对容易成功，风险也较小。借壳上市对于不同情况的企业可采取不同的方法：①如果已有子公司在境内上市，可通过换股并购方式或现金收购母公司资产方式直接操作借壳上市；②如果子公司没有上市，先运作使其上市，子公司上市后再将母公司资产注入子公司实现借壳上市；③如果没有子公司，可以先剥离或分拆一块优质资产成立子公司并运作其上市，然后将其他非上市公司资产注入上市公司实现借壳上市。

借壳上市一般都涉及大宗的关联交易，为了保护中小投资者的利益，这些关联交易的信息都需要根据有关的监管要求，充分、准确、及时地予以公开披露。

【案例2-4】 　　　　　　　**强生集团的"母"借"子"壳**

强生集团由上海出租汽车公司改制而成，拥有较大的优质资产和投资项目。强生集团充分利用控股的上市子公司——浦东强生的"壳"资源，通过三次配股集资，先后将集团下属的第二和第五分公司注入浦东强生之中，从而完成了集团借壳上市的目的。

（三）买壳上市与借壳上市的比较

借壳上市和买壳上市的共同之处在于，它们都是一种对上市公司壳资源进行重新配置的活动，都是为了实现间接上市。

它们的不同点在于，买壳上市的企业首先需要获得对一家上市公司的控制权，买壳上市可分为买壳—借壳两步走，即先收购控股一家上市公司，然后利用这家上市公司，将买壳者的其他资产通过配股、收购等机会注入进去。而借壳上市的企业本身就是这家上市公司的控股股东，已经拥有了对上市公司的控制权，不需要进行净壳处理。借壳上市后上市公司与母公司同属一个管理体系，融资与资产注入容易协调，而买壳上市则没这个优势。

与一般企业相比，上市公司最大的优势就是能在证券市场上大规模融资，以此促进公司规模的快速增长。因此，上市公司的上市资格已成为一种稀有资源，所谓"壳"就是指上市公司的上市资格。根据得到"壳"资源的方式不同可分为"买壳上市"与"借壳上市"。

六、核准制与注册制

目前，存在两大证券发行审核制度，即基于准则主义的核准制和基于公开主义的注册制。核准制主要盛行于欧洲地区及中国香港特区，注册制的代表国家则是美国和日本。

（一）核准制

核准制即所谓的实质管理原则，以欧洲各国的公司法为代表。依照证券发行核准制的要求，证券的发行不仅要以真实状况的充分公开为条件，而且必须符合证券管理机构制订的若干适于发行的实质条件。符合条件的发行公司，经证券管理机关批准后方可取得发行资格，在证券市场上发行证券。这一制度的目的在于禁止质量差的证券公开发行。

（二）注册制

股票发行注册制主要是指发行人申请发行股票时，必须依法将公开的各种资料完全准确地向证券监管机构申报。证券监管机构的职责是对申报文件的全面性、准确性、真实性和及时性进行形式审查，不对发行人的资质进行实质性审核和价值判断而将发行公司股票的良莠留给市场来决定。注册制的核心是证券发行人提供的材料不存在虚假、误导或者遗漏。

（三）核准制与注册制比较

（1）监管理念不同。在核准制中，价值判断主要是来自政府监管部门中的专业人士，而广大投资者则是在他们筛选过后的选择中进行再选择。而注册制体系，政府监管部门将价值判断全权交与投资者，自身则仅仅对证券发行进行形式审查。

（2）市场准入不同。在注册制中，除了法律规定的需要公开的资料信息以外，法律并未授予政府证券监督管理机构实行相关实质条件审查的权力。注册制最大的好处在于把发行风险交给了主承销商，把合规要求的实现交给了中介机构，把信息披露真实性的实现交给了发行人。在核准制中，发行人在满足法定公开资料信息的要求之外，还需要符合一系列的实质条件，以应对政府证券监督管理机构的实质审查。

（3）监管效率不同。在注册制中，符合法定条件的证券发行只需在注册登记后，便有可能自动生效，其高效性强。注册制与核准制相比，发行人成本更低、上市效率更高、对社会资源耗费更少，资本市场可以快速实现资源配置功能。

（四）我国证券发行制度的演变

1988 年开始，我国在证券发行审核方面，是地方法规分别规定证券发行审核办法。

1992 年，中国证监会成立，开始实行全国范围的证券发行规模控制与实质审查制度。

1999 年 7 月 1 日生效的《中华人民共和国证券法》的实施，核准制也因此取代审批制，从而一举登上了历史的舞台。

2013 年 11 月 15 日发布的《中共中央关于全面深化改革若干重大问题的决定》提出，健全多层次资本市场体系，推进股票发行注册制改革，多渠道推动股权融资，发展并规范债券市场，提高直接融资比重。这是股票发行注册制首次列入中央文件，对我国资本市场带来了重大影响。

2015 年 12 月 27 日，第十二届全国人大常委会第十八次会议，表决通过了关于授权国务院在实施股票发行注册制改革中调整适用《中华人民共和国证券法》有关规定的决定。决定指出，为实施股票发行注册制改革，进一步发挥资本市场服务实体经济的基础功能，第十二届全国人大常委会第十八次会议决定：授权国务院对拟在上海证券交易所、深圳证券交易所上市交易的股票的公开发行，调整适用《中华人民共和国证券法》关于股票公开发行核准制度的有关规定，实行注册制度，具体实施方案由国务院进行规定，报全国人大常委会备案。

近年来，市场对实行注册制的呼声很高，监管层也多次放出未来要推行注册制的信号。虽然注册制的真正实施还有待证券法的修改，但注册制蓝图带给资本市场的变革已经可以预期。

第二节　股利政策

一、股利政策的含义

股利政策（dividend policy）是股份公司关于是否发放股利、发放多少以及何时发放的方针和政策。它有狭义和广义之分。狭义的股利政策就是指股利发放比率的确定，而广义的股利政策则包括股利宣布日的确定、股利发放比例的确定、股利发放时的资金筹集等问题。

二、股利政策的理论

（一）传统股利政策理论

二十世纪六七十年代，学者们研究股利政策理论主要关注的是股利政策是否会影响股票价值，其中最具代表性的是"一鸟在手"理论、MM 股利无关论（MM 理论）和税差理论，这三种理论被称为传统股利政策理论。

1."一鸟在手"理论

"一鸟在手"理论源于谚语"双鸟在林不如一鸟在手"。该理论最具有代表性的著作是 M.Gordon（1959）在《经济与统计评论》上发表的《股利、盈利和股票的价格》，他认为企业的留存收益再投资时会有很大的不确定性，并且投资风险随着时间的推移将不断扩大，因此投资者倾向于获得当期的而非未来的收入，即当期的现金股利。因为投资者一般为风险厌恶型，更倾向于当期较少的股利收入，而不是具有较大风险的未来较多的股利。在这种情况下，当公司提高其股利支付率时，就会降低不确定性，投资者便可能要求较低的必要报酬率，从而公司股票价格上升；如果公司降低股利支付率或者延期支付，就会使投资者风险增大，投资者必然要求较高报酬率以补偿其承受的风险，公司的股票价格也会下降。

2. MM 理论

1961 年，股利政策的理论先驱米勒（Miller H.）和莫迪格利安尼（Modigliani F.）在其论文《股利政策，增长和公司价值》中提出了著名的"MM 股利无关论"，即认为在一个无税收的完美市场上，股利政策和公司股价是无关的，公司的投资决策与股利决策彼此独立，公司价值仅仅依赖于公司资产的经营效率，股利分配政策的改变就仅是意味着公司的盈余如何在现金股利与资本利得之间进行分配。理性的投资者不会因为分配的比例或者形式而改变其对公司的评价，因此公司的股价不会受到股利政策的影响。

3. 税差理论

法拉和赛尔文（Farrar and Selwyn，1967）首次对股利政策影响企业价值的问题进行了回答。他们采用局部均衡分析法，并假设投资者都希望试图达到税后收益最大化。他们认为，只要股息收入的个人所得税高于资本利得的个人所得税，股东将情愿公司不支付股息。他们认为资金留在公司里或用于回购股票时股东的收益更高，或者说，这种情况下股价将比股息支付时高，如果股息不支付，股东若需要现金，可随时出售其部分股票，从税赋角度考虑，公司不需要分配股利。如果要向股东支付现金，也应通过股票回购来解决。

（二）现代股利政策理论

进入 20 世纪 70 年代以来，信息经济学的兴起，使得古典经济学产生了重大的突破。信息经济学改进了过去对于企业的非人格化的假设，而代之以经济人效用最大化的假设。这一突破对股利分配政策研究产生了深刻的影响。财务理论学者改变了研究方向，并形成了现代股利政策的两大主流理论——股利政策的信号传递理论和股利政策的代理成本理论。

1. 信号传递理论

信号传递理论从放松 MM 理论的投资者和管理者拥有相同的信息假定出发，认为管理当局与企业外部投资者之间存在信息不对称。管理者占有更多关于企业前景方面的内部信息，股利是管理者向外界传递其掌握的内部信息的一种手段。如果他们预计到公司的发展前景良好、未来业绩将大幅度增长时，就会通过增加股利的方式将这一信息及时告诉股东和潜在的投资者；相反，如果预计到公司的发展前景不太好、未来盈利将持续性不理想时，那么他们往往会维持其至降低现有股利水平，这等于向股东和潜在投资者发出了不利的信号。因此，股利能够传递公司未来盈利能力的信息，这样导致股利对股票价格有一定的影响。当公司支付的股利水平上升时，公司的股价会上升；当公司支付的股利水平下降时，公司的股价也会下降。

2. 代理成本理论

股利代理成本理论是由詹森和梅克林（Jensen and Meckling，1967）提出的，是在放松了 MM 理论某些假设条件的基础上发展出来的，是现代股利理论研究中的主流观点，能较强解释股利存在和不同的股利支付模式。詹森和梅克林指出："管理者和所有者之间的代理关系是一种契约关系，代理人追求自己的效用最大化。如果代理人与委托人具有不同的效用函数，就有理由相信他不会以委托人利益最大化为标准行事。委托人为了限制代理人的这类行为，可以设立适当的激励机制或者对其进行监督，而这两方面都要付出成本。"詹森和梅克林称这种成本为代理成本（agency cost，AC），并定义代理成本为激励成本、监督成本和剩余损失三者之和。

（三）行为股利政策理论

到 20 世纪 90 年代，财务理论学者们发现美国上市公司中支付现金股利的公司比例呈现下降趋势，这一现象被称作"正在消失的股利"，随后时期在加拿大、英国、法国、德国、日本等国也相继出现了类似的现象，蔓延范围之广，堪称具有国际普遍性。

在这种背景情况下，美国哈佛大学贝克（Malcolm Baker）和纽约大学沃格勒（Jeffrey Wurgler）提出了股利迎合理论来解释这种现象。他们指出，由于某些心理因素或制度因素，投资者往往对于支付股利的公司股票有较强的需求，从而导致这类股票形成所谓的"股利溢价"，而这无法用传统的股利追随者效应来解释，主要是由于股利追随者效应假设只考虑股利的需求方面，而忽略供给方面。他们认为有些投资者偏好发放现金股利的公司，会对其股票给予溢价，而有些投资者正好相反，对于不发放现金股利的公司股票给予溢价。因此，管理者为了实现公司价值最大化，通常会迎合投资者的偏好来制定股利分配政策。

三、股利政策的方式

（一）剩余股利政策

是以首先满足公司资金需求为出发点的股利政策。根据这一政策，公司按如下步骤确定其股利分配额。

（1）确定公司的最佳资本结构。

（2）确定公司下一年度的资金需求量。

（3）确定按照最佳资本结构，为满足资金需求所需增加的股东权益数额。

（4）将公司税后利润首先用于满足公司下一年度的增加需求，剩余部分用来发放当年的现金股利。

（二）固定或持续增长股利政策

固定或持续增长股利政策以确定的现金股利分配额作为利润分配的首要目标优先予以考虑，一般不随资金需求的波动而波动。

这一股利政策有两点好处：①稳定的股利额给股票市场和公司股东一个稳定的信息；②许多作为长期投资者的股东（包括个人投资者和机构投资者）希望公司股利能够成为其稳定的收入来源以便安排消费和其他各项支出，稳定股利额政策有利于公司吸引和稳定这部分投资者的投资。

采用稳定股利额政策，要求公司对未来的支付能力进行较好的判断。一般来说，公司确定的稳定股利额不应太高，要留有余地，以免陷入公司无力支付的困境。

（三）固定股利支付率政策

这一政策要求公司每年按固定的比例从税后利润中支付现金股利。从企业支付能力的角度来看，这是一种真正稳定的股利政策，但这一政策将导致公司股利分配额的频繁变化，传递给外界一个公司不稳定的信息，所以很少有企业采用这一股利政策。

（四）正常股利加额外股利政策

按照这一政策，企业除每年按一固定股利额向股东发放称为正常股利的现金股利外，还在企业盈利较高、资金较为充裕的年度向股东发放高于一般年度正常股利额的现金股利，其高出部分即为额外股利。

四、股利政策种类与发放程序

（一）种类

（1）现金股利。现金股利是上市公司以货币形式支付给股东的股息红利，也是最普通、最常见的股利形式，如每股派息多少元，就是现金股利。

（2）股票股利。股票股利是上市公司用股票的形式向股东分派的股利，也就是通常所说的送红股。

（3）股票回购。股票回购是指通过购回股东所持股份的方式，将现金分配给股东。

（4）股票分割。股票分割是指将大股分为小股，如用两股新股票换回一股旧股票，是在不增加股东权益的基础上增加股票数量。这样便降低了股票交易价格，提高了流通性。

（二）股利发放程序

股份公司的股利分配方案通常由公司董事会决定并宣布，必要时要经股东大会或股东代表大会批准后才能实施（如我国就是这样规定的）。

股利发放有几个非常重要的日期：

1. 宣布日（declaration date，DD）

股份公司董事会根据定期发放股利的周期举行董事会会议，讨论并提出股利分配方案，由公司股东大会讨论通过后，正式宣布股利发放方案，宣布股利发放方案的那一天即为宣布日。在宣布日，股份公司应登记有关股利负债（应付股）。

2. 登记日（holder-of-record Date）

由于工作和实施方面的原因，自公司宣布发放股利至公司实际将股利发出要有一定的时间间隔。由于上市公司的股票在此时间间隔内处在不停的交易之中，公司股东会随股票交易而不断易人，为了明确股利的归属，公司确定有股权登记日，凡在股权登记日之前（含登记日当天）列于公司股东名单上的股东，都将获得此次发放的股利，而在这一天之后才列于公司股东名单上的股东，将得不到此次发放的股利，股利仍归原股东所有。

3. 除息日（ex-Dividend Date）

由于股票交易与过户之间需要一定的时间，因此，只有在登记日之前一段时间前购买股票的投资者，才可能在登记日之前列于公司股东名单之上，并享有当期股利的分配权。一般规定登记日之前的第四个工作日为除息日（逢节假日顺延），在除息日之前（含除息日）购买的股票可以得到将要发放的股利，在除息日之后购买的股票则无权得到股利，又称为除息股。除息日对股票的价格有明显的影响。在除息日之前进行的股票交易，股票价格中含有将要发放的股利的价值，在除息日之后进行的股票交易，股票价格中不再包含股利收入，因此其价格应低于除息日之前的交易价格。

4. 发放日

在发放日这一天，公司用各种方式向股东支付股利，并冲销股利负债。

【案例2-5】　用友软件股份公司股利分配政策分析

一、用友软件股份有限公司简介

用友软件股份有限公司成立于1988年，致力于把基于先进信息技术（包括通信技术）的最佳管理实践普及到客户的管理与业务创新活动中，全面提供具有自主知识产权的企业管理/ERP软件、服务与解决方案，提供移动商务服务。2001年5月，用友软件股票在上海证券交易所挂牌上市（股票简称：用友软件；股票代码：600588）。2002年"用友"商标被认定为"中国驰名商标"。2004年用友软件股份有限公司被评定为国家"重点软件企业"。"用友软件"是中国软件行业最知名品牌，是中国软件业最具代表性的企业。

用友公司是亚太本土最大管理软件供应商，是中国最大的管理软件、ERP软件、财务软件、集团管理软件、人力资源管理软件及小型管理软件供应商，是中国最大的独立软件供应商。以用友软件股份有限公司为主体组织的用友软件集团，定位于企业及政府、社团组织管理与经营信息化应用软件与服务提供商。用友公司旗下拥有用友政务软件公司、海晟用友软件公司、用友艾福斯公司、用友华表公司、用友移动商务公司等投资控股企业。用友公司的目标是：成就世界级的管理软件和移动商务服务提供商。

二、股利分配政策及分析

1. 用友公司2005年至2009年重要财务指标

用友2005年至2009年重要财务指标如表2-2所示。

表2-2　2005—2009年用友公司重要财务指标　　　　　　（单位：万元）

会 计 年 度	2005	2006	2007	2008	2009
营业收入	100 076	111 326	135 685	172 563	234 701
利润总额	11 838	18 956	38 780	46 806	67 424
净利润	9 884	17 339	36 045	39 543	59 370
扣除非经常性损益后的净利润	9 747	14 090	35 283	229 480	28 562

续表

会计年度	2005	2006	2007	2008	2009
总资产	149 248	160 631	303 049	310 997	381 951
股东权益	120 685	129 006	240 850	208 766	258 058
经营活动产生的现金流量净额	20 750	21 952	—	36 341	39 996
每股收益（摊薄）	0.57	0.77	1.6	0.85	0.97
净资产收益（摊薄）（%）	8.19	13.44	14.97	18.94	28.01
每股经营活动产生的现金流量净额	1.20	0.95	1.48	0.78	0.65
每股净资产	6.98	5.74	10.41	4.51	4.22
调整后每股净资产	6.81	—	—	—	—
扣除非经常性损益后的每股收益	0.58	0.63	1.56	0.50	0.47

2. 股利分配方案

表 2-3　2001—2009 年用友公司股利分配方案

报告期	每股收益	10 股分红（元，含税）	10 股转增（股）	红利支付率（%）
2001 年	0.70	6.00	0	85.71
2002 年	0.92	6.00	2	65.22
2003 年	0.62	3.75	2	60.48
2004 年	0.48	3.20	2	66.67
2005 年	0.57	6.60	3	115.79
2006 年	0.77	6.80	—	88.31
2007 年	1.60	10.00	10	65.50
2008 年	0.85	3.00	3	35.29
2009 年	0.97	6.00	3	61.86

　　用友公司的这种股利政策可谓是一石激起千层浪。在我国上市公司中，发放现金股利的很少，发放数量也是少得可怜。在这种环境下，用友公司较为"反常"的高派现行为成了一道独特的风景，引起了市场的关注。赞成高派现的人认为，用友公司的分红，按理是一种常规做法。所谓常规做法是指当公司没有更好的投资机会的时候，把钱分配给股东，让股东自己决定再投资。这种常规做法是比较理性的。如果用友不分红，势必驱使中小股东从股价波动中寻找投机差价，而这不利于市场的规范发展。用友注重当期回报的做法，是符合国际惯例的。为了减少市场股价的投机波动，应该提倡多分红。也有些学者反对用友的高派现行为，并视之为大股东套现，侵害中小股东利益的行为，认为用友是以貌似合法的手段来攫取社会公众财富。

　　用友软件的高派现股利政策之所以会有巨大的影响，无论是在股票市场还是在中国经济学理论界，都是和中国的具体国情分不开的。中国资本市场的上市公司普遍业绩差、亏损多，因此公司客观上可用于分配的现金即使有也是很少。再加上中国特殊的资本市场征税体系，股利征收 20% 的所得税，资本利得不征税，因此，少量现金股利扣除所得税后，恐怕所剩无几。

　　还有，中国资本市场还存在着严重的投机倾向，投资者似乎更关注其投资股票的资本利得，而不在乎微弱的股利。

此外，我国资本市场上市公司及其发行的股票始终是一种稀缺的资源，由于国内的投资渠道有限，而广大投资者需要为闲置资金寻找增值保值的渠道，因而在股票市场追求投机利润（资本利得），而不是投资所得（股利）。投资者对股利不重视，反过来助长了公司偏好发放非现金股利的倾向。

第三节　公司退市

一、退市的含义

（一）退市的概念

退市是上市公司由于未满足交易所有关财务等其他上市标准而主动或被动终止上市的情形，终止上市是彻底取消上市公司的上市资格，或者取消上市证券挂牌交易资格的制度。退市可分主动性退市和被动性退市，并有复杂的退市的程序。

【案例 2-6】　　　*ST 博元因重大违法被强制退市

2016 年 3 月 21 日，上交所发布关于终止 *ST 博元（珠海市博元投资股份有限公司）股票上市的公告称，*ST 博元是证券市场首家因触及重大信息披露违法情形被终止上市的公司。*ST 博元于 2016 年 3 月 29 日进入退市整理期，交易 30 个交易日。

因涉嫌连续 4 个年度虚增利润、资产，构成违规披露、不披露重要信息罪和伪造金融票证罪，追溯后 4 年净资产为负的 *ST 博元，成为了 2014 年 11 月 16 日退市新规实施后首家启动退市机制的公司。同时，也成为 A 股首家因重大信息披露违法而被退市的公司。

从最初的沪市"老八股"之一，到如今首例重大违法退市，*ST 博元一步步"沦为"资本市场的"反面典型"，决非公司一时不察，实为主观故意，持续违法、违规，且涉及金额巨大，情节严重，违法行为事实清楚，终止上市是其面对的必然结局。

（案例来源：根据 2016 年 3 月 22 日的中国证券网资料整理）

（二）几个相关概念：暂停上市、恢复上市、终止上市和重新上市

证监会于 2002 年发布的《亏损上市公司暂停上市和终止上市实施办法（修订）》明确规定，上市公司三年亏损即暂停上市，公司股票暂停上市后，符合一定条件的，可以在第一个半年度报告披露后的五个工作日内向证券交易所提出恢复上市。申请暂停上市后第一个半年度仍未扭亏，交易所将直接作出终止上市的决定。

从风险警示说起，以深交所为例（上交所类似），风险警示分为两种：

（1）退市风险警示（公司股票代码前加标志为 *ST，俗称"戴星戴帽"）。退市风险警示（*ST）的主要情形有以下几种：

①连亏两年（大部分被 *ST 的个股都是这个原因）；

②近一年期末净资产为负；

③近一年营业收入低于 1 000 万元；

④近一年的财务会计报告被出具无法表示意见或者否定意见的审计报告（如 *ST 霞客）；

⑤财报重大会计差错或者虚假记载，被中国证监会责令改正但未在规定期限内改正，且公司股票已停牌两个月（如 *ST 烯碳）；

⑥因欺诈发行受到中国证监会行政处罚，或者因涉嫌欺诈发行罪被依法移送公安机关（如 *ST 欣泰）；

⑦因重大信息披露违法受到中国证监会行政处罚，或者因涉嫌违规披露、不披露重要信息罪被依法移送公安机关（如 *ST 博元）。

（2）其他风险警示（公司股票代码前加标志为 ST，俗称"戴帽"）。其他风险警示（ST）的主要情形有以下几种（因为不是业绩原因，很多个股可随时摘帽）：

①公司生产经营活动受到严重影响且预计在三个月内不能恢复正常（如 ST 明科 主营业务盈利能力弱，所以 2016 年仅摘星不摘帽）；

②公司主要银行账号被冻结（如 ST 狮头 公司控股子公司太原狮头中联水泥有限公司银行账户被冻结）；

③公司董事会无法正常召开会议并形成董事会决议；

④公司向控股股东或者其关联人提供资金或者违反规定程序对外提供担保且情形严重的（如 ST 亚太，公司控股股东兰州亚太工贸集团有限公司非经营性间接占用公司资金，深交所对公司股票实行"其他风险警示"的特别处理）。

1. 暂停上市

公司在被实施退市风险警示（*ST）之后，如果出现以下几种情况，将被暂停上市：

①继续亏损（绝大部分 *ST 就是这样被暂停上市的，包括前两年的 *ST 超日，*ST 凤凰）；

②期末净资产继续为负值；

③营业收入继续低于 1 000 万元；

④财报继续被出具无法表示意见或者否定意见的审计报告；

⑤因欺诈发行被 *ST 交易满三十天（欣泰电气由于是创业板，无暂停上市制度而直接退市）；

⑥因重大信息披露违法被 *ST 交易满三十天。

在上市公司被暂停上市后，有以下两种可能：恢复上市与终止上市（退市）。

2. 恢复上市

暂停上市后，如果上市公司恢复了盈利能力且达到以下条件，可向交易所提交恢复上市的申请：

①净利润及扣除非经常性损益后的净利润均为正；

②期末净资产为正；

③具备持续经营能力且营业收入不低于 1 000 万元；

④财报未被出具保留意见、无法表示意见或者否定意见的审计报告。

3. 终止上市（退市）

暂停上市后，如果上市公司未能恢复盈利能力，即达不到上述恢复上市的条件，则将面临终止上市（退市）。如果公司股票被终止上市，公司将申请其股份进入股份转让系统中转让（俗称老三板），股东大会授权董事会办理公司股票终止上市以及进入股份转让系统的有关事宜。

4. 重新上市

上市公司在其股票终止上市后，达到交易所规定的重新上市条件的，可以申请重新上市。但事实上，目前没有任何一家已经退市的公司重新上市成功过。唯一一家粤传媒（股票代码：400003）走的是 IPO 通道，并没有直接重新上市。

二、退市的类型

（一）主动退市和被动退市

（1）主动退市。一般来说，上市公司营业期满，或因发展需要进行重组或调整结构，抑或股东会决定解散时，公司可根据股东会和董事会决议，向相关监管部门主动申请退市，得到批准后，即可进入退市流程。

（2）被动退市。被动退市也被称为强制退市。上市公司存在重大违规、违法行为，或因经营不善造成较大风险，而被交易所强制终止上市的，就属于被动退市。以我国的 A 股市场为例，如果上市公司连续两年亏损，交易所将发出退市风险警告。若该公司第三年仍然亏损，则会被交易所暂停上市。此时公司需在相关部门监督下进行整改，若一年后仍无起色，就会被交易所强制退市。

（二）私有化退市、换股退市和亏损、违法退市

（1）私有化退市。上市公司"私有化"，是资本市场一类特殊的并购操作。与其他并购操作的最大区别，就是它的目标是令被收购上市公司除牌，由公众公司变为私人公司。通俗来说，就是控股股东把小股东手里的股份全部买回来，扩大已有份额，最终使这家公司退市。私有化退市一般以主动退市完成，如辽河油田（000817）和锦州石化（000763）。

（2）换股退市，也叫换股并购，即并购公司将目标的股权按一定比例换成本公司的股权，目标公司被终止，换股退市一般也是主动退市。换股退市后，原股东会成为另一家公司的股东。例如，山东铝（600205）、兰铝（600296）和中国铝业（601600）换股后，原山东铝（600205）、兰铝（600296）的股东就变成了中国铝业（601600）的股东。

（3）亏损、违法退市。亏损、违法退市一般是被动退市。如果上市公司连续 3 年亏损或有违法行为，就会暂停上市，若在规定期限内还是达不到恢复上市的条件，就会被退市。例如，*ST 精密（600092）、S*ST 龙昌（600772）因为暂停上市后依然无法在规定时间内公布年报而被退市，*ST 博元因重大违法被强制退市。

三、我国上市公司的退市制度

（一）退市制度简介

退市制度是资本市场一项基础性制度，是指证券交易所制定的关于上市公司暂停、终止上市等相关机制以及风险警示板、退市公司股份转让服务、退市公司重新上市等退市配套机制的制度性安排。

在成熟市场，上市公司退市是一种常态现象。数据显示，自 2001 年 4 月 PT 水仙被终止上市起，沪深两市迄今共有退市公司 75 家。其中，因连续亏损而退市的有 49 家，其余公司的退市则因为被吸收合并。退市比例占整个 A 股挂牌家数的 1.8%，而美国纳斯达克每年大约 8% 的公司退市，美国纽约证券交易所的退市率为 6%；英国 AIM 的退市率更高，大约 12%。这些国家的证券市场"有进有退"，其退市机制起到了较好资源优化配置的效果。

（二）我国退市制度的相关法律法规

在我国证券市场制度建设中，退市制度的建立和实施是其中极为重要的环节之一。退市制度的完善有利于提高上市公司整体质量、净化市场，从而使证券市场的资源得到充分利用，提高对投资者的保护，并且利于不同层次的融资者有效地获取资金。我国关于上市公司退市的正式立法为 1994 年 7 月 1 日起施行的《中华人民共和国公司法》，只是对上市公司股票暂停上市和终止上市的法定条件进行了初步规定。1998 年中国第一部《证券法》也对此进行了相应的规定，此时期所有法律法规对退市制度只做了原则性的规定，不具有可操作性。1998 年证监会推出了特别处理 ST 制度，用于对财务状况或其他状况出现异常的上市公司的股票交易进行"特别处理"。此后，沪深交易所公布并开始实施《股票暂停上市相关事宜的规则》，规则决定对连续 3 年亏损的公司暂停上市，并对其股票实施"特别转让服务"，即 PT 制度。在此基础上，中国证监会于 2001 年 2 月 22 日发布《亏损上市公司暂停上市和终止上市实施办法》（证监发〔2001〕25 号），并于 2001 年 11 月 22 日进行修订，发布《亏损上市公司暂停上市和终止上市实施办法（修订）》（证监发〔2001〕147 号）。2001 年 6 月中国证券业协会发布了《证券公司代办股份转让服务业务试点办法》以及《股份代办转让公司信息披露实施细则》。《上海证券交易所股票上市规则》和《深圳证券交易所股票上市规则》同时也对终止上市进行了较为详细和全面的规定。新修订的《证券法》第 55 条和第 56 条分别对暂停股票上市和终止股票上市进行规制，新《公司法》不再规定相关内容。

1. 2012 年退市制度的修改

2012 年 3 月 18 日，国务院转批发改委《关于 2012 年深化经济体制改革重点工作的意见》的通知，提出深化金融体制改革，健全新股发行制度和退市制度，强化投资者回报和权益保护。2012 年 4 月 20 日，深交所发布《深圳证券交易所创业板股票上市规则》（2012 年修订），自 5 月 1 日起施行。创业板退市制度正式出台，其中规定创业板公司退市后统一平移到代办股份转让系统挂牌，将不支持上市公司通过借壳恢复上市。2012 年 6 月 28 日，上交所和深交所公布新退市制度方案，连续三年净资产为负，或者连续三年营业收入低于 1000 万元，或连续 20 个交易日收盘价低于股票面值的公司应终止上市。

2. 2014 年退市制度的修改

2014 年 10 月 15 日，《关于改革完善并严格实施上市公司退市制度的若干意见》（中国证券监督管理委员会令第 107 号）发布，明确上市公司因欺诈发行、重大信息披露违法暂停上市、终止上市的具体情形（见表 2-4），及相应的终止上市例外情形、恢复上市、重新上市的规定。

表 2-4   上市公司退市情形一览表

序号	主 动 退 市
1	上市公司在履行必要的决策程序后，主动向证券交易所提出申请，撤回其股票在该交易所的交易，并决定不再在交易所交易
2	上市公司在履行必要的决策程序后，主动向证券交易所提出申请，撤回其股票在该交易所的交易，并转而申请在其他交易场所交易或者转让
3	上市公司向所有股东发出回购全部股份或者部分股份的要约，导致公司股本总额、股权分布等发生变化不再具备上市条件，其股票按照证券交易所规则退出市场交易
4	上市公司股东向所有其他股东发出收购全部股份或者部分股份的要约，导致公司股本总额、股权分布等发生变化不再具备上市条件，其股票按照证券交易所规则退出市场交易
5	除上市公司股东外的其他收购人向所有股东发出收购全部股份或者部分股份的要约，导致公司股本总额、股权分布等发生变化不再具备上市条件，其股票按照证券交易所规则退出市场交易
6	上市公司因新设合并或者吸收合并，不再具有独立主体资格并被注销，其股票按照证券交易所规则退出市场交易
7	上市公司股东大会决议解散，其股票按照证券交易所规则退出市场交易
	强 制 退 市
8	上市公司存在欺诈发行、重大信息披露违法或者其他涉及国家安全、公共安全、生态安全、生产安全和公众健康安全等领域的重大违法行为
9	上市公司股本总额发生变化不再具备上市条件，且在证券交易所规定的期限内仍不能达到上市条件
10	上市公司社会公众持股比例不足公司股份总数的 25%，或者公司股本总额超过 4 亿元，社会公众持股比例不足公司股份总数的 10%，且在证券交易所规定的期限内仍不能达到上市条件
11	上市公司股票在一定期限内累计成交量低于证券交易所规定的最低限额
12	上市公司股票连续 20 个交易日（不含停牌交易日）每日股票收盘价均低于股票面值
13	上市公司因净利润、净资产、营业收入、审计意见类型或者追溯重述后的净利润、净资产、营业收入等触及规定标准，其股票被暂停上市后，公司披露的最近一个会计年度经审计的财务会计报告显示扣除非经常性损益前、后的净利润孰低者为负值

续表

序号	主 动 退 市
14	上市公司因净利润、净资产、营业收入、审计意见类型或者追溯重述后的净利润、净资产、营业收入等触及规定标准，其股票被暂停上市后，公司披露的最近一个会计年度经审计的财务会计报告显示期末净资产为负值
15	上市公司因净利润、净资产、营业收入、审计意见类型或者追溯重述后的净利润、净资产、营业收入等触及规定标准，其股票被暂停上市后，公司披露的最近一个会计年度经审计的财务会计报告显示营业收入低于证券交易所规定数额
16	上市公司因净利润、净资产、营业收入、审计意见类型或者追溯重述后的净利润、净资产、营业收入等触及规定标准，其股票被暂停上市后，公司披露的最近一个会计年度经审计的财务会计报告被会计师事务所出具否定意见、无法表示意见或者保留意见
17	上市公司在证券交易所规定期限内，未改正财务会计报告中的重大差错或者虚假记载
18	法定期限届满后，上市公司在证券交易所规定的期限内，依然未能披露年度报告或者半年度报告
19	上市公司因净利润、净资产、营业收入、审计意见类型或者追溯重述后的净利润、净资产、营业收入等触及规定标准，其股票被暂停上市，不能在法定期限内披露最近一个会计年度的年度报告
20	上市公司股票被暂停上市后在规定期限内未提出恢复上市申请
21	上市公司股票被暂停上市后其向交易所提交的恢复上市申请材料不全且逾期未补充
22	上市公司股票被暂停上市后其恢复上市申请未获证券交易所同意
23	上市公司被法院宣告破产
24	证券交易所规定的其他情形

资料来源：《关于改革完善并严格实施上市公司退市制度的若干意见》附件.

为进一步完善退市工作机制，沪深交易所分别对《退市公司重新上市实施办法》《退市整理期业务实施细则》《风险警示板股票交易暂行办法》三项退市配套规则进行了修订，并于 2015 年 1 月 30 日对外发布实施。修订后的《重新上市办法》针对不同情形退市公司，在重新上市的申请程序、申请文件等方面进行了差异化安排：一是根据不同的退市情形，规定不同的重新上市申请间隔期；二是对重大违法退市公司申请重新上市，特别规定了严格前置条件；三是对于主动退市公司申请重新上市和被"错判"重大违法的退市公司恢复上市地位，《重新上市办法》在申请文件、审核程序、重新上市后的交易安排等方面进行了一定简化和差异化安排。

3. 2018 年退市制度的修改

2018 年 7 月 27 日，证监会发布《关于修改〈关于改革完善并严格实施上市公司退市制度的若干意见〉的决定》（中国证券监督管理委员会令第 146 号），这次修改主要包括三个方面：一是完善重大违法强制退市的主要情形，明确上市公司构成欺诈发行、重大信息披露违法或者其他涉及国家安全、公共安全、生态安全、生产安全和公众健康安全等领域的重大违法行为的，证券交易所应当严格依法作出暂停、终止公司股票上市交易的决定的基本制度要求；二是强化证券交易所的退市制度实施主体责任，明确证券交易所应当制定上市公司因重大违法行为暂停上市、终止上市实施规则；三是落实因重大违法强制退市公司控股股东、实际控制人、董事、监事、高级管理人员等主体的相关责任，强调其应当配合有关方面做好退市相关工作、履行相关职责的要求。

2018 年 11 月 16 日，上海证券交易所和深圳证券交易所双双正式发布实施《上市公司重大违法强制退市实施办法》，并修订完善了《股票上市规则》和《退市公司重新上市实施办法》。

上交所正式发布实施的《上海证券交易所上市公司重大违法强制退市实施办法》，明确此类情形的规范逻辑主要包括三个方面：第一，出现社会公众安全类重大违法行为，表明上市公司生产经营价值取向与其应当承担的社会责任发生严重背离；第二，社会公众安全类重大违法行为，不仅损害资本市场投资者的利益，更直接影响整个社会的公共利益乃至国家利益，为资本市场立法和监管的价值本位所不容；第三，上市公司存在社会公众安全类重大违法行为，往往会被剥夺生产经营的资格许可，丧失持续经营能力，客观上不应也无法再维持其上市地位。在社会公众安全类重大违法强制退市的具体情形方面，主要有三种情形：其一，上市公司或其主要子公司被依法吊销营业执照、责令关闭或者被撤销；其二，上市公司或其主要子公司依法被吊销主营业务生产经营许可证，或者存在丧失继续生产经营法律资格的；其三，本所根据上市公司重大违法行为损害国家利益、社会公共利益的严重程度，结合公司承担法律责任类型、对公司生产经营和上市地位的影响程度等情形，认为公司股票应当终止上市的。

深交所正式发布实施的《深圳证券交易所上市公司重大违法强制退市实施办法》，在"重大违法强制退市"的定义和情形列举中纳入了"五大安全"（涉及国家安全、公共安全、生态安全、生产安全和公众健康安全等领域）的相关内容，即涉及"五大安全"的重大违法行为，情节恶劣，严重损害国家利益、社会公共利益，或者严重影响上市地位的，其股票应当被退市。对上市公司重大违法强制退市的实施依据、实施标准、实施主体、实施程序及相关配套机制进行了具体规定，主要有四方面的特点：一是切实提高退市效率，将重大违法退市情形的暂停上市期间，由 12 个月缩短为 6 个月；二是围绕"上市地位"明确退市标准，坚决对欺诈行为"零容忍"；三是退市以人民法院等相关行政机关的行政处罚决定和人民法院的生效裁判为依据，即确保违法事实清楚、退市依据明确；四是坚决落实"公平、公开、公正"原则，由交易所上市委员会综合考虑上市公司违法情形，作出审慎、独立、专业判断，并设置了申辩、听证和复核程序，充分保障上市公司解释沟通的权利，提高退市透明度。

（三）现阶段我国退市制度存在的问题

退市制度的建立和实施对提高我国上市公司整体质量，初步形成优胜劣汰的市场机制发挥了积极作用。但是随着资本市场发展改革的逐步深化，原有退市制度在实际运行中逐渐暴露出了一些问题。

1. 退市标准的不具体、不全面

与西方发达国家相比，我国规定的退市标准过于宽松和笼统。首先，发达国家规定了很多量化标准，并且采用了时间和资本的双重标准。在我国，根据《证券法》对公司上市条件的规定可推知，我国退市的数量标准仅有当公司股本总额少于人民币 3000 万元，公开发行的股份低于公司股份总数的 25%，公司股本总额超过人民币 4 亿元的公开发行股份

的比例低于10%。由此可看出，我国法律法规对于公众持股人数、股票市值、成交量等数量标准都没有进行具体的规定，对上市公司的总资产的规定也不详尽、不全面。同时，与我国仅规定了"最近三年连续亏损"的时间标准相比，美国证券交易法规的规定更为准确、逻辑性更强、实践性更强，并且可以有效地避免通过财会等手段来规避法律标准的现象。其次，对于非数量标准的规定，我国也存在用词模糊，涉及范围窄，难以对数量化标准形成有效的补充。

2. 退市程序的不健全

美国的主板市场和纳斯达克市场对退市程序都分阶段进行了规定，并且不同的市场板块对其市场中不同退市阶段的程序规定的清楚具体，每一个阶段都有其阶段性标准，不同的阶段之间可以很好的衔接。但是我国对此程序的规定模糊，阶段性不明晰，因此使得不同阶段的功能没能很好的发挥。同时，作为发展最好的二板市场，美国的纳斯达克市场采用了聆讯制，而中国虽然在新《证券法》中规定了申请复核制度，但是缺乏具体的程序细则以增强其可操作性，从而影响了此项规定价值的充分发挥。

3. 我国的证券市场充斥着一定的行政干预色彩

在我国，公司上市资格或地位是一种稀缺资源。正是由于它的稀缺性，使得绩差公司想方设法地通过各种方式维持其上市地位，各地政府也会采取措施避免地方的上市公司退市。一些上市公司明明已经符合退市的条件，地方政府却不让其退市，用自身强大的行政职权，采用重组的政策避免其退市，再次重组改造，尽最大的努力保护公司继续留在证券市场上。

【案例 2-7】 ST 九州退市的案例分析

一、ST 九州公司介绍

福建九州集团股份有限公司于 1996 年 11 月在深交所上市。公司的前身为 1985 年成立的福建九州经济联发集团，1993 年整体改制成为福建九州集团股份有限公司。股份制改组一度给公司带来了巨大的生机和活力。该公司迅速从一家省属外贸企业发展成为以进出口贸易为龙头，集进出口贸易、房地产、文化娱乐业等于一体的综合性大型企业集团，进出口额逐年增加。

二、ST 九州退市原因分析

1. 参与走私犯罪活动，九州自掘坟墓

九州集团前董事长兼党委书记赵裕昌鼓动下属走私。所属十几家商贸企业都蜂拥而去，找远华合伙走私，走私货物多达 28 亿元，违法所得 1 300 多万元，偷逃税款 18 亿人民币。九州成了"4·20"案中最大走私户，给国家造成巨大经济损失。由于涉及"4.20"远华走私案，九州公司被判处罚金 2 亿元，并追缴非法所得 1 364 万元，由于没钱支付罚金，公司的全部资产都被冻结或者抵押，导致外贸业务完全终止，经营活动遭受了严重的打击。

2. 信息披露造假、欺诈上市

其一，以虚假利润欺诈上市。ST 九州在 1996 年公开发行股票申报材料中，1993

年至 1995 年三年间均虚增公司利润分别占申报利润总额的 50.3%、42.3% 和 35.8%。

其二，上市后继续在财务报表中虚增利润。

其三，1993 年定向募集股金没有足额到位。

其四，在 1998 年的配股申报材料中对前三年的利润进行了虚假陈述。

其五，被掏空现象严重。ST 九州的控股股东是福建省国有资产管理局，九州商社长期受托经营 ST 九州的国有资产。截至 1999 年 6 月，ST 九州还通过关联交易，在未履行完整法律手续的情况下，将银行贷款共计 3.8 亿元借给九州商社使用，历年的财务报告却均未进行披露。

3. 财务失败

从 1999 年到 2001 年，九州公司连续三年亏损，主营业务收入、总资产、股东权益、每股净资产等指标均逐年下降。财务失败原因：①盲目兼并，缺乏核心竞争力。通过不断兼并陷入困境，企业扩张成为大集团企业后，没有一个能够支撑整个集团的盈利企业，因此经济危机发生以后，集团企业陷入了更大的困境；②投资不当，加大财务风险。九州长期以来对外盲目投资，决策程序简单化，项目的投资缺乏科学的论证，致使公司对外的投资项目大面积亏损；③大股东侵占上市公司资金，使得公司主营业务无法顺利开展，这是由于大股东九州商社占用了大部分募集资金和公司运营的必需资金；④违规担保，深陷债务泥潭，九州公司与其他公司互为对方的银行贷款提供担保，导致逾期贷款数额巨大；⑤拆东墙补西墙——债台高筑，这是因为九州股份每兼并一个企业，就用它作抵押向银行贷款，不仅如此，九州还向社会非法集资；⑥公司的治理结构问题突出，具体表现为股东大会形式化、内部控制缺位、财务监督职能弱化、缺乏管理监督等。

2001 年 10 月升汇集团入驻 ST 九州总共经历了两轮重组，但均以失败告终，九州集团退市终成定局。

复习思考题

一、在线测试题（扫描书背面的二维码获取答题权限）

二、简答题

1. 影响股票价格的因素有哪些？

2. 企业上市的意义有哪些？

3. 审核制与注册制有什么不同？

4. 如何进行买壳上市？如何选择壳资源？

5. 股利政策有哪些方式？

6. 请简要回答上市公司退市的含义及退市的类型。

第三章 债券融资

内容提要

随着我国资本市场的日益成熟，债券融资已经成为企业融资的重要渠道之一。公司债券作为一项重要的直接融资工具，无论对完善资本市场结构，还是优化公司资本结构都起着非常重要的作用。本章第一节介绍公司债券的基本内容，阐述了公司债券的基本理论，以及公司债券的发行与上市程序；第二节详细介绍了可转换公司债券及其特性，以及可转换公司债券的基本要素和价值构成，并介绍了可转债的发行动机理论；第三节介绍了企业资产证券化的基本内容，阐述了企业资产证券化的基本原理和基本流程及其风险和防范。

学习要点

1. 掌握公司债券的含义及特征，理解公司债券的相关理论、基本分类以及公司债券的发行和上市；
2. 掌握可转换公司债券的含义、特性、基本要素、价值构成，理解其相关理论；
3. 了解分离交易的可转换公司债券的内涵；
4. 掌握企业资产证券化的含义，理解其相关理论及其基本流程。

第一节 公司债券

一、公司债券的内涵

（一）公司债券的定义

债券是政府、金融机构、工商企业等直接向社会借债筹措资金时，向投资者发行，承诺按一定利率支付利息并按约定条件偿还本金的债权债务凭证。债券是现代经济中主要信用形式之一，也是各国经济和金融发展不可缺少的金融工具。按照发行主体划分，可分为政府债券、金融债券和企业（公司）债券。

在《新帕尔格雷夫经济学大辞典》中，债券被定义为一种契约，规定当约定的某些事件或日期来到时，其发行者须给予持有人或受益人一定的报酬。在当代经济学用语中，债券一般被理解为一种债务工具，通常由政府或公司发行，先接受一笔借款，并承诺将来按载明日程支付本息。米什金在《货币金融学》中定义债券是一种承诺在一个特定的时间段中进行定期支付的债务性证券。滋维·博迪在《金融学》中定义债券是以借贷协议形式发行的证券，借者为获取一定量的现金而向贷者发行（如出售）债券，债券是借者的"借据"。

由此，公司债券可以认为是由股份制公司发行的一种债务契约，公司承诺在未来的特定日期偿还本金并按事先规定的利率支付利息。公司债券包含以下四层含义：①债券的发行人是股份制公司，是资金的借入者；②购买债券的投资者是资金的借出者；③发行人（借入者）需要在一定时期还本付息；④债券是债务证明书，具有法律效力。债券购买者与发行者之间是一种债权债务关系，债券发行人即债务人，投资者（或债券持有人）即债权人。

（二）公司债券的特征

公司债券具有债券的一般特征，即到期还本付息。作为债券的一种，与政府债券和金融债券相比，公司债券还具有一些特别之处。

1. 风险性

公司债券与政府债券或金融债券相比较，风险较大。公司债券的还款来源是公司的经营利润，但是任何一家公司的未来经营都存在很大的不确定性，因此公司债券持有人承担着损失利息甚至本金的风险。

2. 收益率较高

按照风险与收益成正比的原则，要求较高风险的公司债券需提供给债券持有人较高的投资收益，公司债券利率通常高于国债和地方政府债券。

3. 优先性

公司债券反映的是债权关系，不拥有对公司的经营管理权，但是可以优先于股东享有索取利息和优先要求补偿和分配剩余资产的权利。债券持有者是公司的债权人，有权按期取得利息，且利息分配顺序优于股东。公司破产清理资产时，债券持有者也优先于股东收回本金。

二、公司债券的理论

（一）资本结构理论

按照现代资本结构理论的观点，公司的融资选择问题从本质上来说就是公司资本结构的选择问题。1958 年，莫迪格利安尼和米勒（Modigliani and Miller）共同发表了著名的《资本成本、公司财务和投资理论》一文，提出了最初的资本结构理论——MM 理论，认为在资本市场高度完善、充分竞争、没有税收的理想状态下，任何企业的市场价值与其资本结构无关，即企业选择怎样的融资方式不会影响企业的市场价值。1963 年他们在《公司所得税与资本结构：一项修正》一文中，将企业所得税引入了 MM 理论，形成了修正的 MM 理论，由此而得出的结论为：企业的资本结构影响企业的总价值，负债经营将为公司带来税收节约效应。1977 年，米勒发表的《负债与税收》一文，通过把个人所得税的因素加入到修正的 MM 理论中而建立回归的 MM 理论——米勒模型。该模型把企业所得税和个人所得税的因素都考虑进去了，它认为个人所得税的存在会在某种程度上抵减负债的税盾效应，但是在正常的税率水平下，负债的税盾效应不会被完全抵消，因此企业的负债水平和企业的价值仍然呈正相关。米勒模型是对 MM 定理的最后总结和重新肯定，数理逻辑比较严密，但是它的研究前提仍然没有改变，在实践中难以得到验证。

（二）权衡理论（trade-off theory）

20 世纪 70 年代中期詹森和麦克林等提出了权衡理论，也称为企业最优资本结构理论，认为企业最优资本结构就是在负债的税收利益与破产成本现值之间进行权衡，企业的最优资本结构就是使债务资本的边际成本和边际收益相等时的比例。权衡理论通过放宽 MM 理论完全信息以外的各种假定，认为在税收、财务困境成本、代理成本分别或共同存在的条件下，资本结构会影响企业市场价值。

权衡理论指出，企业利用债权融资方式进行融资既有优点也有缺点。优点为：一是负债利息可作为企业的费用成本在税前扣除，而股息则必须在税后支付，因此，负债具有税收的屏蔽作用；二是企业采用债权方式进行融资，有利于提高企业管理者的工作效率、降低在职消费，更为重要的是可以使企业的自由现金流量减少，从而可以使低效或非盈利项目的投资减少，也就是说可以降低企业的权益代理成本。缺点为：一是当企业举借债务达到一定的程度后，企业的财务危机成本也在不断上升；二是个人所得税对负债的税盾效应有抵消的作用。因此，负债经营企业的价值等于无负债经营企业的价值加上赋税的节约，减去与其财务危机成本的现值和权益代理成本的现值。当企业赋税成本的节约与企业的财务危机成本和代理成本达到平衡时，企业的资本结构达到最优。

（三）优序融资理论（pecking order theory）

1977 年，罗斯（Ross）首次将信息不对称引入资本结构理论。在此基础上，梅耶斯和梅勒夫（Mayers & Majluf, 1984）研究了在信息不对称状态下，融资工具的选择行为传递公司类型的信号机制，提出了优序融资理论。优序融资理论放宽 MM 理论中完全信息的假定，以不对称信息理论为基础并考虑到交易成本的存在，认为外部融资要多支付各种成本，权益融资会传递企业经营的负面信息，而内源融资由于不需要和投资者签订契约，也无须支付各种费用，所受限制少，因而是首选的融资方式；其次可选低风险债券，因为其信息不对称的成本可以忽略；再次可选高风险债券；最后在不得已的情况下企业才可通过发行股票融资。这是因为，上市公司通过发行股票进行融资，会稀释股权，降低对公司的控制力，被迫让别人参与自身公司的经营，这是上市公司所有者所不愿意见到的情况；而且，上市公司股票融资的成本要高于债券融资的成本。因此，优序融资理论的结论是：从融资方式的优劣排序来看，内源融资优于债权融资，而债权融资又优于权益融资，企业融资一般会遵循内源融资、债权融资、权益融资这样一种先后顺序。

三、公司债券的基本分类

（一）按是否记名划分

（1）记名公司债券，即在券面上登记持有人姓名，支取本息要凭印鉴领取，转让时必须背书并到债券发行公司登记的公司债券。

（2）不记名公司债券，即券面上不需载明持有人姓名，还本付息及流通转让仅以债券为凭，不需登记的公司债券。

（二）按持有人是否参加公司利润分配划分

（1）参加公司债券，是指除了可按预先约定获得利息收入外，还可在一定程度上参加公司利润分配的公司债券。

（2）非参加公司债券，是指持有人只能按照事先约定的利率获得利息的公司债券。

（三）按是否可提前赎回划分

（1）可提前赎回公司债券，即发行者可以在债券到期前购回其发行的全部或部分债券。

（2）不可提前赎回公司债券，即只能一次到期还本付息的公司债券。

（四）按发行债券的目的划分

（1）普通公司债券，即以固定利率、固定期限为特征的公司债券。这是公司债券的主要形式，目的在于为公司扩大生产规模提供资金来源。

（2）改组公司债券，是为清理公司债务而发行的债券，也称为以新换旧债券。

（3）利息公司债券，也称为调整公司债券，是指面临债务信用危机的公司经债权人同意而发行的较低利率的新债券，用以换回原来发行的较高利率债券。

（4）延期公司债券，指公司在已发行债券到期无力支付，又不能发新债还旧债的情况下，在征得债权人同意后可延长偿还期限的公司债券。

（五）按发行人是否给予持有人选择权划分

（1）附有选择权的公司债券，指在一些公司债券的发行中，发行人给予持有人一定的选择权，如可转换公司债等。

（2）未附选择权的公司债券，即债券发行人未给予持有人上述选择权的公司债券。

四、公司债券的发行

（一）公司债券发行条件

根据我国《证券法》规定，公开发行公司债券应当符合下列条件：①股份有限公司的净资产不低于人民币 3 000 万元，有限责任公司的净资产不低于人民币 6 000 万元；②累计债券余额不超过公司净资产的 40%；③最近 3 年平均可分配利润足以支付公司债券 1 年的利息；④筹集的资金投向符合国家产业政策；⑤债券的利率不超过国务院限定的利率水平；⑥国务院规定的其他条件。

存在下列情形之一的公司，不得再次公开发行公司债券：①前一次公开发行的公司债券尚未募足；②对已公开发行的公司债券或者其他债务有违约或者延迟支付本息的事实，仍处于继续状态；③违反本法规定，改变公开发行公司债券所募资金的用途。

（二）公司债券发行方式

按照公司债券的发行对象，可分为公募发行和私募发行两种方式。

1.公募发行

公募发行是指公开向不特定的投资者发行债券。在发行过程中，公募债券须按法定手续，经证券主管机构批准，然后在市场上公开发行。任何投资者均可购买公募债券，也可以在证券市场上转让。由于发行对象是不特定的广泛分散的投资者，一般私营企业必须符合规定的条件才能发行公募债券，而且要求发行者必须遵守信息公开制度，向投资者提供各种财务报表和资料，并向证券主管部门提交有价证券申报书，以保护投资者的利益。

2.私募发行

私募债券是指向与发行者有特定关系的少数投资者募集的债券，其发行和转让均有一定的局限性。私募债券的发行相对公募而言有一定的限制条件，私募的对象是有限数量的专业投资机构，如银行、信托公司、保险公司和各种基金会等。一般发行市场所在国的证券监管机构对私募的对象在数量上并不作明确的规定，但在日本则规定为不超过50家。这些专业投资机构一般都拥有经验丰富的专家，对债券及其发行者具有充分调查研究的能力，加上发行人与投资者相互都比较熟悉，所以没有公开展示的要求，即私募发行不采取公开制度。

私募发行的优点有：发行成本低；对发债机构资格认定标准较低；可不需要提供担保；信息披露程度要求低；有利于建立与业内机构的战略合作。但其缺点也比较明显：流动性低，只能以协议转让的方式流通，只能在合格投资者之间进行。

公募债券与私募债券在欧洲市场上区分并不明显，可是在美国与日本的债券市场上，这种区分是很严格的，并且也是非常重要的。在日本发行公募债券时，必须向有关部门提交《有价证券申报书》，并且在新债券发行后的每个会计年度还要向日本政府提交一份反映债券发行国有关情况的报告书。在美国，在发行公募债券时必须向证券交易委员会提交《登记申报书》，其目的是向社会上广泛的投资者提供有关债券的情况及其发行者的资料，以便于投资者监督和审评，从而更好地维护投资者的利益。

（三）公司债券发行价格

1.债券定价的现金流折现法

公司债券的发行价格是指发行公司或其承销机构发行债券时所采用的价格，也是债券原始投资者购入债券时应支付的市场价格。

经典的债券定价是采用现金流折现法。债券产生的现金流是由息票 C（通常是固定的）和本金 F（通常由债券契约事先规定）构成。另外，付息的期限和偿还本金的到期日 t 通常也由契约决定。债券的当前价格或估值公式为：

$$P_b = \sum_{t=1}^{n} \frac{C}{(1+k)^t} + \frac{F}{(1+k)^n}$$

其中，P_b 表示债券的价格，息票 C 表示每期支付的利息，它等于面值乘以票面利率；F 表示本金；t 表示发行日至到期日这一期间内的某一时刻；n 表示发行日至到期日的周期数；k 表示市场利率。

2. 公司债券发行价格的等价、溢价和折价

在债券发行时，债券的发行价格通常有三种：等价发行、溢价发行和折价发行。等价发行又叫平价发行，是指以债券的票面金额作为发行价格，溢价发行是指以高于债券面额的价格发行债券，折价发行是指以低于债券面额的价格发行债券。溢价和折价发行主要是由于债券的票面利率与市场利率不一致造成的。票面利率标明在债券票面上，无法改变，而市场利率经常波动。因此，在债券发行时，如果市场利率与票面利率一致，则按等价发行；如果市场利率高于票面利率，则按折价发行；如果市场利率低于票面利率，则按溢价发行。

3. 公司债券定价原则

1962 年，麦尔齐在对债券价格、债券利息率、到期年限以及到期收益率之间进行了研究后，提出了债券定价的五个定理。至今，这五个定理仍被视为债券定价理论的经典。

定理一：债券的市场价格与到期收益率呈反比关系。到期收益率上升时，债券价格会下降；反之，到期收益率下降时，债券价格会上升。

定理二：当债券的收益率不变，即债券的息票率与收益率之间的差额固定不变时，债券的到期时间与债券价格的波动幅度之间成正比关系。到期时间越长，价格波动幅度越大；反之，到期时间越短，价格波动幅度越小。

定理三：随着债券到期时间的临近，债券价格的波动幅度减少，并且是以递增的速度减少；反之，到期时间越长，债券价格波动幅度增加，并且是以递减的速度增加。

定理四：对于期限既定的债券，由收益率下降导致的债券价格上升的幅度大于同等幅度的收益率上升导致的债券价格下降的幅度。

定理五：对于给定的收益率变动幅度，债券的息票率与债券价格的波动幅度之间成反比关系。息票率越高，债券价格的波动幅度越小。

（四）公司债券发行程序

公司债券发行程序如图 3-1 所示。

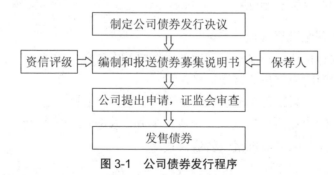

图 3-1 公司债券发行程序

1. 制定公司债券发行决议

根据《公司债券发行与交易管理办法》，申请发行公司债券，应当由公司董事会制订方案，由股东会或股东大会对下列事项进行决议：发行债券的数量；向公司股东配售的安排；债券期限；募集资金的用途；决议的有效期；对董事会的授权事项以及其他需要明确的事项。

2. 编制和报送债券募集说明书

发行公司债券，应当由保荐人保荐，并向中国证监会申报。保荐人应当按照中国证监会的有关规定编制和报送募集说明书和发行申请文件。公司全体董事、监事、高级管理人员应当在债券募集说明书上签字，保证不存在虚假记载、误导性陈述或者重大遗漏，并声明承担个别和连带的法律责任。

债券募集说明书所引用的审计报告、资产评估报告、资信评级报告、法律意见书，应当由有资格的证券服务机构出具。为债券发行出具专项文件的注册会计师、资产评估人员、资信评级人员、律师及其所在机构，应当按照依法制定的业务规则、行业公认的业务标准和道德规范出具文件，并声明对所出具文件的真实性、准确性和完整性承担责任。

3. 公司提出申请，证监会审查

中国证监会依照下列程序审核发行公司债券的申请：①收到申请文件后，五个工作日内决定是否受理；②中国证监会受理后，对申请文件进行初审；③发行审核委员会按照《中国证券监督管理委员会发行审核委员会办法》规定的特别程序审核申请文件；④中国证监会作出核准或者不予核准的决定。

4. 发售债券

公司应当在发行公司债券前的 2～5 个工作日内，将经中国证监会核准的债券募集说明书摘要刊登在至少一种中国证监会指定的报刊中，同时将其全文刊登在中国证监会指定的互联网网站。

发行公司债券，可以申请一次核准，分期发行。自中国证监会核准发行之日起，公司应在 6 个月内首期发行，剩余数量应当在 24 个月内发行完毕。超过核准文件限定的时效未发行的，须重新经中国证监会核准后方可发行。首期发行数量应当不少于总发行数量的50%，剩余各期发行的数量由公司自行确定，每期发行完毕后 5 个工作日内报中国证监会备案。

五、公司债券信用评级

（一）公司债券信用评级的内涵

公司债券评级，是评级机构根据发行债券的公司提供的有效信息和自身搜集的信息，对该债券是否能按照约定支付本金和利息的可靠程度进行评价，并用简单的符号表示不同级别，进而给投资者提供有关信用风险方面的陈述意见，有时随着公司经营的变化或者外部客观情况的变化评级机构会变更评级结果。

信用评级有狭义和广义两种定义。狭义的信用评级指独立的第三方信用评级中介机构对债务人如期足额偿还债务本息的能力和意愿进行评价，并用简单的评级符号表示其违约风险和损失的严重程度。广义的信用评级则是对评级对象履行相关合同和经济承诺的能力和意愿的总体评价。

信用评级的内涵主要包括以下几方面：

首先，信用评级的根本目的在于揭示受评对象违约风险的大小。信用评级是基于资本市场中债务人违约风险作出的，评价债务人能否及时偿付利息和本金的活动。

其次，信用评级所评价的目标是经济主体按合同约定如期履行债务或其他义务的能力和意愿，而不是企业本身的价值或业绩。

再次，信用评级是独立的第三方利用其自身的技术优势和专业经验，就各公司债券的信用风险大小所发表的一种专家意见，不能代替资本市场投资者本身进行投资选择。

最后，评级结果用专业的、简单明了的符号表示，以反映不同风险等级。

（二）我国公司债券信用评级

1. 我国公司债券信用评级的指标体系

信用评级机构主要提供被评主体的风险信息，在对公司债券的评级中，债券评级指标体系是评级机构开展评级调查的指南，是决定被评对象信用等级的标准。我国的资信评级业发展历史不长，国内的专业评级机构采用的技术与方法大多都是学习和借鉴国际著名的评级机构的先进经验，再充分结合我国资本市场的状况、相应的政策法规、公司会计准则等多方面的特点，从而形成我国公司债券评级的指标体系。本书以中诚信国际信用评级有限公司为例说明我国公司债券信用评级体系。[①]

中诚信国际信用评级有限公司（以下简称"中诚信国际"）始创于 1992 年 10 月，是经中国人民银行总行批准成立的中国第一家全国性的从事信用评级、金融债券咨询和信息服务的股份制非银行金融机构。中诚信是国内规模最大、全球第四大评级机构。中诚信国际的通用信用评级分析框架如图 3-2 所示。

图 3-2　中诚信国际的通用信用评级分析框架

---

① 资料来源：中诚信国际信用评级有限公司网站，http：//www.ccxi.com.cn/.

中诚信国际的评级体系具有以下主要特征：

（1）定性分析判断和定量分析相结合；

（2）历史考察、现状分析与长期展望相结合（平抑经济周期的扰动）；

（3）侧重于对评级对象未来偿债能力的分析和评价；

（4）注重现金流的水平和稳定性；

（5）以同类企业作为参照，强调评级的一致性和可比性；

（6）"看透"不同准则下的会计数字。

2. 我国公司债券级别表示

公司债券按照上述指标体系计算出分数以后，就可以确定公司债券的级别。根据国际上通用的表达方式，一般采用 ABC 来表示公司债券的信用级别，再结合我国评级机构的特点，主要侧重两方面，一方面是债券到期还本付息的能力，即债券的违约风险，同时还包括公司债券抵御经济环境变化带来的冲击、经济政策和形势变化造成影响的能力；另一方面是投资者对债券的投资风险。公司债券的信用级别、表达符号及含义如表 3-1 所示。

表 3-1　公司债券的信用级别、表达符号及含义

等级符号	含　义
AAA	受评对象偿还债务的能力极强，基本不受不利经济环境的影响，违约风险极低
AA	受评对象偿还债务的能力很强，受不利经济环境的影响较小，违约风险很低
A	受评对象偿还债务的能力较强，较易受不利经济环境的影响，违约风险较低
BBB	受评对象偿还债务的能力一般，受不利经济环境的影响较大，违约风险一般
BB	受评对象偿还债务的能力较弱，受不利经济环境的影响很大，有较高违约风险
B	受评对象偿还债务的能力较大地依赖于良好的经济环境，违约风险很高
CCC	受评对象偿还债务的能力极度依赖于良好的经济环境，违约风险很高
CC	受评对象在破产或重组时可获得保护较小，基本不能保证偿还债务
C	受评对象不能偿还债务

注：除 AAA 级和 CCC 级以下等级外，每一个信用等级可用"+""-"符号进行微调，表示略高或略低于本等级级别。通常 BBB 级以上称为投资级，BB 级及以下级别称为投机级。

六、公司债券的上市、转让与暂停、终止上市

（一）公司债券的上市

1. 公司债券上市的含义

公司债券上市是指已经依法发行的债券经证券交易所批准后，在交易所公开挂牌交易的法律行为。债券上市是连接债券发行和债券交易的桥梁。凡是在证券交易所内买卖的债券就称之为上市债券；相应地，债券发行人称为上市公司。证券交易所承认并接纳公司债券在交易所市场上交易，债券上市必须符合证券交易所和政府有关部门制定的上市制度。与股票不同，公司债券有一个固定的存续期限，而且发行人必须按照约定的条件还本付息，因此，债券上市的条件与股票有所差异。为了保护投资者的利益，保证债券交易的流动性，

证券交易所在接到发行人的上市申请后，一般要以相关法规来对公司债券的上市资格进行审查。

2. 公司债券上市条件

根据《证券法》第五十七条规定，公司申请公司债券上市交易，应当符合下列条件：①公司债券的期限为一年以上；②公司债券实际发行额不少于人民币5 000万元；③公司申请债券上市时仍符合法定的公司债券发行条件。

具体的上市规则以上海证券交易所颁布的《上海证券交易所公司债券上市规则》（2015年修订）为例，申请上市的公司债券必须符合下列条件：①符合《证券法》规定的上市条件；②经有权部门核准并依法完成发行；③申请债券上市时仍符合法定的债券发行条件；④债券持有人符合本所投资者适当性管理规定；⑤本所规定的其他条件。

同时债券符合以上条款规定上市条件的，上交所根据其资信状况实行分类管理。债券符合下列条件且面向公众投资者公开发行的，公众投资者和符合本所规定的合格投资者可以参与交易：①发行人最近三年无债务违约或者延迟支付本息的事实；②发行人最近三个会计年度实现的年均可分配利润不少于债券一年利息的1.5倍；③债券信用评级达到AAA级；④中国证监会及本所根据投资者保护的需要规定的其他条件。

（二）公司债券的转让

公司债券在证券交易所上市交易的，按照证券交易所的交易规则转让。

记名公司债券，以背书方式或者法律、行政法规规定的其他方式转让；转让后由公司将受让人的姓名或者名称及住所记载于公司债券存根簿。

无记名公司债券的转让，债券持有人将债券交付给受让人后即发生转让的效力。

（三）公司债券的暂停、终止上市

《证券法》第六十条规定，公司债券上市交易后，公司有下列情形之一的，由证券交易所决定暂停其公司债券上市交易：①公司有重大违法行为；②公司情况发生重大变化不符合公司债券上市条件；③公司债券所募集资金不按照核准的用途使用；④未按照公司债券募集办法履行义务；⑤公司最近两年连续亏损。

《证券法》第六十一条规定，公司债券终止上市有下列三种情况：①公司有重大违法行为或未按照公司债券募集办法履行义务，经查实后果严重的；②公司情况发生重大变化不符合公司债券上市条件，或者公司债券所募集资金不按照核准的用途使用，或者公司最近两年连续亏损三种情形之一，在限期内未消除；③公司解散、依法被责令关闭或者被宣告破产。在这些情形下，应由证券交易所终止债券上市，并由相关各方办理善后事宜。

【案例 3-1】　　E 公司公募债券违约及处置案例

E公司2012年4月发行了4.8亿元的公司债（以下简称"12E债"），存续期为5年、附第3年末投资者回售选择权，发行利率为6.78%，每年的4月X日为债券付息日。

2015 年 4 月，因公司无法按时、足额筹集资金用于偿付"12E 债"本期债券应付利息及回售款项，构成对本期债券的实质违约。

一、发行人及债券基本情况

E 公司于 2009 年 11 月在交易所上市，实际控制人为 M。公司原主营业务为高档餐饮业，是国内第一家在 A 股上市的民营餐饮企业，后经多次转型，主营业务涉及餐饮服务与管理、环保科技、网络新媒体及大数据处理。

2012 年 4 月，公司发行了 4.8 亿元存续期为 5 年、附第 3 年（2015 年 4 月）末发行人上调票面利率选择权及投资者回售选择权的公司债，发行利率为 6.78%，每年的 4 月 × 日为债券付息日。

二、风险暴露过程

公司 2013 年全年亏损 5.64 亿元，2014 年上半年亏损 659 万元，经营风险增大，业务转型困难，并存在业绩真实性等质疑。

2014 年 10 月，P 资信公司披露对"12E 债"的不定期跟踪评级报告，将其主体及债项评级均由 A 下调至 BBB，触发交易所风险警示条件。交易所于 10 月 × 日对债券进行停牌处理，并于复牌后实行风险警示处理，债券更名为"STE 债"。

2015 年 4 月，因公司无法按时、足额筹集资金用于偿付"12E 债"本期债券应付利息及回售款项，构成对本期债券的实质违约。

因公司 2013 年、2014 年净利润分别为 -5.6 亿元、-6.8 亿元，连续两年亏损，"STE 债"于 2015 年 6 月暂停上市。

三、违约风险事件处置情况

"12E 债"违约处置难度大。从经营角度来看，一是传统餐饮业务业绩继续亏损，且公司转型的新业务发展停滞；二是公司前期形成的大额应收及预付款项约 1.5 亿元无法收回；三是因涉及房屋合同纠纷等情况，公司 7 个银行账号被冻结，日常经营无法正常进行。从重组角度来看，一是公司市值约为 60 亿元，估值较高，增加了借壳重组的难度；二是公司被证监会立案调查未有明确结论，重组存在障碍；三是实际控制人 2014 年国庆期间出国后迄今未归，更为重组增添难度。

鉴于上述原因，公司于 2015 年 6 月启动债务重组有关事项。因涉及相关利益方较多，涉及相关法律法规复杂，公司需同相关各方多次沟通协调。通过 2015 年下半年公司重大资产出售和债务重组，公司完成"12E 债"债券兑付资金的筹集工作，2016 年 3 月 × 日，偿债资金划入结算公司分公司的指定银行账户，结算公司已于 2016 年 3 月 × 日完成派发工作。其中，本金为 2.92 亿元，利息为 353 万元，违约金为 1 722.95 万元，合计 3.13 亿元。至此，"12E 债"违约事件处置完毕。

四、案例启示

一是"12E 债"的违约风险出现离不开上市公司主营业务经营环境的巨大变化及转型新业务的不顺利，若投资者在项目投资过程中能对行业的发展趋势进行准确的预判，预先采取行动规避风险，可减少损失。二是"12E 债"违约事件为我国资本市场首例公募债券本金违约案例，打破了刚性兑付的预期，揭示了债券投资天然信用风险的属性。

第二节　可转换公司债券

一、可转换公司债券的含义与特性

（一）可转换公司债券的含义

可转换公司债券，又称为可转换债券、可转债，是一种可以在特定时间、按特定条件转换为普通股股票的特殊公司债券。我国《上市公司证券发行管理办法》明确定义可转换公司债券是指发行公司依法发行、在一定期间内依据约定的条件可以转换成股份的公司债券。

可转换公司债券是一种兼具了债务性、股权性和期权功能的混合型融资工具。可转债持有人可以选择持有至债券到期，要求发行人还本付息；也可以选择在约定的时间内转换成股票，享受股利分配或资本增值。可转换公司债券对于投资者来说，是多了一种投资选择机会。其实质是由普通债券与认股权证组成的混合金融衍生工具。因此，即使可转换公司债券的收益比一般债券收益低些，但在投资机会选择的权衡中，这种债券仍然受到投资者的欢迎。可转换公司债券在国外债券市场上颇为盛行。早在 1843 年美国 New York Erie 铁路公司就发行了世界上第一只可转债。

（二）可转换公司债券的特性

可转换公司债券也是一种混合融资工具，含有以下几个特性。

1. 债权性

与其他债券一样，可转换公司债券也有规定的利率和期限。投资者可以选择持有债券到期，收取本金和利息；也可以在未到期时在二级市场上抛售债券，获取本金和价差收益。

2. 股权性

可转换公司债券在转换成股票之前是纯粹的债券，但在转换成股票之后，原债券持有人就由债权人变成了公司的股东，可参与企业的经营决策和红利分配。

3. 可转换性

可转换性是可转换公司债券的重要标志，债券持有者可以按约定的条件将债券转换成股票。转股权是持有可转换债券的投资者享有的、一般债券所没有的选择权。可转换公司债券在发行时就明确约定债券持有者可按照发行时约定的价格将债券转换成公司的普通股股票。对投资者来说，转换前为债权人，享受利息；转换后为股东，可获得红利或资本收益。对发行人来说，转换前属于债务，转换后属于股权资本。可转债的价值在涨势中与股价联动，在跌势中可收息保本。

4. 可赎回性

赎回是指发行人在可转债发行一段时期后，当标的股票市价持续一段时间高于转股价格且达到某一幅度时，发行人有权按照契约约定的价格从投资者手中买回尚未转股的可转债，一旦公司发出赎回通知，可转债持有者必须立即在转股或卖出可转债之间进行选择。因此，赎回条款最主要的功能是强制可转债持有者行使其转股权，从而加速转换，因此它又被称为加速条款。

5. 可回售性

可转换公司债券的投资者还享有将债券回售给发行者的权利。一些可转换公司债券附有回售条款，规定当公司股票的市场价格持续低于转股价（按约定可将债券转换成股票的价格）达到一定幅度时，债券持有人可以把债券按约定条件售给债券发行人。

6. 风险中性

当发行人的风险水平提高时，随着发行人违约率的提高，可转债价值中纯债券的部分价值降低；但与此同时，发行人标的股票的价格波动率也会相应提高，则可转债的转换期权价值会升高。这样，可转债纯债券价值的下降与转换期权价值的上升会相互抵消，从而导致可转债的价值对发行人风险水平的变化相对不太敏感。布伦南和施瓦茨（Brennan and Schwartz，1988）把可转债的这种特征称为"风险中性"。

（三）分离交易的可转换公司债券

1. 分离交易的可转换公司债券的内涵

分离交易可转债的全称是"认股权和债券分离交易的可转换公司债券"，它是债券和股票的混合融资品种。分离交易可转债由两大部分组成，一是可转换公司债券；二是股票权证。股票权证是指在未来规定的期限内，按照规定的协议价买卖股票的选择权证明，根据买或卖的不同权利，可分为认购权证和认沽权证。

从概念上说，可分离交易可转债属于附认股权证公司债（bond with warrants，or warrant bond）的范围。附认股权证公司债指公司债券附有认股权证，持有人依法享有在一定期间内按约定价格（执行价格）认购公司股票的权利，也就是债券加上认股权证的产品组合。

2. 分离交易可转债与普通可转债的区别

（1）分离交易可转债与普通可转债的本质区别在于债券与期权可分离交易。也就是说，分离交易可转债的投资者在行使了认股权利后，其债权依然存在，仍可持有到期归还本金并获得利息；而普通可转债的投资者一旦行使了认股权利，则其债权就不复存在了。

（2）分离可转债不设重设和赎回条款，有利于发挥发行公司通过业绩增长来促成转股的正面作用，避免了普通可转债发行人往往不是通过提高公司经营业绩，而是以不断向下修正转股价或强制赎回方式促成转股而带给投资人的损害。同时，分离交易可转债持有人与普通可转债持有人同样被赋予一次回售的权利，从而极大地保护了投资人的利益。

（3）普通可转债中的认股权一般是与债券同步到期的，分离交易可转债则并非如此。《上市公司证券发行管理办法》中规定，分离交易可转债"认股权证的存续期间不超过公司债券的期限，自发行结束之日起不少于 6 个月"，认股权证分离交易可能导致市场风险加大、缩短权证存续期，有助于减少投机。

二、可转换公司债券的基本要素

（一）标的股票

标的股票是指可转换公司债券持有人将债券转换成发行公司的股票。发行公司的股票可以有多种形式，如普通股、优先股。确定了标的股票之后，就可以进一步推算转换价格。

（二）票面利率

可转换公司债券的票面利率是指可转换公司债券作为一种债券时的票面利率，发行人根据当前市场利率水平、公司债券资信等级和发行条款确定的，一般低于相同条件的不可转换公司债券。在其他条件相同的情况下，较高的票面利率对投资者的吸引力较大，因而有利于发行，但较高的票面利率会对可转换公司债券的转股形成压力，发行公司也将为此支付更高的利息。由此可见，票面利率的大小对发行者和投资者的收益和风险都有重要的影响。

（三）面值

我国《上市公司证券发行管理办法》规定，我国可转换公司债券面值是 100 元。

（四）期限

1. 债券期限

可转换公司债券的有效期限与一般债券相同，是指债券从发行之日起至偿清本息之日止的存续期间。可转换公司债券发行公司通常根据自己的偿债计划、偿债能力以及股权扩张的步伐来制订可转换公司债券的期限。我国可转换公司债券的期限最短为 1 年，最长为 6 年。

2. 转换期限

转换期限是指可转换公司债券转换为普通股票的起始日至结束日的期间。我国可转换公司债券自发行结束之日起 6 个月后方可转换为公司股票，转股期限由公司根据可转换公司债券的存续期限及公司财务状况确定。债券持有人对转换股票或者不转换股票有选择权，并于转股的次日成为发行公司的股东。

（五）转股价格

转股价格，是指募集说明书事先约定的可转换公司债券转换为每股股份所支付的价格。转股价格应不低于募集说明书公告日前 20 个交易日该公司股票交易均价和前一交易日的均价。

与转股价格相关的一个概念是转换比例。转股比例是指一定面额可转换公司债券可转换成普通股票的股数。用公式表示为：

$$转换比例 = 可转换公司债券面值 / 转换价格$$

（六）转股价格调整条款

发行可转换公司债券后，因配股、增发、送股、派息、分立及其他原因引起上市公司股份变动的，应当同时调整转股价格。

当股票价格表现不佳时，一般是股票价格连续低于转股价一定水平，该条款允许发行公司在约定的时间内将转股价格向下修正。转股价格修正方案须提交公司股东大会表决，且须经出席会议的股东所持表决权的 2/3 以上同意。股东大会进行表决时，持有公司可转换公司债券的股东应当回避。修正后的转股价格不低于股东大会召开日前 20 个交易日该公司股票交易均价和前一交易日的均价。

（七）赎回条款

赎回是指在一定条件下公司按事先约定的价格买回未转股的可转换公司债券。发行公司设立赎回条款的主要目的是降低发行公司的发行成本，避免因市场利率下降而给自己造成利率损失，同时也出于加速转股过程、减轻财务压力的考虑。通常该条款可以起到保护发行公司和原有股东的权益的作用。

赎回条款一般包括以下几个要素：①赎回保护期。这是指可转换公司债券从发行日至第一次赎回日的期间。赎回保护期越长，股票增长的可能性就大，赋予投资者转换的机会就越多，对投资者也就越有利。②赎回时间。赎回保护期过后，便是赎回期。按照赎回时间的不同，赎回方式可以分为定时赎回和不定时赎回。定时赎回是指公司按事先约定的时间和价格买回未转股的可转换公司债券；不定时赎回是指公司根据标的股票价格的走势按事先的约定以一定价格买回未转股的可转换公司债券。③赎回条件。在标的股票的价格发生某种变化时，发行公司可以行使赎回权利，这是赎回条款中最重要的要素。按照赎回条件的不同，赎回可以分为无条件赎回（硬赎回）和有条件赎回（软赎回）。无条件赎回是指公司在赎回期内按事先约定的价格买回未转股的可转换公司债券，它通常和定时赎回有关；有条件赎回是指在标的股票价格上涨到一定幅度，并且维持了一段时间之后，公司按事先约定的价格买回未转股的可转换公司债券，它通常和不定时赎回有关。④赎回价格。赎回价格是事先约定的，它一般为可转换公司债券面值的 103% ～ 106%，对于定时赎回，其赎回价一般逐年递减，而对于不定时赎回，通常赎回价格除利息外是固定的。

（八）回售条款

回售条款是为投资者提供的一项安全性保障，当可转换公司债券的转换价值远低于债券面值时，持有人必定不会执行转换权利。回售一般是指发行公司标的股票市价在一段时间内连续低于转股价格，达到某一比例时，可转换公司债券持有人就可以按事先约定的价格将所持转债卖给发行人的行为。回售实质上是一种卖权，是赋予投资者的一种权利，投资者可以根据市场的变化而选择是否行使这种权利。

回售条款一般包括以下几个要素：①回售价格。回售价格是以面值为基础，加上一定回售利率。回售利率是事先规定的，一般低于市场利率，但高于可转换公司债券的票面利率。②回售时间。回售时间是事先约定的，具体的回售时间少则数天，多则数月。③回售选择权。其指的是若达到回售时间时，标的股票市价无法达到所约定的价格，从而导致转换无法实现的情况下，发行方承诺投资者有按照约定利率将转债回售给发行方的权利，而发行方无条件接受可转换公司债权。

三、可转换公司债券发行动机理论

在本章的第一节介绍了公司债券的资本结构理论、权衡理论和优序融资理论。可转换公司债券具有公司债券的特性，上述理论也适用于可转换公司债券。但可转换公司债券作为一种混合型融资工具，需要用一些相对应的理论来解释。

（一）后门权益假说（backdoor-equity financing hypothesis）

斯坦（Stein，1992）在 Myers 和 Majluf（1984）债券与股权融资选择模型基础上，提出了后门融资假说。该理论认为，可转换公司债券是基于信息不对称导致的逆向选择成本太高而使得权益融资受阻时的一种间接权益融资工具，即发行权益的后门。斯坦认为当公司采用普通债务融资会导致极大的财务危机，且由于信息不对称所产生的逆选择成本导致传统的股票发行没有吸引力时，公司应该选择发行可转换公司债券。所以他预测，公司发行可转换公司债券是为了获得延迟的股权融资，即可转债是权益证券的替代品，对于存在明显信息不对称及财务危机成本高的公司尤其如此。

（二）连续融资假说（the sequential-financing hypothesis）

梅耶斯（Mayers，1998）提出了连续融资假说。他认为，可转换公司债券具有配合投资支出现金流的功能，因此可以在企业长期投资中扮演重要的角色。对于某些公司，可以通过可转换债务的设计减轻权益及债务融资过程中的财务问题，即解决阶段性融资的信息不对称所引起的高发行成本以及委托代理引起的过度投资问题。

（三）风险转移假说（risk-shipping hypothesis）

格林（Green，1984）提出的风险转移假说也称为资产替换假说（the asset substitution hypothesis）。格林认为，可转换公司债券融资可以减少代理问题中的资产转换问题。公司代理问题越严重，则公司越倾向于通过发行可转换公司债券来筹集资金，公司发行可转换公司债券的动机在于减少债权人与股东之间的代理成本。可转换公司债券利用公司剩余求偿的报酬结构，可以改变股东投资高风险方案的动机，即投资者可以在未来通过转换权利而成为股东，并稀释原有股东从风险性投资中获得的报酬，而经理人则可以通过调整债券转化后的股权比例来控制代理问题。

（四）税收抵减假说（tax deductibility hypothesis/tax benets hypothesis）

加兰和巴罗·德斯（JaIan & Barone-desi，1995）采用一个合作博弈模型来分析可转换公司债券具有的税收优势。该模型认为，在对利息和股利征收不同税率的市场环境中，发行可转债具有明显的税收优势。由于利息在税前支付，而股利在税后支付，为了减少公司的纳税额，老股东和可转换公司债券持有人具有合作的动机，以更多减少政府从公司中提取的税额。因此，这种合作将增加公司的价值。

（五）堑壕假说（the entrenchment model）

泽维贝尔（Zweibel，1996）从管理者追求自身利益最大化，而不是股东利益最大化的角度解释了管理者如何选择融资工具。当存在敌意收购时，管理者应该通过发行债券，增加收购成本，来消除潜在的敌意收购。但与此同时，负债的增加也增加了公司破产的可能性。伊萨加瓦（Isagawa，2002）基于泽维贝尔模型，提出了可转债发行的堑壕假说。他以公司管理者的堑壕观点解释了为什么公司经理决定发行可赎回可转换公司债券。由于可转债具有转股期权，通过发行可赎回可转债，管理者在投资价值增加项目的同时，可以有效消除恶意收购和破产的威胁。

四、可转换公司债券的优缺点

（一）可转换公司债券的优点

1. 可转换公司债券通过出售看涨期权可降低融资成本

可转换公司债券发行相当于投资者投资了一份买入期权，其票面利率低于其他普通债券，也就是说在投资者转股之前，发行公司需要支付的利息低于其他普通债券的利息，减轻了企业的负担。

2. 可转换公司债券可使发行公司获得长期稳定的资本供给

可转换公司债券的发行可看作未来的发行股票或配股，可转换公司债券在转换前作为公司的负债，而转换后则成为公司所有者权益的一部分，本来需要还本付息的债务转变为永久性的资本投入，这样就增强了发行公司日后运营的举债能力。

3. 可转换公司债券可改善发行公司资本结构

发行可转换公司债券，公司的原本资产负债比率提高了，有利于优化公司的资本结构，有利于发挥财务杠杆作用和税盾效应，进而提高了股权资本的收益率。借助可转换公司债券这种工具，公司在资本结构的调整上就有了一定的弹性，能够适应日趋复杂多变的理财环境。

（二）可转换公司债券的缺点

1. 可转换公司债券的定价难题

对于发行公司来说，可转换公司债券虽然票面利率低于其他普通债券，但降低的幅度难以确定。制定的票面利率高，会增加成功发行的可能性；制定的票面利率低，成本固然降低了，但很可能丧失债券的投资吸引力，导致债券不能成功发行。

2. 公司的财务风险

如果标的股票价格长期达不到约定的转换价格，公司将被迫以较高的代价来提前赎回，这样就会造成公司流动资金紧张。另外，若可转换公司债券不能按期转换成股票，势必提高了企业资产负债率。这样便加大了企业的财务风险，造成了发行公司在资本市场上再融资的困难。

3. 公司稀释股权风险

可转换公司债券实现转股后，流通在外的股权数增加了，稀释了原有的股权结构，摊薄了每股净收益，损害了原有股东的利益。同时，发行公司就丧失了原有债券利息抵税的好处。

4. 投资者的收益存在风险

对于投资者来说，持有可转换公司债券也是存在风险的。如果公司经营不善，其股价长期低迷，达不到转换价格，投资者就只能选择长期持有。由于其利率低于其他普通债券，得到的利息收入十分有限。另外，当市场利率发生改变时，如利率升高时，投资者得到的收益则相对变得更低。

五、可转换公司债券的价值构成

可转换公司债券具有转换为普通股的权力，是债券与股票期权的混合证券。因此，其价值构成主要由债券价值、转换价值和期权价值构成。

（一）可转换公司债券的债券价值

债券部分通常采用现金流贴现方法，即根据转债条款的规定估算各期的现金流，然后选用合适的收益率水平进行贴现。在采用不同到期收益率来对各期现金流进行贴现时，存在着差异。目前多数人仍然采用同种期限结构的国债的到期收益率来进行贴现。

（二）可转换公司债券的转换价值

可转债持有者将其按规定的转换价格转换成股票并按市场价格计算的价格，就是可转债的转换价值，其计算公式为：

$$V_c = F_0 S / X$$

其中，V_c 是可转债的转换价值，F_0 是每张可转债的面值，S 是股票市价，X 是转换价格。

（三）可转换公司债券的期权价值

期权价值部分通常采用经典的布莱克 - 斯科尔斯（Black-Scholes）模型和二叉树模型期权定价模型，而又以布莱克 - 斯科尔斯模型应用得更为广泛。

可转换公司债券的价值构成可以表示为可转换公司债券的债券价值与转换价值两者中的最大值，再加上期权价值。因此，可转换公司债券的价值可表示为：

可转换公司债券价值 =Max（转换价值，债券价值）+ 期权价值

【案例 3-2】 万科发行可转换公司债券

万科企业股份有限公司，简称万科或万科集团，证券简称：万科 A、证券代码：000002。万科成立于 1984 年 5 月，总部位于中国深圳市盐田区，是目前中国最大的专业住宅开发企业之一。

万科企业股份有限公司于 2002 年 6 月 13 日发行为期 5 年的可转换公司债券。票面利率 1.5%，每年付息一次，A 股股东每股可优先配售票 2.94 元。万科转债每张面值为 100 元人民币，票面利率 1.5%，高于目前所有已发的上市公司可转债利率，每年付息一次。万科此次的可转换公司债券转股溢价比率为 2%，转债期限为 5 年，自发行 6 个月起开始转股，投资者将有四年半的转股期。转债发行后，万科的资产负债率将达到 60.84%，累计债券余额占净资产 48.01%。本次募集资金主要投入广州四季花城等分期开发的成规模项目。此次万科的可转换公司债券采取券商余额包销方式，主承销商为中信证券有限公司。

万科发行公司债券的原因：因为房地产公司的特性，使其需要强大的现金为后盾，开发一个房地产项目，从拿地开始、到工程施工等都需要占用现金，要一直到预售了才能回笼现金流，所以房地产公司的负债率都比较高；房地产公司在销售成品之前就需要向银行借贷，即间接融资，如果是上市公司，它一般也会通过发行债券来直接融资，其成本要低于向银行借贷的间接融资。

债券类型：发行可转换公司债券

可转换公司债券于 2002 年起正式发行。本次万科可转换公司债券发行采取网上定价的方式，发行总额为 15 亿元，发行价格为每张 100 元，为期 5 年，从 2002 年 6 月 13 日开始计息，转股期自发行首日后 6 个月至债券到期日为止，即 2002 年 12 月 13 日至 2007 年 6 月 12 日。2002 年万科可转债公开发行申购情况，如表 3-2 所示。

表 3-2 2002 年万科可转债公开发行申购情况

类　　别	原 A 股股东优先配售	网上向一般社会公众投资者发行	网下向法人投资者发售
申购户数（户）	7 899	2 768	13
有效申购户数（户）	7 899	2 768	13
有效申购手数（手）	444 748	1 361 283	1 401 750
有产申购资金（元）	444 748 000	1 361 283 000	1 401 750 000

万科此次发行可转换公司债券的发行结果：

（1）原 A 股股东优先配售结果。本次原万科 A 股股东按照每股配售 2.94 元的比例可优先配售的总数为 150 000 万元。原 A 股股东有效申购数量为 444 748 000 元，占

本次发行总量的 29.65%，全部获得优先配售。

（2）网上、网下发售数量。根据本次可转换公司债券发行公告中规定，原 A 股股东优先认购后的余额部分，再上网向一般社会公众投资者发售 50%，向网下法人投资者发售 50%。本次万科可转换债网上发行总量为 519 908 手，合计 519 908 000 元，占本次发行数量的 34.66%。网上有效申购数量为 1 361 283 000 元，中签率为 38.192 499%。网下发行总量为 535 344 手，合计 535 344 000 元，占本次发行数量的 35.69%。网下申购数量为 140 750 000 元，获售比例为 38.191 118%。

万科发行可转换公司债券前后的情况，如表 3-3 所示。

表 3-3　万科发行可转换公司债券发行前后的情况

相 关 指 标	发 行 前	发 行 后	全部转股后
资产总额（元）	6 482 911 630.82	7 982 911 630.82	7 982 911 630.82
负债总额（元）	3 356 829 340.71	4 856 829 340.71	3 356 829 340.71
资产负债率（%）	51.78	60.84	42.05

对于万科来说，本次可转换公司债券的发行规模为 15 亿元，充分考虑了公司现有的偿债能力、可转换公司债券发行后对公司财务指标的影响，全部转股后股本扩张对公司业绩摊薄的压力等综合因素，兼顾了各方利益，从表 3-3 可以看出，发行可转换公司债券后，万科在筹集至巨额资金的同时，一方面公司保持了足够的偿债能力；另一方面将使公司充分利用财务杠杆提高收益水平。

第三节　企业资产证券化

一、企业资产证券化的含义

（一）资产证券化概述

1. 资产证券化的概念

资产证券化是指将缺乏即期流动性，但具有可预期的、稳定的未来现金流的资产进行组合和信用增级，并依托该基础资产的未来现金流在金融市场上发行可以流通的有价证券的结构性融资活动。

2. 资产证券化的发展简史

资产证券化（asset-backed securitization，ABS）的概念在 1977 年就已经出现，由美国投资银行家路易斯·拉涅利（Lewis S. Ranieri）首次提出。20 世纪 70 年代，以不动产为抵押的资产证券化技术问世后，金融机构便竞相将资产证券化用于贷款等融资活动中。在英国、法国、韩国、日本等国及我国香港、台湾地区，资产证券化的发展也较为迅速。

20 世纪 80 年代后期资产证券化开始被企业作为融资手段。资产证券化取得的成功及其给经济带来的积极影响，引起了国际金融市场对这一新型融资方式的瞩目。目前，ABS 包括其衍生的 MBS 等相关品种已占超过美国债券市场三分之一的份额，成为第一大券种。经过多年的发展，企业资产证券化已经成为国际资本市场的一种主流融资工具，并成为全球资本市场的重要推动力量。

通俗地说，资产证券化是将流动性不足但具有未来预期稳定现金流的基础资产汇集成资产池，进行结构重组，将其转化成可在金融市场上出售和流通的资产支持证券的过程。美国证券交易协会（SEC）给出资产证券化的定义为：创建一个由一组不连续的应收账款或其他金融资产构成的资产池所产生稳定现金流的有价证券，通过特定的条款保证这组资产在一定时期内变现，并以现金流的稳定收益向证券持有人提供收益。

资产证券化已形成了一套比较完善的运行机制，它通过将债务或其他非流动资产打包，组成资产池，将资产的风险与公司整体风险分离，进而在金融市场进行融资，提高了公司资金的流动性和资产的运作效率，以较低的成本得到了稀缺的资本资源，实现了资源的优化配置。资产证券化通过构建一个严谨、有效的交易结构，并设立特殊目的载体（special purpose vehicle，SPV，也称特殊目的机构）完成了破产风险隔离；而且它通过真实出售实现表外融资既满足资本充足率的要求，又降低了账面风险；最后，它又通过信用增级制度来确保债务人按时支付债务本息，在获得更高级别信用评级的同时，也提高了资产证券化交易的质量和安全性。

2008 年爆发的全球金融危机让我们看到了这个看似完美的融资工具在现实的制度环境下也蕴藏着巨大的风险，揭示了宏观金融体系的复杂性。美国的银行漠视风险，主动降低了贷款标准，将钱贷给了资信较差甚至无偿还能力的人。同时，银行为了转移风险，在金融创新的幌子下，通过资产证券化，对次级债层层打包变成创新债券等产品，卖给国内外的投资者，在金融杠杆的作用下，风险也被逐渐放大，并通过金融国际化把风险传递到了全世界。当然，系统风险监管的缺失、风险监管体系的不完整以及美国政府和金融监管机构对银行的监管不到位，对危机的产生和扩大也负有不可推卸的责任，其中，美国的评级机构也起到了推波助澜的作用。

我国"拿来主义"式的资产证券化实践探索最早见于 1992 年的三亚地产投资券。中国工商银行与中国远洋运输总公司于 2002 年启动的 ABS 融资项目是国内银行首次参与境外资产证券化业务，也标志着我国金融业由此开始了轰轰烈烈的证券化实践征程。一方面，2005 年的《信贷资产证券化试点管理办法》《信贷资产证券化试点会计处理规定》《金融机构信贷资产证券化试点监督管理办法》《关于信贷资产证券化有关税收政策问题的通知》《关于证券公司开展资产证券化业务试点有关问题的通知》（征求意见稿）随之出台；另一方面，在试点开始后，试点单位主要着眼于微观细节问题，而政府部门主要关注外部制度性问题。至此，我国资产证券化的基本框架初建成效，2005 年也被记为中国资产证券化的元年。

我国资产证券化试点因其不同的主体及机构可分为两大模式，即信贷资产证券化和企业资产证券化。信贷资产证券化是在中国人民银行、银监会的监管体系下，主要采用信托结构而设计的。企业资产证券化在证监会的监管体系下也逐步展开，在企业资产证券化模式的架构下，非金融企业将其具有可预测的稳定现金流收入的特定基础资产转移至证券公司，并通过客户资产专项管理计划发行证券化产品。2005 年 8 月，中国联通以发起人身份完成了首个专项资产管理计划，成为我国企业资产证券化的标志性事件。

2005 年后，资产证券化业务过度发展并直接导致了美国乃至全球性金融危机。直至近几年该项业务才再次引起管理层的重视，又逐步发展起来。

随着 2014 年年底银监会、证监会推出资产证券化的备案制，自 2015 年起，国内资产证券化发行呈现井喷之势。

（二）企业资产证券化的内涵

企业资产证券化是指企业将缺乏流动性但能产生稳定现金流的资产，通过结构性重组，转变为可以在金融市场上销售和流通的资产受益凭证，并据以融资的过程。

对于企业资产证券化的理解，包括三个要点：①基础资产是那些缺乏流动性，但在可预见的将来能产生现金流的资产，该资产能够持续保持正常的存续期，且现金流的产生分摊于整个资产的存续期间。②这种融资形式没有经过商业银行，而是在金融市场公开发行证券集资，因此属于直接融资范畴。③发行的证券一般是债券性质，证券的偿付是以基础资产未来的现金流为支撑的，而不是以企业的整体资产作为担保。因而某些信用评级较差的企业，发行企业债券和股票成本太高，但只要其拥有能产生稳定现金流的优质资产，就可以把优质资产证券化，从而达到低成本融资效应。

根据企业所持有资产的形式，企业资产证券化可以分为：①实体资产证券化，即使企业所拥有的实体资产向证券资产的转换，具体包括实物资产和无形资产为基础发行的证券。②信贷资产证券化，主要是把企业缺乏流动性但有未来现金流的应收账款等，经过重组形成资产，并以此为基础发行证券。③证券资产证券化，就是将企业已有的证券或证券组合作为基础资产，再以其现金流或与现金流相关的变量为基础发行证券。

（三）企业资产证券化的特点

资产证券化提供了将相对缺乏流动性的、个别的资产转变成流动性高、可在资本市场上交易的金融商品的手段。作为金融创新和金融工具，资产证券化有如下特征。

1. 基于资产信用融资

资产证券化根据基础资产的未来收益能力来融资，基础资产的信用水平与原始权益人的信用水平分离开来，投资者更多地关注资产池中基础资产的质量和水平以及未来产生现金流量的能力，资产证券化交易结构的严谨性和有效性，而原始权益人自身的信用等级则处于相对次要的地位。资产证券化为发起者提供了更加有效的、低成本的筹资渠道。

2. 表外融资

表外融资是指不在资产负债表上反映而仍然能够达到举借资金目的的融资安排。资产证券化融资通过出售资产换取资金，其基础资产的未来现金流并不出现在资产负债表中，不影响资产负债表中的资产项目，属于表外融资。资产证券化使原始权益人得以用出售资产的方式融资，而不增加资产负债表上的负债，有助于改善企业的财务结构。

3.融资风险相对较低

资产证券化创造了 SPV，发起人将拟证券化资产通过真实销售转移给 SPV，实现与发起人的破产风险隔离。这一结构保证投资者在发起人发生财务危机甚至破产时，也能取得稳定的收益。就像在企业与投资者之间构筑了一道坚实的"防火墙"，其风险不会传递给投资者，资产的信用风险与企业的经营风险无关，而只与基础资产的预期现金流相关。

4.融资成本相对较低

通过资产证券化市场筹资比通过银行或其他资本市场筹资的成本要低许多，这主要是因为：发起者通过信用增级，具有比其他长期信用工具更高的信用等级，等级越高，发起者付给投资者的利息就越低，从而降低了筹资成本。投资者购买由资产担保类证券构成的资产组合的整体信用质量，而不是资产担保类证券发起者的信用质量。

二、企业资产证券化的基本原理

（一）基础资产的现金流分析

基础资产的现金流分析之所以是核心原理，是因为资产证券化运作的前提和基础是具有预期的、稳定的现金流，只有具备预期稳定的现金流，才能评估和确定以基础资产为支撑的证券价值，评级机构才能对现金流的确定性进行分析，从而进行信用评级。表面上，资产证券化是以资产为支撑的，而实际是以资产预期所产生的现金流为支撑的，没有预期的现金流就无法进行资产证券化，所以，基础资产的现金流分析是资产证券化资产的核心原理。

（二）资产重组

资产重组是指运用一定方式和手段对资产池中的资产进行重新分割和组合，主要是对资产进行选择与配置。资产重组原理实际上是从资产收益的角度进一步进行基础资产的现金流分析，通过资产的重组实现收益的重组，使资产证券化达到最优、均衡和成本最低的目的。

基础资产的选择是资产重组原理的一个重要内容。除了要求有现金流外，资产证券化还必须满足现金流的现值大于成本，这样发起人进行资产证券化才有利可图，才能激发发起人资产证券化的积极性。因此，对于能够证券化的资产也有一定的要求，即未来现金流容易确定、投资期限较长等，随着证券化技术的不断发展，这些要求也在发生一些变化，并没有非常严格，通常金融资产应具备如下特征：一是对现金流的要求，并没有非常严格要求可预测性和本息偿还分摊于整个存续期，并且现金流的期限结构要清晰；二是对信用的要求，要求原所有者有良好的信用记录，保持较低的违约率、损失率；三是对资产质量的要求，要求资产具有较高的变现价值，或者对债务人重要性较大，效用较高；四是对合同设计的要求，要求具有标准化、高质量的合同条款，通用性较强，便于监管。

（三）风险隔离

风险隔离原理的核心内容就是通过技术操作把基础资产的风险和原始权益人其他资产的风险隔离开来，进而提高资产证券化的效率，以及最大化资产证券化交易中参与各方的收益。风险隔离机制是资产证券化特有的一项技术，也是与其他融资方式相比的优势所在。

实现风险隔离的首要条件是设立特殊目的载体（SPV）。从法律上看，SPV存在的唯一目的就是资产证券化，不能发生与资产证券化无关的业务。SPV既可以是发起人设立的专门的子公司，也可以是其他的金融中介机构。发起人必须将资产真实销售给SPV。

把基础资产真实出售给SPV后，基础资产的风险和原始权益人其他资产的风险就从法律上隔离开来了，并且保证资产出售者对资产没有追索权，其风险不会传染给资产证券化持有人，而只与证券化本身的风险有关。资产证券化过程中设立的SPV是不容易破产的，基础资产真实出售给SPV后，原始权益人对该资产没有追索权，即使原始权益人经营不善或破产，该资产也不会被列入清算资产，也就是说其风险也不会"传染"给证券持有者，证券化交易的风险只与证券化资产本身相关，而与原始权益人的风险无关。因此，企业的经营风险或破产风险对资产支持证券的影响比较小。

相反，股票、债券等传统融资方式要求以企业的整体信用为担保，一旦企业经营出现问题或者破产，股票、债券等证券的偿付就会出现问题，影响到证券持有人的收益，甚至导致血本无归。

（四）信用增级

信用增级是通过额外信用的引入，来分散证券化资产的整体风险，继而相应分散投资者的风险，提高证券化资产的信用级别的多种金融手段的总称。资产支持证券发行必须经过信用机构的评级，其评估重点是基础资产能否及时提供足额的现金流，以保证证券的定期支付能力。在大部分的资产证券化设计中都需要内部信用增级，而在内部信用增级无法达到所需的评级时就需要外部信用增级机构提供信用支持。

1. 内部信用增级

内部信用增级依赖于基础资产本身，内部信用增级是指SPV通过调整证券化结构、重新分配现金流，使资产支持证券达到所需的信用级别。其主要形式有：优先/次级结构、超额抵押、出售者追索权、储备金、利差账户等。

2. 外部信用增级

外部信用增级是指通过发行人之外的机构提供的全部或部分信用担保，借以提高资产支持证券的信用级别。外部信用增级依赖于独立的第三方（信用担保机构）的信誉，其主要方式有：相关方担保、信用证、专业保险、企业担保、现金抵押账户。

三、企业资产证券化的基本流程

一次完整的证券化融资的基本流程是：发起人将证券化资产出售给一家特殊目的机构

（special purpose vehicle，SPV），或者由 SPV 主动购买可证券化的资产，然后 SPV 将这些资产汇集成资产池（assets pool），再以该资产池所产生的现金流为支撑在金融市场上发行有价证券融资，最后用资产池产生的现金流来清偿所发行的有价证券，如图 3-3 所示。

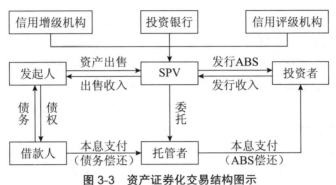

图 3-3 资产证券化交易结构图示

（一）企业资产证券化的参与主体

资产证券化交易比较复杂，涉及的当事人较多，一般而言，下列当事人在证券化过程中具有重要作用。

（1）发起人。发起人也称原始权益人，是证券化基础资产的原始所有者，通常是大型工商企业，但中小型企业也可以作为发起人。

（2）特殊目的机构（SPV）。这是指接受发起人转让的资产，或受发起人委托持有资产，并以该资产为基础发行证券化产品的机构。SPV 的原始概念来自防火墙的风险隔离设计，它的设计主要为了达到"破产隔离"的目的。SPV 的业务范围被严格地限定，所以它是一般不会破产的高信用等级实体。SPV 在资产证券化中具有特殊的地位，它是整个资产证券化过程的核心，各个参与者都将围绕着它来展开工作。

（3）资金和资产存管机构。为保证资金和基础资产的安全，特定目的机构通常聘请信誉良好的金融机构进行资金和资产的托管。

（4）信用增级机构。此类机构负责提升证券化产品的信用等级，为此要向特定目的机构收取相应费用，并在证券违约时承担赔偿责任。有些证券化交易中，并不需要外部增级机构，而是采用超额抵押等方法进行内部增级。

（5）信用评级机构。如果发行的证券化产品属于债券，发行前必须经过评级机构进行信用评级。

（6）承销人。承销人是指负责证券设计和发行承销的投资银行。如果证券化交易涉及金额较大，可能会组成承销团。

（7）证券化产品投资者，即证券化产品发行后的持有人。

除上述当事人外，证券化交易还可能需要金融机构充当服务人，服务人负责对资产池中的现金流进行日常管理，通常可由发起人兼任。

（二）资产证券化的基本流程

1. 发起人选择拟证券化的基础资产，通过捆绑组合形成资产池

发起人根据自身的融资需求和现有资产的情况，选择适合证券化的资产作为基础资产。一般而言，证券化资产不限于一种，通常把多种资产组合起来，形成资产池。资产池必须具有一定的规模，以减少非系统风险，达到资产证券化交易的规模效应。

2. 设立特殊目的载体（SPV）

在标准的资产证券化运作过程中，SPV 是一个专门为实现资产证券化而设立的特别法律实体，没有固定的组织形式和运作架构，发起人通过签订买卖合同将资产池出售给 SPV。SPV 在法律上是独立于基础资产的原始权益人的，原始权益人的风险不会影响证券化资产，从而实现了破产隔离。

3. 发起人将基础资产出售给 SPV

发起人将基础资产出售给 SPV 时，双方需要签署金融资产书面担保协议，法院根据此协议裁定该资产是否属于真实出售，只有真实出售以后才能保证原始权益人其他资产的风险与基础资产的风险相隔离，基础资产不受原始权益人破产的影响，以达到风险隔离的目的，降低对投资者利益的损害。

4. 对资产支持证券进行信用增级

信用增级的目的是保证资产支持证券能够被及时足额地偿付，提高证券的信用等级。信用增级降低了投资者的风险，增加了资产支持证券对投资者的吸引力，有利于证券的顺利发行和畅销。信用增级提高了证券的信用等级，有利于降低融资费用。SPV 会聘请评级机构对证券化交易进行评估，以确定需何种程度的信用增级，一般是多种信用增级形式并用。

5. 信用评级

信用增级完成之后，SPV 将再次聘请信用评级机构进行信用评级，并向投资者公布结果。信用级别越高，证券的发行成本越低，发行条件就越好。在资产证券化过程中信用评级机构只对基础资产未来产生现金流的能力进行评估，而不需要对发行人整体资产进行评估，因此选择优质的资产并将其从整体资产中剥离出来，配以一系列信用增级措施，就可获得远高于原始权益人自身信用等级的信用评级。

6. 证券设计与发行

证券的设计与发行由证券承销商来完成，SPV 一般委托投资银行作为承销商。投资银行在设计证券时要充分了解发起人的目标和要求，熟悉政治经济环境、投资环境、金融市场环境、法律和税务环境，掌握必要的技术和手段，选择合适的证券交易品种并发行上市。

7. 现金流管理及偿付

证券发行上市以后，从证券承销商那里获得的现金收入将用来支付各种款项：证券化资产的购买价款，评级机构、投资银行等中介机构的服务费用等。SPV 一般委托发起人作为服务人管理资产池，收取和记录各项资产的现金流入，并在规定的证券偿付期内支付本金和利息给投资者。

四、企业资产证券化的风险及防范

（一）企业资产证券化风险

1. 信用风险

企业资产证券化的参与主体包括发起人、特设机构、代发行机构、信用担保机构、资信评级机构、投资者、受托管理者等，参与者众多，在整个融资过程中，参与主体对它们所承诺的各种合约的违约都会对资产证券化业务整体带来影响和损失。信用风险产生于这一融资方式的信用链结构，表现为证券化资产所产生的现金流不能支持本金和利息的及时支付。

2. SPV 破产风险带来的沉没成本

作为资产证券化核心的 SPV，它成立的主要目的是规避资产证券化企业的破产风险。但它作为一个新成立的组织，本身同样会面临着破产风险。SPV 自身破产风险的发生，一是来自于自愿破产，即 SPV 主动申请破产，二是来自于强制性破产，即 SPV 债权人申请破产。SPV 的破产同样会造成企业资产证券化项目的失败。

3. 利率与汇率风险

利率与汇率风险是指由于利率与汇率的变化而使发放证券的机构或者证券所有者所遭受损失的风险。企业资产证券化如果在国内进行操作，一般都会面临利率风险；如果采用境外操作，则又会面临汇率风险。要实现资产证券化，就需要正确的预测利率与汇率的未来走势，并且采取必要的措施和手段来规避利率波动所造成的风险。

4. 提前偿付风险

企业和持有者之间合同上的条款有可能已经规定：企业有权在债券到期之前提前偿还全部或者部分债券。企业往往需要这种权利，以保证在未来某个时间，市场利率比资产证券化成本率低的情况下，企业有权终止这种证券业务，再以较低利率发行的新债券或实行新的资产证券化业务去替代它。这种请款就是短期赎回，等同于企业是在行使一种期权，以便按对其更为有利的条件进行再融资。

5. 现金流异动风险

现金流不稳定和不足是一个严重的风险，其主要来源是企业的资产证券化融资这一过程，主要是指由于资产证券化的项目本身所不能控制的原因导致该项目的现金流明显与预期相异的风险。例如，管理人的管理偏差，有可能会造成现金流的暂时短缺，但更有可能的原因是环境变化所引起的收益下降。通常情况下，对企业来说，其证券化资产的未来收益权是比较稳定，或稳定增长的，这也是它适合利用资产证券化方式筹资非常重要的原因。但毕竟其证券化资产未来现金流只是一种预计的未来收入，还没有兑现，原始债权人也不一定会进行百分之百的偿付，这样就造成了潜在的所谓的流动性风险。

6. 信息风险

资产证券化的信息披露主要包括两个方面：一是发行人定期向投资者发布项目运行报

告；二是信用评级机构根据资产证券发行人的结构、标的资产、行业和整体经济情况等，发布资产证券化产品的信用评级报告。这两种方式贯穿于资产证券化产品的发行和交易阶段。在这两方面都存在信息披露不及时、不准确、不完整、不真实或者进行虚假陈述、恶意误导等行为，而投资者基本上是依据这两方面的公开信息进行投资选择的，在无法保证信息的及时、真实、完整、准确的情况下所进行的投资决定存在较大风险。

7. 政策与法律风险

政策风险是指因为融资者所在国政治形势发生变化，从而导致融资方信用结构改变或者债务偿还能力改变等而发生的风险。法律风险，主要指在具体实施资产证券化时有可能遇到的涉及法律的风险。每一个国家的法律都可能在债券期限内发生变化，带来的损失或收益的大小也无法估计。同时，法律本身也可能存在模糊性，可能导致投资者所依赖的法律在司法实践中可能以与投资者理解相异的方式表现。

（二）资产证券化风险防范方案的运行

1. 完善企业资产证券化市场体系和法规体系

健全的法律体系是金融市场有效运行的制度性保障，相关部门应该研究制定企业资产证券化的法律、法规，对现有不符合实际的法规进行修改完善，以适应当前企业资产证券化的要求。

2. 严格审查拟资产证券化企业

应该重视企业资产证券化，将其作为重要的融资渠道。但必须对要进行资产证券化企业的资格进行严格审查，同时要结合企业实际，防止出现符合条件的企业被否决，而不符合条件的企业蒙混过关的情况。

3. 健全金融市场服务机构

积极培育有资质的中介服务机构，健全金融市场的服务机构和评估机构，保持资产证券化渠道畅通，促进企业资产证券化的实施，为企业资产证券化提供支持。

4. 审慎选择基础资产

证券化的基础资产必须满足一定的条件，首先要有稳定的现金流；其次数量要符合相关规定；最后证券化资产还要达到市场接受的信用评级。

5. 提高资产证券化金融产品的流运性

证券化金融产品必须具备较强流动性，才能实现资产证券化的目的。而证券化金融产品的流动必须要有相应的交易机制来推动，应该在二级市场上创新交易模式，提高证券化产品的流动性。

【案例 3-3】 **京东白条资产证券化项目**

2015 年 10 月 28 日，京东白条应收账款债权资产支持专项计划（以下简称京东白条 ABS）在深圳证券交易所（以下简称深交所）正式挂牌，这是市场上第一个基于互联网消费金融的资产证券化产品。从深交所网站和《京东白条应收账款债权资产支持专项计划说明书》披露的内容来看，京东白条 ABS 发行总额为 8 亿元人民币，分为优先01 级、优先 02 级和次级三档。

（一）背景

2014 年 2 月京东商城上线隶属京东金融的京东白条产品，该产品服务对象主要是京东商城会员，服务内容是为其提供延期支付和分期支付。在延期支付上，京东白条提供 30 天免息期，用户可以享受"先消费，后付款"服务。在分期支付上，京东白条提供 3 月、6 月、12 月和 24 月的分期支付服务，服务费按每月 0.5% ～ 1.2% 的费率计算，逾期后按日 0.05% 费率收取罚金。随着京东商城交易额的快速增长，京东白条在使用人数和使用金额上都获得了大幅提升，成为京东金融最重要的产品之一。目前，京东白条的应用范围已经从京东商城扩展至住房、旅游、装修、购车等京东商城以外的多个场景。

自 2014 年京东白条上线以来，京东世纪贸易利用自身平台优势虽然可以获得供货方的账期优惠服务，但该产品仍会占用京东集团大量自有和运营资金。从市场准入角度来看，京东金融由于不具备银行、证券、消费金融等方面牌照，金融机构定位并不明确，因此获取资金的渠道较少且成本较高。从主观意愿来看，为降低资金成本、拓宽资金渠道、扩大京东白条业务规模，京东集团具有实行资产证券化的强烈意愿。从客观条件来看，在新一届政府"盘活存量，用好增量"的金融改革思想指导下，自 2012 年起，资产证券化试点规模迅速扩大，配套政策日益完备，市场条件逐渐成熟，这为互联网金融资产证券化项目成功实施奠定了相应的基础。

（二）交易流程

京东白条 ABS 交易结构如图 3-4 所示，其操作流程如下：

（1）原始权益人京东世纪贸易在其存量京东白条应收账款债权资产中遴选出符合"合格标准"的白条应收账款债权形成最初的基础资产池。

（2）计划管理人华泰资管设立并管理资产支持专项计划（SPV），投资者通过与计划管理人签订《认购协议》并缴付认购资金，取得资产支持证券，成为资产支持证券持有人。

（3）计划管理人运用专项计划资金购买原始权益人（资产转让方）应收账款债权资产，即原始权益人（资产转让方）在专项计划设立日转让给专项计划的、原始权益人对用户的应付货款及服务费的请求权和其他附属权利。

（4）计划管理人委托基础资产转让方作为资产服务机构，对基础资产进行管理，包括但不限于基础资产资料保管、对用户应述款项进行催收、运用前期基础资产回收款滚动投资后续资产包等。其中，运用前期基础资产回收款滚动投资后续资产包属于循环购买设计，具体是指，在循环期内，前期基础资产回收款项后，并不分配给资产支持证券持有人，而是用于购买新的符合"合格标准"的基础资产，进行再投资。

（5）托管人兴业银行依据《托管协议》的约定，管理专项计划账户，执行计划管理人的划款指令，负责办理专项计划名下的相关资金往来。

（6）京东白条用户向资产服务机构偿还白条本息，资产服务机构将其划付至专项计划账户，计划管理人按照合同的约定将基础资产的收益分配给专项计划资产支持证券持有人。

（7）登记托管机构（中国登记结算深圳分公司）负责交易本息划付。

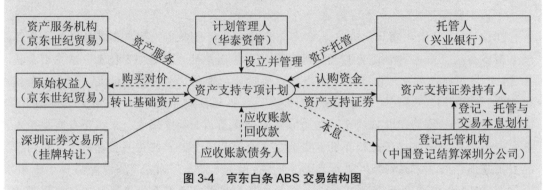

图3-4　京东白条 ABS 交易结构图

（三）资产池构成

京东白条证券化的基础资产为京东提供白条服务所产生的符合条件的应收账款债权资产。白条应收账款产生于原始权益人京东世纪商城与用户之间的买卖合同法律关系，且限定该债权资产不存在其他第三方主张获取该资产所有权的权利，从而保证证券投资者未来可以获取本金及预期收益的权利。由于赊销期限较短，基础资产与京东白条证券化发行的产品存续期间之间存在期限错配问题，该结构的资产池采用了再循环购买、动态资产池模式。循环期内，资产服务机构可将基础资产到期回收的现金流扣除必要税金、费用与收益之后继续用于购买基础资产，使资产池维持相对稳定的规模。当循环期结束进入摊还期时，消费金融贷款资产池产生的现金流归集后按照约定顺序先支付税费，后向各层级资产支持证券持有者偿付本金和收益。

（四）信用增级安排

该专项计划选用内部信用增级安排，通过优先、次级分层结构实现信用增级。具体根据资产支持证券所具有的不同的风险、收益顺序，可以将资产支持证券分为优先01级（AAA 评级）、优先02级（AA- 评级）和次级资产支持证券（未评级）三种。原则上优先01级、优先02级和次级资产支持证券的比例为75∶13∶12。优先级由投资机构完成认购，次级资产支持证券则由原始权益人全部认购，不参与发行流通。优先级证券在循环期按季度分配利息，摊还期按月摊还本息，次级证券只在摊还期优先级证券本金清偿完毕后获得剩余收益，只有在原始权益人自行认购的次级证券完全承担后仍存在亏损的情况下才会由优先级证券承担。此外，根据测算，专项计划的存续期间优先级和次优先级资产支持证券的现金流覆盖率超过110%，可实现超额现金流覆盖的信用增级效果。

（五）加速清偿机制

若资产池应收账款逾期率和坏账率达到一定比例时将触发加速清偿机制，基础账户内记录的资金不再用于购买原始权益人符合合格标准的资产，证券化服务账户现有全部资金将转入专项计划账户用于对证券持有人的分配。该信用触发机制能够实现违约情况下对归属于原始权益人的资产与归属于专项计划的资产的有效隔离。

（六）交易主要风险点及缓释风险措施

1. 基础资产质量下降而导致的信用风险

目前京东白条的逾期及不良情况较少，如果原始权益人业务扩张，可能会出现备选入池的基础资产信用风险增加的情形。此外，未来京东可能对其白条用户以降低服务费的手段进行促销，且无服务费的白条资产可能增多，因此入池白条资产的加权服务费率会有所下降。

针对此风险，专项计划设计了相应的合格标准，须满足合格标准方能入池，还设计了赎回和置换机制。在专项计划期限内，如果计划管理人或者资产服务机构发现不符合资产保证的基础资产，计划管理人应当按照《资产买卖协议》的规定通知原始权益人对此不合格基础资产予以赎回。如果计划管理人或者资产服务机构发现"灭失基础资产"，即在专项计划购买某笔基础资产后，而该笔基础资产对应的购物订单在交付商品前被取消或发生退货或由于系统记录错误，该笔基础资产对应的应收账款并不存在，原始权益人应当按照《资产买卖协议》的约定，用其自有的、符合合格标准且应付货款余额不低于灭失基础资产名义应收货款余额的应收账款资产（单笔或组合资产），对灭失基础资产进行置换。此外，专项计划也对资产池不良率进行了限制，如果循环购买过程中相关指标超过阈值，将采取相应的风险监控和防范措施，或启动加速清偿机制。

2. 再投资效率下降风险

专项计划基础资产的回收款可能因为原始权益人后续缺乏符合合格标准的京东白条应收账款资产，而无法或者不能足额进行循环购买。再投资效率下降会导致基础资产收益率降低。

对此，由于京东白条是未来重点发展的部分，因而可以预见未来可供购买的基础资产将远大于发行总额。在循环购买期间，资产池应付货款余额累计60个自然日未达到资产支持证券未偿本金余额的100%，则会启动加速清偿机制，保证优先级投资者的预期收益及本金。

3. 资产及收益混同风险

专项计划的首次及后续购买的基础资产在存续期内由原始权益人作为资产服务机构监控和管理，不排除与原始权益人其他京东白条应收账款资产及收益混同的风险。针对此风险，计划管理人要求资产服务机构在其IT系统中单列一数据区域，将计划管理人委托管理的基础资产分别保存、分开管理。同时，计划管理人可随时查看该部分基础资产的信息，相关机构相互制约、监督。

另外，在发生资产服务机构解任事件或者京东白条用户未履行其在《京东白条服务协议》项下的任何义务以致须针对其提起诉讼或仲裁的事件时，资产服务机构应当在事件发生后7个工作日内以挂号信的方式通知全部或相关基础资产用户，原始权益人在相关《京东白条服务协议》项下的相关债权已经转让给计划管理人，用户应将其应支付的款项支付至计划管理人指定的账户。该措施也有助于区分专项计划资产与原始权益人自身资产，以避免资产混同。

（七）小结

京东白条 ABS 作为首个互联网消费金融的资产证券化产品，以电商平台赊销产生的应收账款作为基础资产，而且为了实现短期应收账款资产与长期的资产支持证券实现期限匹配，还设计了循环购买机制，具有一定的市场示范意义。对于京东世纪贸易来说，京东白条 ABS 的意义还在于盘活大量沉淀的应收账款债权，为企业提供流动性。京东以初次入池的 8 亿元应收账款债权回笼了 7 亿多元资金，最终只持有 9 600 万元的次级产品，为企业带来了大量的现金流，这不仅对于京东完善自有物流体系、拓展自营业务有重要作用，同时也为京东发展金融创新业务提供了资金。如果京东能够进行很好的风险管理，控制白条的坏账率，其持有的次级产品还能为其带来丰厚的收益。

复习思考题

一、在线测试题（扫描书背面的二维码获取答题权限）

扫描此码　自我测试

二、简答题

1. 请简要回答公司债券的含义。

2. 公司债券信用评级的内涵是什么？

3. 什么是可转换公司债券，它有何特征？

4. 请简述企业资产证券化的含义。

第四章 私募股权基金与风险投资

内容提要

私募股权基金作为资本市场上的一种独立投资类型，是在股票交易所之外将自有资本投入企业中，以支持企业或者行业的技术创新与市场开拓。风险投资，又称为创业投资，不同于传统的投资活动，有着鲜明的特色、体系和运作模式。从广义的角度来看，风险投资也被认为是私募股权投资的一种。本章第一节介绍私募股权基金的概念、分类及其运作流程；第二节论述了私募股权基金协助企业转型的模式；第三节介绍了风险投资的概念及其基本特征；第四节论述了风险投资的投资决策体系，重点论述了风险投资项目的评价体系。

学习要点

- 掌握私募股权基金的概念和分类；
- 掌握私募股权基金协助企业转型的模式及其策略性角色与功能；
- 掌握风险投资基本含义及其特点；
- 理解风险投资项目评价的决策方法。

第一节 私募股权基金概述

一、私募股权基金的概念

（一）私募股权基金的定义

在私募股权基金的历史文献中，曾多次提及"哥伦布"这个名字，如果没有西班牙王室的支持，哥伦布就不可能发现新大陆，这可谓是私募股权基金概念的源起。近代意义的私募股权基金出现在美国 20 世纪 40 年代，其投资目的是给年轻的新创型企业提供在企业发展过程中所需要的资金，并从其发展中获利。美国私募股权基金发展从 1945 年美国研究和发展公司（ARD）成立起至今，历经了萌芽阶段、发展阶段、高速增长阶段及成熟阶段，在美国已是发展相当成熟的行业。

私募是指其运作模式的非公开性，相对于公募而言，私募股权基金仅向一定范围内的机构或特定个人投资者募集资金。私募股权基金不可通过宣传资料、媒体广告或研讨会等宣传方式进行推销，而募集资金的对象，相较于公募面向广大的公众投资者，私募仅对少数特定且具有丰富的行业投资经验和充足资金的投资者募集资金[1]。

---

[1] 不过，随着金融市场的发展，私募股权基金的私募、非公开的概念亦非绝对，已有少数私募股权基金为提高企业的透明度、加强资金流动性，而选择上市、通过股票市场募集资金。例如，2006 年 5 月，美国私募股权基金 KKR Private Equity Investors（KKR）在阿姆斯特丹 Euronext 泛欧交易所上市；美国私募股权基金黑石公司于 2007 年 6 月于纽约交易所上市。

私募股权基金（private equity fund，PE），是指投资于非上市股权，或者上市公司非公开交易股权的一种投资方式。从投资方式角度看，私募股权基金是指通过私募形式募集资金，并对私有企业，即非上市企业进行的权益性投资，在交易实施过程中附带考虑了将来的退出机制，即通过上市、并购或管理层回购等方式，出售持股获利。

在对私募股权基金的理解上，有广义与狭义之分：①广义的 PE 包含创业风险投资以及从事后期阶段的投资，甚至收购及兼并活动的股权投资活动，因为创业风险投资或非创业投资活动性质的私募股权基金，都是私募股权基金的方式运作，仅为投资标的发展阶段上的不同；②狭义的 PE 主要指对已经形成一定规模的，并产生稳定现金流的成熟企业的私募股权投资部分，主要是指创业投资后期的私募股权投资部分，而这其中并购基金和夹层资本在资金规模上占最大的一部分。在中国 PE 主要是指狭义上的 PE。

（二）私募股权基金的特点

1. 私募

在资金募集上，主要通过非公开方式面向少数机构投资者或个人募集，它的销售和赎回都是基金管理人通过私下与投资者协商进行的。在投资方式上也是以私募形式进行，绝少涉及公开市场的操作，一般无须披露交易细节。在引进私募股权投资的过程中，可以对竞争者保密，因为信息披露仅限于投资者而不必像上市那样公之于众。

2. 权益型投资

私募股权基金多采取权益型投资方式，绝少涉及债权投资。投资后采取"资金＋服务"的运作方式，不仅单纯提供被投资企业资金，还参与其经营管理，提供增值服务。

3. 投资期限长

对非上市公司的股权投资，或者投资于上市公司非公开交易股权，因流动性差被视为长期投资（可达 3～5 年或更长），所以投资者会要求高于公开市场的回报。

4. 资金来源广泛

私募股权基金的资金来源广泛，如富有的个人、风险基金、杠杆收购基金、战略投资者、养老基金、保险公司等都有可能成为其资金来源。对引资企业来说，私募股权基金不仅有投资期长、增加资本金等好处，还可能给企业带来管理、技术、市场和其他需要的专业技能。相对于波动大、难以预测的公开市场而言，私募股权基金是更稳定的融资来源。

5. 没有上市交易

私募股权基金没有现成的市场供非上市公司的股权出让方与购买方直接达成交易。而持币待投的投资者和需要投资的企业必须依靠个人关系、行业协会或中介机构来寻找对方。

6. PE 投资机构多采取有限合伙制

有限合伙制度是指在有一个以上的合伙人承担无限责任的基础上，允许更多的投资人承担有限责任的经营组织形式。这种企业组织形式有很好的投资管理效率，并避免了双重征税的弊端。

7. 投资退出渠道多样化

退出渠道有首次公开发行（IPO）、售出（trade sale）、兼并收购（M&A）、标的公司管理层回购等。

二、私募股权基金的分类

（一）按投资阶段不同分类

根据被投资企业的发展阶段，从广义的角度可以把私募股权基金分为风险投资（venture capital）、成长型资本（development capital）、并购基金（buy out/buy in fund）、夹层资本（mezzanine capital）、重振资本（turnaround capital）、Pre-IPO 资本（如 Bridge Finance），以及其他如上市后的私募投资（private investment in public equity，PIPE）等。

1. 风险投资（venture capital，VC）

风险投资主要是指向新兴的、发展迅速的、具有发展潜力的初创企业提供资金支持并取得股权的一种投资基金，即主要投资处于种子期（seed stage）、初创期（satrt-up stage）及成长早期等各个时期的中小型、未上市的新建企业。

2. 成长型资本（development capital）

主要投资处于成长扩张期的企业，此时企业已于市场上具有一定的占有率，营销模式和管理模式也初步确立，拥有良好的治理结构，管理团队人员基本稳定，已可从市场获取经营收入与利润，但企业仍急需资本以进一步扩大市场占有率、调整经营方向或投资进入其他市场领域。通常用 500 万～3000 万美元的投资规模，经历 2～3 年的投资期，并在可控风险措施下，寻求 4～6 倍的可观回报。

3. 并购基金（buy out/buy in fund）

并购基金是私募股权基金运用较为广泛的投资方式之一，并购业务可以说是私募股权基金业务的核心组成部分。并购基金主要专注于对目标企业进行并购的资本，通过收购目标企业股权，获得对目标企业的控制权，然后对其进行一定的重组，改善企业资产结构并提升业绩，必要时可能更换企业管理层和经营机制，运作成功并持有一段时间后再转让出售。并购基金投资于相对成熟的企业，这类投资包括帮助企业新股东融资以收购其他企业、帮助企业融资以扩大规模和产能。

并购基金与其他类型投资的不同表现在于，风险投资主要投资于创业型企业，并购基金选择的对象是成熟企业；其他私募股权投资对企业控制权无兴趣，而并购基金意在获得目标企业的控制权。因此，一般而言，并购基金的交易额较大，通常会运用杠杆收购（LBO）方式募集资金，在国际资本市场中，并购基金的身影通常出现在内部管理层收购（MBO）及外部管理层收购（MBI）中。

4. 夹层资本（mezzanine capital）

Mezzanine 源自于拉丁语的"medianus"，指位于剧院一楼和二楼间的中间层，即夹层。夹层资本是属于一种介于优先债权和股权之间的融资方式，和优先债权相比，夹层融资是带有一点股权性质的债权，当企业进行破产清算时，优先债务提供者首先得到清偿，其次是夹层资本提供者，最后是公司的股东。为补偿夹层资本提供者的风险，此类债权通常伴随着相应的认股权证，可于约定的时间和价格条件，购买该企业的股权或将剩余的债权转换为股权，即夹层资本提供者将资金贷予借款人，除要求借款人还本付息外，在一定条件下还可以将剩余债权转换为股权或另行认购。因此，对投资者来说，夹层资本的风险介于优先债务和股本之间。

5. 重振资本（turnaround capital）

重振资本一般指投资于有市场、有生产力但面临财务困难、亟需一定资金助其摆脱困境的公司。投资后，重振资本通过改善经营管理、提高经营效率、经营团队改组等手段协助公司走出困境。

6. Pre-IPO 资本（pre-initial public offerring investment）

Pre-IPO 投资主要投资于短期内将要首次公开发行股票并上市的企业，或预期将要上市的企业。Pre-IPO 投资一般在上市后从公开市场出售股票退出，其中一部分股份也可按发行价通过公开发售旧股的方式退出。Pre-IPO 投资的时点是在企业规模与盈利已达到上市条件时，甚至企业已经站在股市门口时。

7. PIPE（private investment in public equity）投资

PIPE 投资是指购买上市公司股权的私募股权投资，其投资方式包括以市场价格的一定折价率直接购买上市公司原有股东的旧股、参与配股、增发新股、资产注入或将上市公司私有化。PIPE 投资适合于上市公司的私募再融资。

（二）按组织形式不同分类

私募股权基金按照组织形式不同可以分为有限合伙型私募股权基金、公司型私募股权基金和信托型私募股权基金。

1. 有限合伙型私募股权基金

有限合伙型私募股权基金是指由一个以上的有限合伙人（limited partner，LP）和一个以上的普通合伙人（general partner，GP）成立合伙协议、认购基金份额，成立合伙企业的基金组织形式，是现在国际上私募股权基金普遍采用的形式。

有限合伙人仅以出资为限承担有限责任，为基金大部分资金的提供者，可以是个人或养老金基金、保险基金等机构投资人，收入主要来源于基金的利润分红，没有管理义务。普通合伙人须对合伙企业的债务负担无限连带责任，一般由基金管理人担任普通合伙人，投入相当份额的资本，通常不低于1%，并由其代表私募股权基金对外进行基金经营活动，享有管理和投资决策权，收益主要来源于基金管理费和一定的分红。

2. 公司型私募股权基金

公司型私募股权基金是具备独立法律人格的企业法人，以自己名义享有权利、负担义务，而入资基金的基金份额持有人对基金的投资享有全面的公司股东权利，并通过董事会选任基金管理人，一旦公司型的私募股权基金出现投资失败，身为股东的基金份额持有人仅需以其出资额为限承担相对应的投资损失。

公司型私募股权基金与有限合伙型私募股权基金相较，具有较多的资合特性，股权转让原则上并不会影响基金，基金管理人的变动也不会导致基金解体，因此具有较好的稳定性。公司型私募股权基金受公司法规范，公司治理制度较完善，有助于保护投资人的利益。

其缺点是缺少足够的灵活度，且须负担更高的制度成本，其中双重征税问题最为关键，一方面公司就其赚取的投资收益需要缴纳各类税捐，而另一方面作为股东的基金份额持有人基于公司盈利而获取的股利须缴纳个人所得税，使基金的营运成本增加、压缩获利空间。

3. 信托型私募股权基金

信托型私募股权基金是通过当事人之间以专门的信托契约明确各自的权利与义务而形成的私募股权基金。投资者在信托关系中作为委托人，投资资本；基金管理人作为受托人有经营管理的权利；信托关系中的托管人有保管资金和监督的权利。三者根据信托契约行使权利、履行义务，基金管理人和托管人向委托人收取一定的管理费和托管费。信托型的私募股权基金与上述两种类型的基金不同，它不是一个独立的财产，它的所有权转移到基金管理人所有，因此基金管理人可以自己的名义管理基金。由于基金管理人的权利较大，不仅有所有权还有经营权，所以需设立基金托管人来监督基金管理人的行为。

三、私募股权基金的运作流程分析

私募股权基金的运作可以分为三个部分，即资金募集、投资决策选择和退出渠道分析。这三个部分将私募股权基金如何能够充分募集到资金、如何运用资金投资以及如何把资金从企业中安全地撤离并获取收益，有效地连接在一起，从而使私募股权基金能良好的运作。

（一）资金募集

私募股权基金在运作过程中主要包括三个行为主体：一是投资者，提供投资的资本，可以是自然人或企业机构等组织；二是中介机构（私募股权基金管理公司），专门从事投资活动，负责投资组合及基金的日常管理；三是投资对象，是资金的最终需求者，也是PE基金的利润贡献者。

筹集资金是发起设立私募股权基金的第一步，将资金通过各种渠道募集起来，继而才可以通过有效的组织形式进行运作。私募股权基金投资期限长，因此募集对象一般为长期投资者，私募股权基金的主要投资者有政府、机构投资者、大型企业和个人等。

（1）政府。从私募股权基金在各国的发展来看，因政府资金具有资金稳定性及可信度较高的优点，使其已成为私募股权基金重要的资金来源之一，美国小企业投资公司就是典型的政府出资推动中小企业发展的例子，英国、日本、新加坡及以色列等国政府都直接参与私募股权基金，并对基金的投资行为进行一定程度的干预。

（2）机构投资者。机构投资者是私募股权基金的重要资金来源。机构投资者是指使用自有资金或者从分散的大众募集资金专门进行投资活动的机构组织。一般而言，投资公司、保险公司、养老基金、各种社会福利基金及银行等金融机构是比较常见的机构投资者。

（3）大型企业。出于战略考虑而希望将盈余资金投资于相关企业的大型企业往往也是私募股权基金的重要资金来源，如通用汽车、英特尔等。许多大型企业会以合资或联营等方式将盈余资金投资于与自身战略利益相关的企业。而随着大型企业对创业投资参与程度的加深，此类投资不再局限于相关行业，为了实现资本增值和利润增长而转向其他行业。

（4）个人。拥有大量资金的个人有将资金投入私募股权基金而获取投资收益的需求，此类资金来源通常稳定性较差、数量相对较少，且容易受投资者经济状况影响。而个人参与私募股权基金的途径，主要来自购买创业投资信托计划，随着个人财务实力及风险承担能力的增长，也有个人投资者以有限合伙人身份参与有限合伙型私募股权基金。

在募集过程中，私募股权基金通常采用承诺制，即机构投资者通常先承诺给基金管理公司特定数额的资金，但不是一次性交付。以有限合伙制为例，基金管理公司在设立时并不要求所有合伙人投入预定的资本额，有限合伙人可以给予承诺。当一般合伙人发现适当的投资机会时，他们只需要提前一定时间通知有限合伙人，并在一定时间内有限合伙人投入资金即可。因此，基金宣称的筹集资本是承诺资本额，并非实际投资额。

（二）投资决策选择

因为私募股权基金的投资项目具有高风险特点，所以对投资项目的筛选和评估是基金运作成功的关键一步。具体而言，投资决策选择这一过程又可以分为项目寻找、项目评估和项目管理三个部分。

1. 项目寻找

寻求投资项目是一个双向的过程：一方面，私募股权基金可通过发布投资项目指南，再由企业提交项目投资申请书，经基金的专门委员会进行评审筛选；另一方面，基金也可以采用主动出击的方式寻找投资项目，如通过朋友、银行、证券公司等中介机构的介绍，并在一定程度上依赖于人际关系和行业网络。一般而言，企业所在行业及发展阶段是私募股权基金筛选项目时的首要因素。

2. 项目评估

私募股权基金初步筛选投资项目后，应通过尽职调查获取目标公司更详尽的资料，以便于进一步项目评估。第一，评估目标公司管理团队的素质能力；第二，判断对投资项目的技术水平及可行性；第三，评估投资项目未来市场潜力，包括未来预期成本及定价等；第四，对投资公司进行财务评估，分析资金需求等；第五，评估投资项目的风险。

3. 项目管理

项目确定并进行投资决策仅仅是私募股权基金投资的开始。为了使基金达到预期回报，需要对目标企业进行一系列的项目管理运作。

（1）资金投入过程。在确定对目标企业进行投资后，投资方与目标企业会进行条款的谈判，通过谈判以确定一种权益安排，使双方互惠互利、共担风险、共享收益并将其体现在契约中。契约条款一般包括：投资的金额、投资工具的安排、投资者监管和考察企业权利的确认、投资保护性条款及投资失利协定等，有时候还包括管理层激励条款。

私募股权基金以企业达到事先设定的目标为前提逐步注入资金。在投资过程中，根据基金及企业项目具体情况的不同，管理者可能采取联合投资的策略，这样一方面可以控制投资规模；另一方面也便于管理和借鉴其他基金的经验。

（2）投资后的管理整合。为了防范风险，私募股权基金通常不仅对目标公司的日常运营进行监督管理，而且还介入目标公司的经营战略、组织结构调整等重大问题的决策。

这主要是通过以下方式实施的：第一，在董事会中发挥影响力，委派在行业里经验丰富的专家加入董事会；第二，作为股东参与企业重大事项的决策与经营方针、战略及长期规划的制定；第三，参与企业人事管理，对管理层行为进行限制；第四，帮助企业寻求进一步发展所需的资金支持和合作伙伴，为IPO创造条件。

（三）退出渠道

私募股权基金投资企业的最终目的就是通过出售投资企业的股权从而实现资本增值。大多的私募股权基金会在整个投资期结束之后才给投资者分配利润。因此，选择退出方式关系投资者的利益，退出方式主要有以下四种。

1. 首次公开发行（IPO）

在投资企业 IPO 上市后，权益可以流通，私募股权基金通过公开市场逐步实现资本退出。此外，还可以通过反向收购（买壳或借壳上市）的方式实现公开市场退出。这种退出方式的优势表现在：第一，IPO 首发上市表明投资企业取得了良好业绩，得到了监管机构、证券市场及投资者对公司业绩和发展前景的认可；第二，IPO 上市之后，企业获得了持续融资的渠道，有利于企业未来发展；第三，给私募股权基金带来高收益。而其缺点就是公开上市的程序烦琐，费用高且风险大，退出时间也较长。

2. 并购

当投资公司由于各种因素导致无法短期公开上市时，可以通过自行招标或借助中介机构等渠道寻找第三方，并向第三方出售股权。当第三方购得股权并获得企业控制权时，私募股权基金也实现资金的退出，这种方式被称为并购（merger and acquisition，M&A）。并购的优点是方便快捷，并且费用低，但通常收益低于公开上市。

3. 股权回购

私募股权基金还可以将所持目标公司的股权卖给该企业的内部人员，可以迅速退出企业并获得收益，称为股权回购。这种方式又可分为管理层收购（MBO）、员工收购（EBO）和期权形式，其中期权形式又可以分为卖股期权和买股期权。设定卖权便于控制基金的投资风险，而设定买权可以激励管理层，能提前收回投资。股权回购可以保证一定的收益，但收益较低。

4. 清算

当私募股权基金确认目标企业失去了发展潜力或者成长速度太慢，以至于无法使基金获得所要求的高回报时，应果断地清算企业，尽可能地减少损失，将资金投入下一个投资循环。Ruhnka（1992）研究发现，以清算方式退出的投资大约占私募股权基金总投资的32%，而这种退出方式一般仅收回原投资金额的64%。

第二节　私募股权基金协助企业转型的模式

传统的私募股权基金主要偏好融资收购或管理层收购的多数股权控股模式，在此模式下私募股权基金通常具有主导控制权，对于经营管理层人选、成长策略方向、营运改善方法及处置投资上具有较高的弹性，能够有效降低企业组织的内部交易成本。

在新兴经济体中兴起了一股由私募股权基金、策略性投资人及国有资本所组成的联合投资人进行投资并购的多对一模式，这种模式在向海外并购时较常出现，主要的被投资标的通常具有重大的战略意义，如商业结盟开拓新市场、延长价值链创造差异化、取得先进技术促进企业转型升级、取得上游关键技术与专利的国家战略性产业与市场进入等。私募股权基金在这里最关键的功能在于洞悉竞标流程与策略、具备国际经验、熟悉资金融通管道与资本市场运作、设计交易架构，同时作为具备产业与管理经验的顾问与监督人，能够有效协助企业降低交易成本。而策略性投资人则具备产业知识与并购后经营与营运整合的能力。此外，在这些投资并购模式中，国有资本可提供额外的资金支持、融资担保，并降低策略性投资人与私募股权基金的风险。

一、参股型成长资本

参股型成长资本为私募股权基金传统的投资模式之一，主要关注在具有成长潜力的产业并依赖目标企业管理团队的产业，私募股权基金协助该类型企业的角色与功能主要是提供企业成长所需资金、发挥监督功能、提供改善营运效率的建议及协助进行资本市场的运作。此外，对于具备独特竞争优势的中小企业，若缺乏资金拓展市场或在营运效率低落寻求转型时，或是在企业二代有意愿继承家族事业并进行企业转型时，参股型模式将有助于缺乏资金、人才或管理技能的企业取得资金拓展市场及运用私募股权基金的价值创造工具提升企业的营运效率。但私募股权基金在参股型模式中并无控制力，因此主要的角色与功能仍限于财务性功能及监督与顾问功能，对于降低企业交易成本的贡献有限。

这种模式下私募股权基金可以自行参股，或协同国家资本直接投资目标企业，或共同筹设控股公司投资目标企业。原股东仍占有过半股权或主导性股数。私募股权基金可以通过目标企业上市、卖回股份给原股东、出售股份给其他基金或策略性投资人实现获利出场，企业原股东也可以继续保持所有权与经营权。

二、控股型杠杆融资收购

如果企业在某些方面具有独特竞争优势，如品牌、渠道、技术或商业模式优势等，但遭遇市场竞争与经营"瓶颈"、营运效率不高或财务困难等挑战欲寻求转型，并且企业二代的接班意愿不高时，私募股权基金可自行或协同国家资本通过融资杠杆方式取得企业的过半股权或全数股权。在这种模式下，私募股权基金具有主导控制权，因此其协助该类型企业转型的角色与功能在于全方位转型，改造包含管理层安排、成长策略规划与营运效能提升，可以协助企业降低组织交易成本。

融资收购模式下的资金，由私募股权基金及其他金融机构通过交易架构设计以股权方式筹资并拨付收购主体，再由收购主体支付目标企业股东，向其收购所持有的老股。而成为收购主体子公司的目标企业此时将发行新股，反向吸收合并母公司，或由收购主体与目标企业进行简易合并，以收购主体作为存续公司再更名，目的主要是将进行融资杠杆收购的新增债务转由目标企业承担。这种模式下很重要的前提是，目标企业在交易及转型的过渡期间至少仍能保持现状或维持原先的独特竞争优势。通过私募股权基金与企业股东之间的股权买卖契约设计，通常用于确保目标企业维持既有的营运状态，并降低私募股权基金风险，条款包括并购价格按未来绩效计算与支付条款（earn-out）、部分并购金存放信托账户条款（hold-back）、主要经理人留任条款（mandate/retention）、竞业禁止条款（non-compete）、禁止招揽条款（non-solicitation）等。

【案例 4-1】　黑石杠杆融资收购希尔顿

国际私募股权基金黑石（The Blackstone Group）于 2006 年以自有资金 57 亿美元与抵押及夹层融资 206 亿美元，合计 263 亿美元 40% 溢价融资收购希尔顿（Hilton）集团退市，其中包含 193 亿美元的股权价值及 70 亿美元的债务，该交易主要着眼于希尔顿的不动产价值与品牌价值合计低于金融市场上的权益价值，组织内部交易成本较高，如人力资源运用及品牌经营效率低等。黑石通过具有丰富营运经验且曾担任制定酒店集团的 CEO 的营运合伙人 Christopher Nassetta，自 2007 年起对希尔顿进行组织重组、统合管理权责、管理层整顿、绩效考核制度改造、企业文化重塑、后勤单位整并等营运效能提升措施；在策略上加强建立新酒店品牌，拓展海外豪华酒店市场以延伸酒店品牌至年轻人市场。拓展海外市场时所采用的方式并非通过高成本的并购方式取得其他酒店品牌，而是以非自有酒店（third-party operators），但提供管理与授权服务的轻资本模式（capital light）加速扩张，迥异于希尔顿过去的自有资产模式（owned and leased model）。2007 年至 2016 年希尔顿房间数从近 50 万间增建至超过 75 万间，营业据点从约 2 800 个成长至超过 4 900 个，涵盖近 100 个国家，也从世界第四大酒店集团变身为第一大酒店集团。

希尔顿的营收自 2007 年的 87 亿美元增加至 2013 年的 97 亿美元，美国市场的同业万豪集团（Marriott）及喜达屋集团（Starwood）的营收则为零成长；希尔顿的税息折旧及摊销前利润（EBITDA），于同期间自 16 亿美元增加至 22 亿美元，年复合成长率约为 5.5%，而万豪集团及喜达屋集团同期间的 EBITDA 年复合成长率则分别为 -2.9% 及 -1.2%。

黑石于 2007 杠杆融资收购希尔顿所增加的负债，在金融海啸时期因为信贷市场及资产证券化市场冻结、旅游业与房地产业衰退的背景下造成了希尔顿很大的负担。而凭借黑石丰富的债务重组经验与再投资承诺，成功延长了债务清偿期间并降低了约 55 亿元债务总额。

希尔顿于 2013 年年底重新上市成为美国史上第二大的上市案并募集 23.4 亿美元。此时希尔顿股权价值达 200 亿美元、企业价值达 340 亿元，但黑石受限于闭锁期及看好后市故仅出售 12% 股权（1.18 亿股）。剩下的 7.5 亿股则于 2014 年至 2016 年陆续出售，到 2016 年年底仅剩 15%，已实现与未实现获利达 100 亿美元以上，堪称史上最成功的杠杆融资收购之一。

三、管理层融资收购

管理层融资收购协助企业转型，一般来说适用于几种组织交易成本过高的情形：①若上市企业的股权过于分散、管理层持股较少、具有独特竞争优势但面临市场竞争、成长迟滞或经营效率不足等困境时，私募股权基金可协同企业管理层通过融资杠杆方式，采用公开收购取得企业的多数股权，并经股东会2/3以上股东同意后退市；②在多元化经营集团中，事业部门与集团总部间的经营方针与理念不一致或事业部门非集团核心事业时，私募股权基金也可协同企业管理层与股东谈判，将该事业部门进行分割独立营运；③企业欲发展新领域或既有领域发展遭遇"瓶颈"，由子公司或内部员工发起管理层收购，以所有权刺激内部创业的企业家精神。

管理层融资收购对企业转型及降低组织交易成本的好处在于：①激励企业家精神与降低转型阻力，股权过于分散有时会造成股东与经理人的利益不一致或管理团队无法获得前瞻性投资的支持，非集团的核心事业可能造成集团经理人对事业经营投注的资源不足或因为与其他事业部门有利益冲突而约束其发展，而通过股权集中与内部创业可激励管理层的企业家精神并促使其从事革新与转型活动；②作为被恶意并购的防御措施，对于股权分散、管理层持股比例低、有独特竞争优势且市值偏低的上市企业而言，遭到恶意并购的机会容易增加，通过管理层融资收购可以先一步改善管理层持股比率并进行企业转型活动，避免在暂时性的市场景气不佳时遭到不利于股东的低价并购。

这种模式下私募股权基金通常持有多数股份，但因为发动收购的协同管理层对于企业的未来发展有前瞻性的策略，且对于企业有深度的了解，私募股权基金需要与企业经营层协同决定企业的重要战略方向与相关的转型措施。私募股权基金协助该类型企业降低交易成本及转型的角色与功能，在于协同管理层进行全方位的转型改造，包含高级经理人或产业顾问的聘任、成长策略的重塑、营运与管理效能提升的监督以及资本市场的运作与股权激励措施的设计等。

而管理层融资收购实务中遇到的最大问题，是小股东在法律上的保障与门槛、收购金额是否低估企业价值、股东与管理层间的利益冲突等。

【案例4-2】 日本推动管理层收购的做法

在日本，为了推动管理层收购作为企业重组及改造的工具之一，并改善疲弱的经济与提升企业绩效，日本政府自1999年至2001年陆续放宽会社法（Commercial Code）规范以利于管理层收购的推动，如不愿参与收购的小股东，可以用换股方式以旧公司股份换取新公司股份、会设法新增企业分割专章与缩短分割所需时间等，在东京证交所与大阪证交所设立创业板，增加投资人实现获利的机会，放宽交易所对企业上市股份的限制，以利于企业上市前可以用特别股、可转换公司债等财务工具，向投资机构筹措资金，且不用立即转换普通股，以及通过企业再建整备法（Reorganization Law），缩短破产企业中某事业得以快速简便的方式进行管理层收购，避免适用民事再生法（Corporate Rehabilitation Act）冗长的破产程序，延误有价值的事业再生等措施。因此，在日本管理层收购的重要性随着并购交易的件数及金额逐年增加，然而主要是以中小型交易为主，大型企业整体的管理层收购仍尚未出现。

四、平台收购模式（buy-and-build）

部分私募股权基金先收购处于成长期且该产业参与者较分散的中小型企业作为平台，再将后续其他收购的企业整合并入该平台企业中。由于中小企业的企业价值倍数通常较低，通过整合平台与其他被收购企业的模式，能够以较低的成本快速实现营收增长、获利增长、营业规模扩增及企业价值倍数增长等综效，可以降低组织交易成本。平台收购模式应用的弹性很高，常见的产业包含具有普遍性且人口结构改变特征的医疗服务业、物流仓储业、教育等。

平台收购模式成功实现综合效益的关键，在于平台企业具有可扩张的产品（服务）与充足的基础设施，私募股权基金具备平台收购与整合经验，私募股权基金可寻得有利于平台扩大的并购案件，以及良好的并购后整合管理团队。在此模式下私募股权基金具有高度的控制权，其协助该类型中小企业转型的角色与功能在于经营策略的设定、成长资金的供给、营运效率的提升等全方位转型改造。

【案例 4-3】　Warburg Pingus 的平台收购模式

成立于纽约，有 50 年历史的世界前十大私募股权基金 Warburg Pingus 看准中国人均所得增加、电商交易、第三方物流与都市化程度快速成长的潜力以及中国人均物流面积与物流费用占 GDP 比重等指标落后于先进国家的契机，自 2011 年起成为与中国地产企业合组提供现代化仓储、物流管理、冷链（cold chain）等物流解决方案的物流地产公司，主要客户为大型电商及第三方物流。2015 年年底于韩国设立合资公司，2016 年年初宣布与 Redwood 合并重组为 ESR 集团，迅速取得在日本与韩国共 14 个城市、105 万平方米仓储，合并后 ESR 集团持有及在建仓储面积超过 350 万平方米，因中国外购取得物流地产的竞争激烈，故 ESR 策略目标转为亚洲市场的整体布局。

Warburg Pingus 专长的行业包含不动产、能源、通信与媒体、医疗与零售等，并在中国已投资多家不动产管理、物流、汽车租赁等相关产业的公司。此外，通过 Warburg Pingus，ESR 集团可取得加拿大退休基金、荷兰退休基金、Goldman、JP Morgan、中国平安集团等巨型金融机构的投资或融资。

五、商业结盟开拓新市场

这是私募股权基金结盟策略性投资人与国有资本参与具有重大意义的海外投资的第一

种类型，私募股权基金在这种合作类型中的角色与功能是同时具备产业知识、国际竞标经验、资本市场运作专长的财务顾问与资金提供者，并促成交易进行、减少市场交易成本，使得双方以少数股权投资方式及契约缔结方式稳固合作关系，以符合对市场及利润的预期。

【案例4-4】 渤海华美、四维图新、腾讯和新加坡政府投资基金的商业结盟

私募股权基金渤海华美、中国最大的电子地图内容及服务供应商四维图新、腾讯集团和新加坡政府投资基金（GIC）四家共同参与竞标，并获选投资欧洲地图资讯公司Here合计2.43亿欧元，取得约10%的股权。Here由BMW、Audi及Daimler三大欧洲汽车集团于2015年自Nokia以31亿美元全资收购，Intel也在2017年初投资Here约15%的股权。

此交易着眼的战略目标，一方面是整合Here的全球200多个国家的地图资讯、四维图新的中国地图资讯，并延伸与优化现有的地图资讯服务；另一方面是着眼于自动驾驶汽车的高精度地图与位置服务（location services）的未来需求、整合与开发欧洲三大汽车集团搜集的全球车联网资料以及纳入平台电商股东加速创新与开发新服务模式。而中国厂商在此交易中的另一项优势则是"欧洲技术，中国市场"的合作策略。

私募基金渤海华美具有中国及美国背景，具备与中航工业汽车联合收购美国瀚德汽车（Henniges）、美国耐世特汽车（Nexteer）并于香港上市的经验，同时具有对汽车产业及互联网产业的营运经验与资本市场经验。此外，渤海华美尚与宁德时代新能源合资参股中石化，拟在电动车充电储能领域与中石化的销售渠道展开合作。

通过此次商业结盟，腾讯集团与四维图新又深化了应用上的优势，包括：① Here和四维图新计划合作创建并提供针对自动驾驶汽车打造的高精度地图和位置服务；② Here的物联网解决方案将延伸至中国市场，涵盖车队管理、随选服务与车辆资产追踪；③ 将Here的资讯与服务整合在腾讯的其他服务中如QQ与微信等，并共同开发新的服务模式。此外，随着四维图新在2016年10月结盟联发科，腾讯集团在2017年3月投资特斯拉5%股权并成为其第五大股东后，腾讯集团在未来的无人驾驶车与电动车领域的布局更加完整，同时也体现了中国在传统汽车领域长期无法追上先进工业国家而希望借由电动车"弯道超车"的战略。

六、价值链延伸及差异化

这是私募股权基金结盟策略性投资人与国有资本参与具有重大意义的海外投资的第二种类型，私募股权基金在这种合作类型中的角色与功能是具有产业专业与国际并购经验的顾问与资金提供者。

【案例4-5】 IDG资本、木林森及地方政府资本并购Osram的光源业务

中国大陆与台湾地区的LED产业的上中游晶片与晶粒制造，长期存在销售价格下滑与产能过剩的问题，下游渠道又大部分由国际知名品牌与专利大厂所把持。创投及私募股权基金IDG资本、中国最大LED封装厂木林森及地方政府资本于2016年合计出资5亿欧元并购LED照明全球第二大业者Osram的光源业务，虽然该业务出售不包含专利且需持续向Osram在马来西亚的上游晶片厂采购，但可使用Osram品牌及渠道10年。此交易扩大了木林森的下游渠道与全球化布局、填补其高端照明品牌的空缺、利用新增渠道协助自有品牌的拓展、协助Osram将成本控管与获利情形不佳的事业部予以分割并由具备成本优势的木林森经营发挥综效、促成木林森与IDG资本旗下数家LED公司（包含上游晶片厂华灿光电）合作的机会。此外，木林森也因此交易可望从全球第九跻身世界前三大LED照明商。

IDG资本自2008年起就在LED及半导体产业进行布局，也是上市LED晶片制造商华灿光电的最大股东。IDG资本对跨境资产的并购策略是全方位的，既包括品牌、核心技术，也有研发体系、销售网络，其综合效应的创造主要是利用跨境资产的前述优势则接中国的成本优势与供应链优势，因此可以协助中国企业进行产业升级与转型。

IDG资本的LED上游晶片公司华灿光电因为IDG资本的牵线，于2016年与木林森签订了15亿人民币订单的战略协议促成了产能利用的提升。此外，IDG资本2013年在微机电系统晶片制造商MEMSIC股价低迷时与管理层一同融资收购将其私有化，并在2016年与另一投资机构光大控股合作设立基金收购MEMSIC先实现获利再转售华灿光电，协助华灿光电的产品线由单一的LED晶片扩增至可用于医疗生技、通信、汽车及物联网的传感器晶片。

通过案例4-5也可以发现：①价值链向下延伸的同时也带动了对上游原材料的需求，附带地去化产能过剩产业的产能，而私募股权基金是促成这种上下游合作的关键角色，也促成了旗下位于产业链的其他公司与策略性投资人间新的合作机会，降低了市场交易成本；②私募股权基金在相关产业全面布局的策略，促成了并购交易的发生与并购综合效益的实现，进一步促使组织交易成本下降。

七、取得先进技术

这是私募股权基金结盟策略性投资人与国有资本参与具有重大意义的海外投资的第三种类型，私募股权基金在这种合作类型中的角色与功能同样是具有产业专业与国际并购经验的顾问与资金提供者。

【案例4-6】　汉德资本、国新国际及中国化工集团收购 Krauss-Maffei

以欧洲先进工业技术为目标的私募股权基金汉德资本、专注于国有企业改革的国新国际及中国化工集团，于2016年共同斥资9.25亿欧元，从加拿大私募股权基金ONEX收购具有178年历史的德国塑料和橡胶加工机械设备制造商 Krauss-Maffei，此交易着眼于化工设备生产能力的整合以及借由并购行业领导者提升产业技术能力与地位，同时希望成为轮胎工业的全球市场领导者。这样的交易逻辑还隐含着未来汽车智慧化与轻量化趋势下对于新高端塑化材料的射出成型和生产装备的庞大需求潜力。此外，这项交易基本上是循着"欧洲技术，中国市场"的合作策略，尊重目标企业的独立性、管理技能与技术专长，并继续保留在德国的生产、技术、专利与研发等功能。

自2004年起，中国化工陆续组合中国蓝星、中国昊华等原国有化工企业，其六大主要业务包含化工新材料及特种化学品、基础化学品、石油加工与炼化产品、农用化学品、轮胎橡胶及化工装备，是从各被收购企业的原有业务组建而来。组建后的中国化工发展策略并非整合所有业务，而是让各个业务自行改革、并购各领域领先的外国企业，以符合"中国制造2025"的国家战略。过去几年，中国化工在意大利、法国、以色列、瑞士等国进行数次并购，包括2015年以71亿欧元收购了世界第五大意大利轮胎制造商倍耐力（Pirelli）、2017年以430亿美元收购瑞士农化及种子公司先正达（Syngenta）等。2007年，中国化工还引进国际私募股权基金黑石（The Blackstone Group）策略性投资子公司蓝星，并协助其改革与扩大业务发展。

汉德资本创始人蔡洪平曾在德意志银行、瑞士银行、法国巴黎银行等欧洲投资银行工作近20年，曾任德意志银行亚太区执行主席并曾经手80家民企和国企在海外上市。汉德资本40%的员工为德国团队，主要着眼于欧洲技术与中国市场的对接。除本交易外，汉德资本收购了意大利的机械手臂制造商 Gimatic 以及位于美国与欧洲的医疗用雷射设备制造商 Fotona。

从案例4-6可以发现：①参与交易的私募股权基金对目标企业所在国的文化与商业环境有深厚的了解与布局，有助于首次在德国并购的策略性投资人与目标企业管理层及同样为私募股权基金的母公司间的协商与并购交易顺利进行；②因策略性投资人对目标企业的管理方式为独立营运，且欧洲企业通常对中国企业存在偏见，通过具有丰富德国经验的私募股权基金将有助于策略性投资人与目标企业的沟通与整合，将有助于降低组织的交易成本。

八、国家战略性产业及新市场

这是私募股权基金结盟策略性投资人与国有资本参与具有重大意义的海外投资的第四种类型，私募股权基金在这种合作类型中的角色与功能主要是最重要的产业专业与技术发展未来性顾问以及国际并购顾问。

【案例 4-7】 上海市集成电路产业基金与上海矽产业投资公司

上海市集成电路产业基金成立于 2015 年 11 月，基金规模为人民币 500 亿元，其中 300 亿元为制造基金，100 亿元用于半导体设备与材料业，100 亿元用于半导体设计业。主要投资人为上海汽车、上海科技创业投资公司、上海国际集团、上海浦东新兴产业投资公司、上海嘉定创业投资管理公司、上海国际信托、上海国盛集团以及资金规模约 1 400 亿元人民币的国家集成电路产业投资基金。其中制造基金再联合专注于半导体产业并购的私募股权基金——武岳峰资本，以及微电子与物联网传感器制造商新微电子，投资成立上海矽产业投资公司。

上海矽产业投资公司于 2016 年投资法国 Soitec 公司 14.5% 的股权。Soitec 为半导体材料开发与制造商，拥有 3 600 多项专利，核心技术为全耗尽型绝缘层上覆矽（Silcom-on-Insulator，SOI），其中 FD-SOI 是一种成熟平面工艺的创新技术，虽然不是国际主流的立体技术 FinFET，但因具有较佳的通信信号、低成本、低耗能、制造程序较简易等特点，故适用于成本敏感的物联网传感器及汽车电子产品。配合许多中国半导体设计商可能已经具备设计该类型产品的能力，以及刚起步的中国晶圆代工制造商可通过三星及格罗方德取得生产该类型产品的能力，可能会对中国半导体产业的生态系统造成一定的影响。

武岳峰资本于 2011 年成立，自创立以来便积极与政府的引导基金合作，基金管理团队均具备中国与美国科技企业经历、资本市场运作经验以及理工背景，投资团队成员主要分布于中国和美国。此外，台湾半导体设计商联发科技也分别对上海武岳峰集成电路信息产业基金及武岳峰资本本身投资了三亿元人民币及 8 000 多万美元。

从案例 4-7 可以发现，我国国内由中央与地方的国有资金协同具备产业专业的私募股权基金，与欲使用目标企业技术与专利的策略性投资人组成"国家队"，共同投资国家最缺乏的半导体行业上游技术与专利公司，借此进入该类型半导体技术领域。此交易可能进一步创造新的产业价值链，包含最上游的半导体设计、中游的晶圆代工制造以及下游的物联网感测器应用，将有效降低相关的市场交易成本。

九、小结

私募股权基金具有协助企业降低交易成本的功能，并能提供企业管理技能、资金、人才等技术，以及有效且即时地实施具有弹性的监督。此外，私募股权基金还具备国际并购经验、跨国管理经验、资本市场运作经验及产业布局等前瞻性观点。这种特性有助于企业在特定时间内达成转型或增强竞争力等目的，无论是从内部进行组织改造或从外部进行企业整并。然而，私募股权基金并非所有企业转型的"万灵丹"，也并非所有企业都能吸引私募股权基金的青睐。私募股权基金协助企业转型总有其局限性，与管理层的密切合作与利益协同一致是私募股权基金最终是否能协助企业顺利转型的关键。

　　实务上经营层面的价值创造来源于经营策略重塑、营业收入扩增、成本节省与获利能力提升及资产使用效率提升等方面，而前述价值创造的方法非常灵活，除了与管理层之间三种模式的紧密合作、关键绩效指标的设计、监督与有效的配套激励措施、机动性的组织架构与策略调整、成长资本的提供等营运与资金层面消除代理人成本的措施外，从更高的层面来看私募股权基金在企业转型的过程中还具有其他策略性的功能。

　　从企业转型的角度探讨私募股权基金可以扮演的策略性角色与功能，可以将私募股权基金对企业投资的模式分为八类：参股型成长资本、融资收购、管理层收购、平台收购模式、商业结盟开拓新市场、价值链延伸与差异化、取得先进技术、进入国家战略性产业与市场。前三类为一对一的传统并购投资模式，后四类则为新兴经济体中所观察到的企业协同私募股权基金通过并购进行转型的模式。研究结果及模式中的案例，说明了私募股权基金在企业转型与升级过程中所扮演的策略性角色与所提供的功能，除了营运层面的价值创造外，还具有国际并购与竞标经验、资本市场运作专业、产业趋势的洞悉与布局等主动创造或促成并购交易的能力等，因此私募股权基金不仅是财务性投资人，也具备产业与管理顾问、营运效率改善、产业人才网络、并购交易顾问与创造者等功能。

第三节　风险投资概述

一、风险投资的概念

（一）风险投资的定义

　　风险投资一词属于外来语，它所对应的英文是"venture capital"，简称 VC，也可翻译为风险资本、创业投资，属于投资范畴，是资本运营方式之一。风险投资在我国是一个约定俗成的、具有特定内涵的概念，具有广义和狭义两种定义。

　　广义的风险投资泛指一切具有高风险、高潜在收益的投资，其突出特点在于"高风险、高收益"，强调其有强烈的"承受风险"的特征，同时以得到中长期高投资收益的机会作为高投资风险的回报。与传统投资的回避风险相比，广义风险投资的不同之处在于试图驾驭风险。风险投资一旦看准某个公司或项目有发展前景，就会投入资本，甚至会帮助所投资的公司进行经营管理。

　　狭义的风险投资是指以高新技术为基础，生产与经营技术密集型产品的投资，其侧重点不仅仅在于"高风险、高收益"，还在于投资对象主要是那些处于启动期或发展初期却快速成长的新兴技术型企业，并主要着眼于那些具有发展潜力的高科技产业。现在看来，狭义的风险投资定义更为理论界和实务界所接受。例如，美国风险投资协会将风险投资定义为，由职业金融家投入到新兴的、迅速发展的、有巨大竞争潜力的企业中的一种权益资本。下文的风险投资指的都是狭义的风险投资。

从资本运营的角度来看，风险投资是指向具有高增长潜力的创业企业进行股权投资，并通过提供创业管理服务参与所投资企业的创业过程，以期在所投资企业发育成熟后通过股权转让实现高资本增值的资本运营方式。

（二）风险投资与传统投资的主要区别

传统投资主要是指银行贷款、传统产业投资等。风险投资与传统投资的主要区别如表4-1所示。

表 4-1 风险投资与传统投资的主要区别

项 目	风 险 投 资	传 统 投 资
投资对象	中小企业为主	大中型企业为主
资本用途	高新技术企业创业及新产品开发	传统企业扩大生产规模，技术改造等
投资方式	股权投资	借贷方式
投资审查	重点是技术实现的可能性，关键是技术创新与市场前景	重点是财务分析，关键是有无偿还能力
投资管理	合同关系、直接参与企业管理与决策	借贷关系，不参与企业管理与决策
投资风险	风险大	风险相对较小
投资收益	收益大、不确定性高	收益稳定、相对安全
市场重点	为了潜在市场，难以预测	现有市场、相对容易预测
人员素质	懂技术、管理、金融和市场，承受力强	懂财务管理，不要求懂技术和承受力强
投资回收	公开上市、兼并收购、回购、清算	按合同期限收回本息

（三）风险投资与私募股权基金的联系和区别

1. 联系

私募股权基金对处于种子期、初创期、发展期、扩展期、成熟期和 Pre-IPO 各个时期企业进行投资，故广义上的私募股权基金包含风险投资。

2. 区别

在我国，私募股权基金一般都是指狭义上的 PE，VC 与狭义的 PE 都是通过私募形式对非上市企业进行的权益性投资，然后通过上市、并购或管理层回购等方式，出售持股获利。VC 投资企业的前期，PE 投资后期，其区别可以从以下几方面进行考虑。

（1）投资阶段，一般认为 PE 的投资对象主要为拟上市公司，而 VC 的投资阶段相对较早，但是并不排除中后期的投资。

（2）投资规模，PE 由于投资对象的特点，单个项目投资规模一般较大。VC 则视项目需求和投资机构而定。

（3）投资理念，VC 强调高风险、高收益，既可长期进行股权投资并协助管理，也可短期投资寻找机会将股权进行出售。而 PE 一般是协助投资对象完成上市，然后套现退出。

（4）投资特点，在现在的中国资本市场上，很多传统上的 VC 机构现在也介入 PE 业务，而许多传统上被认为专做 PE 业务的机构也参与 VC 项目，即 PE 与 VC 只是概念上的一个区分，在实际业务中两者界限越来越模糊。如著名的 PE 机构凯雷（Carlyle）也涉及 VC 业务，其投资的携程网、聚众传媒等便是 VC 形式的投资。

3. PE 与 VC 在企业不同发展阶段的投资策略

与企业的生命周期相对应，PE 与 VC 在企业发展的不同阶段，考虑不同的风险，采取不同的投资策略，如表 4-2 所示。

表 4-2　PE 与 VC 在企业发展的不同阶段的投资策略

周期阶段	种 子 期	初 创 期	成 长 期	扩 张 期	成熟期 / 上市前
资金来源	创业者、VC	创业者、VC	VC、成长资本、夹层资本	VC、成长资本、并购基金、夹层资本	成长资本、Pre-IP 资本
策略与风险	技术失败、创新模式失败和产品无市场等风险	技术不成熟、产品不稳定和市场不认同等风险	企业成长能力和市场竞争力风险	扩张后的管理风险，寻求稳定的利润和低风险回报率	能否上市及投资入股市盈率与 IPO 及二级市场的差价
投资比例	10%～15%	10%～20%	20%～30%	20%～30%	15%～25%

另外，私募股权基金与我国国内所称的私募基金有着本质区别。私募股权基金主要以私募形式投资于未上市的公司股权，而私募基金主要是指通过私募形式，向投资者筹集资金，进行管理并投资于证券市场（多为二级市场）的基金。

二、风险投资的特征

风险投资与一般投资活动相比，既有共性，也有其特殊之处。综合考虑风险投资的投资对象特征、投资特性和风险投资者的作用三方面，风险投资具有如下五个特征。

（一）高风险性

风险投资的高风险性是由风险投资的对象决定的。传统投资的对象往往是成熟产品，社会地位、信誉、技术、市场和管理等风险均已得到克服，因而风险很小；而风险投资的对象主要是高科技中小企业的技术创新活动，它看重投资对象潜在的技术能力和市场潜力，因而具有很大的不确定性，即风险性。从新产品的研究和开发到推向市场过程较长，其中每一个环节都可能面临许多失败的风险。这种风险表现为管理风险、市场风险、政策风险、财务风险、技术风险的组合，因此，一着不慎，就会满盘皆输。从投资回报上看，大多数的风险投资项目都是失败的。在美国硅谷，有一个广为流传的所谓"大拇指定律"，即在 10 个由风险投资支持的创业公司中，有 3 个会垮台，3 个会勉强生存，还有 3 个能够上市并有不错的市值，只有 1 个能够脱颖而出。

（二）高收益性

根据风险价值理论的观点，高风险必然以高收益作为回报。事实证明，风险投资作为一种经济机制之所以能经受长时间考验，并没有因为高风险而衰败，反而蓬勃发展，关键是其所带来的补偿甚至超额补偿机制。

（1）风险投资公司选择的投资企业是由非常专业化的风险投资家经过严格的程序筛选的。选择的投资对象一般是潜在市场规模大、高风险、高成长、高收益的新创事业或投资计划，如信息技术、生物工程等高增长领域的企业。投资企业一旦成功，就会为投资者带来少则几倍，多则百倍甚至上千倍的投资收益。

（2）风险投资家能获得投资企业较多股份。因为处于发展初期的小企业资本结构以自有资本为主，而非借贷资本。而风险投资恰恰能够提供该资金。

（3）投资企业股票上市（IPO方式）是风险投资收益实现的最佳形式。从成功的投资中退出时所缴纳的资本收益税低于公司所得税，税收差异会使投资产生更大的收益。

（4）风险投资不但提供资金，还会带来丰富的管理经验，从而弥补了一些企业家管理经验的不足，增加了企业快速取得成功的机会。

（三）投资过程高度专业化和程序化

由于风险投资主要投向高新技术产业，而且风险投资为了分散风险一般以基金的形式投资于一个包含10个项目以上的项目群，利用成功项目所取得的高回报来弥补失败项目的损失并获得收益。同时由于单个项目风险较大，这就要求风险资本具有很高的专业水准，项目的选择要求高度专业化，并且要求通过严格的决策程序，精心组织、安排和挑选，尽可能地减少投资风险。

（四）中长期性

风险投资属于长期权益资本，这是由投资对象的特点决定的。高新技术的产业化通常分为技术酝酿与发明、技术创新、技术扩散和工业化大生产四个阶段，与之相适应的风险投资投入也分为四个阶段即种子期、导入期、成长期和成熟期，如图4-1所示，即风险投资不会将创业资本一次性投入创业企业，而是随着企业的发展分阶段注入。风险投资从最初的投入到最后退出，通常需要3～7年的时间甚至更长。因此，风险投资会在被投资企业滞留很长时间。

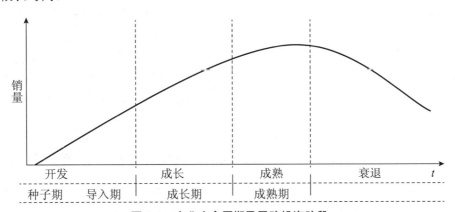

图4-1 企业生命周期及风险投资阶段

（五）高度参与管理

与传统投资只提供资金而不介入企业或项目的管理不同，风险投资者在向高技术企业投入资金的同时，也参与企业或项目的经营与管理，因而表现出很强的"参与性"。一方面，参与管理是风险投资在公司治理结构方面的制度创新，由于投资的高风险特征，风险投资家为了有效地降低风险，会参与风险企业的管理，主要形式有组建、主导风险企业的董事会，策划追加投资，监控财务业绩和经营状况，物色、挑选和更换管理层，处理风险企业的危机事件。另一方面，风险投资家一般对于所投资领域具备丰富的经验、具有各类人才网络，这就保证了获得投资公司的同时能够在管理方面得到及时的指点和所需的人才资源。有关研究表明，由于风险投资者介入管理，使得风险企业的企业价值增大，得到风险资本支持的企业比没有得到风险资本的类似企业表现得更为出色，风险企业公开上市后，其股票也更加受人关注。

三、风险投资对高新技术产业的作用

风险投资自诞生以来，对世界高新技术产业的发展起到了巨大的推动作用。风险投资主要投资于从事高新技术开发和新市场开拓的中小型高新技术风险企业，具有为高新技术企业创业发展分担风险和提供资金的双重功能，风险投资是高新技术产业化的催化剂。

（一）风险投资能够拓展融资渠道，克服高新技术产业化的资金障碍

资金是推动高新技术产业化的重要力量，资金的缺乏对高新技术企业的起步创业和成长发展都构成了致命的约束。

企业创新特别是中小型企业技术创新需要大量的资金支持，当传统的融资需求，如银行贷款和其他形式的融资不能成为技术创新的主要资金来源时，风险投资由于恰好能适应高新技术企业融资需求的特点，并同时满足新企业的管理经验需要，因而自然地成为了中小型企业技术创新的首选融资形式。风险投资作为一种新型的投资机制，能够为那些对传统信贷缺乏兴趣，而确有发展潜力的发明创新提供资助，支持高新技术风险企业的创业和发展。

在美国，有70%以上的风险投资投入到电子、信息、生物技术等高新技术领域；在英国，有50%的风险投资投入到与高新技术有关的领域。可以认为风险投资通过灵活特殊的投资方式，在资本和高新技术之间起到了桥梁作用，为成千上万高新技术风险企业的诞生和成长提供了资金保证。

（二）风险投资能够加快高新技术成果的转化，促进高新技术产业发展

高新技术转化为商品、形成产业，依赖于大量的风险投资。20世纪内高新技术领域的许多重要科技成果，从20世纪50年代的半导体硅材料，70年代的微型计算机，到80年代的生物基因技术，无一不是在风险投资的作用下，从实验室的大胆构想变成商品，并

创造出巨大的经济效益。如果没有风险投资，这些高新技术成果的转化是难以实现的。因此，利用风险投资有助于缩短科学研究到工业生产的周期，加快科技成果商品化，促进高新技术产业化。

在美国，风险投资已成为具有吸引力的潮流，风险资金的大量增加，造就了无数的高新技术企业并以惊人的速度迅速发展。曾经微不足道的小企业已发展成为今日举世瞩目的跨国公司，如惠普公司（HP）、英特尔公司（Intel）、苹果公司（Apple）等都是从风险企业起步而发展成为国际著名的高新技术企业。这种成功揭示了高新技术企业与风险投资休戚与共的依存关系，风险投资为高新技术产业化注入了活力，高新技术也为风险投资创造出广阔的施展拳脚的空间，风险投资与高新技术的紧密结合，能够促成高新技术产业的繁荣发展。

（三）风险投资能够加速建立高新技术产业群，推动科学园区的发展

高新技术产业的形成具有一定的区域性，兴建科学园区已成为世界各国发展高新技术、开拓新产业、建立新兴高新技术工业而广泛采取的方式。科学园区开创了大学、研究机构与产业化紧密结合的先河，其成功不仅取决于园区内的科技、教育水平，更关键的是风险投资的发展水平，世界许多著名的科学园区都是在风险投资的支持下发展起来的。其中"硅谷"的形成就是最有力的例证，美国斯坦福科学园区的形成和发展绝非偶然，风险投资起到了重要的作用。该园区集中了全美1/3的风险投资公司，每年风险投资额高达数十亿美元，大量风险资金的集中投入，繁衍出了众多的高新技术企业，建立起了先进的高新技术产业群，仅电子企业就多达 2 800 多家，这使其成为当今世界最大的微电子产业基地，年销售额高达数百亿美元。由此可见，科学园区的发展在很大程度上需要依靠风险投资，只有创造良好的投资环境，广泛地吸收风险资金，使科学园区成为风险投资的活动中心，才能为建立高新技术产业群提供充裕的资金支持，从而加速科学园区的发展。

第四节　风险投资决策

一、风险投资决策体系

（一）风险投资的运行机制

在风险投资的运营过程中，风险资本从其供给开始，到退出结束，完成一个循环，如图 4-2 所示。风险投资运行主要包含三个主体：风险投资者、风险投资机构、创业企业。投资者是资金的供给者，风险投资机构是资金的运作者，风险企业是资金的使用者。在风险资本的循环中，各主体都获得相应回报。

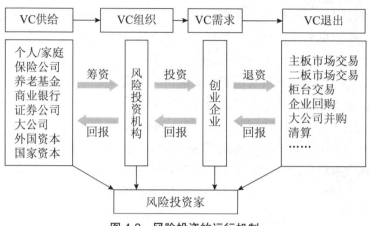

图 4-2　风险投资的运行机制

（二）风险投资体系的构成

围绕着风险资本的循环和增值，风险资本体系由风险资本、风险投资人、投资对象、投资期限、投资目的、投资方式、风险资本市场和退出方式等要素构成。

1. 风险资本

风险资本是指由专业投资人提供给快速成长并且具有很大升值潜力的新兴公司的一种资本。风险资本通过购买股权、提供贷款或既购买股权又提供贷款的方式进入这些企业。风险资本的来源因时因国而异。我国近年来风险资本募集总量不断攀升，政府及国有资本占主导地位。2015 年上半年，新增资本募集总额 1 420.9 亿元。从资金来源所有制性质划分来看，政府及国有基金占比 35.3%，个人投资占比 12.0%，民营及混合所有制企业资金占比 19.6%，外资企业占比 2.2%。（数据来源：《中国创业投资发展报告 2016》）

2. 风险投资人

风险投资人大体可以分为以下四类：

（1）风险资本家。他们是向其他企业投资的企业家，与其他风险投资人一样，他们通过投资来获得利润。但不同的是风险资本家所投出的资本全部归其自身所有，而不是受托管理的资本。

（2）风险投资公司。风险投资公司的种类有很多种，但是大部分公司通过风险投资基金来进行投资，这些基金一般以有限合伙制为组织形式。

（3）产业附属投资公司。这类投资公司往往是一些非金融性实业公司下属的独立风险投资机构，他们代表母公司的利益进行投资。这类投资人通常主要将资金投向一些特定的行业。和传统风险投资一样，产业附属投资公司也同样要对被投资企业递交的投资建议书进行评估，深入企业进行尽职调查并期待得到较高的回报。

（4）天使投资人。这类投资人通常投资于非常年轻的公司以帮助这些公司迅速启动。在风险投资领域，"天使投资人"这个词指的是企业家的第一批投资人，这些投资人在公司产品和业务成型之前就把资金投入进来。

3. 投资对象

风险投资的产业领域主要是高新技术产业。以美国为例，1992 年对电脑和软件业的投资占 27%；其次是对医疗保健产业的投资，占 17%；再次是对通信产业的投资，占 14%；最后是对生物科技产业的投资，占 10%。

4. 投资期限

风险投资人帮助企业成长，但他们最终寻求渠道将投资撤出，以实现增值。风险资本从投入被投资企业起，到撤出投资为止所间隔的时间长短就称为风险投资的投资期限。作为股权投资的一种，风险投资的期限一般较长。其中，创业期风险投资通常在 7 ～ 10 年内进入成熟期，而后续投资大多只有几年的期限。

5. 投资目的

风险投资虽然是一种股权投资，但投资的目的并不是为了获得企业的所有权，不是为了控股，更不是为了经营企业，而是通过投资和提供增值服务把投资企业做大，然后通过公开上市（IPO）、兼并收购或其他方式退出，在产权流动中实现投资回报。

6. 投资方式

从投资性质看，风险投资的方式有三种：一是直接投资；二是提供贷款或贷款担保；三是在提供一部分贷款或担保资金的同时投入一部分风险资本购买被投资企业的股权。但不管是哪种投资方式，风险投资人一般都附带提供增值服务。风险投资还有两种不同的进入方式：第一种是将风险资本分期分批投入被投资企业，这种情况比较常见，既可以降低投资风险，又有利于加速资金周转；第二种是一次性投入，这种方式不常见，一般风险资本家和天使投资人可能采取这种方式，一次投入后，投资人很难也不愿再提供后续资金支持。

7. 风险资本市场

从市场的开放程度和所参与企业的发展阶段来划分，风险资本市场又包含了三个子市场：①非正式的私人风险投资市场（informal business angel），它是一个没有中介的市场，是富裕的家庭和个人直接向企业进行股份投资的市场，投资项目的选择、投资过程的管理、投资后的监控和投资的收获等均由投资者完成；②风险资本，它是一种有组织、有中介的资本形式，风险资本家是资本供给者和资本使用者之间的中介机构，它从资本供给者手中获取资本，再以股份投资的方式投到具有高成长性的新生中小企业中；③专门为中小高成长性企业设立的证券市场（small stock market），通常称为小盘股市场或二板市场，是高新技术企业走向市场、成为公众公司的第一步，它为企业的扩张提供了更为广阔的融资渠道，是风险资本市场的重要组成部分。

8. 退出方式

退出决策就是在风险投资收益最大化的目标下，决定以什么方式和什么时间退出。风险投资从风险企业退出主要有四种方式：首次公开发行，也叫公开上市；被其他企业兼并收购；股本回购；破产清算。显然，以何种方式退出，在一定程度上是风险投资成功与否的重要标志。能通过首次公开上市发行是风险投资家的奋斗目标，而破产清算则意味着风险投资可能部分损失或全部损失。如德国的风险投资退出路径以公司回购股权与公司被并购占大部分，因为德国是一个以银行为主的资本市场，而不是以股票证券市场为主，其股市 IPO 市场并不活跃。

二、风险投资运作过程

一般化的风险投资运作过程可分为以下六个主要环节：建立风险投资基金和搜寻投资机会；筹集风险资金以备投资；识别和筛选有潜力的投资项目；评估、谈判和达成投资协议；风险投资家和创业家通力合作发展风险企业；策划、实施风险投资退出风险企业，如图 4-3 所示。

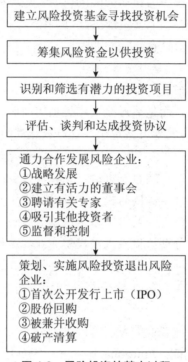

图 4-3　风险投资的基本过程

（一）建立风险投资基金和搜寻投资机会

风险投资以基金方式运作，由于风险投资承担风险企业的各种风险，因此风险投资建立后，为了最大限度地降低投资风险，风险投资公司需要搜寻一定数量的投资项目，并对寻求投资的投资项目进行非常严格的筛选和评审，从而确定潜质较好的投资项目。实践中投资机会的获取主要有三种：第一种是企业家主动提出投资申请及相应的商业计划；第二种是推荐，也就是通过银行、投资中介者或其他风险投资者，后者可能是出于分散风险的考虑而寻找联合投资者；第三种是由风险投资者通过洽谈会、展览会、学术会等各种机会主动寻找潜在的投资机会。

（二）筹集风险资金

风险资金的来源较多，国外主要包括退休基金、保险公司、公司财务基金、银行控股公司、富有家庭和个人、捐赠基金、投资银行及部分非银行金融机构等。而国内比较成熟的出资人主要有三类：机构投资者、政府和企业及富裕的个人。目前，国内机构投资者中比较有代表性的就是全国社会保障基金会，即社保基金。相比社保基金，我国的保险公司、证券公司和商业银行则由于政策原因尚未涉足风险投资基金的出资。而政府出资包括两种：一种是追求投资回报的政府出资，另一种则是带有政府引导性质的财政性出资。

（三）识别和筛选有潜力的投资项目

风险投资家根据企业家提供的项目计划书，对项目进行初次审查，包括创业家的基本素质、投资项目的市场前景、产品技术的可行性、公司管理水平等方面。通过认真、仔细和综合的考察和了解，从大量寻求风险投资加入的风险企业中，筛选出真正具有发展潜力的少数企业，作为公司进行风险投资的初选企业。

（四）评估、谈判和达成投资协议

运用专业方法对初选企业提供的项目计划书和产品市场前景预测，如果风险投资家对申请项目做出肯定的技术和经济评价，双方便会进入谈判阶段。谈判中主要解决的问题有：风险投资家投资的数额和股权分配、风险投资的分段投资时间、企业组织结构和管理层职务安排、双方权益和义务的界定等，并最终达成投资协议。

（五）风险投资家和创业家通力合作发展风险企业

协议签订后，风险投资开始进入风险企业，投资生效后，风险投资家便有了风险企业的股份，并在其董事会中占有席位。多数风险投资家在董事会中扮演着咨询者的角色。风险投资家和风险企业需共同解决众多问题，主要包括：建立风险企业的董事会和管理层、制定企业发展战略、设计企业的盈利模式、聘请外部专家、吸收其他的投资者以及企业的监督和控制等。

（六）策划、实施风险投资退出风险企业

退出风险企业是风险投资的最终目标，是风险投资成功与否的关键。经过投资项目的发展，最初的风险资本已得到增值，投资收益的实现方式就是退出。退出的方式主要有四种：公开上市（IPO）、股份回购、被兼并收购和风险企业清算。其中 IPO 方式退出的平均收益最高，但并不是每个企业都有这样的机会，风险投资应根据实际情况选择退出方式，以保证资金能够顺利循环运作。

三、风险投资项目评价

风险投资公司需要投入大量资金、技术、时间及专家力量，对新创事业提供资金，承担高风险，来支持新产业的创新与发展，并获取高利润，在面对竞争日益激烈的产业环境与众多的投资项目中，如何正确、高效率地选择有发展潜力的项目进行投资，是风险投资成功的关键。

【案例 4-8】　　红杉资本看好路由器市场潜力而投资思科

思科公司是全球领先的网络解决方案供应商，创立初期，由于创办人知名度不高，在筹措资金方面吃了不少闭门羹。就在大部分风险投资家斤斤计较于经营团队的缺点时，红杉资本（Sequoia Capital）创始人唐纳德·瓦伦汀（Donald Valentine）则是少数看到路由器惊人市场潜力的风险投资家之一，所以他在很早期就投资思科。后来思科成为高科技产业最伟大、也最成功的公司之一，年营业额超过 80 亿美元。在唐纳德·瓦伦汀的观念里，产品的市场潜力才是公司成败的关键。其他投资者基于对创办人的成见，放过了这个千载难逢的投资机会，实在是太短视了。

（一）风险投资项目评价体系

对于风险投资项目的评估，主要包括企业家特性、项目特性和企业能力三个层面的评估，如图 4-4 所示。

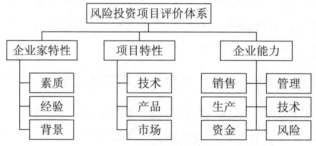

图 4-4　风险投资项目评价体系

1. 企业家特性

企业家及企业家精神日益受到管理专家们的关注，大量的研究表明，企业成功的关键是拥有富有开拓进取精神的企业家。而风险企业因为其技术、产品、市场、财务等多方面的不确定性，对企业的管理者和领导者形成了巨大挑战，尤其需要企业家精神。企业家特性包括正直诚实、创业动机与责任感以及勤奋创业的精神。

2. 项目特性

对项目特性的评价，即对其商业模式的评价，包括产品、技术、市场三个方面。产品方面主要考虑的因素包括功能独特性、质量可靠性、产品创新度、客户价值及客户认可等；技术方面主要考虑的因素包括有效性、适用性、可靠性、复杂性、先进性、可替代性和易模仿性；市场方面主要考虑的因素包括市场规模、市场份额、增长潜力、竞争情况、市场进入情况和有关法规对市场的影响等。国内风险投资的一个误区在于对创意关注过多，却缺乏对项目特性的详细把握。一个项目有了好的创意还不够，还需要独特的商业模式，即商业定位、自身特点和营销战略。只有好的商业模式才能带来业绩，仅有创意和概念是不够的。

3. 企业能力

对企业能力方面的评估，主要包括销售能力、管理能力、生产能力、技术能力、资金能力风险承担能力。其中销售能力方面主要考虑销售渠道及人员、营销预算及成本等；管理能力方面主要考虑管理战略、管理团队和员工士气；生产能力方面主要考虑生产设备、员工素质、生产经验、生产资源和标准化程序及生产批量等；技术能力方面主要考虑技术人员素质和后续研发能力；资金能力方面主要考虑融资策略与融资能力等；风险承担能力方面主要考虑风险分散程度和退出障碍。

（二）风险投资决策方法

在风险投资项目的评价方面，常用以下几种风险投资决策分析方法。

1. 传统的常用方法

传统的项目评价在相应的优化标准对应下采取一系列静态和动态评价方法。静态评价方法没有考虑资金的时间价值，现阶段对风险项目的评价大部分沿用其中的动态评价方法，在此简要介绍两种主要的动态评价方法。

（1）净现值法（NPV）。净现值的计算方法是将项目寿命期内发生的资金流量用流入量减去流出量得出年净额，然后按某一折现率用现值复利公式逐一计算其现值，再加和累计其值。对单一项目评价时，NPV 大于零，方案可取；对多方案比较时，NPV 越大，方案越优。

（2）内部收益率法（internal rate of return，IRR）。内部收益率法指的是伸方案在研究期内一系列收入和支出的现金流量净现值为零时的折现率。在方案评选中，内部收益率大于基准收益率，方案可行，且 IRR 越大越好；反之，不可行。

用传统方法在对风险投资决策分析评价时有一定的缺陷。首先，折现率或基准收益率的选取具有主观盲目性，风险投资的回报率要求远高于传统项目，用行业平均收益率来确定风险投资收益率，不很合适。其次，风险投资具有高度的不确定性，运用传统评价方法不确定性越高，折现率越大，投资项目的价值越小，否认了风险投资的特点。风险投资是一种高风险伴随高收益的投资形式，它带来的预期现金流不确定，就是上十倍、上百倍的投资回报也是常有的事，很难获得准确的收益值，因此在进行风险投资决策分析评价时还可以采用以下方法。

2. 实用期权法（real options，RO）

期权是一种选择权的契约，其持有者拥有在未来一段时间内以一定的价格（执行价格）向对方购买或出售一定资产（标的资产）的权利。在资本市场上，期权赋予投资者权利而不是义务去以某一指定价格购买或卖出金融资产。相应地，拥有实物期权的投资者也有权利而不是义务去选择能使投资得到较好回报的决策。这里的实物期权指的是应用于现实资产时的期权。期权的特点在于着力考证投资收益的不确定性，投资的等待价值以及投资标的物的交易性等因素在投资行为中的效应，重点关注不确定性、不可逆性对投资决策的影响，尤其对投资周期长、风险高、资本密集型的风险投资的影响。从前面所述高新技术风险投资的特点的角度来看，期权定价方法适用于这类风险投资的决策。另外，高新技术风险投资项目期权特性将影响和改变投资项目的净现值和风险，因此，投资项目的价值应由项目的净现值和灵活性价值构成，即

$$期权调整\ NPV = 传统\ NPV + 选择权价值（VO）$$

其中，选择权价值可以用期权溢价来表示。由此可见，传统的净现值法忽视了高新技

术投资的高风险性和不确定性，造成了项目价值的低估；而期权定价的方法注重高新技术风险投资的特点，并用合理的模型求解，体现了良好的适用性。

实用期权法认为投资项目的价值不仅来自单个投资项目所直接带来的现金流量，还来自成长的机会。实用期权法在国外逐渐成为风险投资的重要依据，已有较为成功的案例。风险投资家在进行风险投资时，由于所投资项目一般来说属于不成熟产业，项目不确定性极高，风险投资家不可能一投到底，他们拥有在什么阶段投资、是否再进行下一轮投资以及是否加强或减弱投资，以及用什么方式投资的选择权。也就是说，风险投资家具有相机选择权，他们通常在每一投资阶段结束后对项目进行评估，以决定是否进行下一轮投资或终止投资。是否进行风险投资仅是风险投资家的一种期权，一个投资项目是若干个不同阶段上的实物期权的组合，投资问题也就转化为对实物期权的定价问题。

在实际操作中，风险投资家对实物期权法的运用有五种形式：①投资延迟期权，在投资环境不佳、项目状况不好时，可推迟投资时间，持观望态度；②投资缩减期权，在项目运营状况出现问题时，可减少投资；③投资撤销期权，在项目运营状况极差时，可退出投资；④投资转换期权，当新情况出现时，可将原投资转换为合适的新状态；⑤投资扩展期权，当项目出现利好状况并且市场预期较乐观时，可以扩大投资。

3. 层次分析法（analytic hierarchy process，AHP）

前两种评价方法均是从项目的利润水平方面考虑的，然而，如果仅从利润方面考虑，风险投资项目是难以成功的。层次分析法是一种多目标评价决策方法，其基本原理是：将复杂的问题分解为若干要素，据它们的相互关联度和隶属关系组成一个多层次分析结构模型，并在各要素中比较、判断、计算，以获得不同要素的权重，为方案决策提供依据。例如，美国风险投资家首先考虑项目的管理能力，其次还会考虑产品技术的独特性、市场潜力的大小、回报率等因素。风险投资项目的影响因素有：产品新意、市场前景、管理能力和环境适应性。层次分析法根据所列的四大类因素建立起层次分析模型，然后求出各因素的权重，最后进行层次总排序，从而得到结果。

（三）风险投资决策的特点

1. 风险投资决策主体的契约性

风险投资是一个资本运作和资本增值的循环过程，该过程包含四方当事人，即投资者、风险投资公司、风险企业、IPO退出的投资银行。首先，资金从投资者流向风险投资公司；其次，经过风险投资公司的筛选决策，再流向风险企业；再次，通过风险企业的运作，资本得到增值或损失，再通过不同的途径（若通过IPO途径须经过投资银行的运作）流回风险投资公司；最后，风险投资公司将收益回馈给投资者，如此构成一个资金循环，形成风险投资的周转。在资金周转过程中各方当事人的价值衡量标准和信息拥有量不同，决定了各自相关行为可能对总体利益目标产生消极影响，因此必须通过有效合理的契约安排来协调各方的决策行为。主体间的契约关系安排非常重要，并且会体现在决策中。

2. 风险投资决策的不确定性

由于风险投资主体间存在信息不对称，因而风险投资的一系列决策基本上是不确定性的，行为人在决策前均不知以后成功的可能性如何，即空间状态概率分布如何未知；行为人决策前均不知道什么时间投资什么公司或基金最好，即各状态对应的替换行动结果未知。从风险投资的基本含义中也可反映出风险投资决策的显著不确定性，风险投资是对高技术风险企业的投资，企业本身的技术、未来市场、能否赢利等都是不确定的，赖以支持决策因素是未知的，从而决策本身显然也是不确定的。决策的不确定性对决策方法提出了更高的要求。

3. 风险投资决策过程的多阶段性

多阶段性是决策过程本身的要求。风险投资运作过程包括六个基本决策阶段，每一个阶段都需要风险投资家进行快速准确的决策。风险投资家采用多阶段进行风险投资决策主要有三方面的原因。首先，是加快决策速度。风险投资家需要尽快处理收到的众多商业计划书，尽快地处理提案可以缩短风险企业家的等待时间，也可以使风险投资家迅速地发现高质量的风险企业，也可以将大部分时间和精力投入到对有潜力风险企业的评估上。其次，是降低评估成本。对风险企业的评估是多阶段、多角度的，这意味着风险投资家的时间、精力和财力是分散在不同决策阶段上的。最后，由于风险企业家和风险投资家之间的信息一般是高度不对称的，逆向选择问题不可避免的会发生。风险投资家对风险企业多方位、多阶段的评估有利于减少逆向选择。

4. 评价指标的多阶段性

风险企业在不同的发展阶段面临不同的决策内容，不同的决策阶段亦有不同的评价指标，风险企业的决策是多阶段的，因而评价指标也是多阶段性的。评价指标的阶段性包含两方面的内容，一是风险企业不同的发展阶段有不同的评价指标；二是决策过程的不同阶段有不同的评价指标。风险企业的生命周期可以分为种子期、创立期、成长期和成熟期，每阶段有各自不同的特点，评价指标也表现出不同的特点。

（1）种子期，研究开发情况和技术问题成为最主要的评价指标。

（2）创立期，风险企业已经开发出了新的产品或服务方式，评价指标也包括技术方面的、市场方面的和资金方面的。

（3）成长期，此时风险企业的主要任务是开拓市场，面临的主要风险是增长与转型问题，评价指标也改变为评价企业市场开拓方面的指标，其中企业的组织结构、财务状况、激励机制等指标显得尤为重要。

（4）成熟期，风险投资资本要通过 IPO 退出，企业的主要目的是引进知名的大股东，找到知名的投资银行，为股票公开上市做准备。这一期的特点决定了评价指标是全面而丰富的，包括各种财务指标、市场能力指标、企业规模、治理结构、管理者素质等指标。

【案例 4-9】 **Dell 的管理层融资收购及私有化**

个人计算机及企业 IT 设备巨擘 Dell 于 2006 年及 2011 年个人计算机销量分别被惠普及联想超越后，落居全球第三，在过去几年的经营绩效逐年衰退，组织交易成本上升，大幅重组将遭遇来自许多股东的阻力。

　　2013年，Dell的创办人Michael Dell协同全球最大专精于科技产业的私募股权基金Silver Lake及配合四家大型金融机构与微软（Microsoft）的融资，以近250亿美元进行科技业史上最大的管理层融资收购及私有化，收购后Michael Dell持有Dell过半股权。此外，Dell、Silver Lake及其他私募股权基金又于2016年第3季度完成了与企业储存市场龙头EMC的合并案，合并金额高达670亿美元，成为史上最大科技业合并案。两企业合并后，新集团除了Dell原本的个人计算机与企业IT设备外，新增了EMC的企业高阶存储业务以及EMC旗下虚拟化平台龙头VMware、数据分析平台Pivotal、融合式架构平台VCE、云端供应商Virtustream和信息安全事业部RSA团队。

　　Silver Lake在这两项交易中投入超过20亿美元以上的资金，占其总管理资产约125亿美元相当高的比重。如同Michael Dell致员工信中所述，Silver Lake相当专精于科技业，了解所有科技业的商业模式及价值链，并拥有极为广泛全球布局。

　　IT产业已逐渐从过往的个人电脑对应企业后台服务器以网络为中心的业务时代，转换为移动互联、社交网络、物联网、云端计算及大数据以数据为核心的时代。该交易的策略是通过私有化、整合与转型重塑一家全新的端到端IT解决方案及未来数据中心解决方案的企业，并以企业客户作为主轴。该交易也弥补了Dell在研发上的不足，结合了EMC在企业级数据存储与管理、大数据、云计算、软体定义、超融合架等方面的领先技术与Dell的个人电脑与企业端服务器的销售能力，通过并购重组进一步节省了人力成本及采购成本。此外，由于新一代数据中心基础架构朝着软件定义和超融合方向发展，传统的集中共享式存储（SAN/NAS）将逐渐被软件定义的分布式存储所替代，超融合架构将成为数据中心基础架构的核心，也促使EMC与Dell的进一步合作。

复习思考题

一、在线测试题（扫描书背面的二维码获取答题权限）

扫描此码　自我测试

二、简答题

1. 简述私募股权基金的概念。

2. 简述私募股权基金的运作流程。

3. 简述风险投资的概念。

4. 风险投资体系由哪些要素构成？

三、论述题

试述私募股权基金协助企业转型的模式及其策略性角色与功能。

第五章 并购

内容提要

并购是企业资本运营的主要方式，是企业实现自身战略意图、实现低成本扩张的根本途径，也是资本市场实现资源优化配置和提高效率的重要手段。本章第一节概述了并购的基本含义及其发展情况，第二节和第三节阐述了并购的行为决策和定价决策，第四节介绍了反并购的相关策略。

学习要点

- 掌握并购的基本含义、主要分类；
- 熟悉并购的动机；
- 了解并购的发展历程；
- 理解企业的并购战略和定价策略；
- 掌握反并购的策略。

第一节 并购概述

一、并购的概念

（一）并购

并购，即兼并与收购（merger & acquisition，M & A），是一个习惯于联用的专业术语。[①] 参照国内外相关并购的界定和我国的《证券法》和《公司法》等法规，本书认为并购包含兼并（合并）与收购，是这两者的总称，如图 5-1 所示。

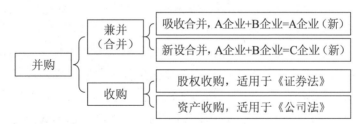

图 5-1 并购、兼并与收购的关系

1. 兼并

在我国的法规中，"兼并"和"合并"两个词都有出现。1989 年 2 月 19 日颁布的《关于企业兼并的暂行办法》中规定："本办法所称企业兼并，是指一个企业购买其他企业的

---

① 在美国，并购（M&A）分为 amalgamation 与 acquisition 两种，amalgamation 是指不同种类间，或不同因素、团体、协会、联盟或公司间联合，以形成一个同质的整体或体系。amalgamation 包含 merger 与 consolidation，而 acquisition 则可分为 takeover bid or tender offer，sales of all or substantially all corporation assets 及其他类型。

产权，使其他企业失去法人资格或改变法人实体的一种行为。不通过购买方式实行的企业之间的合并，不属于本办法规范"。而 2006 年 1 月 1 日实施的《中华人民共和国公司法》中只提及"合并"，并规定"公司合并可以采取吸收合并或者新设合并。一个公司吸收其他公司为吸收合并，被吸收的公司解散。两个以上公司合并设立一个新的公司为新设合并，合并各方解散"。而《国务院关于促进企业兼并重组的意见》（国发〔2010〕27 号）又用到了"兼并"一词。本书认为，从广义的角度来看，兼并的概念与我国《公司法》中的合并概念等同，在本书中不做区分，在表述上则遵从习惯，以兼并来表述，即两家或两家以上的公司，为了达成某种目的而结合为一家公司或另设一家新公司。

兼并可分为"吸收兼并"与"新设兼并"两类：

（1）吸收兼并，又称为存续合并，意指两个或两个以上的公司合并，其中一家公司会存续，存续公司概括承受消灭公司之资产、负债、权利、义务，而其他的公司消灭。近年来中国台湾地区的兼并都是走吸收兼并的模式，因存续公司多为上市公司，采用吸收兼并享有存续公司旧挂牌交易的利益。

（2）新设兼并，又称为新设合并或设立合并，意指两家或两家以上的公司组合，将原来所有公司消灭，另外登记成立一家新公司。新成立的公司承受消灭公司的资产、负债、权利、义务。

2. 收购[①]

收购是指一家企业通过主动购买方式购买其他企业的全部或部分股权或资产，或通过股权与证券交换方式获取被收购公司实际控制权的行为。收购的目的是获得被收购企业的全部或部分所有权，其实质是取得被收购企业的控制权。通常收购后两家企业仍然存在，但控制权往往由一个控制人所有。可以采用股权收购和资产收购两种方式进行收购。

（1）股权收购，指收购方以直接或间接的方式收购目标公司部分或全部的股权，使目标公司成为收购方的投资事业，进而控制其经营与策略，收购者必须承受目标公司的权利、义务。

我国 2006 年 1 月 1 日起施行的《证券法》第八十五条规定："投资者可以采取要约收购、协议收购及其他合法方式收购上市公司。"

要约收购，是指收购人通过向目标公司的股东发出购买其所持该公司股份的书面意见表示，并按照依法公告的收购要约中所规定的收购条件、价格、期限以及其他规定事项，收购目标公司股份的收购方式。收购价格，通常比目标公司当前股价高，有一个较大的溢价，而且常以现金支付。要约收购是各国证券市场最主要的收购形式，它通过公开向全体股东发出要约，以达到控制目标公司的目的。

协议收购，是指投资者在证券交易场所之外与目标公司的股东（主要是持股比例较高的大股东）就股票价格、数量等方面进行私下协商（相对公开市场而言，而非黑市交易），以协议方式进行股权转让的收购。这种收购通常是一种友好收购。

（2）资产收购，指收购方依企业本身需求，直接或间接收购目标公司全部或一部分

---

① 英语里有两个词汇用来表达"收购"，acquisition 和 takeover。Takeover 的实际词义是接管。在英国，takeover 指收购上市公司，而 acquisition 指收购私有公司。其他英语地区没有此分别。

资产，如厂房、设备等。由于其归属一般资产的买卖行为，并不涉及股份，因此不必承受目标公司相关的权利义务及负债风险。资产收购是公司寻求其他公司优质资产、调整公司经营规模、推行公司发展战略的重要措施。

资产收购具有以下法律特征：资产收购协议的主体是作为买卖双方的两家公司，而不包括公司股东在内；资产收购的标的是出售公司的某一特定资产，且不包括该公司的负债；资产收购行为完成后，收购公司与目标公司各自保持自己的独立法律人格；资产收购的法律关系虽然较为简单，但也可能发生相应的交易成本。

3. 兼并与收购的区别与联系

由上所述，兼并与收购存在一些区别，表 5-1 中从五个方面进行了对比。

表 5-1 兼并与收购的区别

	兼 并	收 购
主体	法人	法人或自然人
是否协商	必须	不必
后果	被兼并方解散、法人资格丧失	公司控制权的转移
债务承担	合并后的存续公司承担	以其控股比例承担
法律依据	公司法	证券法

但兼并与收购往往交织在一起，很难严格区分开来。兼并和收购均是为了获得其他企业的控制权而进行的产权交易活动，其交易都是以企业为对象的；它们都是企业产权的有偿转让，都是企业间的买卖，所不同的只是买卖的方式而已；它们都是企业在谋求自身扩张时采取的战略，通过这种扩张战略，能加强企业的竞争能力、扩充实力、提高效益。因此，学术界和实务界都习惯于将二者合在一起使用，简称并购。除非特别说明，对二者不加以区分。

（二）并购动机

1. 成长（growth）

企业为了成长而扩张，有时采取并购的扩张方式要比自内部逐渐扩张的方式更加省时，速度又快，且能在第一时间掌握市场中生产及消费的脉搏。

2. 协同效应（synergy）

两家公司合并组成一家新公司，如果新公司的生产力及价值超过这两家公司个别生产力及价值的总和，则合并具有协同效应存在，对原来两企业的股东都是有利的。产生协同效应的原因有：经营层面与财务层面的规模经济（operating and financial economies of scale）、效率差异化（differential efficiency）以及市场势力的提升（increased market power）。

3. 税负考虑（tax consideration）

一家获利并适用高税率级距的公司并购另一家有巨额累积亏损的公司，这项亏损可立即转为节税，而非成为未来年度的税抵。

4. 以低于重置成本的价格收购资产（purchase of assets below their replacement cost）

资产的重置成本经常高于其市价，因此企业可通过并购以达到收购低价资产的目的。

5. 资产多样化（diversification）

企业并购可通过资产多样化以稳定盈余及达到分散风险的目的。

6. 管理者个人诱因（managers' personal incentives）

企业决策是基于企业价值最大的目标而拟定，而实务上许多企业决策是基于管理者个人的诱因而决定的。相关研究指出，企业主管薪资与企业规模大小呈高度正相关，企业主管位阶的高低，也是影响企业并购计划的原因之一。

7. 资产分离价值（breakup value）

企业可依其账面价值、经济价值或重置价值来评估其价值。如果企业各项资产的分离价值之和大于其整体的价值，则通过并购途径以取得其他企业，再分别出售其所属各项资产，将有利可图。

【案例 5-1】　　　　光明食品集团收购维他麦

维他麦是英国老牌早餐麦片品牌，1936 年将"英非谷物公司"更名为维他麦，旗下包括维他麦、欧倍、乐迪以及维多滋等品牌，其中欧倍在英国同类品牌中排名第一，在英国乃至整个欧洲都有较高的知名度。2003 年，狮王资本斥资 6.42 亿英镑接盘控股维他麦。2012 年 11 月，光明以 1.8 亿英镑现金收购维他麦 60% 的股权，同时斥资 5 亿英镑对维他麦进行债务再融资，整个交易总额达到 6.8 亿英镑。

狮王资本作为出让方，资产转让与剥离，是一项收缩性资本运营方式，可以提高资产流动性，分散风险，应对财务危机。因为 2009 年全球金融风暴浪潮还未完全退去，2012 年欧债危机愈演愈烈，企业业绩下滑，产品结构不合理，缺乏核心竞争力，企业负担加重，经验风险加大，因此卖掉预期风险较大的品牌，回笼资金，可降低风险，并且还能进一步优化经济资源——从这笔长期持有的资产中撤出，获得确定的现金，并以小股东身份进入中国现成的分销网络。

对于维他麦而言，并购投资增加资本供给，有利于经济结构的调整与升级，促进劳动力从低生产效率部门和企业向高生产效率部门和企业流动，实现企业的可持续发展。虽然维他麦的市场开拓能力不足，但其客户忠诚度高，品牌价值高，通过并购可以强化优势，扭转劣势：①获取广阔的销售渠道，构筑发展空间，光明拥有超过 10 万个销售终端，维他麦的所有品牌、产品能够在较短时间内迅速进入市场，中国国内麦片行业的市场容量目前处于 20 亿元至 30 亿元区间，在食品行业仍属于小品类产品，市场潜力大并且竞争不大；②取得协同效应的最大化，与狮王资本相比，光明与维他麦有更多契合点，会使得光明长期持有维他麦，持续注入资金，稳定发展。

并购方光明可以通过这一并购，充分借鉴和吸收其生产标准和管理体系，建立符合国际标准认证的管理体系和质量安全保障流程；并购了英国最大的谷物食品生产商，利用自身在华东和华南建立的成熟销售渠道，培育新的企业经济增长点；海外并购一些成熟品牌，成为光明的一个战略性选择，维他麦在与社会公众、竞争对手关系方面具有一系列有利条件，可以为光明获得更多消费者的认可，赢得商誉，积累无形资产。这一并购，使光明的全球影响力得以提升，进入了英国及全球食品市场。

二、并购的分类

（一）按并购双方行业关系来划分

1. 横向并购

横向并购，也称为水平并购，是指同属于一个产业或行业、生产经营同类或相似产品的公司之间发生的并购行为。

横向并购的优点是可以扩大同类产品的生产规模，扩大市场份额，降低生产成本，产生规模效益，是企业进入新的市场领域的一种快捷方式；可以增强公司的市场支配能力与控制力，减少同行业竞争对手，有利于取得行业的相对垄断地位与垄断利润；可以发挥经营管理上的协同效应，便于在更大的范围内进行专业分工，采用先进的技术，形成集约化经营，大大提高效率。其缺点是容易破坏自由竞争，形成高度垄断的局面，从而降低整个社会经济的运行效率。因此，对横向并购的管制一直是反托拉斯法的重点。

2. 纵向并购

纵向并购，也称为垂直并购，是指生产过程或经营环节处于产业链上下游之间，或是处于同一产品相继的不同生产经营阶段，在工艺上具有投入产出关系公司之间的并购。通常纵向并购的企业之间不是直接的竞争关系，而是供应商和需求商之间的关系。纵向并购又可细分为：前向并购，是指与产品销售公司（买主）的并购；后向并购，是指与原材料供应商的并购；双向并购，是指同时与产品销售公司、原材料供应商的并购，将产、供、销结为一体。

纵向并购通过市场交易行为内部化，有助于减少市场风险，节省交易费用，同时易于设置进入壁垒；可以加强生产过程各环节的密切配合，利于协作化生产，减少对外部的依赖，增强经营的稳定性。其缺点是容易导致"小而全，大而全"的重复建设；企业将风险集中于一个产业，生存发展受市场因素影响较大。

3. 混合式并购

混合式并购，又称为复合并购，是指处于不同的产业部门、不同的市场，且这些产业部门没有密切的生产技术联系的企业之间的并购。可将其细分为：产品扩张型并购，即相关产品市场上企业间的并购；市场扩张型并购，即一个企业为扩大其市场占有面而对它尚未渗透的市场提供同类产品的企业进行并购；纯粹混合并购，即生产和经营彼此之间毫无联系的产品或服务的企业之间的并购。

混合并购的主要目的是进行多元化经营，有助于分散处于一个行业所带来的风险；能使公司尽快适应市场结构调整，降低企业进入新的经营领域的困难，增加了进入新行业的成功率，从而有助于企业实行战略转移。其缺点是涉足自己不熟悉、不专业的领域，一旦经营不善，容易导致经营风险加大；也可能导致公司财力分散，难以管理。

（二）按公司并购的具体实现方式分类

1. 现金购买式并购

现金购买式并购是指并购企业使用现金购买目标企业部分或全部的资产或股权而实现的并购。用现金买资产，是指收购公司以现金或相当于现款的对价，购买目标公司大部分或全部资产，以实现对目标公司的控制。用现金购买股票，是指并购企业以现金或相当于现金的对价购买目标公司大部分或全部股票，实现对目标公司的控制。

现金购买式并购的优点是交割时间短、手续简单，常受到卖方的欢迎。其缺点是现金筹集量大，收购方的现金压力大；卖方接受大量现金常需要缴纳所得税，转让净收益将比协议收购对价减少。

2. 承担债务式并购

承担债务式并购，通常是在目标企业资不抵债或债务负担过重但其产品还有发展前途的情况下，并购企业以承担目标公司的部分或全部债务为条件，取得目标企业的资产所有权和控制权，从而实现并购的方式。

承担债务式并购的优点是交易不以价格为准，而是以债务和整体产权价值比而定，可以减少并购企业在并购时的现金支出。其缺点是有可能影响并购企业的资本结构。

3. 股权交易式并购

股权交易式并购是指并购企业以本企业发行的股票换取目标企业的部分或全部资产或股权而实现的并购。其中，以股票交换资产是指收购公司向目标公司发行收购公司自己的股票，以交换目标公司的大部分或全部资产，并购企业在有选择的情况下承担目标企业的部分或全部债务责任；用股票交换股票，也称"换股"，是指并购企业以本企业的股票直接交换目标公司的大部分或全部股票，达到控制目标企业、实现并购的目的。

股权交易式并购是非现金并购方式，其优点是不需要支付大量现金，股权式并购完成后，目标企业变成并购方的子公司。其缺点是在股权式并购中，如果资信机制不健全，并购方须承担目标企业的或然债务和不确定负担，具有高风险。

4. 综合证券式并购

综合证券式并购，是指并购企业对目标公司提出收购要约时，其出价是由现金、股票、认股权证、可转换公司债券等多种支付工具组成的一种并购方式。由于单一的支付方式有着不可避免的局限性，而把各种支付工具组合在一起，则能够分散风险，取长补短。但在运用这种策略时也应注意支付工具的搭配，以免适得其反。

（三）按并购双方是否友好协商分类

1. 善意并购

善意并购，又称为友好并购，是指并购企业事先与目标公司之间协商，征得其同意并通过谈判制定出并购协议而完成并购活动。在西方被形象地称为"白马骑士"（white knight）。善意收购有利于降低并购风险和额外支出，而且并购双方均有合并意愿，这类并购成功率较高。但有时要放弃并购企业的部分利益，以换取目标公司的合作。

2. 敌意并购

敌意并购是指并购企业事先不与目标公司协商，在目标公司对其收购意图尚不知晓或持反对态度的情况下，对目标公司强行收购。在西方被形象地称为"黑衣骑士"（black knight）。被并购公司在得知并购企业的并购意图后，往往不能接受并购企业的突然行动或苛刻的并购条件，可能采取一系列反并购措施。

（四）按照并购的行为方式划分

1. 直接并购

直接并购是指并购企业直接向目标公司提出并购要求，双方通过一定程序进行一定的磋商，共同商定完成并购的各项条件，进而在协议的条件下达到并购的目的。直接并购又可分为前向（forward）与反向（reverse）两类。前向并购是指目标公司被买方并购后，买方为存续公司，目标公司的独立法人地位不复存在，目标公司的资产和负债均由买方公司承担；反向并购是指目标公司为存续公司，买方的法人地位消失，买方公司的所有资产和负债都由目标公司承担。

2. 间接并购

间接并购是指并购公司并不直接向目标公司提出并购要求，而是在证券市场上大量收购目标公司的股票，从而达到控制该公司的目的。间接并购通常是通过投资银行或其他中介机构进行的并购交易。在具体运作中，通常是并购企业首先设立一家控股公司或子公司，然后以控股公司的名义并购其他企业。

二、并购的发展历程

（一）西方发达国家并购发展历程

在西方国家的并购发展历程中，美国企业的并购活动最具有代表性，从 19 世纪末 20 世纪初发展至今，已经历了五次并购浪潮，如表 5-2 所示。

表 5-2　美国企业并购的发展和演变过程

并购浪潮阶段	1897—1904 年	1922—1929 年	1940—1968 年	1976—1988 年	1990—2001 年
美国经济发展情况	交通运输业发展，1903 年经济进入衰退	1922 年步入上升期，1929 年衰退	《塞勒 - 凯佛维尔反兼并法》的修改	1974—1975 年的衰退后，经济进一个高增长期	经济进入一个连续的稳定增长期
并购的直接促动因素	追求规模经济、垄断，资本市场的支持	运输、通信等有较大发展，反垄断的《克莱顿法》颁布	管理与计算机技术、所有权与经营权分离，政策放松	产业竞争加剧，金融工具创新，提高效率，放松管制	企业国际化需要，新经济的出现等
并购模式	横向并购，近60%通过股票市场	纵向并购成为主体	混合并购占据了重要地位	多种并购模式并存，小鱼吃大鱼开始出现	多种并购形式并存，但混合并购形式突出
发生并购的行业	钢铁、化学和橡胶等	石油、金属、食品、零售业、银行等	行业较多，如航空、机械和汽车等	制造业进一步调整，并购深化	金融服务业、通信业和汽车制造业等
并购的效果	造就了垄断，形成了现代企业组织的雏形	美国经济进一步深化	先进的管理技术得到推广，企业现代体制形成	企业经营和资本市场进一步成熟，竞争力增强	企业国际化、经济全球化进一步加剧

并购浪潮也给我们带来了许多启示：①横向并购→纵向并购→混合并购→跨国并购演进历程是公司并购演变进程的一般规律；②并购极大地推动了大型企业的快速成长；③经

济波动和新技术革命为企业并购活动提供了一个广阔而丰富的舞台；④公司并购有助于推动经济结构与产业结构发生深层次变革。

（二）我国企业并购的发展历程

1. 起步阶段

我国的第一次企业并购浪潮始于 1984 年，至 1992 年结束。第一起企业并购事例是 1984 年 7 月保定纺织机械厂以承担债务方式，兼并了保定市针织器材厂这家连年亏损、几乎停业的企业。1989 年 2 月 19 日，发布《关于企业兼并的暂行办法》，中央和地方政府积极推动，掀起了第一次浪潮。这次浪潮的特点是行政性、盲目性和简单化比较突出。

2. 循序渐进阶段

1992 年以后，我国市场经济步伐加快。与此同时，我国企业并购的第二次浪潮出现。1993 年仅天津、上海、武汉、深圳等 16 个城市就有 2 900 多家企业被并购，转移存量资产达 60 多亿元。1994 年国家选择了 18 个城市进行优化资本结构试点，企业并购一下子展开，18 个城市全年累计并购企业 127 家。

随着我国证券市场的发展，上市公司并购成为这次并购浪潮中的一大热点。1993 年 9 月宝安收购延中实业，以及后来的恒通集团收购棱光实业、浙江康恩贝制药股份有限公司控股浙江凤凰化工有限公司等事例反映了中国企业并购进入多样化、证券化发展方向。另一大亮点是我国企业的跨国并购开始出现。如 1992 年广西玉柴股份有限公司出资 2 500 万美元购买美国福特汽车公司的巴西柴油机厂；日本五十铃汽车公司与伊藤忠商事株式会社参股北旅汽车制造有限公司等。

3. 发展扩大阶段

进入 21 世纪以来，并购已成为我国市场经济活动中一种常见的现象，主要表现为以下特征：①企业并购的规模日益扩大化，强强联合、大型并购逐渐增加；②并购的质量有所提高，企业并购的动机开始趋向优化资产存量结构，合理配置资源，提高市场竞争力，追求经济效益和社会效益；③企业并购方式多样化发展，既有承担债务式并购，也有购买吸收、控股兼并等方式；④企业并购的环境逐渐有所改善，一系列鼓励、规范企业并购的法律、法规出台，产权交易市场普遍兴起，产权交易机构日益繁多。

第二节　并购行为决策

一、企业并购战略

（一）横向并购战略

横向并购战略是指通过横向并购目标企业，以扩大产品市场规模，提高市场份额，增强企业的竞争能力和盈利能力。当行业内竞争者较多且处于势均力敌时，由于激烈的竞争，行业内所有的公司只能保持最低的利润水平。通过横向并购，会使行业相对集中。行业由一家或几家控制时，会形成在某一地区、某一行业内的垄断，能有效降低竞争的激烈程度，使行业内的公司保持较高利润。在并购的同时，还可以实现规模经济。

（二）纵向并购战略

垂直并购战略是指通过并购上游或下游企业，以获取稳定的零部件、原材料、中间品供应来源或产成品销售市场，从而实现纵向一体化。该战略是企业在两个可能的方向上扩展现有经营业务的一种发展战略，是将公司的经营活动向后扩展到原材料供应或向前扩展到销售终端的一种战略体系。

（三）混合并购战略

混合并购的目的，在于拓宽公司自身的生产经营能力，进入更具有增长潜力或利润较高的领域，实现资产多元化和经营多元化发展，增强对市场的控制能力。混合并购战略可分为中心式多角化并购战略和复合式多角化并购战略。其中，中心式多角化并购战略是指通过并购与本企业本业高度相关的目标企业，实现多角化经营；复合式多角化并购战略是指通过并购与本企业完全无关的目标企业，实现多角化经营。但这种并购会导致力量分散，如果摊子铺得太大，可能会使决策和信息沟通变得迟缓或困难，导致管理混乱。只有具备相当实力的集团公司，才适宜采用这种并购战略。

二、企业并购的程序

一般情况下，从刚开始有并购意向，到制定并购战略，再到成功完成并购，需要经历制定并购策略、并购准备阶段、并购实施阶段和整合阶段四个过程，具体步骤如下：

（一）制定并购策略

1. 企业应根据自身发展战略制定并购策略

首先，企业应明确自己为何要进行并购。企业并购的动机通常有扩大市场份额、排挤竞争对手、提高利润率、分散投资风险、获取品牌和销售渠道等。并购动机一定要符合企业整体的发展战略。其次，企业董事会或股东会对企业并购要形成一致意见，做出相应决议。

2. 组织并购班子

此阶段，要成立内部并购小组，内部并购小组应由公司领导挂帅、各有关部门领导组成，以保障快速应变和决策及对外联络的畅通。还需要选择并购投资总顾问和专业人员，决定他们参与的范围和费用。

（二）并购准备阶段

1. 筛选目标企业

了解目标企业的经营、盈利、出售动机，以及竞购形势和竞购对手情况。对收购项目进行初步评估，包括行业市场、目标公司的营业和盈利、对收购后的设想和预期值、资金来源和收购程序，包括批准手续等进行评估，初步确定收购定价。比较本企业和收购对象的长短处，确定如何优化配置双方资源，发挥互补效应，进而筛选出并购目标。

2. 深入尽职调查

从财务、市场、经营、环保、法律、税务和人力资源等方面对目标企业进行尽职调查。通过直接查阅目标企业的文件，听取经营者的陈述，提问对话等形式，了解目标企业经营状况、市场份额、行业、前景和竞争形势、人力资源配置和福利情况、管理人员的能力及员工对收购的态度等。从法律方面了解目标企业的基本情况和存在的法律障碍。基于目标企业的尽职调查，形成目标企业评估报告。

（三）并购实施阶段

1. 确定并购具体方案

确定收购方式，是股权收购还是资产收购，整体收购还是部分收购；以评估价为基础，研究确定收购底价及谈判价格区间；明确收购资金来源和可能。由律师起草、并购团队审核（或由并购团队起草、律师审核），形成并购转让协议和并购后的公司章程初稿，连同该方案报经收购方内部权力机构初审后，作为正式谈判的基础法律文件。

2. 谈判与签约

买卖双方就并购价格和报告方式等核心内容展开协商与谈判，就并购的主要事宜进行充分协商并达成一致意见后，即可安排签署合同。然后，按照所有者权限，由报告双方各自报经所有者审批。所有参与谈判的人员都要恪守商业机密，以保证即使并购不成功，并购方的意图也不会过早地被外界知道，目标公司的利益也能得到维护。

3. 报请主管部门审批及相关方通过

签署后的合同还将根据国家的相关法律进行审批。国有企业被并购或涉及国有资产，应由具有管辖权的国有资产管理部门批准。并购国有企业还须经职工代表大会审议通过。并购股份制企业或收购其主要股东的股份，须按照其公司章程规定的程序履行相关行政和法律手续。某些特殊行业可能还需要办理工商登记变更前的准入前置审批。

4. 支付价款及办理变更登记

履行法律审批手续后，并购双方按照协议支付转让价款，同时办理产权变更登记、并购后企业法人的工商登记或变更登记。

5. 发布并购公告

并购完成后，将并购的事实公之于众。可以在公开报纸上刊登，也可由有关几个企业发布，使与企业相关的各方知晓并购事实，并开始调整与之相关业务。

（四）整合阶段

产权交割后，并购方应首先在业务、人员、技术、管理等方面对企业进行全面整合。其次，要注重协助新企业的正常运行，协助制定企业内部规章制度，办理企业纳税申报，签订劳动合同，办理相关保险，理顺各种业务关系。整合是并购程序的最后环节，也是决定并购能否最终成功的关键环节。

三、并购的资金筹措

（一）内部融资

1. 自有资金

自有资金是企业在发展过程中所积累的、经常持有的、按规定可以自行支配，并不需要偿还的那部分资金。企业自有资金是企业最稳妥、最有保障的资金来源。通常企业可用的内部自有资金主要有税后留利、闲置资产变卖和应收账款等形式。

2. 未使用或未分配的专项基金

专项基金主要是指更新改造基金、修理基金、生产发展基金、后备基金等。从长期的平均趋势看，这是企业内部能够保持的一部分较为稳定的资金流量，具有长期占有性，在一定条件下，也可以用来进行并购活动。

3. 公司应付账款和利息

这部分资金不能长期占有，到期必须对外支付。但从长期平均趋势看，它也是公司内部筹资的一个来源。

（二）外部融资

1. 权益融资

并购中最常用的权益融资方式即股票融资，这包括普通股融资和优先股融资两种。当并购企业需要大量现金来并购目标企业时，并购企业可以发行普通股或优先股来筹措现金。发行普通股最大的缺点是分散了公司控制权。这时，大股东可能会出于保持控制权的考虑，宁愿增加借款，也不愿扩股。

2. 票据和债券融资

商业票据是企业进行延期付款商品交易时开具的反映债权债务关系的单据。用票据为企业并购进行融资可以有两种途径：其一，票据本身可以作为一种支付手段直接进行融资；其二，可以在并购前出售票据，以获取并购所需资金。

债券融资可以发行抵押债券、信用债券、可转换公司债券等来筹措资金。债券融资因其利息在税前支付，可以获得税收屏蔽效果，因而其资本成本较低，且债权人无权参与企业经营管理。但债券融资要到期还本付息，对企业是一种硬约束。

3. 贷款融资

贷款是指企业根据借款协议或合同向银行或其他金融机构借入的款项，通常的银行贷款方式有定期贷款和循环信用贷款二种。这种贷款，需要提前向可能提供贷款的金融机构提出申请。因为这种贷款金额大、期限长、风险高，所以需坦诚地与其进行较长时间的磋商。虽然要保守秘密，但也必须如此。西方企业并购中常见的贷款还有过渡贷款，它主要是指投资银行为了促使并购交易迅速达成而提供的贷款，这笔贷款日后由并购企业公开发行新的高利率、高风险债券所得款项，或以并购完成后收购者出售部分资产、部门或业务等所得资金进行偿还。

4. 租赁融资

租赁是所有权与使用权之间的一种借贷关系，通常理解为物权所有人（或出租人）按契约规定，将其所有的财产租给承租人使用，承租人根据契约按期向出租人交付租费，出租人对财产始终保有所有权，承租人只享有使用权的经济行为。租赁开辟了新的融资渠道，能减少资金占用、提高资金流动性，增强企业营运资金的灵活运用能力。企业可以通过售后回租等租赁手段获取并购所需资金。

（三）其他特殊融资方式

1. 杠杆收购（leveraged buy-out，LBO）

杠杆收购是指公司或个体利用自己少量的资产为基础，以目标公司资产作抵押，而大规模举债融资，收购目标公司的股票或者资产，取得目标公司的产权，且从后者未来的现金流量中，偿还负债的收购方式。收购者不需投入全部资金，只需要少量资本代价，即可完成收购，故称为杠杆收购。

杠杆收购的突出特点是，收购方为了进行收购，大规模融资借贷去支付（大部分的）交易费用，通常为总购价的 70% 或全部。同时，收购方以目标公司资产及未来收益作为借贷抵押，借贷利息将通过被收购公司的未来现金流来支付。但杠杆并购也往往使公司面临巨大的偿债压力，隐含着非常巨大的财务风险。成功的杠杆收购，通常需要具备几个基本条件：收购后的公司管理层有较高的管理技能；公司经营计划周全合理；收购前公司负债较低；公司经营状况和现金流量比较稳定。

在西方发达国家，发达的资本市场为债务融资提供了极为便利的条件，从而使得杠杆收购在操作上具有切实的可行性。通常组织杠杆收购的投资者有以下几类：专业并购公司，以及专门从事并购业务的投资基金公司；对并购业务有兴趣的机构投资者；由私人控制的非上市公司或个人；能通过借债融资收购的目标公司内部管理人员。

杠杆收购通常有两种做法：一是并购方以目标公司的资产为抵押，取得贷款，购买目标公司股权；二是并购方先行从风险资本家或投资银行借一笔"过渡性贷款"，成立一家置于完全控制之下的"空壳公司"，在空壳公司取得目标公司控制权以后，以目标公司的股权、资产及其未来收益作抵押或担保，进行商业性借款，或发行债券，继而把筹集到的资金用以偿还"过渡性贷款"。

2. 管理层收购（management buy-out，MBO）

当运用杠杆收购的主体是目标公司的管理层时，就变成了管理层收购。简言之，管理层收购是指公司的管理层利用借贷所融资本或股权交易收购本公司的一种行为。通过收购使企业的经营者变成了企业的所有者。

管理层收购的特点是主要投资者是目标公司的经理和管理人员，他们往往对该公司非常了解，并有很强的经营管理能力。通过 MBO，他们的身份由单一的经营者角色变为所有者与经营者合一的双重身份。但对管理层的要求还要有很强的融资能力，也要求目标公司内存在大规模的节约代理成本的可能性。

【案例 5-2】　MBO 奠基人 KKR

1976 年，克拉维斯（Henry Kravis）和表兄罗伯茨（George Roberts）以及他们的导师科尔伯格（Jerome Kohlberg）在纽约的 Joe & Rose 餐厅共进晚餐时，做出创立投资公司的决定。KKR 的名字正是来自这三个创始人姓氏的首字母。作为联席总裁，Kravis 和 Roberts 两人不仅改变了怎样买入和卖出一个公司的方式，也大大改善了这些公司的运营方式。KKR 不仅将杠杆收购发扬光大，更成为管理层收购的奠基人。现在，这家总部位于美国纽约的公司资产管理规模达到 1 376 亿美元，投资股权投资超过 100 家公司。所投资的企业综合年收益超过 2 000 亿美元，并雇佣大约 100 万员工。

金霸王电池（以下简称"金霸王"）收购案可以说是 KKR 进行 MBO 并购的典型范例。在收购前，金霸王的电池业务非常突出，管理层也十分不错。公司唯一的发展"瓶颈"是规模太小——它仅仅是食品加工巨头克拉福特下属的一个事业部，而且与总公司的主营业务风马牛不相及。1987 年末，金霸王的总裁鲍伯·坎德得知克拉福特要将公司卖给柯达和吉列等战略性买主，为了掌握自己企业的命运，他向 KKR 等潜在金融买家咨询 MBO 的可能性。经过与众多买家长达 5 个月的角逐，KKR 在 1988 年 6 月得到了金霸王。当时的分析普遍认为金霸王的总值超不过 12 亿美元，但 KKR 出价 18 亿美元。其中，公司的 35 位高级管理人员共投入约 630 万美元购买股份（其中鲍伯·坎德投入 100 万美元），而 KKR 给每一股股份分配五份股票期权，管理层总共拥有公司 5% 的股权。1989—1995 年，金霸王的营运现金流以每年 17% 的复利增长。KKR 还果断支持了经理层扩张企业的愿望，把总裁坎德的资本投资权限从收购前的 25 万美元提高到 500 万美元的水平，并把管理下级经理报酬的权力完全交给了他。1991 年 5 月，金霸王以每股 15 美元的价格首次公开募股，发行 3 450 万股票，给公司带来了 4.88 亿美元的收入，公司用这笔钱偿还了 3.47 亿美元的债务。

1993 年和 1995 年，金霸王又以二次配售股票及分红的方式向包括 KKR 在内的投资人分配收益。到 1996 年，KKR 在金霸王的投资收益达到 13 亿美元。1996 年 9 月，KKR 通过换股把金霸王卖给了吉列公司。至 1997 年年底，8 年半的时间，3.5 亿美元原始股的投资年度回报率达到了 39%，共产生了 42.2 亿美元的回报。金霸王的管理层也赚了很多钱，到 1996 年金霸王再出售时，当年的 35 名经理的持股价值翻了 11 倍。金霸王的坎德在 1994 年年底就选择退休，靠着丰厚的回报，到酿酒业进行了第二次创业。

资料来源：https://www.zhihu.com/question/23756258/answer/198135683.

3. 卖方融资

卖方融资，是指并购企业暂不向目标公司支付全额价款，而是作为对目标企业所有者的负债，承诺在未来一定时期内分期、分批支付并购价款的方式。这是在卖方急于脱手情况下的支付方式，与通常的"分期付款方式"相类似。这样既可以拉近双方在并购价格认定上的差距，而且由于减少了并购当时的现金负担，还可以使并购公司获得税收递延支付的好处。不过这要求并购企业有极佳的经营计划、良好的资本结构和风险承荷能力，才能取得"卖方融资"。

四、并购后整合

（一）并购后整合的含义

并购后整合是并购企业在对目标企业兼并或收购后，并购双方对企业要素进行系统性融合与重构，在发展战略、资产债务、生产经营、组织结构、人力资源和企业文化等多方面的调整匹配，培育和提高并购后企业的竞争能力，从而实现并购增值的一系列活动的总称。并购后整合是外部资源内部化的过程。外部资源内部化就是指把新获得或新构建的资产与现有资产有机地整合，灵活地组织起来，产生可持续的竞争优势。对并购企业来说，并购不仅获得某些资产，而且通过获得某些资产来增强或更新企业的竞争优势。从并购整合的过程来看，并购是一个长期持续的多维度整合过程，并购的价值创造源自战略能力的转移，竞争优势通过并购双方不同组织层次间的相互作用形成。在资本市场上，并购整合效果通常可以用股价收益来衡量。

（二）并购后整合的主要内容

1. 战略整合

如果被并购的企业战略不能与收购企业的战略相融合，那么两者之间很难发挥出战略的协同效应。只有在并购后对目标企业的战略进行整合，使其符合整个企业的发展战略，才能使收购方与目标企业相互配合，使目标企业发挥出比以前更大的效应，促进整个企业的发展。因此，在并购以后，必须规划目标企业在整个战略实现过程中的地位与作用，然后对目标企业的战略进行调整，使整个企业中的各个业务单位之间形成一个相互关联、互相配合的战略体系。

2. 生产经营整合

生产经营整合，主要是并购公司按照并购动机，在战略整合的基础上，对企业的经营方向、企业职能的协同与匹配、生产作业、经营业务等进行整合，根据其在整个体系中的作用及其与其他部分的关系进行重新配置。在并购发生前，并购公司和被并购公司是两个独立的公司，其业务不可能完全相同。因此，必须针对具体情况，对它们的重组应符合并购公司的战略规划，考虑把并购双方的潜在优势结合起来，合理利用资源，把资源配置到利用效率最高的位置中。

3. 资产整合

资产整合在并购中占有重要地位，对于被并购公司的资产，应将其与原有资产进行有效配置，使公司资产得到充分利用。通过资产整合，可以剥离非核心业务，处理不良资产，重组优质资产，提高资产的运营质量和效率。

资产整合通常有两种策略：①剥离不良资产。不良资产有如下特点：阻碍企业的核心竞争力；耗费企业现金资源；耗费企业管理资源；不产生净现金流；通常不盈利或少量盈利。不良资产的剥离可以通过出售、出租、承包经营和原股东回购等方式进行。②整合优质资产。在剥离了不良资产后，对剩下的优质资产要根据不同情况分别予以处理。对于不属于企业核心业务但是赢利能力较强的资产，可以由原来的经营股东继续经营。对于符合企业发展战略、收益水平较高的资产，可以由并购方直接经营。对于和并购方有很强的关联性和互补性的资产，并购方可以进行资产置换。

4. 财务整合

财务整合是指并购方对被并购方的财务制度体系、会计核算体系统一管理和监控。企业并购的目标是通过核心能力的提升和竞争优势的强化创造更多的新增价值。因此，在财务整合过程中，企业也必须紧紧围绕这一目标，以成本管理、风险控制和财务管理流程的优化为主要内容，通过财务管理目标导向、财务管理制度体系、会计核算体系、现金流转内部控制以及并购公司权责明晰的整合，力求使并购后的公司在经营活动上统一管理，在投资、融资活动上统一规划，最大限度地实现并购的整合和协同效应。为此，企业并购后的财务整合应遵循及时性、统一性、协调性、创新性和成本效益等原则。

5. 人力资源整合

企业并购能否成功，在很大程度上取决于能否有效地整合双方的人力资源。人力资源整合是指依据战略与组织管理的调整，引导组织内各成员的目标与组织目标朝同一方面靠近，对人力资源的使用达到最优配置，提高组织绩效的过程。

人力资源整合策略主要有三种：①稳定策略。并购活动会给并购双方人员的工作和生活带来较大的影响，尤其是目标企业的人员。因此并购企业如何稳定目标企业的核心人力资源，尽快消除其心理压力，是人力资源整合的首要问题。公司并购后的人员，要做到"该留的留，不该留的不留"。对于目标公司的人才，在并购前后，应与之沟通，设法留住。②培训策略。在充分的沟通并了解目标企业的人员、文化状况后，并购企业可制定原有人员的调整政策，移植培养并购企业成功的企业文化和经营模式，以提高两企业的战略协调作用。③激励策略。并购活动中人力资源整合策略的关键在于要采取实质性的激励措施，为有能力的人才提供更好的前景和发展机会。仅留住人才是不够的，这只是前提条件，要引导人才为企业发展做出积极贡献才是整合活动的实质。

6. 组织结构整合

组织结构整合是指并购后的企业在组织机构和制度上进行必要的调整或重建，以实现企业的组织协同。并购后公司要进行组织整合，重建企业的组织指挥系统，以保证企业有健全的制度和合理的组织结构，从而实现重组双方最佳的协同效应，降低内耗，提高运作效率。组织结构整合是企业最常用的组织结构变革方式，是一种计划式变革。

其调整的内容主要包括：公司各级生产经营部门的人员搭配、管理人员的结构、知识结构；组织体系中，上下沟通渠道的调整；组织部门中，部门增减、权责增减、分布搭配等的调整；各部门力量搭配的调整等。

组织结构的整合通常要遵循以下的一些原则：①岗位设置讲求实效。要坚持"因事设岗"，而不是"因人设岗"，使组织目标能落实到具体的岗位和部门。②权责对等统一。组织整合中，不仅要对每个部门的岗位责任进行明确规定，还要就这些部门取得和利用人、财、物以及信息等的权力，并进行详细说明。③统一指挥。统一指挥是组织整合中的一条重要原则，企业内部的分工越细、越深入，统一指挥原则对于保证企业目标实现的作用就越重要。

7. 文化整合

并购双方的文化整合，是影响公司并购战略与长期经营业绩的关键因素，它经常被看成影响企业并购成功的最终标志。文化整合包括三个层次的整合。

（1）企业物质文化层次的整合。企业物质文化是由企业员工创造的产品和各种物质设施等构成的器物文化，它是一种以物质为形态的表层企业文化。因此，应该在企业形象、厂房设施、生活环境、员工形象等方面进行相应调整，让员工认识并理解新企业的文化，增加对新企业文化的认同与接受。

（2）企业制度文化层次的整合。企业制度文化是人与物、人与企业运营制度的结合部分，主要包括领导体制、组织机构和管理制度三个方面。对于并购后的新企业来说，要求对制度文化进行相应调整。相应的变动也势必会触动到组织成员与团体的某方面利益，所以始终保持谨慎而坚定的态度，以不断持续推进文化整合的进度和力度。

（3）企业精神文化层次的整合。企业精神文化是用以指导企业开展生产经营活动的各种行为规范、群体意识和价值观念，是以企业精神为核心的价值体系。并购后文化冲突的焦点主要体现在价值观方面。因此，对于整个企业的经营管理理念、道德风尚、价值观念以及管理风格方面，都应该适时加以调整，以最终提高整个企业的竞争力与综合实力。

第三节 并购定价决策

一、目标企业的价值评估方法

目标企业的价值评估，是指对目标企业的股权或资产进行价值判断。并购过程中，对目标企业的价值评估，是并购要约的重要组成部分。从并购的程序看，目标企业的价值评估，是决定并购的先决条件。理论上，只要价格合理，交易总是可以达成的。因此，对标的的价值评估，是能否成交的价值基础，也是谈判的焦点。正确评价目标企业的价值，可使交易价格相对公平合理，有助于提高交易成功率，避免决策失误。

目标企业价值的评估方法很多。一般而言，目标企业价值评估，取决于并购企业对其未来现金流的预期。由于未来预期的不确定性，对目标企业的估价应根据并购后目标企业是否继续存在以及资料信息的充分与否等因素来确定采用何种估价方法。通常，评估目标企业的价值有三种方法：资产基础价值法、收益法和贴现现金流量法。

（一）资产基础价值法

资产基础价值法，是指通过对目标企业的资产进行估价，来评估目标企业的价值。要确定目标企业的资产价值，选择合适的资产评估标准很重要。目前，通用的资产评估价值标准有以下五种。

1. 账面价值

当目标企业经营困难时，收购企业可以用账面价值作为收购价格。它不考虑资产的市场价值波动，也不考虑资产收益情况，因而是一种静态的估价标准。

我国企业并购活动中不少收购方以账面价值作为收购价格。也有一些企业会计资料不全，加上经营环境变化快，计算未来现金流量非常困难，因此常以实际价值加上"商誉"，然后减去负债而商定成交价格。

2. 市场价值

市场价值，是指市场上供求关系平衡状态下确定的价值。确定企业市场价值最著名的是托宾（Tobin）的 Q 模型。在 Q 模型中，企业市值由以下公式计算：

$$企业市值 = 资产重置成本 + 增长机会价值 = Q \times 资产重置成本$$

其中的 Q 值，是一个企业的市值与其资产重置成本的比率：

$$Q = 企业市值 / 资产重置成本$$

但是，Q 值的选择比较困难，因为即使从事相同的业务，其资产结构也会有很大的不同。企业的增长机会价值不易确定。所以，在实践中，广泛使用 Q 的近似值——价值比率：

$$价值比率 = 股票市值 / 公司净资产$$

3. 清算价值

这是在企业作为一个整体，已经丧失增值能力情况下的资产评估方法。具体而言，清算价值，是指在企业出现财务危机而破产或歇业清算时，把企业中的实物资产逐个分离出来单独出售的资产价值。企业的清算价值，是清算资产偿还债务以后的剩余价值。

4. 续营价值

这是指目标企业，作为一个整体，仍有增值能力，以未来的收益能力为基础来评估目标企业的价值。

5. 公允价值

这是将目标企业在未来持续经营的情况下的预期收益，按照设定的贴现率（市场资金平均利润率或平均收益率）折算出的现值。它把市场环境和企业未来的经营状况，与目标企业的价值联系起来，更适于评估目标公司的价值。

上述五种资产评估价值标准各有侧重。如果并购企业的目的在于目标企业未来收益的潜能，那么公允价值是最重要的标准。如果其目的在于获得某项特殊的资产，那么清算价值或市场价值可能更为恰当。

（二）收益法（市盈率模型）

1. 收益法的含义

收益法，是指根据目标企业的收益水平和市盈率确定其价值的方法，也称为市盈率模型。市盈率常被认为是衡量企业绩效的一个重要的股票市场指标，其确定非常复杂，它依赖于：企业的未来收益水平（包括成长性）、投资者希望从中得到的收益率、企业投资的预期回报及其趋势等。

2. 收益法评估的步骤

收益法（市盈率模型）评估的步骤如下：

（1）检查、调整目标企业近期的利润业绩。考虑使用的会计政策，必要时，调整目标企业已公布的会计报表，使其与并购企业的政策一致。例如，并购企业可以注销目标企业所有的研究与开发费用，将夸张的报表利润降下来等。

（2）选择、计算目标企业的年收益估计。考虑到经营的波动性，尤其是经营活动具有明显周期性的目标企业，采用最近三年税后利润的年平均值，作为年收益估计，较为适当。还应当更多地注重被并购后的收益状况。如果并购企业在管理方面很有优势，且目标企业在有效的管理下，也能获得同并购企业同样的资本收益率，那么据此计算出的税后利润作为年收益估计，可能对企业并购决策更具指导意义。该年收益估计，称为目标企业并购后的年收益估计。

（3）选择标准市盈率。目标企业可能是上市公司，也可能是非上市公司，通常可选如下几种：并购时点的市盈率，与目标企业具有可比性的公司市盈率，或目标企业所处行业的平均市盈率。对于非上市公司，在实际中通常选择一组公司作为参照物。在经营和财务方面，这组企业的各个企业与目标企业都是可比的，通过分析这些可比企业的财务和股票绩效来确定一个适合于目标企业的市盈率。

（4）估算目标企业的价值。目标企业的最低收购价，应该是目标企业的当前市值。目标企业的最高收购价估计，应该是上述目标企业并购后的年收益估计乘以目标企业并购后的市盈率估计。年收益估计的选择不同，将大大影响目标企业的估价。并购企业应根据实际情况，尽可能选择合理的估计，降低并购风险，提高并购的收益。

（三）贴现现金流量法

1. 贴现现金流量法的含义

贴现现金流量法，是通过估算目标企业未来预期的现金流量，再用某一个选定的贴现率将预期的未来现金流量折为现值，从而确定目标企业价值的一种方法。

在使用贴现现金流量法估算目标企业价值时，需要考虑以下几个因素：①现金流量包括净利润，加上拆旧、摊销以及其他非付现费用，减去再投资所需资金、债务及其他债务偿还、红利和营运资金变化；②预测期间；③贴现率。

2. 贴现现金流量法对目标企业价值估算的步骤

（1）未来现金流量的预测。目标企业的未来现金流量，常依据拉巴波特模型（Rappatort approach）来预测。计算公式如下：

$$C_t = S_{t-1}(1+g_t)^{r_t}(1-T_t)-(S_t-S_{t-1})(F_t+W_t)$$

其中，C_t 是 t 年度现金流量；S_t 是 t 年度年销售额；g_t 是 t 年度销售额年增长率；r_t 是 t 年度销售利润率；T_t 是 t 年度所得税率；F_t 是 t 年度销售额每增加 1 元所需追加的固定资本投资（全部固定资本投资扣除折旧）；W_t 是 t 年度销售额每增加 1 元所需追加的营运资本投资。

预测时，应该检查目标企业的历史现金流量表，并假定并购后目标企业营运将发生变化。对特定的目标企业而言，只要知道了 4 个变量（g_t、r_t、F_t、W_t），就可以对未来现金流量进行规划。

（2）估计贴现率或加权平均资本成本。这需要对各种的长期成本要素进行估计，包括普通股、优先股和债务等。目标企业历史股本的成本估计，许多文献采用如下的资本资产定价模型法：

$$R_i = R_F + \beta_i(R_M - R_F)$$

其中，R_i 是第 i 种股票的预期收益率；R_F 是无风险收益率（如国库券收益率）；R_M 是股票市场的平均收益率；β_i 是第 i 种股票的贝他系数；(R_M-R_F) 是股票市场的风险报酬率；$\beta_i(R_M-R_F)$ 则是第 i 种股票的风险报酬率。

第 i 种股票的预期收益率 R_i，也是我们要确定的单个元素的资本成本 K_i。估计了各单个元素的资本成本后，即可根据并购企业预计的并购后资本结构，计算加权平均资本成本。其公式为

$$WACC = \sum_{i=1}^{n} K_i w_i$$

其中，WACC 是加权平均资本成本；K_i 是第 i 项资本的资本成本；w_i 是第 i 项资本的比重。

（3）计算现金流量现值，估计购买价格。根据目标企业自由现金流量，对其估价为

$$V = \sum_{t=1}^{T} \frac{y_t}{(1+WACC)^t} + \frac{V_T}{(1+WACC)^T}$$

其中，V 是并购后目标企业价值；y_t 是第 t 年目标企业的现金流量；V_T 是第 T 年目标公司的终值。

（4）估值的敏感性分析。并购企业还应进行目标企业估价对各变量预测值的敏感性分析。这种分析，会揭示出现金流量预测中存在的问题，特别是需要并购企业关注的重大问题。贴现现金流量法，易受预测人员主观（乐观或悲观）的影响。合理预测未来现金流量，以及选择贴现率（加权平均资本成本）的困难，可能影响贴现现金流量法的准确性。

二、企业并购的成本分析

企业并购包含一系列工作，其经营成本不只是一个普通的财务成本概念，而应该是由此发生的一系列代价的总和。这些成本，既包括并购完成成本，又包括并购后的整合成本；既包括并购发生的有形成本，又包括并购发生的无形成本。为了实现低成本扩张，企业必须了解和把握并购的各项成本要素。并购的各项成本要素如下所述。

（一）并购完成成本

并购完成成本，是并购行为本身所发生的直接成本（并购直接支付的费用）和间接成本。间接成本有如下三项。

（1）债务成本：在承担债务式并购、杠杆收购等并购中，开始很少实际支付收购费用，但必须为债务逐期支付本息，背上未来还本付息的包袱。

（2）交易成本：并购过程中发生的搜寻、策划、谈判、文本制订、资产评估、法律鉴定、公证等中介费用，发行股票还需要支付的申请费、承销费等。

（3）更名成本：并购成功后发生的重新注册费、工商管理费、土地转让费、公告费等。

（二）整合与营运的成本

整合与营运成本，是指并购后，为使被并购企业健康发展而需支付的长期营运成本，主要包括如下两项。

1. 整合的成本

整合的成本，包括如调整人事机构、经营方式、经营战略、产业结构、销售网络以及为此要派遣人员进驻、建立新的领导班子、安置原有领导班子和富余人员、剥离非经营性资产、淘汰无效设备、进行人员培训等的成本。

2. 注入资金的成本

企业进行并购决策时，应切实分析目标企业的资源潜力与管理现状，明确并购双方公司管理资源的互补性、充分估计并购方在现有基础上是否能对其实施有效的管理投入、资金投入，是否能通过有效的整合措施，使被并购企业实施制度创新、机制创新。

如果双方的资源，缺乏有效的互补性，或被并购公司的管理资源过分缺乏，并购方的管理成本将相当巨大。那么整合与营运成本，将具有长期性、动态性和难以预见性。因此，在并购决策中，应特别关注该项成本。

（三）退出成本

并购的退出成本，是指企业在退出该并购项目，或者并购不成功时，企业已经发生的沉淀成本。并购企业应该未雨绸缪，预先考虑到，如果并购不成功，企业应该采取何种对策。

（四）并购的机会成本

并购的机会成本，是指由于并购的实际成本费用支出，而丧失的其他项目投资收益。

三、企业并购的风险分析

企业并购是一种高风险的投资，在并购决策时，应重视并购过程中的各种风险分析。

（一）市场风险

市场需求以及市场竞争环境的多变性，会给企业并购带来一定的风险。首先，是市场需求变化。由于科学技术的高速发展，新技术、新产品日新月异，由此可能导致众多的替代品出现，使原有的需求逐渐消失，从而使并购企业的产品销售受到冲击。同时，需求市场本身具有多变的特点，这也使企业对市场需求的预测带有一定的不确定性。其次，是竞争环境的变化。市场经济条件下，利润最大化目标自动调节生产经营者的投资与经营方向，使得竞争者的加入与退出日趋频繁。此外，经济全球一体化的发展趋势使得竞争环境变得更为复杂，更加难以把握。最后，是要素市场的变化。要素市场担负着提供生产要素的重任，要素市场的资源可供量、价格变化以及国际要素市场的变化均在一定程度上影响着并购企业的生产成本，从而导致并购企业收益的不确定性。

（二）产业风险

企业所处的产业或所要进入的行业或产业现状及前景，对企业生存发展至关重要，尤其是产业前景的不完全确定性会给并购后的企业发展带来一定的风险。此外，目前企业并购已成为许多企业进入新行业、新产业，尤其是高新技术领域的一条重要途径，而高新技术领域本身具有高风险与高收益并存的特点，这更加大了并购的风险。因此，在并购前，必须对不同并购方案中的目标企业所处产业或行业中存在的风险进行充分估计。国家产业政策的导向会对一个产业的发展起到至关重要的作用，故国家产业政策的变化也会对企业并购产生一定的风险。并购企业应评价其产业在国家产业政策体系中的位置，国家是否扶持或支持，产业的竞争是否激烈，行业增长是否缓慢等问题，以确定该产业环境是否有很大的风险。

（三）信息风险

真实和及时的信息，可以大大提高并购行动的成功率。但是，如果缺乏必要的信息，或者信息失真，就会因盲目并购造成损失。如果并购企业对目标企业了解不够或目标企业故意隐瞒有关信息，常常会导致错误的并购。影响并购企业对目标企业进行正确评价的不利因素包括：虚伪或错误的财务报表、某些隐蔽的经营问题以及不宜公开的企业内部问题等。尤其在跨国并购中，因涉及的企业距离遥远，各国的有关法规、会计标准、习惯差异很大，很容易形成某些信息假象，掩盖目标企业的真实面目，从而给并购企业带来损失。

（四）并购后整合风险

企业并购后的效益在很大程度上是通过有效的整合来实现的。首先，是由于不同企业文化中的员工的价值观、经营理念等的差异所形成的冲突；其次，是并购使企业规模扩大，企业组织结构及人事关系变得复杂；最后，是跨行业并购中对技术、市场的不熟悉。这些都可能增加管理难度，给并购带来管理上的风险。企业在并购前，应充分估计和评价不同并购方案中目标企业的管理层素质与管理水平、组织结构的合理性、两个企业之间文化的差异及管理的协调难度与成本、跨行业并购后的管理承受能力等，以确定并购的管理风险对并购结果产生的影响。

（五）财务风险

并购过程的前、中、后都有可能产生财务风险。并购前由于审计、会计信息及经验等方面缺陷使评价目标企业的财务状况不全面、不准确，如潜在亏损、负债水平、资产结构考虑不周全。并购中，如不同的支付方式对不同的企业会有不同的财务风险。通常情况下，负债并购比现金并购的风险要高；杠杆式并购因其以高负债的形式并购企业，所以比其他形式的并购具有更高的财务风险。并购后，企业的融资及财务状况可能带来新的财务风险。为此，企业在并购前需周密慎重地对目标企业的财务状况、财务比率、资产结构进行评价；对并购所采用的支付方式将给企业带来的财务风险进行分析预测；对并购后企业财务状况的其他方面进行充分估计，以确定各并购方案财务风险的高低。

（六）法律风险

为了规范并购活动，许多国家都制定了有关并购（或收购）活动的法律法规及其细则。我国目前的收购规则中要求，如果一家上市公司的收购方，不是该公司的发起人，那么持有该公司 5% 以上股票时，就必须公告并暂停买卖。以后每递增 5% 就要重复该过程，持有 30% 股份后，就被要求发出全面收购要约。这套程序使收购成本增高、风险增大，收购过程更复杂，但却是有利于反收购方的。

并购的法律风险还存在于并购诉讼引起的信息不对称、产权不明导致等。如由于历史原因，我国一些企业产权模糊，债权、债务不明晰。并购这样的企业，容易引起债权、债务方面的法律纠纷以及目标企业某些资产处理上的法律纠纷，给预期并购目标的实现带来了很大障碍。并购前评价目标企业的产权是否明晰，现代企业制度是否建立，对于我国的企业来说十分重要。法律责任风险很难预料，并购企业应尽可能地进行充分的事先估计。

（七）体制风险

在我国，很多并购行为是由政府干预形成的"拉郎配"。尽管大规模并购活动，需要政府的支持和引导，但并购行为毕竟应该是企业基于激烈市场竞争，而主动选择的发展战略，是一种市场化的行为。政府的大包大揽，往往违背市场原则，从而会加大风险。政府干预也会形成多头管理。并购中参与决策的部门太多，认识分歧过大，常常会出现延误并购时机的问题，即使各部门认识能够统一，但层层审查，手续也相当复杂，会对兼并的实际操作形成障碍，不利企业并购及时、有效地进行。

第四节 反并购策略

美国是在敌意并购活动盛行已久后，才通过立法以及司法判决厘清相关规范，其中以1968年通过的"Williams Act"为代表。20世纪80年代美国出现了历史上第四波并购风潮，起因是美国企业大型化后生产力衰退，要借企业并购方式重整企业体制，此时也是美国企业广泛使用公开收购的开始。当时因客观环境条件有利于收购人，因此出现了许多未经目标公司董事会同意的敌意并购情形，随敌意并购数量剧增对现任经营者产生重大威胁，目标公司董事发展出各式敌意并购的防御策略，以抵御收购人取得公司经营控制权。

对抗敌意并购的防御措施大致可分为两大类：一类是公司平时已逐步设置，在面临具体敌意并购威胁时，正式启动必要的防御措施的"有备无患型"，即预防型策略；另一类是在并购方已对公司发动敌意并购后，才紧急思考防御措施的"临时抱佛脚型"，即反应型策略。

一、预防型策略

预防型策略，是在企业尚未面临被并购的境地时，通过预先设计企业的股权结构、章程合同条款，设置并购者并购的法律障碍，加大并购成本。常见的预防型策略有以下几种。

（一）毒丸计划（poison pills）

"毒丸计划"或许是预防型策略中，最重要的防御措施设计，也是最先被有意识地开发出来的防御措施，由美国著名律师 Martin Lipton 于1982年发明，由于其效果强大，1983年一家投资银行在接受华尔街日报采访时，将该措施称为"毒丸"。1985年特拉华州最高法院在 Moran 一案中承认毒丸计划合法性后[1]，许多公司开始采行该防御措施，该措施有效地给目标公司董事会较长时间针对敌意并购做出回应，且可极大化股东价值，有助于目标公司董事对抗敌意并购，其设计是赋予股东认股权，因此被称为认股权证派息计划（warrant dividend plan），又被称为"股东权利计划"（shareholder right plan）。其制度设计，主要在平时赋予股东新股认购权。而触发"毒丸"的条件，通常是指敌意收购人取得一定比例持股时（如敌意收购人持有股份达20%以上），除了敌意并购方股东外，其他股东都可行使认购权，以低价取得目标公司股票。此时，会造成敌意并购方持股比例遭到稀释，必须付出更多代价，才能完成并购目的，像是吃下一颗"毒药丸"似的。目前

---

① 毒丸术在美国盛行的原因与美国的法律环境有关，根据美国普通公司法的规定，美国公司只要在其公司章程中有明确授权，即享有各种类别股份的发行权而无须其他审批，因此，毒丸术在美国很有市场。但同为英美法系的英国却没有这样的土壤，因为在英国公司法中明确指出采用毒丸术作为反并购手段不合法。

而言，较普遍的类型为"flip-over 型"及"flip-in 型"①。

"毒丸"的存在是在保护公司及股东权益，而面临对股东及公司有利的并购时，毒丸必须有办法解套，避免防御措施因无法解除而造成股东及公司权益受损，因此有弹性赎回条款（redemption provisions）。该条款给予董事会以少许成本赎回"毒丸"的权利，以便让未来可能发生的合意并购得以进行。不过赎回条款设计使敌意收购人先以征求委托书方式取得公司多数董事席次，再由新的董事会赎回其"毒丸"，待"毒丸"被赎回后，接着收购目标公司股份，完成敌意收购。这种方式因为没有收购目标公司股份，不会触动"毒丸"的启动事由。为了不让"毒丸计划"遭敌意收购人以委托书方式规避操作，其有关赎回部分发展出连任董事条款（continuing directors provision）、延期赎回条款（delayed redemption provision）及不得赎回条款（non-redeemable provision）、限制新当选董事赎回其"毒丸"的权限等。

连任董事条款限定只有采取"毒丸计划"的董事，或其挑选的继任董事，才有权赎回其"毒丸"，又称为"阴魂条款"（dead hand provision）；延期赎回条款则是限制多数由敌意收购人提名当选的董事所组成新的董事会在一段期间内（如 6 个月内），不得赎回或修改"毒丸计划"，又称之为"缓交条款"（slow hand provision）；不得赎回条款则规定新董事会若有多数董事是由敌意收购人所提名而当选者，此新董事会就丧失赎回或修改毒丸计划的权限，又称之为不交条款（no hand provision）。

一般而言，"毒丸"有三个效用：依据相关股东权利计划所赋予的新股认购权平时并不能使用，仅于敌意并购发生时启用，因此，对于企业平时价值或股价，并不会发生不利影响；面对不当敌意并购时，可借此维护公司、股东、利害关系人的权益；收购人为降低收购成本，将被迫与目标公司商谈并购事宜，使目标公司董事得以为股东争取更有利的并购条件。有实证研究显示，因股东权利计划存在，使股东在敌意并购时可多获得 10% 的利益。

【案例 5-3】 新浪通过"毒丸"计划反击盛大收购

2005 年 2 月 18 日 19：00（北京时间 2 月 19 日 8：00），盛大（Nasdaq：SNDA）于美国当地时间周五透露，截至 2005 年 2 月 10 日，该公司同控股股东地平线媒体有限公司一起通过公开股票市场交易收购了新浪公司（Nasdaq：SINA）19.5% 的已发行普通股。而且，盛大已经按照美国证券法向美国证券交易委员会提交了 Schedule 13 D 报告，该公司在报告中表明了对所持有新浪股票的受益所有权，同时还公布了相关交易以及其

---

① 若收购人持有目标公司股份达一定比例或宣布公开收购目标公司股份后，使目标公司涉及商业结合或重大资产出售情形时，持有认股权的股东要以特定价格（通常为市价之一半）去购买收购人公司股份，称之为 flip-over 型股东权利计划。另外，收购人持有目标公司股份达一定比例或宣布公开收购目标公司股份时，触发条件即成，不以逐出合并为要件，此时除收购人与关系企业以外的股东，都可行使特定价格（通常也是市价之一半）去认购目标公司有表决权股的权利。简言之，若股东要行使认购权对象为敌意收购人股份时，属于 flip-over 型毒药丸；反之，若认购权对象的股份，是目标公司本身的股份，则称为 flip-in 型股东权利计划。

他需要在 Schedule 13 D 中报告的特定内容。紧接着，同年 2 月 19 日 23 时，新浪 CEO 兼总裁汪延代表管委会发给全体员工一封信，表明了新浪不被控制、不受影响的态度。同年 2 月 24 日，新浪正式表态，不欢迎通过购买股票的方式控制新浪，同时其管理层抛出"毒丸计划"，以反击盛大收购。股权价格大约在 35 美元，新浪"毒丸计划"就是让另外 80% 的股东以 15 块钱左右的价格买新浪的股票，所以如果一旦盛大持有 20% 的股权，这个"毒丸计划"立马生效，另外 80% 的股东以 15 元钱买新浪网增发的股票，盛大的比例马上就会掉到 20% 以下。新浪"毒丸计划"的作用实际上是威吓，至少告诫盛大：如果盛大要强行收购，那么它将付出的则是一个天文数字，根据计算，至少需要 60 亿美元。根据 Nasdaq 数据显示，盛大此时的市值约为 21.3 亿美元，新浪是 12.9 亿美元。最终，盛大只能无奈放弃新浪。

盛大对新浪的股票收购，"这是在美国资本市场上首次出现一个亚洲公司对另一个亚洲公司进行'没有想到的'收购。无论对法律界还是对投资银行界来说，这都是里程碑式的事情"。

（二）黄金股（golden shares）、多数表决权股（super voting stocks）、空白股（blank check）

1. 黄金股（golden shares）

黄金股又称特别优先股，是指该股持有人在特定事项如董事解任或企业并购时享有否决权，因此，如果能向对自己友善的人发行黄金股，将可对抗未经同意的敌意并购。

2. 多数表决权股（super voting stocks）

多数表决权股指的是特定股东所持有的股份，一股拥有多数表决权，但通常只有较少的股利分配和剩余财产分配请求权，与一般普通股不同。多数表决权股必须经公司章程的授权才可发行，因此需要股东会同意。多数表决权股不能只由一群特定人受让，但可随时转换成普通股，再转让给一群特定人。通常章程中会限制多数表决权股转售对象须为公司经营层或其他特定对象，因此，收购人通常只能取得目标公司普通股。发行这种股份的具体做法，是将公司资本划分为两个等级，拥有不同表决权，目的是使董事或其家族拥有较多的表决权，而非一股一表决权。因此，这种防御措施又被称为双重股权重组（dual class stock recapitalization）。

3. 空白股（blank check）

空白股是指董事会针对公司设立或章程变更后的情势与公司需求，发行适当内容的特别股。若该空白股内容与敌意并购有关，自然也就成为目标公司防御措施的一种。

【小资料】

空白股最早源自 1983 年，由 Lenox 公司所设计的类似空白支票的特别股，该特别股的权利内容并未在公司章程内详细规定，而是交由目标公司董事会于发行时才做决定，且发行该股票不要求股东任何行为，因此具有类似于空白支票的特性。而 Lenox 公司以

分派特殊股息的方式，将无表决权的可转换特别股作为股息分派给普通股股东，其配发比例为持有每 40 普通股的股东可获配 1 股特别股。将来一旦 Lenox 公司被其他公司合并，该特别股即可以低于市价的条件转换成目标公司股东的股份，如此一来，会对目标公司造成资产负债表上的负面影响并稀释原有股东股份，降低 Lenox 公司的吸引力。之后 Lenox 公司将此发展为著名的 flip-over 型股东权利计划，而现代的 flip-over 型股东权利计划不再以特别股方式为之，而是以发行认股权的方式，按比例分派给普通股股东。

（三）黄金降落伞（golden parachute）、锡降落伞（tin parachute）

1. 黄金降落伞（golden parachute）

"黄金降落伞"是指存在于目标公司与高级经理人之间的特别补偿协议，通常约定当公司发生控制权变动（change in control）时，若高级经理人因此被解雇或在其他特定情况下（如公司并购）自动辞去职位，目标公司应给予高级经理人薪资补偿或特定利益，而给付方式可能维持一段时间的继续性给付或一次性的全部给付，如此一来可增加并购者的并购成本，并降低目标公司在经济上的诱因。"黄金降落伞"有三个主要构成要素：①经营控制权变更条款，即说明该条款发生效力的前提要件于何时完成；②终止条款，说明由高级经理人决定何时终止与其公司雇佣契约，并获得该条款所订利益；③补偿条款。然而对于这种防御措施，各有其支持者及反对者，支持者认为"黄金降落伞"有三大优点，分别是：①可提高高级经理人工作安定性，并降低敌意并购后，可能被解雇所受的损失，借此吸引及留住优秀人才；②由于高级经理人受到充分保障，可促使其在面临敌意并购时，考虑股东利益，以确保决策客观性；③通过增加并购成本方式，抵抗敌意并购。反对者则批评：①高级经理人所得报酬已合理补偿其失业风险，无须为了留住经理人而提供特别保障，过度保障反而无法提高经理人工作表现；②由于并购成败对高级经理人并无任何影响，反而无法确保其决策客观性，且原本公司给予经理人的报酬已提供足够保障，"黄金降落伞"是过度且不必要的意外之财；③"黄金降落伞"的存在，通常是增加小额并购成本，对于并购成本动辄数十亿美元的敌意并购而言，并无其威胁性。

2. 锡降落伞（tin parachute）

锡降落伞原理与黄金降落伞的相同，其差别在于目标公司签订的补偿协议对象为公司全体员工，其具体做法是先与公司缔结报酬契约（compensation agreement），约定如高级经理人在任期中无论是自动离职还是被动解雇，皆可从公司领取高额离职津贴。

"黄金降落伞""锡降落伞"也可能涉及利益冲突或浪费公司资产的情形，美国司法实务视保障对象是否涉及董事及受保障的董事是否参与表决，而分别依商业判断原则或整体公平原则进行审查，并根据降落伞通过董事会的时点是否已有敌意并购出现而对其采用不同的审查标准，若已有敌意并购出现，则黄金降落伞将被视为防御措施，而适用 Unocal/Unitrin 标准进行审查；若无敌意并购出现，则以商业判断原则为审查标准。

（四）白衣护卫（white squire）

目标公司可发行一笔数量可观的股票给友善第三人，借此增加目标公司董事可掌控的表决权及稀释敌意收购人持股方式，提高并购难度，此时该友善第三人若仅有兴趣投资目标公司，但无意取得目标公司经营权者，即为白衣护卫。因此，公司会与其白衣护卫签订维持现状契约（standstill agreement），防止敌意并购发生时，白衣护卫转而支持收购人，而有时第三人白衣护卫角色是由公司员工所共同成立的员工持股计划（employee stock ownership plan，ESOP），此时因员工与公司利益产生休戚与共的关系，当敌意并购可能对员工权益发生危害时，员工持股计划所持有的股份，即会支持公司现任董事的决定。此处，投资银行的过桥贷款（bridge financing）也可担任白衣护卫，采用这种方法的好处在于资金快速取得，有助于短期内取得目标公司股权、提高成功率，而投资银行也能快速回收本金以及赚取顾问相关费用。白衣护卫的典型案例是 1984 年卡特·霍利·黑尔百货（Carter Hawley Hale Stores, Inc.）出售可转换优先股给通用制片公司的交易，这一交易使得通用制片公司掌握了 CHH 公司 22% 的投票权，从而有效地防范了其他公司对 CHH 公司的觊觎。沃伦·巴菲特与许多公司达成过白衣护卫协议，如 1989 年他购买了吉列公司价值 60 亿美元的优先股，该优先股可以转换成该公司 11% 的普通股。

【小资料】

纽约证交所管理规则要求在其证交所挂牌上市公司，在一次发行超过已发行股份总数 20% 的新股时，须事先经过董事会同意，因此在纽约证交所上市的目标公司，为避免召开股东会的烦琐过程，以便董事可即时进行决策，通常发行给白衣护卫的新股比例会低于 20%，借此规避纽约证交所管理规则。

（五）鲨鱼驱逐（shark repellent）

"鲨鱼驱逐"是借由公司章程或内部细则（bylaw）的规定，增加收购人取得目标公司经营控制权的难度以抵抗敌意并购。将"鲨鱼驱逐"条款设计于章程内比较有效，因为细则通常容易由股东修改而无须经董事会事先同意。不过要修正章程以置入鲨鱼驱逐条款还须经过股东会同意，因此目标公司提议在章程中采取"鲨鱼驱逐"条款前，仍须事先考虑股东同意的可能性。"鲨鱼驱逐"条款类型主要包括：绝对多数条款（super majority）、分期分级董事会（staggered board）、合理价格条款等。

1. 绝对多数条款

公司重大决策（如变更章程、主要资产让与、解散公司等）均须经过股东会决议，通常股东会绝对多数门槛为过半数股东投票同意，如果在章程中设定绝对多数条款，则要求更高的表决权数。绝对多数条款订立决议的表决权数通常要求 60% ～ 80% 的高表决权门槛，在少数例子中有高达 90% 以上的情形。因此，如果收购目标公司的目的，是与目标公司合并或其他重大交易，即便收购人取得公司经营权，也未必能达到绝对多数的要求，因此在考虑取得绝对多数的困难及所需成本后，收购人可能会因此放弃敌意并购。

为避免绝对多数条款妨碍目标公司与其合意并购的进行，目标公司会在制订绝对多数条款时，附加允许董事会在特定情况下不受该条款限制的规定，然而此类例外条款的设计在文字上应特别注意及谨慎，避免被潜在收购人通过取代现任董事会的方式，规避绝对多数条款的效力。但是收购人可能借由修改章程中的表决权数条款，而破坏绝对多数条款的效力。因此，目标公司章程中可另外规定"绝对多数锁定"（supermajority lock up）条款，提高修改章程的表决权门槛。一般而言，绝对多数条款可保护少数股东免于敌意并购的损害，同时也给少数股东剥夺多数股东表决权的权利，进而达到保护少数股东的效果。然而这个条款虽可作为敌意并购的防御措施，其所带来防御效果，却可能同时减少目标公司接受合意并购要约的机会，因此可使不适任的董事保其权位，且少数股东反而得以取代多数股东的意见，决定是否与其他公司合并，似有违反多数原则之虞；更何况要避免收购人仅因单纯取得目标公司多数表决权，即可控制公司或侵害少数股东的权利，尚有其他更有效的防御措施得以采用，这是绝对多数条款可能产生的负面效应，值得注意。

2. 分期分级董事会

分期分级董事会，又称董事会轮选制，是指交错董事的任期，每年仅改选部分董事成员，其较经典的类型为每年股东会仅改选三分之一的董事，使敌意收购人无法在一年内取得董事会的多数席次。然而股东常有权利提前解任董事，因此收购人可在目标公司股东会中，提前解任任期未满的董事，破坏其董事分期分级改选的防御效果。

【小资料】

为避免股东任意解任董事，降低分期分级董事会的防御功能，美国特拉华州公司法禁止股东无正当理由解任董事，或目标公司于章程中规定：①欲废止分期分级董事会制度，须经过股东会绝对多数决议通过后，才可以进行；②赋予董事单独决定董事会人数的权利，避免之后增加新成员稀释现任董事的力量；③授予董事决定并填满董事缺额的权限等。如此，股东会如未经现任董事的同意，就难以废止分期分级董事会制度，间接降低股东会的力量，也剥夺股东可无任何理由解任董事的权利，是备受学者批评的防御措施类型。

---

3. 合理价格条款

合理价格条款主要是在两阶段要约收购（two-tiered offer）时发挥功效，即收购人通常在第一阶段以较高价格收购目标公司一定比例股份后，再以较低收购价格逐出目标公司的少数股东，借此压迫股东尽早在第一阶段卖出其股份，而合理价格条款就是移除收购人采用双重要约收购的经济上的诱因，即要求第二阶段的收购价格不得低于第一阶段的收购价格。而合理价格条款也可能与上述绝对多数条款结合，如公司章程规定排除大股东支付少数股东的收购价格，高于或等于其在并购目标公司之前，收购目标公司股份的价格，否则该并购必须以绝对多数的方式表决通过后才可以进行。此外，合理价格条款虽在一定程度上可阻碍双重要约收购的产生，然而如果没有其他防御措施配合，其本身并非一种有效的敌意并购防御措施，因为该条款仅单纯要求收购人支付公平价格以收购目标公司股份，对于财力雄厚的并购者而言，威胁性似乎不影响其收购。

二、反应型策略

上述各种类型的防御措施，大多是公司平日就建构完成的防御措施，以下介绍的防御措施类型则因目标公司董事突然面对具体的敌意并购威胁时，临时起意所建构的防御措施，以下就"临时抱佛脚型"即反应型防御措施，予以介绍并说明。

（一）白马骑士（White Knight）

面对敌意并购时，目标公司董事借由引进对公司较为友善的第三人作为白马骑士，以对抗敌意并购。虽此防御措施会导致目标公司成为其他公司的关系企业或子公司而丧失独立性，但通常友善第三人多会提出比较有利的并购条件，或允诺现任董事及员工在并购后依旧可继续留任，并支持公司现行经营策略，使得董事等有寻觅此类白马骑士的诱因。不少目标公司为吸引白马骑士，目标公司会给白马骑士一些好处或是增加其竞争力，如锁定选择权、禁止接触以及终止赔偿等，另外可能会有合并契约，但契约中不会包含受任人决定及禁止高价出售条款。

1. 锁定选择权（Lock-Up Option）

锁定选择权条款是由目标公司与友善第三人所签订，赋予该友善第三人一个选择权，使其在特定情况下得以行使选择权，以较便宜价格购买目标公司资产或股票等。若该选择权与资产连结则可称之为"锁定资产选择权"（asset lock-ups option），反之，若该选择权与股票连结，称之为"锁定股票选择权"（stock lock-ups option），其中锁定资产选择权指友善第三人在一定条件下（如当敌意收购人取得目标公司一定比例股权，或目标公司与其他公司进行并购交易时），得以依低于公平市场交易价格取得目标公司主要资产的选择权，通常该资产是目标公司中最具价值者，其存在与否对目标公司继续营运的财务状况有重大影响，这种重要性如同皇冠上最珍贵的宝石，故该资产又可称作"皇冠上的宝石"（crown jewel），因此，该种选择权有时也被称作"皇冠宝石选择权"（crown jewel option）；而有时选择权所连结的资产正是敌意收购人对目标公司感兴趣的主因，当友善第三人行使选择权时，该资产就不存在于目标公司，因此会减少目标公司价值，使敌意收购人对于并购目标公司的诱因丧失；另外，锁定股票选择权是指当目标公司最后选择与其他更高出价者合并时，原先的友善第三人可以不行使选择权为代价，向目标公司请求支付该更高出价与行使选择权之间的价差额乘以可认购股份总数金额，以作为补偿；或者友善第三人在一定条件下（通常指在敌意收购人取得目标公司一定比例股权，或目标公司与其他公司进行并购交易时），以较便宜价格取得目标公司股票选择权，此时，友善第三人可行使因购买股票而取得的表决权，促使其与目标公司并购交易通过股东会决议，并稀释敌意收购人持股比例。

值得注意的是，该选择契约通常约定可认购股份总数不会超过目标公司已发行股份总数的百分之二十，在部分证交所上市规则要求下，公司发行新股的股数超过表决权的已发行股份总数的百分之二十时，应经股东会同意，比较耗时且欠缺弹性。

【案例 5-4】　　　　　　"露华浓规则"（Revlon Mode）

特拉华州最高法院在 Revlon, Inc. v. MacAndrews & Forbes Holdings, Inc. 一案中创设了"中间标准原则"来判断控制股东是否违反了信义义务。"中间标准原则"又被称作"露华浓规则"。所谓中间标准原则，就是在企业并购时，公司的经营者应当确保股东利益的最大化。"中间标准原则"是特拉华州最高法院在 Revlon, Inc. v. MacAndrews &Forbes Holdings, Inc. 一案中创设的。在该案中，特拉华州最高法院认为，在个别情形下，如公司面临无法避免的并购或分立时，此时目标公司董事的角色从企业的捍卫者转变为在公司出售时为股东获得股票最佳价格的拍卖人，他们唯一的义务是确保股东利益的最大化。

Revlon, Inc. v. MacAndrews & Forbes Holdings, Inc. 案起源于 1985 年，特拉华州最高法院认为，锁定资产选择权虽然不是非法（not per se illegal），然而 Revlon 公司董事会以 Forstmann Little 公司为合意并购对象的主因在于，Forstmann Little 公司将承受 Revlon 公司之前为抵抗 Pantry Pride 公司并购所采取的票券权利买回计划而产生的票券债务，且因此免除董事对于票券持有人的责任。然而当公司出售已不可避免，董事应为公司股东的最佳利益，而努力获取最高的拍卖价格，因此 Revlon 公司董事会不能偏袒票券持有人而忽视股东的利益。本案最高法院除了适用 Unocal 案[①] 中更严格的标准外，还以目标公司董事特别的忠实义务，在交易造成变更经营控制权或出售公司的结果时，董事们必须履行特别的忠实义务，也就是董事必须为股东寻求最好价格，以使其防御措施正当化。然而 Revlon 公司董事会因考虑其他因素，而无法最大化股东利益，进而出售 Revlon 公司，最后造成股东利益受损。Revlon 公司董事会所采取的防御措施已经违反董事应尽的注意义务，因此无法受商业判断原则的保护。

案例事实：Pantry Pride 公司对目标公司 Revlon 展开公开收购，且其目的在收购 Revlon 公司后，解散公司并将资产出售以获利；Revlon 公司董事会认为 Pantry Pride 公司的收购条件并不合理且该收购对于公司造成威胁，因此寻求白马骑士 Forstmann Little 公司的协助并赋予其锁定资产选择权（Asset Lock-Ups Option），约定当任何第三人收购 Revlon 公司股份达 40% 以上时，Forstmann Little 公司有权行使选择权买下两个 Revlon 公司最有价值的核心部门，此外，还订立了禁止接触条款与终止费条款。

2. 禁止接触条款（No-Shop，No-Talk or No-Solicitation Provision）

这是为避免之后出现其他意图以更好的收购条件收购目标公司所订的条款。"no-shop"条款即典型的禁止接触条款，是禁止目标公司主动地去诱发其他与原本友善第三人所签订

[①]　该判例在公司并购法律问题上具有十分重要的地位，确立了 Unocal 规则，即董事会有权在反敌意并购中发挥积极作用，这种反并购措施受到商事判断规则的保护。

并购契约具竞争关系的交易，或与其他竞争出价者协商、讨论的行为，但目标公司可能最终仍被动地接受其他合意并购要约，放弃原本的并购协议。而这种条款限制了目标公司董事会向股东推荐其他并购要约能力，但未直接限制股东表决权，主要功能即在禁止目标公司与其他潜在收购人暗中勾结的行为，确保原本并购契约顺利完成；另一种限制更严格的禁止接触条款称为"禁言条款（no-talk）"，通常在此条款的限制下，目标公司除不能主动寻求其他更佳的并购条件交易外，还被禁止被动地接受其他并购要约或其他竞价者进行协商，这种条款使得目标公司与其他竞价者进行合意并购成为不可能，其他人仅能以敌意并购方式与目标公司进行商业结合，由于这种禁言条款过于严苛，实际上通常会搭配"受任人义务逸脱条款"（fiduciary out），以增加该条款的正当性，也就是说，"受任人义务逸脱条款"允许目标公司董事会在有较佳确定要约提出时，可基于其为股东寻求最佳利益的受任人（受托）义务，选择该较佳要约以满足其受任人（受托）义务的要求，而此时对原先洽谈交易的违约或放弃即可不构成违约责任。

【案例5-5】 露华浓案中的禁止接触条款

Revlon, Inc. v. MacAndrews & Forbes Holdings, Inc. 案例事实已在前面简述，以下直接就法院针对禁止接触条款所表示的法律见解加以介绍：法院认为禁止条款非当然违法，当公司出售已不可避免时，而董事角色转变为拍卖主导人，禁止接触条款使董事无法将公司出售予最高出价者，终结了董事在竞价程序中寻找最高出价者的可能性，因此违反董事为股东最佳利益而努力的义务，故该条款无法通过 Unocal 标准审查，应为无效。

3. 终止费条款（Termination Fee or Break-Up Fee）

与其他类型的交易保护措施一样，终止费条款通常包含在合并契约中，功能在于确保交易完成或降低并购失败的损失，也称为分手费条款（break-up fee）。此类条款会列举触发条件及所需支付的总额，该总额通常为整个并购交易价值的1%～5%或单纯为一个特定数额，而触发条款大致上可分为四种：①目标公司董事会履行了受任人义务逸脱条款，因而中止并购契约；②目标公司违反任何曾给予的保证或承诺，但却未做到；③该并购契约最终未能获得目标公司的股东会同意；④目标公司最终接受了其他并购要约。上述四种情形的共同之处在于，当事人一方故意违约或过失地未设法满足完成该并购契约所需的要件，也就是说若并购失败因素非目标公司所可掌控或仅为偶发事件时，目标公司就没有给付终止费的义务，而很多时候此条款是同时约束双方当事人的互惠条款。另一种特殊形式终止费条款则为两阶段（two-tier）的终止费条款，如当目标公司未能说服其股东决议通过该并购议案时，目标公司须付第一阶段终止费给该契约的相对人，总额可能为其并购交易价值的1%，之后在一定期间内，若目标公司与其他第三人为并购时，目标公司须再给付第二阶段终止费，总额可能为当初的并购交易价值的2%。

终止费条款与其他类型的交易保护措施有所不同，首先目标公司董事可以为了履行受任人义务逸脱条款，放弃执行当初的交易保护措施，但目标公司董事因履行受任人义务逸脱条款而终止并购契约，是终止费条款的触发条件之一；再者，在终止费条款触发条件达到后，会自动地使目标公司承担金钱债务，虽锁定选择权条款会使目标公司负有债务，但选择权人也因此须支付行使选择权的对价，与目标公司单方面地负有支付终止费的意义不同。

【案例5-6】　　　　露华浓案中的终止费条款

　　Revlon, Inc v. MacAndrews & Forbes Holdings, Inc. 案例中法院针对禁止接触条款所表示的法律见解加以介绍：Revlon 公司赋予 Forstmann Little 公司锁定资产选择权及金额为 2 500 万美元的终止费条款的目的，在于排除 Pantry Pride 公司采取进一步并购行为，虽然在一般并购交易下，终止费条款并不寻常，不过由于其目的仅在于提高 Pantry Pride 公司的并购成本，与锁定资产选择权这一防御措施结合后，完全阻碍 Pantry Pride 公司参与竞价，并忽略 Pantry Pride 公司之后提出较高出价的事实，该终止费条款与选择权契约皆无法通过 Unocal 审查标准，应为无效。

---

4. 表决权拘束契约或表决权信托（Voting Agreement or Voting Trust）

所谓表决权拘束契约，是基于股东支配公司的目的，认为仅以自己持有的表决权将无济于事，而以契约结合多数股东的表决权，希望能通过股东会的决议以支配公司；另外，表决权信托则借由形式上股份所有权转予受托人，并由受托人依据信托条款享有股份表决权。而在并购交易情况下，友善第三人可借由要求目标公司股东签订表决权拘束或表决权信托契约方式，约定股东在行使表决权时，必须投票赞成该并购契约，如此一来即可确保该并购交易顺利完成；若并购契约除包含上述限制表决权行使的约定外，还包含"强制提出表决条款"（force the vote provisions），即董事会有义务将该并购议案提出于股东会以进行表决的条款，在两者结合后，即使之后目标公司董事会不再支持该并购交易，仍应将该并购议案提出于股东会进行表决，加上表决权拘束或表决权信托契约的效力，使得其他竞价者就算提出较佳的并购条件，也无法与目标公司进行交易。

（二）帕克曼防卫术[①]（Pac Man Defense）

帕克曼防卫术是指目标公司董事在已经发生或预期将会发生敌意并购时，反守为攻，反过来对收购者提出收购要约，令其成为目标公司的子公司或关系企业，而当目标公司采取这种防御措施时，不论是目标公司或原本敌意并购公司的股东，都必须面对究竟要被对方收购并获得收购溢价，还是支出一笔可观的收购溢价费用以收购对方公司，二者中何者能创造公司最大价值的问题。

---

① 这一反并购术来源于美国，"帕克曼"此名取自于 20 世纪 80 年代初期任天堂颇为流行的一种电子游戏，该游戏中的电子动物相互吞噬，最后未能吃掉敌手的动物都将遭到自我毁灭，想要在游戏中存活，进攻就是最好的防御。

【案例 5-7】   美国并购史上最有名的帕克曼式防御战

    美国本迪克斯公司（Bendix）、马丁公司、联合技术公司（UTC）和联合信号公司四家曾有一场收购与反收购的大战。1982 年，始作俑者 Bendix 公司对马丁公司发动恶意收购，以每股 43 美元溢价收购马丁公司 45% 的股份（报价时已持有后者 5% 的股份，股票市价是每股 33 美元）。作为反击，马丁公司反过来以每股 75 美元对 Bendix 公司提出了收购报价（该公司股票当时的市价为每股 50 美元）。与此同时，UTC 公司也虎视眈眈，加入了恶意收购 Bendix 公司股份的行列。Bendix 公司自食恶果，不得已从收购他人转为防卫自己。最后，联合信号公司作为"白马骑士"以 13.348 亿美元收购了 Bendix 公司，而马丁公司则得以保持独立。

    根据当时证券交易委员会披露的资料，有 20 家美国国内银行和 4 家外国银行贷款给 Bendix 公司共 6.75 亿美元，以购买马丁公司的股份。有 13 家银行共融资 9.3 亿美元给马丁公司以购买 Bendix 公司的股份。另外，有 14 家美国国内银行和 8 家外国银行为联合信号公司提供了 20 亿美元的贷款来收 Bendix 公司。有趣的是，其中 15 家银行至少涉及其中 2 家公司的活动，而有 3 家银行则参与了 4 家公司中至少 3 家公司的收购活动。对银行来说，谁收购、谁反收购是无所谓的，只要有利可图，敌对双方它都会给予金融支持。

    来源：王明夫.投资银行并购业务 [M].北京：企业管理出版社，1999.

【小资料】

    美国部分州的公司法禁止子公司行使其所持有的母公司股份表决权，若目标公司与敌意并购公司皆成功收购对方多数股份时，彼此形成交叉持股且互为母、子公司的关系。这样将可能导致双方所持有的对方股份皆无表决权，从而无法撤换对方董事而形成僵局，此时经营权将落于未出售持股的少数股东手上。

（三）股份回购（Share Repurchase）

    目标公司可通过私下协商或在公开市场买回自己股份的方式，阻碍敌意并购。也就是说，通过买回目标公司自己流通在外股份的方式，减少敌意收购人可取得经营控制权股份数，增加其并购难度，且在买回自己公司股份时，股价可能因此上涨，增加敌意收购人的并购成本；然而这种防御措施可能产生反效果，如敌意收购人已是目标公司大股东，此时若目标公司买回自己流通在外的股份，致使该股份成为库藏股而无法行使表决权，反增加敌意收购人持有目标公司持股比例，使其更容易取得目标公司经营控制权。若目标公司以高于市价的价格，向敌意收购人买回自己的股份，称为"绿色邮件"（green mail），通常在施行此防御措施时，目标公司会与该敌意收购人签订中止性协议（standstill agreement），约定在一定时间内该敌意收购人不可再收购目标公司，以免敌意收购人事后反悔而再次收购该目标公司股份。

【案例 5-8】　　　　　Unocal 规则

　　Unocal Corp v. Mesa Petroleum 是美国著名的反收购案例，确立了 Unocal 规则。美国 Unocal 公司成立于 1890 年，是一家拥有百余年历史的老牌石油企业，而 Mesa Petroleum 公司是持有前者 13% 股权的股东。1985 年 4 月 8 日 Mesa 开始进行两阶段收购。第一阶段，以现金收购 6400 万股约 37% 的股权；第二阶段，在证券交易所公开以每股 54 美元买进 Unocal 的股票。Unocal 董事会有 8 位外部董事及 6 位内部董事，在 1985 年 4 月 13 日开会讨论 Mesa 的公开收购价格，其中 13 位董事出席，开会前董事们并未获得任何议程资讯或书面资料，但法律顾问依据特拉华州普通公司法与联邦证券法考量董事会的义务，详细报告收购出价。Sachs 先生认为由 Unocal 的销售量与正常的收支往来看，Unocal 每股应为 60 美元，并向董事会建议 Mesa 两阶段的公开收购是不适当的，应采取防御措施。其防御措施由 Unocal 以每股 70 ～ 75 美元的合理价格收购自己的股票，这个建议造成 Unocal 61 亿～ 65 亿美元的额外负债，Sachs 告诉董事这一额外债务不至于使公司倒闭。经商讨，4 月 15 日董事会再度开会，依投资银行建议，以每股 72 美元以证券交易所的收购方式买回公司股票，并经董事会一致决议通过。在决议中建议 Mesa 若取得 6 400 万股时，Unocal 将以每股 72 美元买进其余普通股，并发行债券来支付这笔收购费用。此次回购 Mesa 被排除在外，Mesa 强烈不满，一纸诉状告到了法院，认为自己作为股东受到了歧视，而且 Unocal 的董事们违反了他们对公司的信义义务。

　　本案最后上诉至最高法院。特拉华州最高法院认为，公司董事会行为的权利来自于其保护公司及股东免于遭受伤害的基本责任与义务。在公司治理背景下，包括根本性的公司变革议题，董事会并非只是一个消极被动机关。当公司面对公开收购时，董事会有义务判断该公开收购是否是公司或其股东的最佳利益，而此判断本身也享有商业判断原则保护。但由于目标公司董事会行为可能会有为其自身利益而非公司及股东利益的嫌疑，所以法院对董事义务审查，不同于传统商业判断原则，董事此时有一个加强义务，作为享有判断法则保护的前提，并先经法院予以审查。同时，最高法院指出目标公司董事负有受任人（受托）义务，在其权限防御敌意收购时，应以公司股东的最佳利益为考量。而董事的注意义务扩及至保护公司及股东免于第三人或其他股东的侵害。唯此权限非毫无其限制对抗任何威胁，采取的防御措施必须是出于善意为公司及股东的利益，在此情形下可免于被认定为诈欺或其他不当行为。其次，若目标公司董事所采取的防御措施欲受商业判断原则保护，则对该威胁所为的防御措施必须是合理的。也就是说，目标公司董事在采取防御措施因应敌意并购时，若欲寻求商业判断原则适用，必须符合两个前提要件：①董事必须合理相信有危害公司政策与效率的威胁存在，即合理性测试标准（reasonableness test）；②董事对此威胁所采取的防御措施必须适当，即比例性测试标准（proportionality test）。只有符合这两项前提条件时，董事决策才受到商业判断原则的保护。

　　该判例在公司并购法律问题上具有十分重要的地位，确立了 Unocal 规则，即董事会有权在反敌意并购中发挥积极作用，这种反并购措施受到商事判断规则的保护。

（四）"焦土战术"（Scorched Earth）

这是一种激烈的防御策略，是目标公司在受到并购威胁并无力反击时所采取的一种两败俱伤的策略。此法可谓"不得已而为之"，目标公司不仅将引起并购公司兴趣的资产出售，还把其他一些资产贱卖以减少公司价值；或增加大量与经营无关的资产；或进行低效益的长期投资，使目标公司短期内的资本收益率下降。这种策略使得目标公司原有"价值"和吸引力不复存在，进而打消并购者的兴趣。

【案例 5-9】　　玉郎国际使用"焦土战术"击退恶意收购

玉郎是香港漫画奇才黄振隆的笔名，他从 1965 年开始，以一张白纸，一支画笔起家，笔下的"功夫小子"称雄香港漫画市场，并逐渐建立起独步香港市场的玉郎漫画王国，他也被誉为香港"漫画及出版界奇才"。

1979 年 6 月底，玉郎国际成立，1986 年 8 月上市。上市后，玉郎更加雄心勃勃，曾多次集资扩充，并开拓海外市场，积极打入东南亚、日本、美国以及澳大利亚市场，创造了玉郎的鼎盛时期。但黄玉郎在 1987 年大股灾前投资证券达 4.7 亿港元，以致公司超负荷运转，造成财力不足，控股权降至失控边缘（只占 36.4%），引起了袭击者的注意。

1988 年 2 月 11 日，百富勤商业银行代表（Spaceman Ltd.）向玉郎国际提出全面收购，每股作价 0.8 港元，两种认股证则分别作价 0.13 港元及 0.16 港元，总代价 5.98 亿元。这次收购建议的一大特点是不论大股东是否转让股权，都会提出全面收购，但必须取得 50% 以上股权方为有效。玉郎当晚即迅速做出反应，拒绝收购。到 3 月 19 日收购截止期满，Spaceman 因只购得 200 万股左右，仅占玉郎股权的 0.4%，导致收购失败。Spaceman Ltd. 收购之所以失败，主要是由于第三者的介入，在市场以接近或高于收购价，暗中大量购买玉郎股权，但动机和目的不明，一场不大不小的收购战就此结束。玉郎也在此役中增购股权至 40.6%。由于 1987 年股灾后元气大伤，内部资金不足，主席大股东又财力拮据，以致无力增加控股权。

上文所称的第三者暗中大量购买玉郎股份的事，不久便真相大白。原来这第三者便是星岛集团主席胡仙通过美国倍孚亚洲公司进行购买的。经过一段时期的购入，胡仙已取得约三成玉郎集团普通股、五成玉郎认股证，成为仅次于黄玉郎的第二大股东，严重威胁着其控股地位。

为了击退强敌的袭击，黄玉郎被迫使用"焦土战术"，卖掉其"皇冠上的宝石"该集团的两项重要资产，希望由此使虎视眈眈的星岛集团因"食之无味"而退兵。3 月 23 日玉郎国际宣布以 1.68 亿港元出售玉郎中心大厦；3 月 28 日，又将其《天天日报》的七成股权出售，获得 1.68 亿港元。

由于这两项权益是玉郎国际的重大资产，有关出售事宜需经股东特别大会通过才能生效。在股东大会上，黄玉郎以微弱多数击败胡仙，终于使胡仙罢手而暂时保住了自己的"江山"。

资料来源：http://www.sohu.com/a/115789690_509952.

　　总之，反收购策略与手段层出不穷，除经济、法律手段以外，还可利用政治等手段，如迁移注册地、增加收购难度等。企业应该根据并购双方的力量对比和并购初衷，选用一种策略或几种策略的结合。

【案例 5-10】　　　　派拉蒙的反并购与露华浓规则

　　派拉蒙（Paramount）公司在 20 世纪 80 年代末期因为娱乐与通信市场的快速变迁，开始寻找可并购的事业以扩大自己，而收购时代（Time）公司计划失败，不久开始与维亚康姆（Viacom）公司接触洽谈并购事宜，但未达成协议，在 1993 年年初时，QVC 公司[①]也曾向派拉蒙公司表达合并的意愿，然而未达成合意。直至同年 8 月，派拉蒙公司与维亚康姆公司重新展开交易磋商并于 9 月 12 日派拉蒙公司董事会决议通过与维亚康姆公司的合并议案，在合并契约中，为防止可能的竞争收购者介入，还约定三项交易保护措施，包含禁止接触条款、终止费条款及锁定股票选择权。其中股票选择权的内容为，当终止费条款的触发条件发生时，维亚康姆可以每股 69.14 美元的价格，购买派拉蒙公司 19.9% 已发行的普通股（约 2 370 万股），且包含两种权为有利的条款：①维亚康姆可选择以次级债券作为购买股份的对价（the Note Feature）；②维亚康姆可要求派拉蒙以现金补偿自己，其总额为上述 2 370 万股乘以市价与每股 69.14 美元的价差，且未设定补偿上限。然而，QVC 未理会这些防御措施，仍于同年 9 月 21 日宣布将以每股 80 美元的价格，现金收购派拉蒙 51% 的已发行股份，而派拉蒙剩余股份将以 1 股换取 1.428 57 股 QVC 股份的比例进行第二阶段的合并。为抵制 QVC 的敌意并购，维亚康姆与派拉蒙随即修正合并契约，决定以同样每股 80 美元的价格，公开收购派拉蒙公司股份，且仍保留前述三项交易保护措施条款。由于派拉蒙公司董事会一直以维亚康姆公司是较佳的合并对象为由，拒绝 QVC 的收购要约，QVC 因此向特拉华州法院提出诉讼，要求禁止派拉蒙公司与维亚康姆公司的合并案及相关防御措施。

　　特拉华州法院[②]认为，一般情况下法院与股东均不得干扰董事的经营决策，而商业判断原则隐含尊重公司董事的经营决定权。然而在出售或改变公司经营控制权交易，以及目标公司采取防御措施抵抗敌意并购时，法院对目标公司董事行为加强司法审查的主要特征在于：①法院决定董事决策过程的适当性（包括董事决策所依据的资讯）；②法院审查董事行为在当时情况下的合理性，而董事应证明其行为已尽调查之能事并具备合理性。法院进一步认为，派拉蒙公司董事未付出足够注意去检视锁定股票选择权可能造成的后果，且在后续有机会修正合并契约时，仍未排除或修改该选择权条款，加上锁定股票选择权所附加的两种优惠条款过于不寻常，这些条款与禁止接触条款与和终止费条款都阻碍了目标公司寻求更高出价的可能，因此不符合露华浓规则，是无效的。

---

① 美国 QVC 公司成立于 1986 年，是全球最大的电视与网络的百货零售商，曾数次获得美国商务电子零售业界最佳成就与顾客服务奖。

② Paramount Communications Inc. v. QVC Network Inc. 案

复习思考题

一、在线测试题（扫描书背面的二维码获取答题权限）

扫描此码　　自我测试

二、简答题

1. 什么是杠杆收购，特点有哪些？

2. 简述并购的动机。

3. 简述企业并购的程序。

4. 简述反并购策略。

三、论述题

1. 什么是企业并购后的整合？企业并购后的整合包括哪些内容以及对应的关键点是什么？

2. A 公司、B 公司和 C 公司为国内某家电产品的三家主要生产商。B 公司与 C 公司同在一省，A 公司在相距 1000 公里外的另外一省；A 公司和 C 公司规模较大，市场占有率和知名度高，营销和管理水平也较高。B 公司通过 5 年前改组后，转产进入家电行业，规模较小，资金上存在一定问题，销售渠道不足。但 B 公司拥有一项该种家电的关键技术，而且是未来该种家电的发展方向，需要投入资金扩大规模和开拓市场。A 公司财务状况良好，资金充足，是银行比较信赖的企业，其管理层的战略目标是发展成为行业的主导企业，在市场份额和技术上取得优势地位。目前 A 公司拟并购 B 公司。

请回答：（1）按照并购双方行业关系判断并购类型。（2）分析该并购可能给 A 公司带来的利益。

3. X 公司董事会批准公司管理层收购 Y 公司 80% 股权。X 公司率先向 Y 公司提出了并购协议，并获得了 Y 公司董事会的同意。经初步评估，总支付价款为 5000 万元，Y 公司账面净资产价值为 4500 万元，经测算公司净资产公允价值与账面价值基本一致。此外 Y 公司的产品还具有一定的品牌影响力，据估计该品牌价值大约为 1000 万元。并购尽职调查期间，X 公司发现 Y 公司的应收款存在一定的质量问题，该公司应收款账面价值 360 万元，其中占应收款总额一半的三年以上期限的应收款 Y 公司只计提了 20% 的坏账准备，1-2 年的应收款没有计提坏账准备，经预测 Y 公司应收款项总额中大约有一半无法收回。

（1）从并购态度上请分析 X 公司并购的类型。

（2）若公司本来是希望通过并购后大幅解聘原企业员工来增加效率，但未曾想到公司的辞退福利大概需要 100 万元。Y 公司并没有确认这笔负债，此时公司是否需要并购？

（3）除辞退福利没有确认外，若 Y 公司由于对当地环境造成了破坏正遭受所在社区居民的诉讼，经公司法律顾问估计，需要赔偿 100 万元的概率为 60%，赔偿 500 万元的概率为 40%。此时 X 公司还是否应该实施并购？

第六章 资本重组

内容提要

资本重组是指企业对其所拥有的资本进行重新配置与组合。资本重组的方式主要有扩张式资本重组、收缩式资本重组以及整合式资本重组。本章第一节对资本重组进行了概述，重点介绍了资本重组的内容和方式；第二节和第三节主要对扩张式资本重组方式中的战略联盟和企业托管经营进行介绍；下一章重点介绍收缩式资本重组方式。

学习要点

- 掌握资本重组的基本含义，熟悉资本重组的主要方式；
- 了解战略联盟的产生背景，掌握战略联盟的含义与分类，熟悉战略联盟的理论和基本运作；
- 掌握企业托管经营的概念及类型，了解企业托管经营的理论依据，熟悉企业托管经营的模式及基本操作流程。

第一节 资本重组概述

一、资本重组的内涵

（一）资本重组的定义

资本重组，是指企业以资本保值增值为目的，按照价值管理原则，对企业资本的分布状态进行重新组合、调整、配置的过程。简言之，就是企业对其所拥有的资本进行重新配置与组合。

广义的资本，按其来源分为企业所有者权益（自有资本）和负债（借入资本）；从其存在的形态来看，表现为各种资产，包括流动资产、长期投资、固定资产和无形资产等。因此，广义的资本重组可以实施或体现在逐步递进的不同层次上，通常包括资产和债务的重组，也包括企业资本结构的调整。

（二）资本重组与企业重组的区别与联系

企业重组是指对企业拥有或控制的生产要素或经济资源，按照市场规律进行扩张、分拆、整合以及内部优化组合，以达到提高企业市场竞争力和经济社会效益的目的。按企业重组的内容分类，可分为业务重组、债务重组、资产重组、产权重组、人员重组、企业组织结构重组等。

1. 资本重组与企业重组的联系

企业是资本的载体，资本是企业的血液，资本运用分布在企业经营的各个领域，因此，企业重组主要是企业的资本重组。可以说企业重组最本质的特征就是企业的资本重组。在企业的资本重组过程中，必然会涉及企业的资产重组、债务重组和资本结构的调整等。

2. 资本重组与企业重组的区别

企业重组的范围比资本重组的范围广。从重组所涉及的资源来看，企业在实施重组过程中，可以对企业拥有的各类资源进行重组，既包括资本的重组，也包括劳动、技术、自然资源等的重组。从重组的内容来看，企业重组既注重企业内部的业务重组、人员重组、组织结构重组等，也注重企业外部交易性质的资产重组、负债重组和产权重组。

二、资本重组的内容

（一）资产重组

目前在我国国内所使用的"资产重组"的概念，早已被约定俗成为一个边界模糊、表述一切与上市公司重大非经营性或非正常性变化的总称。在上市公司资产重组实践中，"资产"的含义一般泛指一切可以利用并为企业带来收益的资源，其中不仅包括企业的经济资源，也包括人力资源和组织资源。资产概念的泛化，也就导致了资产重组概念的泛化。

《上市公司重大资产重组管理办法》（中国证券监督管理委员会令第 53 号）第二条规定："本办法适用于上市公司及其控股或者控制的公司在日常经营活动之外购买、出售资产或者通过其他方式进行资产交易达到规定的比例，导致上市公司的主营业务、资产、收入发生重大变化的资产交易行为（以下简称重大资产重组）。上市公司发行股份购买资产应当符合本办法的规定。上市公司按照经中国证券监督管理委员会核准的发行证券文件披露的募集资金用途，使用募集资金购买资产、对外投资的行为，不适用本办法。"

因此，本书认为，资产重组是指企业资产的拥有者或控制者与企业外部的经济主体之间进行的，通过交易实现企业资产的重新组合、调整的过程，以及企业产权的重新配置过程。这里强调与企业外部的交易，而不包括企业内部资产的重新组合以及对外投资。具体包括收购兼并、股权转让、资产剥离或所拥有股权出售、资产置换、股份回购、托管、公司分拆、租赁等。

（二）债务重组

债务重组，又称债务重整，是指债权人按照其与债务人达成的协议或法院的裁决同意债务人修改债务条件的事项。也就是说，只要修改了原定债务偿还条件的，即债务重组时确定的债务偿还条件不同于原协议的，均作为债务重组。

下列情形不属于债务重组：①债务人发行的可转换公司债券按正常条件转为其股权（因为没有改变约定）；②债务人破产清算时发生的债务重组（此时应按清算会计处理）；③债务人改组（权利与义务没有发生实质性变化）；④债务人借新债偿旧债（借新还旧时，旧的债务已经被履约）。

债务重组的主要方式有四种：①以资产（包括现金、存货、金融资产、固定资产、无形资产等）清偿全部或部分债务。②修改负债条件清偿全部或部分债务，包括延长还款期限、降低利率、免去应付未付的利息、减少本金等。③债务人通过发行权益性证券清偿全部或部分债务。但是，以发行权益性证券用于清偿全部或部分债务，在法律上有一定的限制。例如，按照我国《公司法》规定，公司发行新股必须具备一定的条件，只有在满足《公司法》规定的条件后才能发行新股。④以上三种形式组合的方式清偿全部或部分债务。

（三）资本结构调整

资本结构是企业各种资本的构成及其比例关系。资本结构合理如否在很大程度上决定了企业融资和偿债能力的大小，决定了企业未来盈利能力的大小。在理论上，广义的资本结构是指全部资本的构成及其比例关系，即自有资本和负债资本的比例关系；狭义的资本结构是指自有资本和长期负债资本的比例关系，而将短期债务资本作为营业资金管理。但总体而言，资本结构的核心问题是债务资本比率问题，也就是说债务资本在资本中占多大比例的问题。因此，从一般意义上来说，资本结构就是负债比率，即资本结构＝债务资本／资本总额。

对企业而言，企业的价值等于企业债务的市场价值与企业股本市场价值之和，因此，企业的价值与资本结构密切相关。现实中很多企业借助资本结构理论，并综合考虑各种因素对自身"最佳"资本结构进行决策。通常采用的现代资本结构理论有MM理论和权衡理论。综合考虑的因素主要有税收、资产类型、财务风险、管理者的风险态度以及企业现实的融资能力等。

在企业资本结构调整中，根据调整方向的不同，通常可以采用以下两种方法。①主要调整债务资本。在债务资本过高时，将部分债务资本转化为主权资本，也可以将长期债务收兑或是提前归还，或者利用税后留存归还债务，用以减少总资产，并相应减少债务比重；在债务资本过低时，通过追加负债筹资规模来提高负债筹资比重。②主要调整主权资本。在主权资本过高时，通过减资来降低其比重。当然也可以通过减资并增加相应的负债额来调整资本结构。

总之，资本结构调整，是一项较复杂的财务决策，必须充分考虑影响资本结构的各种因素，将综合资本成本最低的资本结构作为最优资本结构，这种调整方法是较理想的方法，符合现代资本结构理论的客观要求。

三、资本重组的方式

按资本重组的方式划分可分为资本扩张、资本收缩和资本重整三种方式。其中资本扩张主要包括兼并与收购、战略联盟、托管；资本收缩主要包括剥离、分立、股份回购和分拆上市；资本重整主要包括资产置换、股权置换、买壳上市与借壳上市等。

（一）资本扩张

1.兼并与收购

如第五章所述，兼并与收购简称为并购。兼并就是收购方与被收购方的结合，其中，收购方吸收被收购方的全部资产和负债，承担其业务，而被收购方则不再独立存在，通常成为收购方的一个子公司。收购是指一家公司用现款、债券或股票购买另一家公司的股票或资产，以获得对该公司本身或资产实际控制权的行为，而该公司的法人地位在收购中并不消失。鉴于本书的第五章已经专门介绍了这种方式，本章就不再重点介绍。

2. 战略联盟

战略联盟是指两个或两个以上的经济实体，为达到共同占有市场、共同使用资源等战略目标，通过各种协议、契约而结成的优势相长、共担风险的松散型组织。战略联盟是现代企业竞争的产物，它是指一个企业为了实现自己的战略目标，与其他企业在利益共享的基础上形成的一种优势相长、分工协作、共担风险的松散式网络化联盟。广义的战略联盟通常包含正式的合资企业，即两家或两家以上的企业共同出资并且享有企业的股东权益，也包括契约性协议，即两个或两个以上的经济实体，为达到共同占有市场、共同使用资源等战略目标，达成各种协议契约。战略联盟是各企业在追求长期竞争优势过程中为达到阶段性企业目标而与其他企业的结盟，通过相互交换互补性资源形成合力优势，共同对付强大的竞争者。

3. 托管

托管也称为委托经营，是指企业资产所有者将企业资产的整体或部分资产的经营权、处置权等以契约的形式在一定条件下和期限内，委托给具有较高经营管理水平、较强经济实力并能承担相应风险的其他法人或自然人进行管理。

托管经营的实质是企业的经营权与所有权分离，通过市场对企业的各种生产要素进行优化组合提高企业的资本营运效益。其目的是明晰企业所有者、经营者和生产者的责权利关系，达到资源优化配置、拓宽资本引进渠道和资产增值，从而谋求企业整体资产的价值增值。

企业托管经营起源于德国，是在东德与西德统一后，德国政府针对东德那些濒临亏损或破产境地、拍卖不成的国有企业实行整顿再出卖或破产，以实现国有企业私有化的过渡性措施。我国早在20世纪90年代，也开始大量采用托管形式进行企业改制。

（二）资本收缩

1. 剥离

资产剥离通常是为实现公司利润最大化或公司整体战略目标，公司将其现有的某些子公司、部门、固定资产或无形资产等出售给其他公司，并取得现金或有价证券的回报。被处置的资产可能是不良资产，也可能是优良资产。

资产剥离的方式包括资产置换、减资、资产出售等形式。

（1）所谓资产置换，是指以上市公司之外的优质资产注入上市公司，并置换出上市公司原有的劣质资产，以保持上市公司永远是一个由优质资产组成的组合。上市公司资产置换的目的一般是调整资产结构，提高资产质量，加强主营市场。

（2）所谓减资，也称"缩股"，是指以上市公司通过缩小或减少总股本的方式来剥离资产。

（3）资产出售是上市公司资产剥离的另一种主要形式。一般来说，被出售的资产为不适合公司长远发展的资产或闲置的不良资产。上市公司出售资产的动机有两种：一是优化资产结构，提高企业资产整体质量；二是筹集新的发展资金。

2. 分立

分立是指一个企业依照有关法律、法规的规定，分立为两个或两个以上的企业的法律行为。在分立过程中，一家企业（称为"被分立企业"）将部分或全部资产分离转让给现存或新设的企业（称为"分立企业"），被分立企业股东换取分立企业的股权或非股权支付，实现企业的依法分立。公司分立以原有公司法人资格是否消灭为标准，可分为新设分立和派生分立两种。

（1）新设分立，又称解散分立，是指一个公司将其全部财产分割，解散原公司，并分别归入两个或两个以上新公司中的行为。在新设分立中，原公司的财产按照各个新成立的公司的性质、宗旨、业务范围进行重新分配组合。同时原公司解散，债权、债务由新设立的公司分别承受。新设分立，是以原有公司的法人资格消灭为前提，成立新公司的。

（2）派生分立，又称存续分立，是指一个公司将一部分财产或营业依法分出，成立两个或两个以上公司的行为。在存续分立中，原公司继续存在，原公司的债权、债务可由原公司与新公司分别承担，也可按协议由原公司独立承担。新公司取得法人资格，原公司也继续保留法人资格。

3. 股份回购

股份回购是指公司按一定的程序购回发行或流通在外的本公司股份的行为，是通过大规模买回本公司发行在外的股份来改变资本结构的防御方法。主要方式有用现金，或是以债权换股权，或是以优先股换普通股的方式回购其流通在外股票的行为。股份回购的基本形式有以下两种：

（1）公司将可用的现金或公积金分配给股东以换回后者手中所持的股票；

（2）公司通过发售债券，用募得的款项来购回它自己的股票。

被公司购回的股票在会计上称为"库存股"。股票一旦大量被公司购回，其结果必然是在外流通的股份数量减少，假设回购不影响公司的收益，那么剩余股票的每股收益率会上升，使每股的市价也随之增加。

实施股份回购必须考虑当地公司法对回购的态度，美国许多州的公司认为，仅为维持目前的企业管理层对企业的控制权而取得本企业股票是违法的；但如果是维护企业现行的经营方针而争夺控制权，实质上是为了维护公司利益，则回购又是可以允许的。我国《公司法》明文规定禁止公司收购本公司的股票，但为减少公司资本而注销股份或者与持有本公司股票的其他公司合并时除外。

4. 分拆上市

分拆上市是指一个母公司通过将其在子公司中所拥有的股份，按比例分配给现有母公司的股东，从而在法律和组织上将子公司的经营从母公司的经营中分离出去。

分拆上市有广义和狭义之分，广义的分拆包括已上市公司或者未上市公司将部分业务从母公司独立出来单独上市；狭义的分拆指的是已上市公司将其部分业务或者某个子公司独立出来，另行公开招股上市。分拆上市后，原母公司的股东虽然在持股比例和绝对持股数量上没有任何变化，但是可以按照持股比例享有被投资企业的净利润分成，而且最为重要的是，子公司分拆上市成功后，母公司将获得超额的投资收益。

（三）资本重整

1. 资产置换

资产置换是指企业通过相互交换资产来实现企业资产结构优化的一种资源配置方式。在上市公司中，控股股东以优质资产或现金置换上市公司的呆滞资产，或以主营业务资产置换非主营业务资产等情况，包括整体资产置换和部分资产置换等形式。资产置换后，公司的产业结构将得以调整，资产状况将得以改善。

2. 股权置换

股权置换就是把两家以上的公司通过互换股权来达到改善公司的股本结构、促使投资主体的多元化的目的。股权置换，其目的通常在于引入战略投资者或合作伙伴。通常股权置换不涉及控股权的变更。股权置换的结果是实现公司控股股东与战略伙伴之间的交叉持股，以建立利益关联。在实践中有三种方式，即股权之间置换、股权置换＋资产、股权置换＋现金。

股权置换需要通过书面协议形式得以体现。有关协议转让的法律要求对其也适用。同时，股权置换的双方必须履行各自公司的董事会批准程序及必要的工商变更登记手续，以及资产的评估和审批程序才能实现股权置换。

3. 买壳上市与借壳上市

买壳上市和借壳上市是企业充分利用上市公司的"壳"资源进行资产重组的两种基本形式。买壳上市和借壳上市的共同之处在于，它们都是一种对上市公司"壳"资源进行重新配置的活动，都是为了实现间接上市；它们的不同点在于，买壳上市的企业首先需要获得对一家上市公司的控制权，而借壳上市的企业已经拥有了对上市公司的控制权。鉴于本书第二章已经对买壳上市和借壳上市进行了专门介绍，本章就不再重点介绍。

第二节 战 略 联 盟

一、战略联盟的含义

（一）战略联盟产生的背景

随着经济全球化和科学技术的迅猛发展，企业在国际、国内市场中竞争日趋激烈，特别是进入 21 世纪以后更是如此，竞争的广度和深度日益延伸至全球范围，使得任何单个企业在从事经营活动时，必须面对世界范围内的挑战。1995 年，美国著名管理学家彼得·德鲁克曾指出，工商业正在发生伟大的变革，不是以所有权为基础的企业关系的出现，而是以合作伙伴为基础的企业关系的加速发展。战略联盟正作为一种新型的、有效的战略发展途径在全球展开。战略联盟的出现绝不是偶然的，它是时代发展的产物。究其原因，战略联盟产生的大背景主要有以下三个。

1. 科学技术的飞速发展

近年来的科学技术的大发展一方面将产品推向高科技化和复杂化，一种新产品的问世往往涉及越来越多的技术领域，经过越来越多的生产和经营环节；另一方面也使得产品开发成本变高、产品生命周期的缩短、新产品开发风险的增大，单个公司依靠自身的有限能力难以应对当今科技发展的要求。战略联盟则可以在保持组织独立性的前提下，把各种研究机构和企业联成一体，组成灵活、协调的联盟网络，实现企业之间的资源共享，从而适应当代科技进步的需要。通过建立战略联盟，扩大信息传递的密度与速度，可以避免单个企业在研发中的盲目性和因孤单作战引起的重复劳动和资源浪费，从而降低风险。

2. 经济全球化的发展

任何企业面对全球市场范围的竞争时都会显得势单力薄，必须加强联盟和合作，从而为企业战略联盟的形成和发展提供强大的推动力。经济全球化的发展，为企业提供了广阔的世界大市场，同时也使企业间的竞争更趋激烈。面对市场竞争以及全球化的压力，企业不得不眼光向外，寻找可以相互合作、共担风险、共享利益的伙伴，来增强企业自身的竞争力，适应全球的激烈竞争。

3. 国际分工的深化

随着经济全球化的不断发展，国际分工体系也由垂直分工，转向以水平分工为主，并且分工日趋深化、细化。另外，日益扩大的世界市场和科学技术迅猛发展加速了产业结构、产品结构不断调整的步伐，使得任何国家都无法包揽一切，从而国际分工不断深化，不约而同地开展行业间、企业间乃至生产流水线上的水平分工协作。从产品专业化到零部件专业化，再到工艺流程的专业化，分工的范围和领域也更加广泛，各个生产工序甚至延伸到了几十个国家。国际分工越发展，各国企业之间相互依赖和协作的关系就越密切，这些越发促进了企业战略联盟的形成和发展。

（二）战略联盟的定义

战略联盟概念最先由美国 DEC 公司总裁简·霍普罗德和管理学家罗杰·内格尔提出，随即得到了实业界和理论界的普遍赞同。一个比较普遍的定义认为：战略联盟是指两个或两个以上的经济实体[①]，为达到共同占有市场、共同使用资源等战略目标，通过各种协议、契约而结成的优势相长、共担风险的松散型组织。战略联盟的性质如图 6-1 所示。

---

① 一般指企业，如果企业间的某些部门达成联盟关系，也适用此定义。

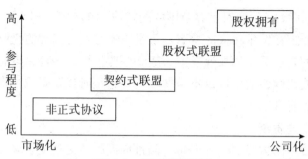

图 6-1　战略联盟性质

迈克尔·波特在《竞争优势》一书中提出："联盟是超越了正常的市场交易但并非直接合并的长期协议。"战略联盟是"不同国家的公司之间的长期联合，它超出了正常的市场关系又没达到兼并的地步"。按照这种观点，战略联盟是介于市场与公司之间的某种交易行为。

从性质上来说，战略联盟是企业成长的方式之一。美国管理咨询专家林奇曾指出，企业具有三种成长的基本方式：①内部扩张的成长方式。这一方式需要开发、应用先进技术和开拓市场。大多数的企业比较重视这种战略方式，因为它们能够有效地对其实施控制，并且一旦成功，会带来高收益。②实施并购的成长方式。这种方式往往需要大量的资金和较高的利润。欧美许多公司曾盛行这种方式。然而，无论它是一种注重核心技术的兼并与收购，还是作为多角化策略的一部分，统计结果都显示，失败的比率超过成功的比率。③构建企业战略联盟的成长方式。泰吉（T. T. Tyejee）和奥兰德（G. E. Osland）等人提出了"战略缺口"假设，以解释企业运用战略联盟的动机。他们认为，企业在分析竞争环境和评估自身的竞争力及资源时，往往会发现，在竞争环境中它们所要取得的战略绩效目标与它们依靠自有资源和能力所能达到的目标之间存在一个战略缺口，而战略缺口的存在却在一定程度上限制了企业走依靠自有资源和能力自我发展的道路，这就在客观上要求企业走战略联盟的道路。企业的战略缺口越大，参加战略联盟的动力也越大。而且，企业只需投入相对较少的资金，战略联盟就可以在数个市场上纵向或横向建立起来。由于战略联盟的运作要求管理者具有创新的管理方法和技能，这对于初涉此道的企业和管理者来说有些困难。

其中，战略联盟与并购作为企业利用外部资源发展的战略，具有很多共同的特点，但也存在较大区别：①战略联盟强调的是合作，联盟各方彼此相对平等，是一种"双赢"战略，即使在联盟涉及股权时，也不会发生产权的转让和控制权的转移，联盟各方仍具有法人资格；而并购则强调合并，它以产权有偿转让为基本特征，因此总是伴随着产权的转化、控制权的转移，并购方与被并购方不会同时具有法人资格。②战略联盟各方是为了特定的目标结成联盟，一旦目标达成，联盟便随之解体。在联盟过程中如遇到问题，可通过协商加以解决，从而保持了联盟的灵活性；而并购后成立的企业通常会按并购方公司的要求实行重组，并按统一规范进行管理，在企业战略调整上欠缺灵活性。③战略联盟一般只限于某些特定领域的合作。联盟各方根据协议在目标领域中相互配合，因此联盟对非目标领域的影响和冲击比较小；而并购方式则需要对原有组织的各个方面进行整合，因而对并购方的目标领域和非目标领域都会产生很大的冲击。

在实践中，战略联盟与并购不是两种相互独立的发展方式。通常，战略联盟是并购的"前奏曲"。有数据表明 70% 以上的联盟以一方收购另一方告终。有些情况下，联盟的双方其实便是潜在的收购方与被收购方。这种"联盟—并购"的模式有利于双方通过彼此的合作获取关于交易价值的信息，有助于双方制定公平合理的并购价格。而有时，联盟各方在开始时并没有并购动机，但随着合作的深入，并购意向产生，最终并购行为为联盟画上句号。

（三）战略联盟的主要特征

1. 战略联盟是介于市场和企业之间的一种中间组织形式

战略联盟是有效利用组织和市场双重优势的一种组织创新，它不仅可以保持联盟成员的相对独立性，又可以提高资源的利用率，同时还增加了企业的战略灵活性。它不等同于合并，联盟的两个或多个企业都是独立的法人关系，不存在从属控制关系，它们在密切合作的同时保持独立性，但它们又不是纯粹的市场交易行为，通常以契约和协议为纽带，比纯粹的市场交易具有更强的关联性。它既可以规避较高的市场交易费用，又可避免完全组织化所带来的较高的组织成本。战略联盟组建过程也十分简单，无须大量的附加投资。合作者之间关系相对较为松散，本身是一个动态的开放体系，一旦机会来临，联盟中各方便通过合作达成目标；一旦机会丧失，各方便会各奔东西，与其他企业结成新的联盟。

2. 联盟企业之间是一种合作竞争关系

联盟企业之间在某些领域合作，而在其他领域竞争，与传统的对抗性极强的竞争不同，战略联盟是为竞争而合作，靠合作来竞争。战略联盟是企业之间从竞争走向合作的结果，战略联盟企业之间是在合作中的竞争，在竞争中的合作，因此，联盟关系是一种合作竞争关系。联盟企业之间为了实现各自战略目的进行联盟，在联盟过程中既要保持自身竞争优势，最大限度地利用联盟的成果为企业服务，又要考虑合作伙伴的利益，同时还要防止合作伙伴通过联盟发展为潜在竞争对手。许多跨国公司之间的战略合作是基于短期目标，一旦目标实现，合作就会解体。可见，战略联盟企业之间不仅是战略伙伴，而且是潜在的竞争对手，联盟之间是合作与竞争并存，合作是手段，而竞争才是最终的目的。

3. 联盟是基于战略意图而非战术意图

企业之间之所以结成战略联盟，一般不是为了临时的市场变化和应急措施，而是着眼于构造企业未来的竞争环境或核心竞争能力。因此，联盟的绩效往往不是以短期的利润作为衡量标准，而是以是否提高企业的竞争力和获得长期的竞争优势为更重要的目标。大多数 R&D 联盟的目标不是短期性的低成本，而是出于对企业长期性定位战略的考虑，因而带有明显的战略性。这或者是为了获得其他企业的互补性资源来增强自己的弱势环节，或者是想通过强强联合来共谋和制定产业的技术标准。

二、战略联盟的分类

战略联盟的形式是多种多样的。根据不同的标准，主要有以下几种分类方式。

（一）根据对战略联盟的资源投入分类

根据对战略联盟的资源投入，可以将联盟分为股权投资型和非股权投资型。

1. 股权投资型联盟

股权投资型联盟是两个或两个以上的企业通过股权投资新建一家企业，合营各方拥有该企业部分股权，或通过相互持股而结成的战略联盟。股权式联盟具体又可分为合资与相互持股两种形式。

（1）合资（Joint venture，JV）。合资又称合营，一般定义为由两家公司共同投入资本成立，分别拥有部分股权，并共同分享利润、支出、风险及对该公司的控制权。在这种联盟中，双方都投入了大量的资源，并允许联盟创造的资源继续保留在联盟中，双方股权参与较深。这种联盟的特征是建立的组织有自己的独立性以及自己的战略生命。

在我国，合资通常也指中外合资。中外合资经营企业是由中国投资者和外国投资者共同出资、共同经营、共负盈亏、共担风险的企业。外国合营者可以是企业、其他经济组织或个人。中国合营者目前只限于企业或其他经济组织，不包括个人和个体企业。经审查机关批准，合营企业是中国法人，受中国法律的管辖和保护。它的组织形式是有限责任公司。在合营企业的注册资本中，外国合营者的投资比例一般不低于25%。合营各方按注册资本比例分享利润、分担风险及亏损。合营者的注册资本如果转让必须经合营各方同意。

（2）相互持股。相互持股是合作各方为加强联系而相互持有对方一定比例的股份。通过相互持股，使得战略联盟中各方的关系相对更加紧密，各方可以进行更为长久、密切的合作。与合资企业不同的是，相互持股不需要建立新的组织实体，双方的资产和人员不必进行合并，而且相互持股的比例一般较小，不会超过50%。

2. 非股权投资型联盟

非股权投资型联盟又称契约式联盟，是指那些不涉及股权安排的，通过各种协议或契约，依赖已有企业而形成的联盟。由于契约式联盟更强调相关企业间的协调与默契，同时其在经营的灵活性、自主权和经济效益等方面比股权式战略联盟更有优越性，因而更具有联盟的本质特征。根据合作内容不同而导致合作契约的不同，契约式战略联盟又可分为以下五种常见的形式。

（1）研究与开发协议。在这种联盟中，各方愿意投入较多的人力、物力、财力等资源，但不涉及或很少涉及股权参与。联盟创造的成果按协议各方分享，仍然全部返回母公司。这种方式由于汇集了各方的优势，从而提高了成功的可能性，加快了开发速度。各方共同承担开发费用，降低了各方的开发费用与风险。

（2）合作市场营销协议。这类协议给予企业销售其他企业产品的权力。采用这种联盟方式，两个或多个企业在产品上要能够互补或匹配，从而能够作为一个配套系列推向市场。例如，施乐公司提供的许多产品来自于其他制造商。同样，它也发挥了其在某些产品制造方面的特长，与其他公司合作，将自己的产品让别人销售出去。这种协议通常存在于国际业务中，具有本地销售网络的企业在不参与其他企业产品生产的情况下销售该产品。而一旦产品成型，生产企业会建立起独资的子公司来获得对销售更大的控制权。

（3）特许经营与许可证经营。特许经营是指特许方利用自己的品牌、专利和技术，通过签署特许经营协议，转让特许权，让受让方利用这些无形资产从事经营活动，从而形成一种战略联盟。特许方对受许方，既有一定控制权，又尊重对方的自主权。这样，特许方可以通过特许权获得收益，并可利用规模优势加强无形资产的维护，扩大一个特定产品的接受程度和适用范围。特许经营最常见于服务行业，包括快餐业（如肯德基、麦当劳和必胜客）、印刷商店和家庭维修业。

许可证经营是指一家公司（总公司或母公司）将特定的权利授予一个合伙的企业。该合伙的企业获得的可能是在本地生产专利产品的权利，也可能是在本地销售总公司旗下品牌商品的权利。作为回报，总公司对于每一件生产或销售的商品收取一定的专利费用。许可证经营常见于媒体行业，如按电视节目中人物的造型来生产玩具的许可；在音像行业中，通常是音像版权的所有者给予其他企业播放、演出或将其放入合集 CD 中的许可。

（4）供应或购买协议。此类协议规定一件商品的某个零部件由另外一家特定的企业生产提供。通常这类协议都会具体注明供货持续的时间、期望的成本和品质的标准。例如，波音 737 飞机的制造需要万余个零部件，但其中绝大部分都不由波音自己生产，而是由 65 个国家中的 1 500 个大企业和 15 000 个小企业通过不同形式的联盟协议提供的。又如康柏公司与英特尔公司之间签订的供应与购买协定，康柏公司成为英特尔芯片最大的客户。通过联盟协议，双方稳定了供需关系，降低了市场的不确定风险。

（5）联合生产协议。这种联盟有助于达到规模经济，降低成本并在市场不景气时减少生产力。例如，通用和铃木在 5 个月内联合推出一款新型轿车，它将利用铃木在日本的厂房生产，并销往整个亚太地区。

（二）根据联盟各方所从事的活动的性质分类

根据联盟各方所从事的活动的性质，可以将联盟分为纵向联盟和横向联盟。

迈克尔·波特在其论著《竞争优势》中把战略联盟分为两种形式：纵向联盟和横向联盟。此后哈默尔（Gary Hamel）和普拉哈拉德（C. K. Prahalad）也进行了类似的划分：垂直联盟和水平联盟。

1. 横向联盟

如果联盟双方从事的活动是同一产业中的类似活动，这种联盟便是横向联盟。通常是指价值链中承担相同环节的公司之间的联盟，是由从事竞争性活动或类似活动的厂商组成的联盟。横向联盟模糊了有关领域内竞争和合作的差别。它的目的是改善公司在一项价值创造活动中的地位，联合的力量可使公司获得规模经济，减少多余的能力，转移知识和降低风险。它可以包括 R&D 方面、生产阶段和销售阶段的联盟。横向联盟常以合资企业的形式出现，但它们也包括技术分享、交叉许可证转让和其他合作协议。例如，日本的飞机制造集团同波音公司的合作。

2. 纵向联盟

同一产业上下游之间的企业间的联盟，属于纵向联盟。通常是在生产经营活动价值链中承担不同环节的公司之间的联盟，且由从事互补性活动的厂商组成。纵向联盟的优势来自价值链活动的互补性差异。它可以使合作方得到一些比一般市场交易更紧密的协调，但合作方又继续保持自己的独立性。这种联盟最典型的是生产厂商同中间供应商的联盟，如丰田汽车公司同其零部件供应商的长期合作关系。

（三）根据战略联盟在价值链的不同位置分类

美国学者劳兰基（P. Lorange）根据战略联盟在价值链的不同位置进行分类，划分为联合研发型、资源补缺型和市场营销型战略联盟，如图 6-2 所示。

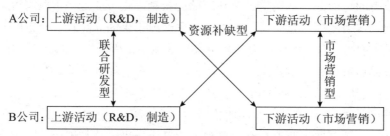

图 6-2　根据战略联盟在价值链的不同位置的分类

1. 联合研发型战略联盟

这是在生产和研究开发领域展开的合作，参与联盟的企业充分利用联盟的综合优势，共享经营资源，相互协调，共同开发新产品、新材料和新技术。联合研发型战略联盟中的成员多为风险型企业，合作的目的在于获得新技术、降低资金的投入风险和项目的开发风险。这类联盟在微电子、生物工程、新材料等高科技行业中比较常见，是一种积极的反馈战略。

2. 资源补缺型战略联盟

以己方价值链上游活动与对方的下游活动结成的战略联盟。这里有两种情形：一是拥有独特技术的跨国公司，为了接近海外市场或利用对方的销售网络而与之结成的联盟，这类联盟在通过资源的互补而实现风险共担、规模经济及协同经济性的同时，往往忽视自身核心能力的提高；另一种情形是厂家与用户的联合型战略联盟，厂家与用户之间的联盟把生产与消费、供给与需求直接联系了起来。例如，世界机器人的最大生产厂家日本法那库公司与世界机器人最大用户美国通用汽车公司于 1998 年在美国创办的通用—法那库机器人开发公司。

3. 市场营销型战略联盟

市场营销型战略联盟多流行于汽车、食品、服务业等领域，重在互相利用各自价值体系中的下游环节，即营销网络。该类联盟是以价值链下游活动为合作领域而结成的战略联盟，其目的在于提高市场营销的效率和市场控制的能力，这类联合是抢占市场的有效手段，除了具备资源补缺型的优点外，还能较好地适应多样化的市场需求。不足之处在于，这类联盟是以降低环境的不确定性为目的，而不是通过核心能力的扩大去创造需求，因而是一种消极的反馈战略。

（四）根据战略联盟在价值链不同阶段的合作内容分类

美国 NRC 组织根据战略联盟在 R&D 开发、生产、供给和销售各个价值链不同阶级的合作内容进行了详细分类，见表 6-1。

表 6-1 美国 NRC 组织战略联盟分类

价值链阶段	联盟内容
R&D 阶段战略联盟	（1）许可证协议 （2）交换许可证合同 （3）技术交换 （4）技术人员交流计划 （5）共同研究开发 （6）以获得技术为目的的投资
生产制造阶段战略联盟	（1）OEM（委托定制）供给 （2）辅助制造合同 （3）零部件标准协定 （4）产品的组装机检验协定
销售阶段战略联盟	销售代理协定
全面性的战略联盟	（1）产品规格的调整 （2）联合分担风险

资料来源：史占中 . 企业战略联盟 [M]. 上海财经大学出版社，2001：121-124.

三、战略联盟的理论

（一）价值链理论

迈克尔·波特在《竞争优势》（1985）一书中创建了价值链理论。波特认为，"每一个企业都是在设计、生产、销售、发送和辅助其产品的过程中进行种种活动的集合体。所有这些活动可以用一个价值链来表明"。企业的价值创造是通过一系列活动构成的。同时，波特还提出企业市场竞争优势（主要指最终产品市场竞争优势）的潜在来源是因为各企业的价值链互不相同，即企业在价值链各环节中具有不同的比较优势。建立战略联盟可以使合作各方一起协调或合用价值链，以扩展企业价值链的有效范围，从而共同获得竞争优势。

任何企业都只能在价值链的某些环节上拥有优势，而不可能拥有全部的优势。在某些价值增值环节上，本企业拥有优势，在其余的环节上，其他企业可能拥有优势。为达到"双赢"的协同效应，彼此在各自的关键成功因素——价值链的优势环节上展开合作，可以求得整体收益的最大化，这是企业建立战略联盟的原动力。

（二）企业能力理论

20 世纪 90 年代以来，企业能力理论得到关注，企业能力理论实际上是一系列具有特定密切联系的理论的集合体，包括"企业资源基础论""企业动力能力论"和"企业知识基础论"。这些理论的共性是：更加强调企业内部条件对企业竞争优势的决定性作用，认为企业内部能力、资源和知识的积累，是企业获得超额利润和保持企业竞争优势的关键。

企业之间通过组建战略联盟，在价值链各环节上相互合作，从而能在价值活动中创造更大价值，具深层原因就在于企业之间存在资产互补性。通过联盟可获取合作伙伴的互补性资产，扩大企业利用外部资源的边界。这里的资产包括企业资源、核心能力和知识资源。

1. 资源基础理论

20世纪80年代中期，以沃纳菲尔特（B. Wemerfelt）、格兰特（R. M. Gromt）、巴尔奈（J. Barney）等学者的研究促成了战略管理理论的新流派——资源基础理论（Resource-based Theory）的产生。这一理论认为资源不仅指有形资产，而且还包括无形资产，有形资产和无形资产共同构成企业的潜在能力。同时，各企业的资源具有极大的差异性，也不能完全自由流动。企业的可持续竞争优势就来源于选择性资源的积累和配置以及要素市场的不完善。战略联盟使企业资源运筹的范围从企业内部扩展到外部，在更大范围内促进资源的合理配置，从而带来资源的节约并提高其使用效率。

2. 核心能力理论

以普拉哈拉德（C.K. Prahalad）和加里·哈默（Gary Hamel）为代表的核心能力理论认为"组织中的积累性学识，特别是关于如何协调不同的生产技能和有机结合多种技术流的学识"，其最主要的特征是独特和不易模仿性，是在特定的"路径依赖"中积累形成的。企业在市场竞争中需要彼此互异的核心能力以形成更大的竞争合力，这是促使双方建立联盟合作关系，聚合彼此核心能力的原动力。

3. 知识资源理论

帕维特（Pavitt）、纳尔森（Nelson）、福斯（Foss）和格兰特（Grant）（1996）等人提出的企业知识理论认为，生产的关键投入和企业价值最重要的来源是知识，社会生产是在知识的引导下进行的。企业知识可被划分为显性知识和隐性知识两大类。企业拥有的许多知识属于隐性知识，难以表达、难以转移，只有通过应用和实践才可外现并获得。以进行知识转移和共同创建新知识为目的结盟通常被称为知识联盟。Inkpen（1998）把通过知识联盟转移的知识称为"联盟知识"。通过战略联盟和对方建立合作关系是获取隐性知识的良好途径。博格、顿肯和佛里德曼（1982）的研究表明，20世纪80年代初期，50%的联盟企业在合作过程中以获取对方知识为目的，因此把这类为了转移和学习知识的联盟称为"知识联盟"。

（三）交易费用理论

交易费用经济学认为经济活动总是伴随着交易而进行的，而交易过程又是有成本的，交易费用理论以交易费用为分析工具，研究经济组织和各种制度安排的产生和发展。交易费用理论认为战略联盟作为介于企业与市场之间的一种组织形式，具有稳定交易关系、降低交易成本、便于监督的特点。战略联盟被认为是这样一种新的制度安排，它顺应了企业节约市场交易费用的需要，通过建立较为稳固的合作伙伴关系，从而稳定双方交易，减少签约费用并降低履约风险。从威廉姆森的交易费用决定因素来看可以得到以下结论。

首先，战略联盟的建立将促使联盟伙伴之间的"组织学习"，从而提高对方对不确定性环境的认知能力，减少因交易主体的"有限理性"而产生的种种交易费用。同时，联盟企业之间的长期合作关系也在很大程度上抑制了交易双方之间的机会主义行为，使因这一行为带来的交易费用控制在最低限度。

其次，从资产专用性特征看，企业之间趋于以战略联盟替代市场机制来稳定交易关系，降低交易费用。资产的专用性越高，交易双方签约关系保持长期稳定性越有意义，企业之间合作的意愿越强，尤其战略联盟对专用性资产的"共同占有"更是降低风险与费用的有效选择；从交易的不确定性特征看，建立战略联盟，可充分利用联盟组织的稳定性抵消外部市场环境中的不确定性，进而减少由不确定性引致的交易费用。

最后，交易频率是通过影响相对的交易费用而决定交易合约和制度安排的选择的，这类与交易发生的频率有关的联盟常常发生在有纵向联系的制造企业和经销商、供应商之间，这些处于上下游的企业之间由于存在较高的交易频率，因此，乐于建立供销联盟来稳定交易关系，以节约交易费用。

（四）组织学习观

战略联盟是组织学习的一种重要方式，其核心在于学习联盟伙伴的经验性知识。由于企业在技术创新中持久的竞争优势更多的是建立在企业拥有的经验性知识基础上的，而经验性知识存在于组织程序与文化中，其转移是一个复杂的学习过程。联盟则是解决经验性知识转移的有效途径。通过缔结战略联盟，创造一个便于知识分享、移动的宽松环境，采取人员交流、技术分享、访问参观联盟伙伴的设施，增强联盟各方的联系频率等办法，可以使得经验性知识有效地移植到联盟各方，进而扩充乃至更新企业的核心能力，真正达到联盟目的。

组织学习观认为，即使学习不是产生联盟的主要原因，它也可能是联盟获得成功的一个重要因素。进一步的研究还指出，新兴企业能够从联盟中获益，部分是因为加强了获得学习能力的机会。企业加入国际战略联盟能够学习如何通过跨国竞争来产生新价值。但是，并非联盟所有的学习特征都是具有积极作用的。联盟伙伴之间也能产生学习竞赛，而且联盟企业的学习能力常常有差异，当一个企业完成学习目标后，对联盟的需求可能会减弱，导致联盟的合作性降低，甚至最终使联盟解体。

联盟中的学习也存在许多障碍，一个是文化障碍，在国际战略联盟中，联盟伙伴之间的文化差异越大，学习的难度越大；另一个障碍是企业的知识吸收能力有限。因此，只有在联盟伙伴的知识基础背景相似的情况下，彼此才能相互学习，最终成立联盟。

（五）合作竞争理论

企业间有竞争，也有合作，竞争并不排斥合作，而合作也并未弱化竞争，同时也有利于提高竞争的效率。合作竞争理论认为，企业经营活动是一种特殊的博弈，是一种可以实现双赢的非零和博弈。博弈论中多方合作对策的提出就是建立在处理利益分配问题的基础上的，当一个问题或一件事情需要多方合作来共同解决时，就有可能导致各方相互合作，以达到多赢及利益最大化，即帕累托最优。战略联盟作为一种合作竞争组织，就是为了实现共同利益最大化的有效选择。

通过对高科技领域商业联盟的案例研究，本杰明·古莫斯·卡塞尔斯得出了以下两个结论。一是公司间的联盟孕育出了新的经济力量单位，本杰明称之为"联盟集团"，当两个或更多个公司结成联盟，它们的经济行为就在公司和联盟两个层面上展现。在许多行业当中，单个公司、两两结盟的公司、公司三角和公司集团都成为竞争中的经济单位。二是联盟数量的激增改变了行业内的竞争形态，出现了"集团竞争"，新环境下的竞争结构和机制取决于联盟的集体行为。联盟可以迅速的聚合起资源，其资源组合和组合结构决定了联盟的竞争优势。

（六）组织网络理论

战略联盟形成的组织是网络型组织。网络理论认为，具有网络型组织的企业，对于增加企业组织的活力和形成企业之间的价值链有着很大的作用。网络组织有利于保持组织的灵活性，能够较好地适应市场因产品和技术周期缩短、竞争激烈所导致的动态发展要求。网络组织既有利于提高各成员企业的自律性，又有利于在相互协调、共同运作的基础上促进彼此的交流，从而不断提高企业对环境、技术和市场急剧变化的适应能力。

战略联盟作为企业间的网络化系统，其最大的着眼点是在经营活动中积极利用外部规模经济。当企业内不能充分利用自己积累的经验、技术和人才，或者缺乏这些资源时，可以通过建立战略联盟实现企业间的资源共享，相互弥补资源的不足，以避免对已有资源的浪费和在可获得资源方面的重复建设。战略联盟的组建，使企业使用资源的界限扩大了，一方面可提高本企业资源的使用效率，减少沉没成本；另一方面又可节约企业在可获得资源方面的新的投入，降低转换成本，从而降低企业的进入和退出壁垒，提高企业战略调整的灵活性。

四、战略联盟的运作

战略联盟的运作大体上可以分为四个阶段进行，如图 6-3 所示。

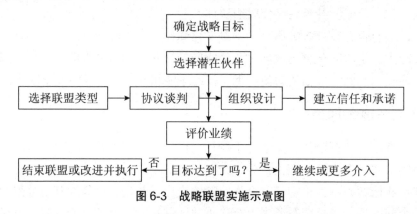

图 6-3 战略联盟实施示意图

（一）确定企业战略目标阶段

企业在组建战略联盟之前，首先要树立明确的战略目标，并据此来寻找或接受能帮助实现战略意图、弥补战略缺口的合作伙伴。

1.明确自身战略目标

企业在建立或加入战略联盟之前，必须有其明确的战略目标，即通过企业间在具体领域的合作获得完成自己战略目标所需的核心能力和资源。为此，企业也必须审视自身所具备的核心能力，只有那些具有一定核心技术优势或市场知识的企业才具有组建联盟的最基础条件，而且也不是所有领域的企业都适合联盟，只有那些市场信息多变、竞争激烈、外界环境压力大的产业领域，才适合搞战略联盟，联盟成功的可能性也比较大。

2.协调企业间战略目标

联盟企业既然建立了联盟，那么其长期的战略目标就应该一致，这是保证战略联盟成功的重要条件之一。当然，这并不是说联盟各方目标必须完全一致，这对于保持各自独立性的企业来说是不可能的。如果加入联盟的一方希望在世界范围内发展科技实力，另一方则仅希望通过引进合作伙伴方的技术，节省研发费用，提高自己在本国市场上的地位，从长期把自己限制在本国市场，那么由于两者的长期目标发生冲突，合作的基础消失，联盟的存在就会出现问题；如果双方的目标都是向国际化方向发展，那么联盟就能持续下去。实际上联盟伙伴之间的战略目标冲突是很难避免的，这就要求联盟企业协调各自的战略目标，寻求缩短或消除与目标相差距离的方法，保证联盟平稳运行。

3.建立联盟企业共同愿景

成功的联盟必须建立合作企业共同的愿景，亦即对企业联盟所要达到的目标与所依赖的"路径"必须有生动的想象。所谓"路径依赖"是指对一系列决策及其后果所应承担的责任和义务。成功的联盟企业必须拥有共享的愿景，这将帮助合作双方为联盟所做的贡献设定期望，衡量评估成效，让价值创造发挥到最大，愿景意味着诱人的目标图像，将直接激励双方相互寻求合作，实现各自的战略目标。这也是构成企业战略联盟的基石。

（二）选择合适的联盟伙伴阶段

联盟伙伴的选择是建立企业战略联盟的关键环节，慎重合理地选择合作对象是联盟顺利发展的前提条件。对联盟伙伴的选择需要制定出详细的选择标准。在这方面，目前国际上成熟的方法是坚持了3C原则，即兼容性（compatibility）、能力（capability）和承诺（commitment）。经过十几年的研究，3C理论已渐趋成熟，并被很多成功的战略联盟实践所证实。可以说，3C原则是企业寻找合作伙伴的关键条件，如果企业潜在的合作伙伴具备了3C条件，那么战略联盟成功的概率就会比较大。

1.兼容性

企业之间通过事先达成协议，建立起互惠合作的关系，并使联盟内各成员在经营战略、经营方式、合作思路以及组织结构和管理方式等诸方面保持和谐一致。兼容性是一个成功的联盟所必须具备的最重要的条件之一，当然兼容并不意味着没有摩擦，但只要合作双方有合作的基础并且相互尊重，它们就能够解决分歧。

2. 能力

潜在合作伙伴必须有能力与自己合作，合作才有价值。企业仅仅依靠自身的力量和资源已经无法应付这种激烈的竞争局面，必须借助合作伙伴外部力量的支持，来弥补本企业的薄弱环节。

3. 承诺

找一个与自己有同样投入意识的合作者是联盟成功的第三个基石。即使合作伙伴很有能力且与自己很相容，但是只要他不愿向联盟投入时间、精力和资源，联盟就很难应付多变的市场环境。因此，在选择合作伙伴时要确认对方的投入意识。只有这样才能保证联盟的平稳运行。

实质上，战略联盟合作伙伴的选择是一个多目标选择问题，即要从多个角度、多种因素，综合评价潜在的合作伙伴。在具体应用时可以根据实际情况选择相关的指标，采用专家评分法或 AHP 层次分析法等方法对其进行定量的评价，为决策者进行合作伙伴的选择提供科学依据。

（三）联盟的设计和谈判阶段

成功的联盟不仅是以交叉许可安排、联合开发、合资经营、股权共享等联盟方式为基础的初始合作协议，还包括厂址选择、成本分摊、市场份额获得等通常的细节以及对知识创新、技术协同等方法进行的设计。企业的高级管理层还应就联盟的共同目标与主要的中层经理和技术专家进行沟通。另外，由于联盟伙伴之间往往存在既合作又竞争的双重关系，双方应对联合与合作的具体过程和结果进行谨慎的判断，摒弃偏见，求大同、存小异，增强信任。

（四）联盟的实施和控制阶段

战略联盟的最终目的是通过联盟提高企业自身的竞争能力。联盟内的企业应该把通过联盟向对方学习作为一项战略任务，最大限度地尽快将联盟的成果转化为己方的竞争优势。联盟往往需要双方进行双向信息流动，每个参加联盟的企业都应该贡献出必要的信息供对方分享，从而提高联盟的成功率。同时企业要合理控制信息流动，保护自身的竞争优势，防止对方得到己方应予以保护的关键信息，做出有损己方的行为，因为联盟伙伴极有可能成为将来的主要竞争对手。

五、建立有效联盟管理机制

实践中，由于组建战略联盟的目的各不相同，而且联盟的组织形式也是灵活多样的，这些差异性决定了不可能找出一种如何管理战略联盟的普遍模式。我们只能根据各种战略联盟的共性，针对联盟组织特征的一些不稳定因素，提出管理中应注意的问题，从而减少联盟管理中的冲突，提高战略联盟运作的成功率。针对联盟组织中存在着诸如利益分配矛盾、机会主义倾向、组织文化差异、信息不对称等不稳定的因素，在联盟管理中我们应建立相应的收益分配机制、协调机制、信任机制、约束机制和信息共享机制等有效的管理机制。

（一）收益分配机制

战略联盟是一种"合作竞争"的组织模式，为此在确定战略联盟利益分配机制时应遵循以下利益分配原则。

1. 互惠互利原则

互惠互利原则即保证分配方案可使每个成员企业都从合作中受益，不会影响成员企业的积极性。

2. 结构利益最优化原则

结构利益最优化原则是从实际情况出发，综合考虑各种影响因素，合理确定利益分配的最优结构，促使战略联盟各成员企业能够实现最佳合作与协同发展。

3. 风险与利益相对称原则

风险与利益相对称原则是在制定收益分配方案时，应充分考虑各成员企业所承担的风险大小，对承担风险大的企业应给予适当的风险补偿，以增强合作的积极性。

4. 个体合理原则

个体合理原则即各成员参与战略联盟所获得的利益应大于单独行动所获得的利益，否则会导致中途背叛现象的出现。

（二）协调机制

企业战略联盟的协调机制主要包括目标协调机制、协商机制和沟通机制。

1. 目标协调机制

目标协调机制就是要建立联盟的目标体系，从而使企业联盟与联盟企业之间的目标趋于一致。建立一套完整的目标体系对联盟的协调管理十分关键，如果在联盟组建阶段，就和成员企业在合同中明确规定各自的目标任务，那么对联盟的运作是十分有利的。有了这种目标分解和任务规定，对联盟的协调工作来讲，它就变成了为满足目标任务的实现而采取的组织间的管理措施。

2. 协商机制

由于企业联盟是由多个企业组合而成的，难免在协同工作中产生冲突，而这种冲突由于联盟的特征有时并不能单纯以组织内层级关系来解决，因而必须采用协调的手段来解决。协商机制是指群体中的所有成员通过协商的方法来解决冲突，以达到决策的目的。这样做的好处是由于决策是由所有企业共同决定的，因而在执行中更容易让所有参与者接受，给联盟企业一种平等地位的感觉，有利于合作。

3. 沟通机制

加强联盟企业之间的相互沟通、相互学习，有利于消除和减少联盟企业合作过程中因文化差异、管理理念差异等带来的冲突，从而保证企业成员之间思维和行为模式的一致性，从而使联盟易于管理。

（三）信任机制

在联盟企业的合作过程中，由于联盟内部的管理权关系模糊不清，合作伙伴关系保持既合作又竞争以及相互关系格局复杂多变，导致了联盟管理上的复杂性和困难性。为此，必须努力培养合作伙伴之间的信任关系。对于一个成功的联盟运行来讲，其各成员企业的相互协调、相互合作离不开彼此之间的信任。所谓相互信任就是一方有能力监控或控制另一方，但它却愿意放弃这种能力而相信另一方会自觉地做出对己方有利的事情。相互信任是互惠互利的需要，更是联盟协调发展不可缺少的基础。信任机制的建立，一方面有利于降低联盟较高的管理费用，为双方创造额外价值；另一方面也可以解决由于协商机制带来的决策过程缓慢等问题，提高联盟的运作效率。可以说，信任机制的建立是联盟合作成功和稳定发展的关键因素。

（四）约束机制

约束机制是采取一些能够防止相互欺骗而又能鼓励合作的措施。这种措施有以下两种：一是提高欺骗的成本，使其欺骗行为无利可图；二是增加合作的收益，吸引成员企业留在联盟当中。提高欺骗的成本可以通过协议规定退出壁垒、专用资产投入、企业信誉保证等形式来完成。一旦成员企业在明显损害联盟整体利益的情况下放弃联盟关系，那么有关的合同条款就会发生作用，同时该成员也不得不考虑巨额的不可收回的投资，因而能有效防止机会主义行为的发生。但这只是从防范约束的角度来解决问题。而积极的约束机制应该是增加联盟的吸引力，让成员主动留在联盟中，这就需要增加联盟收益和正向激励措施，让成员感受到留在联盟内才是最好的选择，这样对外部的企业也具有吸引作用，有利于联盟的发展壮大。此外在约束机制中，还应重点考虑联盟企业的保护机制，在合作过程中采取有效措施保护联盟企业的核心竞争力和核心技术。这是因为联盟企业核心技术的丧失往往会导致联盟的解散或联盟的一方被兼并，从而使联盟走向失败。

（五）信息共享机制

所谓信息共享机制就是借助现代信息技术、通信技术和网络技术使得联盟各成员企业实现异地协同工作，各种沟通协调工作也可以经由信息平台实现快速、即时、面对面的远程沟通。通过信息共享能够有效地缓解联盟企业成员的有限理性并制约机会主义行为的发生。在一个多利益群体中，如果没有较充分的信息共享，就很容易由信息不对称而引发机会主义行为，使合作难以成功。当在联盟的运作过程中有了更多的信息时，就会提高联盟成员行为的透明度，并通过信息的双向流动，加强成员企业之间的沟通，这时联盟成员在进行决策时就不得不照顾各方的反应，此时的决策就会更为理性，而且通过信息共享，也体现了联盟成员之间地位的平等性，更有利于实现企业间的合作。

企业战略联盟是一种建立在高度发达的信息网络基础上的多利益群体的企业组织形态。为了达到经营目的，各成员企业应加强沟通，尤其应加强协调管理的职能。综上分析，联盟的有效管理将是基于信息平台的由目标协调机制、信任机制、约束机制等组成的系统性管理体系。以上各机制的综合运用，将有助于联盟成员企业的无间合作、优化资源配置、提高联盟的运作效率、降低合作成本和实现联盟目标。

【案例6-1】　小米生态链的"投资逻辑"：以半开放式的血缘关系与投资企业结成战略联盟

2013年年底，小米开启了生态链计划，定下了5年内投资100家生态链企业的目标。2016年3月，正式推出了米家品牌来专门承载生态链产品。随着米家品牌的推出，小米生态链在定位上再一次得以明晰。在小米联合创始人、小米生态链负责人刘德看来，作为小米品牌的延伸，米家及整个生态链产品肩负着为小米扩展用户群的重任，这也使得外界普遍认为小米对生态链企业的投资只是"纯投资逻辑"。小米生态链虽然以投资作为方式，但从更远角度上看，用投资来概括实在不太准确。

（一）做生态链本不考虑退出

刘德说，2013年6月小米从公司抽出了20多个工程师，决定以投资的方式进入硬件周边领域构建小米生态链，本质上讲这是一种"战略结盟"，而不是以回报为目的的投资。基于这个目的，小米一开始没有考虑过退出，这和基金有很大不同，"我们一直在避免团队变为纯投资团队，避免团队过于追求回报"。

在具体投资层面，由于小米的目的并不在于投资，所以在投资额度上也不同于一般的投资逻辑，"最低小米投过一块钱，同时小米对美的这种有着几十亿的投资，浮动的区间也十分大"，小米的投资更像是建立血缘关系，在数字方面并不太重要。

（二）雷军本身就是个IP

对于小米能为生态链企业提供的具体价值，刘德将其归结于平台优势。具体来说，包括以下6点。

（1）小米做了一个品牌"米家"，并让品牌保持热度。当该品牌分享给生态链创业公司时，就能为其省出不少宣传费用。

（2）建立相对垂直的用户群，如在小米平台上卖裙子肯定不行，但卖手环就会卖得很好。

（3）供应链体系，这可以让生态链的小公司立刻拥有供应链上的优势。

（4）销售平台优势，这主要包括小米网的销售渠道。

（5）融资优势。刘德说，在资金上，此前小米向投资人、银行体系的承诺都做到了，得益于小米在资本领域的口碑，生态链公司将来的融资也会因此受益。

（6）社会影响力。刘德举例说，雷军本身已经是一个重要IP，如雷军带一个手环就会获得巨大的关注度。

不过，除了上述优势，小米在生态链企业的产品上也有一定介入与规范。刘德称之为"半开放"模式，并且很长一段时间内小米还是会延续这种模式。

"因为完全开放没有成功案例"，对生态链企业，小米一直要求其价值观和小米一致、在技术上拥有制高点、达到产品品质标准，这三点约束更多的是为保证生态链企业的发展顺利。

（三）投资企业选择原则

对于一家企业是否值得被小米纳入生态链，刘德总结了以下原则：

（1）干的是不是大的领域、大的市场，因为小米生态链模式势必去做一些大市场；

（2）这个市场里的产品有没有不足，有痛点和不足才可以下刀子；

（3）看这个领域的产品可不可以迭代，不能迭代的话，这个公司就不能持久；

（4）是不是符合小米的用户群，离用户群越近越好干；

（5）团队是不是技术强，是不是一把牛刀；

（6）老大是不是跟小米有一样的价值观，不赚快钱，做国民企业。

正是在共同价值观的前提下，生态链中几十家公司才能组成一个联盟，才有可能共同合作推出爆款产品。

小米生态链为什么能够崛起？在刘德看来，一是小米生态链本身投资的严苛标准；二是享受了小米的红利；三是把握了好的时机。

第三节　企业托管经营

一、企业托管经营的概念

（一）企业托管经营的定义

托管经营是指企业资产所有者将企业的整体或部分资产的经营权、处置权，以契约形式在一定条件和期限内，委托给其他法人或个人进行管理，从而形成所有者、受托方、经营者和生产者之间相互利益和制约关系的经济行为。

在托管经营中，通常是委托人（通常指企业出资人）通过托管协议将企业经营权让渡给受托人，由受托人投入一定数量的启动资金，并把有效的经营机制、科学的管理手段、科技成果、优质品牌等引入企业，对被托管企业实施有效管理。所得收益由托管协议约定由委托人享有或者留存于被托管企业。通过企业经营权的转移，可以达到盘活存量资产、优化资源配置、提高资产经营效益的目的。企业托管的实质是使企业所有权与经营权有条件地实施分离，通过市场对企业的各种生产要素进行优化组合，提高企业的资本营运效益。

企业托管从理论上可以分为所有权托管和经营权托管。所有权托管是从罗马法的财产托管制度发展而来的，经法国、德国、瑞士等大陆法系国家的发展完善起来的，其含义是根据协议的约定，基于委托人对受托人的信任，委托人（财产所有人）将财产所有权信任性的、临时的转移给受托人，受托人取得对托管财产的所有权，并按照协议约定的方式使用一段时间后，又将财产转移给托管人或第三人所有的一种财产制度。经营权托管是指委托人将企业的经营管理权、处置权等通过协议的约定授予受托人，受托人基于其能力、资质实现受托资产保值、增值的一种经营管理制度。

在我国，企业托管主要是经营权托管。我国引入企业托管制度正是由于企业托管不涉及产权变更，可以回避产权变动这样比较敏感的问题。因此在我国企业托管的定义中其客体应当明确为企业经营权。企业托管制度作为一项外部财产管理制度，是通过引入外部经营者，即利用受托人在资金、技术、管理经验等方面的优势来提高企业的经营管理水平。在这种目标下，企业托管的标的物一般是指企业经营权，企业经营权应当是从属于产权的一个概念，是归属于企业本身的，但并不等同于法人财产权、企业所有权等概念。

（二）托管经营的特征

1. 企业托管实现所有权与经营权分离

企业实施托管经营，不涉及所有权的变更，只发生经营权在时空上的让渡，即在实际运作过程中，委托方只出让经营权，受托方一般只注入启动资金与输入现代管理技术，因此，托管经营不发生产权交易与转移，其交易风险相对较少。在企业实施托管后，委托方不通过银行贷款就可筹得启动资金，获得先进的经营管理技术，使企业摆脱困境、步入良性循环；受托方则可以较低成本获取经营场所，扩大经营规模，为企业实施规模经营创造条件。

2. 企业托管是一种综合治理企业法

企业托管是一种综合治理企业法，其内部震荡小，托管双方权责明晰。托管是在企业资产保值、增值的基础上，对企业资产的经营管理，而且是一种开放式的经营管理，其目标是提高企业资产的运营效率，因而有利于资源的调动和企业的整改，也有利于企业的中长期发展。企业托管较好地形成了企业产权市场化营运的内部利益激励机制，有效地避免短期行为和事实上的负盈不负亏，企业经营风险最终由委托方与受托方共同承担，起到了分散风险的作用，从而也强化了经营者的责任。

3. 托管企业具有相对独立性

企业托管并未发生所有权的转移，因此与企业兼并不同，企业仍然保留原来企业的名称和经济性质，也不同于企业租赁，即只保留企业财产所有权，不保留原企业职工和独立核算制度。企业被托管之后，托管方与托管企业发生的经济往来，应属一般的经济关系，使用相应的经济法律、法规来调整。对于托管方当事人超越托管权限，侵犯托管企业的合法权益的行为，委托方有权予以抵制和拒绝。如果托管方当事人已经损害了托管企业经济利益，且该行为不属于托管合同约定的形式的范围，托管企业可以直接提起诉讼要求托管方予以赔偿。

4. 企业托管的委托方和受托方地位平等

企业托管并不即刻发生企业产权交割，政策障碍较少，委托方和受托方处在平等的地位，加大了成交的可能性、合理性和有效性。托管合同只是内部合同，只是对托管方和委托方当事人发生相应的法律效力，不具有对抗第三人的法律效力。

二、企业托管经营的类型

（一）按照托管内容分类

1. 债权托管

债权托管是将银行或企业已经形成的或即将形成的呆滞债权，通过与托管公司签订契约合同，将该债权交由托管公司去盘活变现或有偿经营的一种经营方式。债权所有者进行债权托管的目标，主要是为了加强债权催收，改善债权人的资产结构，提高债权人的经营能力。

2. 股权托管

股权托管是非上市股份有限公司将股东名册委托股权托管机构管理的民事行为，也是为降低公司管理股东名册的运营成本而提供的一种社会化服务，其本质在于弥补非上市股份有限公司股东名册的管理缺位，由客观公正的第三方为非上市股份有限公司提供具有公示力和公信力的股东名册记载，为股东提供所持股权的有效权属证明。作为所有者实施股权托管的目标，必然是为了改善企业的经营管理，提高企业的盈利能力，最大化地使资产安全增值。

3. 技术托管

技术托管是指新技术的发明者、专利的所有者、专有技术的拥有者为促进科技向生产力的转化、促进技术的社会效益与经济效益的实现，通过契约形式，将该技术交由托管公司，通过托管公司的运作，使该技术在较短时间内，得到有效利用，创造最大效益。

4. 资产托管

资产托管是指拥有资产所有权的企业、单位，通过签订契约合同的形式将资产有偿托管给专业的托管公司，由托管公司进行综合的资产调剂，并最终实现资产变现的一种经营方式。

5. 投资项目托管

投资项目托管是指陷入困境的投资项目、准备投资但无力有效经营管理的投资项目的投资人，通过签订契约的方式将这些投资项目委托给具有较强经营管理能力的专业托管公司进行经营管理，以达到盘活或者继续推进该项目。

6. 物业托管

物业托管是指拥有难以盘活的不良房产或地产（如土地、厂房、宾馆、写字楼、商业住宅等）的所有者，将其不良房产或地产通过签订契约的方式有偿托管给专业的托管公司，由托管公司结合其各方面的综合优势加以利用、盘活、变现的一种经营活动。

7. 证券托管

证券托管是指作为法定证券登记机构的结算公司及其代理机构，接受投资者委托，向其提供记名证券的交易过户、非交易过户等证券登记变更、股票分红派息以及证券账户查询挂失等各项服务，使证券所有人权益和证券变更得以最终确定的一项制度。证券托管是财产保管制度的一种形式。

8. 营销网络托管

营销网络托管是指生产企业或经销商在特定地区铺设销售网点遇到困难时，通过与托管公司签订契约合同，委托托管公司在规定时间内有偿建设销售网点或利用托管公司已有销售网络渠道进行销售的经营活动。

（二）按照托管经营实体分类

1. 整体托管

整体托管经营是受托方由委托方委托认可后，对其被托企业或资产的整体行使企业法人的权力和责任，并充当企业法定代表人的一种托管经营形式。就企业而言，是指对被托企业实施人财物、产供销全面信任托管；就资产而言是指对包括全部资产本身及债权债务的全面信任托管。

整体托管经营从产权所有关系角度来看，它是委托者与受托者之间企业法人财产权的让渡，在企业法人财产权让渡的过程中同时伴有产权经营风险的转嫁；从产权管理关系的角度来看，委托者与受托者是一种信任托管的关系，委托者出于对受托者充分信任的基础上，通过法人财产权的让渡及产权经营风险的转嫁，保证产权资本的最大受益；受托者则是出于对产权经营的信心，通过托管投资和经营商品的转让，在拥有法人财产权和使用法人财产权风险的基础上获取托管投资的最大回报。微利或亏损的中小型企业一般可以实行整体托管经营，即将整个企业交给受托方进行经营。

2. 部分托管

部分托管经营又称分割托管经营，是受托方经由委托方认可后，对被托企业或资产的一部分代表委托方行使其法人财权，实施托管经营的形式。部分托管经营的受托者不能充当被托企业或资产的法定代表人，但它可以在被托企业或资产的法人资格体系下从事法人财产权的产权经营活动，其委托方及被托方必须对其支持，并保护其合法权益；也可以独立于被托企业或资产的法人体系之外从事法人财产所有权的产权经营活动，具体形式应由委托、受托双方以契约形式确定。在实践中，大型企业可以对其下属的分厂或车间、小型企业可以对其生产车间或生产线化整为零，单独授权，实行托管经营。

3. 专项托管

专项托管经营是受托方经由委托方委托认可后，对被托企业或资产的某个项目、某项业务、某项工作代表委托方行使经营管理权力的形式，专项托管与部分托管一样不能充当被托企业或资产的代表法人，一般情况下都是在被托企业或资产的法人体系下从事独立的托管经营活动。这里所指的专项内容包括产品的设计、生产的组织、产品的销售、企业形象设计、技术改造以及人员、资金、财产、债权、债务等。

三、企业托管的理论依据

（一）信托理论

信托，是指财产所有者为了取得收益或达到某种目的，在信任的基础上，通过签订契约，委托他人按照契约规定，代为管理、营运和处理其财产的一种经济行为。早期的信托以民事信托为主，这种信托的基本特点是不涉及利益关系调整，只体现无偿的民事行为。而现代信托指的是营业信托，这是一种以有偿、利益关系调整为核心的商业活动。现代信托作为一种经济行为，从本质上是一种法律行为。这一行为的成立一般需有明确的信托目的和合法信托行为当事人，并有书面契约方式对该行为加以确认。

信托当事人主要由委托人、受托人和收益人三者构成。这三者并不是绝对独立的，有时其中二者是统一的（如委托人等于收益人），有时又是不统一的（如委托人不等于收益人）。托管是信托的一种，即当委托人等于收益人时，企业托管经营完全符合信托的基本原理，这属于典型的自益信托（委托人等于收益人的信托）。显然，信托理论是企业托管经营方式的理论基础。

严格地讲，托管经营是指企业法人财产权主体（委托人）通过信托协议，将企业资产或者企业法人财产（整体或者部分）的经营权和处分权让渡给具有较强经营管理能力，并能够承担相应经营风险的法人（托管人），由托管人对受托资产进行管理和处理，保证企业资产保值、增值的一种经营方式。企业托管的实质是在明确企业资产所有者和经营者之间责、权、利关系中引入符合市场经济规则的信托机制。企业托管实质上源于信托。

（二）委托—代理理论

委托—代理理论是制度经济学契约理论的主要内容之一，其主要研究的委托代理关系是指一个或多个行为主体根据一种明示或隐含的契约，指定、雇佣另一些行为主体为其服务，同时授予后者一定的决策权利，并根据后者提供的服务数量和质量对其支付相应的报酬。授权者就是委托人，被授权者就是代理人。在委托代理关系中，委托人与代理人之间具有一种授权与受权的关系，它是基于代理权而产生的委托人与代理人之间的契约关系。委托人对代理人的选择与授权在委托代理关系中具有实质性的意义。

委托—代理与托管具有一些相同点：①两者都必须通过契约方式才能成立；②两者的主体中都有委托方和受托方，并且都要承担相应的风险，权利和义务关系明晰；③两者都涉及相似的利益分配机制，都涉及财产的管理与处分等。因此，现实中的企业托管经营模式与委托—代理理论互相吻合，这也正是企业托管生命活力的渊源。

四、企业托管经营的模式

（一）企业产权的托管经营

托管经营是以企业产权为标的物，委托方当事人依据一定的法律、法规和政策，通过与受托方签订合同，以一定的条件为前提，以一定的代价作为补偿，将企业的全部财产权让渡给受托方处置。企业产权的托管经营实质上是一种非公开市场的企业产权交易。在产权市场尚未健全与完善的条件下，托管经营已成为产权流通的一种变通方式。

（二）国有资产的托管经营

该种托管是指政府授权的国有资产管理部门，以国有资产所有者代表的身份，将国有企业和公司制企业的国有资产通过合同形式委托给受托方当事人。由于所有制性质决定，在这种托管经营中，托管的标的物只能是企业的经营权，而不是企业的财产权。这是一种以短期产出为运作目标的经济行为，受托方当事人只能在合同约定的范围内，通过对托管企业经营机制的转换以及采取其他手段，使国有资产保值和增值。

（三）国有企业的托管经营

该种模式是由特定的部门或者机构，将一部分亏损的国有中小企业接管，通过全面的改造，改变原有的企业结构和资产结构，从而实现资源的再配置。受托管方对托管企业是全面的接受，包括企业的全部财产、全部职员和债务。

（四）企业集团内部托管

企业集团内部托管，即母公司作为委托人，将所属某一子公司托管给另一子公司。这样做的原因是母公司拥有大批的全资子公司，并且母子公司位于不同地区，相互之间缺乏有效联系的渠道，子公司规模较小，相比之下管理成本太高，于是母公司将小企业委托给该地区其他大型子公司管理。因此，企业集团内部成员间的托管，被托管企业并非由于经营亏损，而是鉴于母公司管理成本的考虑，受托方代替母公司承担对被托管企业的管理工作，受托方不一定介入被托管企业的运营管理，而是对之承担代理所有者的作用。

五、企业托管经营运作的基本流程

托管经营的实际操作过程中，通常要完成确定被托管企业、提交托管报告、被托管企业的资产评估、组织招标评审等几项主要工作内容。托管经营的程序大致分以下七个步骤，如图 6-4 所示。

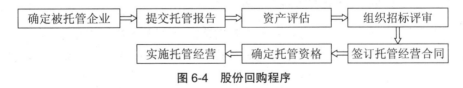

图 6-4　股份回购程序

（一）确定被托管企业

在托管前，委托方组织专家对委托企业进行立项调查和诊断，进行可行性分析、论证，选择并确定被托管企业。具有托管经营意愿的企业，也可以通过有关部门寻找目标公司，或者自己直接洽谈、寻找目标公司。

（二）提交托管报告

被托管企业确定后，委托方与受托方各自拟就托管报告上交国有资产管理部门或企业主管部门。托管报告获准后，要在当地主要报刊上发布托管经营消息，并告知被托管企业的债权人、债务人、合同关系人，以便对被托管企业的资产进行评估做准备。国有资产主管部门或企业主管部门向社会公告被托管企业的生产经营状况、资产负债表结构和所有权结构以及委托目标等内容。

（三）资产评估

在托管前，委托方应按照国家规定，聘请具有资产评估资格的社会中介机构对被委托企业的资产进行全面清查，界定产权并进行资产评估。要严格进行资产评估，切实搞清企业真实资产占有量，区分生产性资产与非生产性资产，在政策法规允许的情况下，调整企业资产负债结构，将评估核定的净资产总额作为被托管企业资产保值、增值的基础。

（四）组织招标评审

各有关部门组成招标评审委员会，按照公开、公正、公平的竞争原则，对各投标方的资信条件、经营管理能力、未来经营改造方案等进行评审并提出评审意见，为托管双方签订合同提供依据。

（五）签订托管经营合同

委托方与受托方应签订各自责、权明确的契约合同。托管双方在对经营目标、经营策略、风险责任、利益分配等合同条款达成共识后。签订委（受）托经营合同。

（六）确定托管资格

委托经营合同签订并在公证机关公证后，由委托方向受托方颁发委托经营书。然后到工商行政管理部门办理变更企业法定代表人的手续，确定托管资格。

（七）按照合同规定实施托管经营

受托方在产权清晰和享有充分经营自主权的前提下，应努力实现被托管企业资产的保值、增值和资产经营目标。政府应制定托管经营的实施办法和相应的配套政策，以规范托管经营行为和有利于托管工作的顺利开展。

六、企业托管经营的积极效应及存在的问题

（一）企业托管经营的积极效应

作为企业改革的一种形式，受自身适用范围和条件的限制，托管经营虽然没有像兼并、

收购那样在实践中得到迅速的推广，但是，企业托管还是产生了一些积极的影响。

1. 企业托管盘活了存量资本，为部分危困企业解决了困难

实行托管的企业，大多数都是实行股份制改造无聚资力，"租、卖、兼"无吸引力，破产倒闭无承受力的"三无"企业。受托方接管后，在盘活存量资本上大做文章，采取增加投入、检修设备、技术改造、狠抓产品质量、积极拓宽市场渠道等措施，使大部分低效资产和限制设备得到了利用。

2. 转换了企业的经营机制，扩大了企业的自主经营权，提高了企业的管理水平

企业托管通过合同关系界定了企业所有者和企业经营者的权利、义务关系，为实现政企分开、政资分开和两权分离创造了条件。托管经营与承包经营的一个非常重要的区别就是，托管经营克服了承包经营在两权分离上的局限性。承包经营企业的内部选择或者行业内部选择，多限于经营者个人，经营风险承担能力弱。而托管经营面向广阔的市场，由市场来完成对委托双方的选择，具有广阔的选择空间。企业托管实行与承包经营完全不同的经营机制，避免了承包经营的短期行为和事实上的包赢不包亏，由国家承担无限责任的弊端。承包经营以一定的经营利润为指标，不能从利益上促成经营者收入与企业资产增值的联动效应，导致了承包者的短期行为。

3. 扩大了融资渠道，缓解了企业资金紧张的矛盾

在企业重组的过程中，有相当一部分优势企业需要增加投入，扩大生产规模，提高市场竞争力，但由于缺乏资金，无论是增量投入还是存量调整，都受到了很大限制，而实行托管经营，由优势企业对困难企业采取一些"扶贫济困"的措施，当推进成熟时，即可实施兼并。这样做的好处是，受托企业可以在不增加或者少增加投入的情况下，以最低的成本获得被托企业的厂房或者设备，实现资产的流动和重组。

（二）企业托管经营中存在的问题

由于法律、法规不健全，托管经验不足，以及长期的旧体制遗留因素的影响，企业托管中也存在一些问题。

1. 委托主体不明确

国有企业的产权主体应当是被托管国有企业的委托主体，如果国有企业产权主体模糊或者虚置，则必然造成托管过程中委托主体的不明确。以目前的实际情况来看，各级政府、主管部门、金融部门、国有资产管理部门以及大型企业都可能是委托主体，但有时又缺乏严格的法律依据，常常出现多头负责又无人负责的现象。

2. 国有资产管理部门在企业托管过程中没有发挥应有的作用

托管经营涉及经营权转让，实质上是一种国有产权变动行为，作为国有资产专门管理部门，对托管企业的行业性质，企业规模，受托方的托管资格，国有资产的产权变更登记，企业兼并的审批，资产评估以及对受托、被托企业的监管等都应当有明确的规定。

3. 托管合同不够规范

托管行为是一种新型的法律行为，依照合同法的规定很难完全明确合同双方当事人的权利和义务。应要求当事人根据具体的情况约定双方的权利义务，以免由于托管纠纷而影

响托管经营的实际效益。

【案例6-2】 德国的政府托管模式

企业托管经营起源于德国，是德国政府在东西德统一后，针对东德那些濒临亏损破产境地而又拍卖不成的国有企业实行整顿再出卖或破产，以实现国有企业私有化的过渡性措施。其具体做法是，在两德统一之前依照有限责任公司的形式成立托管局，负责对原东德国有企业及相关国有资产实现私有化的过程。

1990年前后，德国政府对原东德国有企业进行大规模重组，而这一任务是通过托管局完成的。托管局成立于两德统一之前，它是依照有限责任公司的组织形式设立的。托管局具有双重身份，一方面作为政府设立的机构，隶属于联邦政府，其业务工作受到联邦财政部、经济部的监督，9人执行委员会的控制和审计局的审计；另一方面，作为企业法人，又相对独立于联邦政府，拥有财政预算额度内的国际资本市场的融资能力。

德国托管局重组国有企业分三步：第一步是将8 000家大型工业联合体和国有企业，分解成12 000多家中型或小型企业；随之将其改组为有限责任公司和股份有限公司，新公司的产权由托管局独家持有，同时建立大中型国有企业数据库；第二步是评估企业价值；第三步是在综合分析的基础上将国有企业分成三大类分别进行重组。将基本条件较好的企业立即出售；对条件较差，但有发展前途的企业由托管局通过委托或租赁承包等形式限期整顿；对既没有可能恢复竞争能力又造成严重污染的企业采取停业和关闭的办法。

【案例6-3】 捷克斯洛伐克的统一银行托管模式

该模式是指政策委托统一银行管理商业银行不良债权的方式。自1990年以来，捷克斯洛伐克实行二级银行制度，国家银行成为中央银行，商业信贷业务由三家银行承担。这三家银行承接了原国家银行的资产与负债，但"流通中的货币"一项，仍保留在国家银行的资产负债表中，由此导致三家银行资产负债表不平衡。同时因以下两大原因，使三家商业银行的市场运作先天不足，一是初始资本不足；二是所承接的信贷资产中，有40%的周转性贷款，这种贷款是由于国家过度征税而以此弥补企业损失而发放的，且无期限，年利率仅为6%，大量的低息、无限期贷款，必将导致商业银行支付困难。

1991年6月，将商业银行2/3的周转性存货贷款（约1 102亿捷克货币单位）转移给统一银行账户。同时，各商业银行除与转移贷款资产相等额的负债，包括国家银行分解时提供的再分配资金和部分存款，转移到统一银行账户，旧体制的遗留问题转移给统一银行，为国有商业银行的民营化奠定了基础，同时使企业的融资成本降低，有了长期稳定的资金。从捷克斯洛伐克统一银行的运作职能看，它实际上是银企重组过程中的债权托管机构。

截至1992年6月，企业已偿还了到期180亿贷款，还剩余920亿贷款。捷克斯洛伐克政府成立统一银行的目的，是为了重组国有企业和国有银行。为了解决历史遗留问题，1992年开始，捷克斯洛伐克对国有银行实行民营化改造，经过数年间的重组，捷克(前身为捷克斯洛伐克，于1993年与斯洛伐克和平分离)的国有银行商业化改造已基本完成。

复习思考题

一、在线测试题（扫描书背面的二维码获取答题权限）

扫描此码  自我测试

二、简答题

1. 什么是资本重组？资本重组的方式主要有哪几种？
2. 什么是战略联盟？战略联盟有哪几种类型？
3. 战略联盟的主要理论有哪些？其基本内容是什么？
4. 简述战略联盟与并购的差异。
5. 简述建立战略联盟的管理机制有哪些？
6. 什么是企业托管经营？它有哪些特征？
7. 企业托管经营的模式有哪几种类型？
8. 举例企业托管经营中存在的问题。

第七章 资本收缩

内容提要

资本收缩是指企业把自己拥有的一部分资产、子公司、内部的分支机构转移到公司之外，从而缩小公司规模的经济行为。企业通过资本收缩，对企业规模或主营业务进行重组，其根本目的是提高企业的运营效率、实现企业价值最大化。本章将主要讲述资本收缩的三种基本模式，其中第一节主要介绍资产剥离；第二节主要介绍公司分立；第三节主要介绍股份回购。

学习要点

● 掌握三种资本收缩的基本含义；
● 掌握资产剥离的类型；理解资产剥离的动因；了解资产剥离的程序；
● 掌握公司分立的基本模式，理解公司分立的动因及分立的利弊分析；
● 了解股份回购的理论假说和操作模式。

第一节 资产剥离

一、资产剥离的含义

在西方市场经济发达国家的第三次兼并与收购浪潮中，混合并购占据重要的地位。受多元化战略的影响，这一时期的兼并与收购多为毫无关联的企业之间的并购，结果是形成了许多无关多元化经营。但从 20 世纪 70 年代开始，出现了越来越多的剥离、分立、出售资产等现象。进入 20 世纪 80 年代后，企业的多元化战略也开始转向注重企业的核心竞争力。越来越多的企业认识到，通过剥离、分立、出售那些不适合企业长期战略、没有成长潜力或影响企业整体业务发展的子公司、部门或产品线，可以使自己更加集中于某种经营重点，从而更具竞争力。企业通过剥离、分立等方式，可以使企业所拥有的资源达到更有效的配置，从而提升企业的资产质量和资本价值。

（一）资产剥离的定义

目前理论界对于资产剥离有两种不同的界定方法：一种是狭义的方法，认为资产剥离是指企业将其所拥有的资产、产品线、经营部门、子公司出售给第三方，以获取现金或股票或现金与股票混合形式的回报的一种商业行为。弗雷德·威斯通等认为资产剥离意味着把公司的一部分出售给第三方，出售资产、生产线、子公司或者部门是为了获得现金或证券或是二者的结合。[①] 我国学者干春晖也认为资产剥离就是指公司将其现有的某些

---

① J.弗雷德·威斯通，S.郑光，胡安·A.苏.接管、重组与公司治理（第二版）[M].李秉祥，等，译.大连：东北财经大学出版社，2000.

子公司、部门、产品生产线、固定资产、债权等出售给其他公司，并取得现金或有价证券的回报。[①]

另一种是广义的方法，认为资产剥离除了资产出售这一种形式以外，还包括企业分立和股权切离等形式。桑德萨那姆认为资产剥离是收购的另一面，即公司将其分支或附属机构出售给其他公司，并认为公司资产剥离的形式包括公司出售、分立（spin-offs）、切股（equity-carve out）、管理层收购（MBO）等。[②]

从实践的角度来看，目前我国资本市场发育仍不完善，上市公司所进行的资产剥离主要是以资产出售为主，狭义的资产剥离更接近人们使用该词的本义。因此，本书采用狭义的资产剥离概念。

资产剥离，也可以简单地理解为资产出售。出售与收购是紧密相连的，资产出售的另一面就是资产的收购。因此，资产剥离的交易可用图7-1表示。

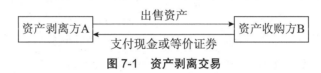

图 7-1 资产剥离交易

（二）资产剥离的特点

1. 资产剥离操作比较便捷

资产剥离是最简捷的公司紧缩手段，不涉及公司股本的变化。通常，股本的变化要得到股东大会和债权人的同意才能进行，而且受到的法律约束比较多。剥离只是公司出售其资产的一部分，公司的经营决策层可以自主决定，不必征求股东大会与债权人的同意。因此，剥离操作起来比较便捷。我国有些上市公司为了年底的利润包装，也常采用资产剥离这一重要工具。

2. 资产剥离方式比较灵活

资产剥离可以向公司外的机构与个人出售，也可以向公司的管理层或员工出售，即管理层收购与员工持股计划。管理层收购与员工持股计划在美国等西方市场经济发达国家比较普遍，也已成为资产剥离的重要方式，这对我国具有借鉴意义。

3. 资产剥离可直接获得现金较有吸引力

通过剥离出售公司部分非核心或非相关业务，可以直接获得现金或等量证券收入，这对急需现金的企业具有较强的吸引力。

4. 资产剥离的会计处理较为简便

资产剥离时，如果出售的是其下属控股公司时，应根据收到的现金（或其他资产）与长期股权投资的账面价值之间的差额确认"投资收益"。如被剥离的资产是企业内部的无独立法人地位的部门或产品生产线时，应视为资产处理，其损益计入"营业外收入"。

---

① 干春晖. 资源配置与企业兼并 [M]. 上海：上海财经大学出版社，1997.

② P. S. 桑德萨那姆. 兼并与收购 [M]. 北京：中国人民大学出版社，1997.

（三）资产剥离的计量

1. 为拟剥离部分建立子信息系统

拟剥离资产的确认标准有三个：①企业依据一个单独的资产剥离计划来剥离企业的一个部分，剥离方式是整体转让而不是零星处置；②被剥离的部分作为一个整体具有一定的组织功能，该功能具有相对独立性；③能从经营上或财务报告的目的上加以区分。具体地说，就是被剥离部分的资产和负债相对独立；归属被剥离资产的经营收入可以辨认，或能够与其他收入相区分；归属被剥离资产的经营费用，大部分能够直接辨认。

当有确凿的证据表明企业要实施资产剥离时，会计人员就应当在账簿体系中有意识地将拟剥离部分分离出来，并以它为对象归集新的信息，包括确认其资产、负债的账面价值及变动情况，归集正常经营过程中属于它的收入、费用、所得税和现金流量信息，计量资产剥离的交易费用。

资产剥离的交易费用是指从确定企业要实施资产剥离开始到资产剥离实际完成为止所发生的交易费用，包括中介服务费、考核费、签约费、公告费、过户费和交通费等。从理论上说，这部分费用一般只包括资产剥离过程中的交易费用，未包括资产剥离前的准备成本和资产剥离后的后续成本。

2. 拟剥离资产的期末计价

期末，拟剥离资产应当按照成本与可收回金额孰低计价。这种计量观与我国新会计制度的精神一致。对拟剥离资产按成本与可收回金额孰低计价时，企业应估计拟剥离资产的可收回金额，将可收回金额低于成本的差额确认为减值准备。这些损失或收益应当作为"拟剥离资产持产损益"在利润表中单独反映，因为它属于非持续经营部分的损益，这样做符合分开披露的原则。

另外，由于资产剥离意味着将资产整体处置，所以拟剥离资产的可收回金额应当按整体确定，由此确认的减值准备应根据成本在拟剥离的各项资产中平均分配。

3. 资产剥离的损益

企业应当在资产剥离交易完成时，将实际成交价格扣除实际交易成本后的净额与被剥离资产的账面价值（成本与可收回金额中较低者）的差额确认为当期损益，作为"资产剥离损益"在利润表中予以单独反映。其公式为：

资产剥离损益＝实际成交价格－被剥离资产的账面价值－交易费用

如果有确凿的证据表明企业将实施资产剥离，那么企业就应当开始披露资产剥离信息，由于资产剥离交易持续的时间可能较长，所以在资产剥离实际完成之前还要追踪披露。信息披露主要在企业的定期财务报告和临时公告中进行，如果是重大资产剥离交易，企业还应当披露模拟历史信息。

二、资产剥离的动因

（一）增加企业的收益

1.通过向更合适的公司出售资产而获益

资产的出售可以直接为企业带来现金收入或资产价值增值。卖方企业的资产能够出售，一个重要的原因是剥离的资产在买方企业可能是稀缺资源，能发挥更重要的作用，创造更大的价值。因此，资产能被出售，并给卖方带来经济回报。一些企业将自己的一些非核心业务或一些弱小的部门剥离后，转为投资于另一个期望收益更大的业务或项目，从而增加企业的获益空间。

2.收获过去的成功

一些资产的剥离是对成功投资的收获，这些投资是由有利的市场条件促动而成的。这种剥离旨在使财务和管理资源可用于开发其他机会。如美国硅谷的许多公司，将自己成功的项目或业务出售而获得收益，然后再开发其他项目或业务。成功一个出售一个，如此循环，企业获得巨大的经济收益。

母公司可能觉得如果被剥离的部分是一个"独立的"实体，那么它在股市的估价将会更高。因为市场会得到关于被剥离公司的更多信息，这增加了股市将该公司估价更高的潜力，从而增加了剥离公司股东的财富。

（二）适应经营环境变化，调整经营战略

1.优化资产结构

母公司的战略重点可能已经转变，而被剥离的部分与新战略不甚相符。母公司可能希望专注于最有竞争实力的领域，这个过程被称为"扬长避短"。被剥离的部分或下属公司可能在运作上不及该行业其他竞争者，或跟不上剥离者组合之内的其他业务。

2.纠正战略错误

母公司可能涉面过广，导致对各分部表现的监控难以进行。被剥离的部分可能表现不错，但它在行业内所处的情形可能使它缺乏长期的竞争优势，因此，母公司可能判定它获得较强竞争地位的前景不佳。

（三）提高资产的流动性

1.直接获取现金

企业需要大量现金来满足主营业务扩张或减少债务的需要，而通过贷款或发行股票、债券等方式来筹集资金可能会出现一些障碍，此时通过出售企业部分非核心的方式来筹集资金，不失为一种有效的选择。被剥离的业务可能曾作为收购的一部分被购进，但母公司可能需要筹集资金以支付收购。

2. 剥离不良资产

实现利润增长、企业价值升值是企业发展追求的目标，一些利润水平低或正在发生亏损，以及达不到初期利润增长预期的业务部门或子公司，往往成为被剥离的首选目标。

（四）降低运营风险

1. 消除负协同效应

被剥离的部分可能因为吸收了数量不相称的管理资源，而加重了管理上的不协调性，表现为失控与管理效率低下。有时企业的某些业务与企业的其他营利性业务相抵触，明显干扰了企业业务组合的运行，产生了所谓的负协同效应，即"1+1<2"。在这种情况下，可以选择剥离这些不适宜的业务，以便降低生产效率下降的风险。

2. 避免被接管风险

剥离也可以被用作对付恶意收购的一种防御：如"皇冠珠宝"的出售，起到了一种防范被接管的作用，避免自身被其他企业收购，降低了被收购的风险。

3. 降低财务风险

母公司可能遭遇到财务困境急需现金缓解，以避免最终倒闭。这类企业一般是亏损较为严重，不能偿还到期债务，或经营状况尚可，但负债比例过高的企业。为避免破产，或迫于债权人的压力，往往不得不通过出售资产套取现金，以偿还债务。

（五）我国资产剥离的特色动因

由于我国目前的资本市场还处于不断完善之中，尚不成熟，因此我国的企业对于上市有着特殊的需求。

1. 保上市资格需要

根据 2014 年最新修订实施的《中华人民共和国证券法》第五十五条规定，"公司最近三年连续亏损，由证券交易所决定暂停其股票上市交易"；第五十六条规定"公司最近三年连续亏损，在其后一个年度内未能恢复盈利，由证券交易所决定终止其股票上市交易"。由于在我国上市公司资格是稀缺资源，上市公司采取资产剥离的方式，迅速改变其亏损局面，可以保住其上市资格。

2. 买壳上市需要

一些企业为达到快速上市的目的，采取买壳上市的方式，从而间接上市，也不失为一条间接的有效渠道。由于我国主板市场的上市条件较为严格，且时间过长，对于许多企业来说直接上市并不是理想的选择。因此，企业会选择通过对上市公司原业务进行剥离，转换主业，实现间接上市。现阶段，采用这种方式上市的公司在我国证券市场层出不穷。买壳上市方式下的资产剥离主要有两种：在买壳前对壳公司进行资产剥离的，一般是将资产剥离给原大股东；在买壳后对壳公司进行资产剥离的，一般是将资产剥离给新入主公司的控股公司。

三、资产剥离的类型

（一）按剥离是否符合企业的意愿分类

按剥离是否符合企业的意愿分类，可以分为自愿剥离与非自愿剥离。自愿剥离是指企业出于自身发展需要、符合企业自身意愿而主动进行的资产剥离。非自愿剥离是指由于违背了政府的相关政策或反垄断法，在政策或法律的压力下不得不实施的资产剥离。例如，企业在规模扩张后可能产生垄断，为了恢复市场竞争，政府要求处于垄断地位的企业出售其部分业务。

（二）按剥离出售资产的形态分类

按照剥离业务中所出售的资产形式，可分为出售有形资产、出售无形资产、出售子公司。有形资产主要包括部分场地、设备等固定资产，以及产品生产线等；无形资产主要包括专利权、商标权等。出售子公司，通常是将一个持续经营的实体出售给其他公司，这时，在剥离中不仅包括产品线、场地、专利等有形资产和无形资产，而且还包括相关的职能部门及其职能人员。

（三）按出售资产的交易双方关系分类

按剥离中的交易双方关系划分，可以分为关联方资产剥离、非关联方资产剥离。在关联方资产剥离方式下，进行资产剥离的双方有着较为密切的产权关联，这种方式在上市公司中表现极为普遍，其原因主要在于交易双方有关联，交易容易达成，而且可以节约交易成本；交易方式和支付方式较为灵活；相对于出售给非关联方带来的竞争和威胁，出售给关联方带来的竞争和威胁要小得多。非关联方剥离方式是指企业将资产出售给与企业不存在关联的外部经济主体。

（四）按资产剥离的实现方式分类

按资产剥离的实现方式分类，可以分为纯资产剥离和资产负债剥离。纯资产剥离是指企业只对其所拥有的部分资产进行剥离，接受方以现金或等价物交换。资产负债剥离是指企业将部分资产和负债一同剥离，差额部分由接受方以现金或准现金资产支付。

四、资产剥离的操作程序

通常，剥离由企业自己发起。在剥离之前要制订详细的剥离方案，确定要出售的资产。在执行方案过程中，主要是寻找买主、商定交易价格、完成剥离。剥离后，如有必要还要帮助买方度过其过渡期，如有遗留问题，则要加以妥善处理。剥离也可以由买方发起，在这种情况下，通常是由有兴趣购买资产的企业发出购买要约，双方协商成交价，完成交易。

企业资产剥离的具体操作程序如图 7-2 所示。

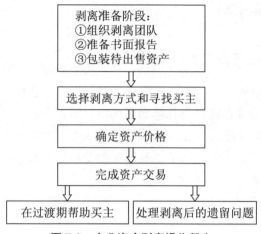

图 7-2　企业资产剥离操作程序

（一）资产剥离的准备阶段

在准备阶段，企业首先是要组建剥离团队，团队成员一般由运营经理、财务总监、投资银行家、律师、会计师等组成，直接向负责拟剥离部门的经理报告。其次是准备一份书面报告，该报告应包括资产负债表、运营情况报告、主要的资产与负债等。最后是包装拟出售资产，如维修计划、关键资本支出等，这样可以增加拟出售资产的吸引力。

（二）选择资产剥离方式和寻找买方

资产剥离方式已在本节前面详细介绍过，企业可以根据每种资产剥离方式的特点和局限性，并结合拟剥离资产的特征选择合适的剥离方式。

寻找买方的途径主要是通过经纪人、投资银行等中介组织以及律师、会计师等寻找，也可以通过广告寻找。找到潜在的买主后，要对其能力进行认真的评估，包括审查买方的财务状况、资金来源、经营能力等。

（三）确定拟剥离资产的价格

企业在估算其价值时，通常采用现金流折现法（DCF）。其精髓在于将企业资产的各期净现金流按照折现率折现，通常用净现值（NPV）来反映其价值。折现率的确定通常采用资本资产定价模型（CAPM）和资产的加权平均成本（WACC）方法。传统的价值评估方法还有基于收益的模型，即通过会计利润的某种比率（如市盈率）测量价值；基于资产的模型，即通过直接投资项目的实物资产和金融资产的销售价值或重置价值来测量价值。理论上，净现值是在理性的经济框架下计算出来的，现金流折现法具有将所有估价过程中所做的假设明确化的优点。因此，现金流折现法被广泛使用。

在确定要价时，还要考虑买卖双方的博弈关系。如果卖方想在短时间内出手，开始的要价要合理；如果买方有强烈的愿望收购资产，卖方的要价可以适当提高。

（四）完成交易

买卖双方对要剥离的资产或部门或子公司进行调查、评估、谈判后，就必须请律师为买卖双方各拟一份合同草案。在达成正式合同的过程中，通常会出现许多需要进一步协商的细节性问题。如果一切顺利的话，完成交易之日最终就会到来。产权交割之日，各种文件的交割，由买卖双方的律师和董事长执行。一般来说，需要交割的文件有下面所述的这些：

出售股票：①股票买卖协议书；②交易合法性评审意见书；③转让公司控制权的股权证书；④期票和有价证券工具；⑤董事会决议；⑥财产转让证书以及第三方的承诺。

资产出售：①资产买卖协议书；②交易合法性评审意见书；③卖契；④期票、抵押和有价证券工具；⑤财产转让证书以及第三方的承诺。

根据及时性原则，当有确凿的证据表明企业要实施资产剥离时，就应当从会计上分离资产剥离信息。当企业签订了具有法律效力的资产剥离协议，或者董事会已经批准并宣布了正式的资产剥离计划，就可以认定证据已经充分，此时便应当开始分离、核算资产剥离信息，并在当期的财务报告中开始披露。

（五）在过渡时期帮助买方

在资产、部门或子公司向买方转移的过渡过程中，买方通常需要卖方的帮助。需要帮助的方面包括管理、财务、制度或者公司的其他活动，如总的经营管理。有时候，买卖双方可能派出专家一道工作，使交易在每一个领域都能有序地进行。

（六）处理剥离后的遗留问题

剥离一个正在经营的企业，通常会在剥离完成后的一个相当长的时期内产生许多遗留问题。出售之日要转移责任，就要对部门进行彻底切割，这会使许多有问题的交易浮出水面，尤其是应收、应付账款方面。这些应收、应付账款有可能引起卖方、买主、客户三方之间的争端，要加以妥善解决。

【案例 7-1】 顺丰速运修改借壳方案，7.2 亿金融资产被剥离

2016 年 7 月 26 日，顺丰控股 A 股壳公司鼎泰新材在午间发布修改版的重大资产置换及发行股份购买资产并募集配套资金暨关联交易报告书。该公告显示，顺丰控股将向其控股股东明德控股或其指定的除顺丰控股及其子公司之外的第三方转让深圳市顺丰合丰小额贷款有限公司（以下简称"合丰小贷"）100% 股权、深圳市顺诚乐丰保理有限公司（以下简称"乐丰保理"）100% 股权和顺诚融资租赁（深圳）有限公司（以下简称"顺诚融资租赁"）100% 股权。

换言之，合丰小贷、乐丰保理、顺诚融资租赁这三部分金融资产将不再被顺丰控股打包上市。对于剥离金融资产的原因，公告称，是"为保证本次重大资产重组顺利实施，根据监管和市场环境变化情况"而进行的安排。

此次顺丰控股剥离合丰小贷 100% 股权的交易作价为 29 932.04 万元，剥离乐丰保理 100% 股权的交易作价为 5 057.46 万元，剥离顺诚融资租赁 100% 股权的交易作价为 36 705.15 万元，三笔交易共计约 7.2 亿元，受让方以现金支付交易对价。

关于顺丰上市：

2016 年 5 月 23 日，A 股公司鼎泰新材发布公告，宣布鼎泰新材以截至拟置出资产评估基准日全部资产及负债与顺丰控股全体股东持有的顺丰控股 100% 股权的等值部分进行置换。

以 2015 年 12 月 31 日为基准日，交易的拟购买资产顺丰控股 100% 股权预估值为 448 亿元，由于 2016 年 5 月 3 日顺丰控股召开股东大会，决议以现金分红 15 亿元，此次顺丰控股 100% 股权的初步作价为 433 亿元。

公告称，经交易各方协商一致，本次交易中拟置出资产初步作价 8 亿元，拟置入资产初步作价 433 亿元，两者差额为 425 亿元。置入资产与置出资产的差额部分由公司以发行股份的方式自顺丰控股全体股东处购买。

2017 年 2 月 24 日，随着重大资产重组已经完成，顺丰控股公司已转型进入快递物流行业。为更好地适应公司未来发展的需要和战略规划，公司决定对公司名称及证券简称进行变更，由"鼎泰新材"变更为"顺丰控股"，公司证券代码不变，仍为"002352"。

第二节　公司分立

一、公司分立的含义

（一）公司分立的定义

在我国，公司分立是指一个公司通过依法签订分立协议，不经过清算程序，分离为两个或两个以上公司的法律制度。从企业的行为角度看，是指一个企业分成两个或多个企业的行为。公司分立时，其财产应作相应的分割。按照分立后原企业是否持续，企业分立可以分为新设分立和派生分立。

我国《公司法》并没有对公司分立的形式进行规定。关于公司分立形式的立法规定只能详见于《关于外商投资企业合并与分立的规定》第四条的规定，该条对公司分立规定了存续分立和解散分立两种形式。其具体规定为："公司分立可以采取存续分立和解散分立两种形式。存续分立，是指一个公司分离成两个以上公司，本公司继续存在并设立一个以上新的公司。解散分立，是指一个公司分解为两个以上公司，本公司解散并设立两个以上新的公司。"

1. 存续分立

存续分立又称派生分立，是指一个公司按照法律规定的条件和程序，将其部分资产或营业进行分离，另设一个或数个新的公司或分支机构，原有公司继续存在的公司分立形式。存续分立方式，本公司继续存在但注册资本减少。原股东在本公司、新公司的股权比例可以不变。在实践中，总公司为了实现资产扩张，降低投资风险，往往把其分公司改组成具有法人资格的全资子公司。此时，总公司亦转化为母公司。母公司仅以其投资额为限对新设子公司债务负有限责任。

2. 解散分立

解散分立又称新设分立，是指一个公司将其全部财产分割，解散原公司，并分别归入两个或两个以上新公司中的行为。在新设分立中，原公司的财产按照各个新成立的公司的性质、宗旨、业务范围进行重新分配组合。同时原公司解散，债权、债务由新设立的公司分别承受。新设分立，是以原有公司的法人资格消灭为前提，成立新公司。

（二）公司分立的特征

1. 公司分立是公司合并的逆向行为

"分立"与"合并"是一个相反的过程，即分立是减法过程，合并是加法过程。从字面意思两者方向相反，互为可逆。原公司与分立后的公司之间、分立后公司相互之间，既无公司内部的总公司与分公司的管理关系，也不是企业集团中成员相互间控股或参股的关系，而是彼此完全独立的法人关系。

2. 公司分立是公司组织法定变更的一种特殊形式

公司的分立不是公司的完全解散，无须经过清算程序而实现在原公司基础上成立两个或两个以上公司。分立后的企业是独立法人，而不是企业内部的一个分支机构。分立是单个企业的行为，只需本企业的主管部门或股东进行决议就行。在这个意义上，公司分立是法律设计的一种简化程序。

3. 公司分立必须依法定程序，按法定要求进行

由于公司分立将会引起分立前公司主体和权利义务的变更，而且也必然涉及相关主体的利益，因此为了保护各方主体利益，分立行为必须严格依照公司法所规定的条件和程序来进行。

（三）西方国家对公司分立的界定 [①]

公司分立最早出现在法国，1966年分立这一制度首次在法国公司法中出现，并逐步传播到欧洲大陆及其他国家。

1. 公司分立的标准形式

一个标准形式的公司分立是指一个母公司将其在某子公司中所拥有的股份，按照母公司股东在母公司中的持股比例，分配给现有母公司的股东，从而在法律和组织上将子公司的经营从母公司的经营中分立出来。这会形成一个与母公司有着相同股东和持股结构的新公司。在分立过程中，现有股东对母公司和分立出来的新公司同样保持着原有的权利，不

---

① 俞铁成. 公司紧缩 [M]. 上海：上海远东出版社，2001：158-163.

存在股权和控制权向母公司和其他股东之外的第三方转移。

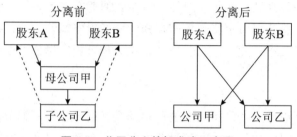

图7-3　公司分立的标准式示意图

如图 7-3 所示，图中的实线箭头代表持股关系，虚线箭头代表股份分配关系。分立前股东 A 和股东 B 共同持有甲公司的股份，甲公司是乙公司的母公司。虚线箭头代表甲公司准备把其在乙公司的全部股份按 A、B 持有甲公司股份的比例同等地分给股东 A 和股东 B。分立交易后，股东 A 和股东 B 同时持有了甲公司和乙公司，而甲公司不再是乙公司的母公司，两者为共同的股东所持有，两者的股权结构也一样。

除了公司分立的标准式以外，还有多种形式的变化，主要有换股分立和解散分立两种衍生形式。

2.换股分立

换股分立是指母公司把其在子公司中占有的股份分配给母公司的一些股东，而不是全部母公司的股东，交换其在母公司中的股份。它不同于纯粹的分立，在换股分立中，两个公司的所有权比例发生了变化，母公司的股东在换股分立后甚至不能对原子公司行使间接的控制权。换股分立不像纯粹的分立那样会经常发生，因为它需要一部分母公司的股东愿意放弃其在母公司中的利益，转向投资于子公司。实际上，换股分立也可以被看成一种股份回购，即母公司以下属子公司的股份向部分母公司股东回购其持有的母公司股份。在纯粹的分立后，母公司的股本没有变化，而在换股分立后母公司的股本减少了，如图7-4所示。

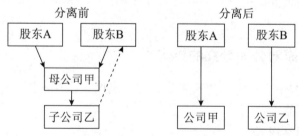

图7-4　换股分立示意图

在图 7-4 中，在换股分立的交易中，股东 B 把其在母公司甲中的股份与甲公司在乙公司中的股份进行交换，结果股东 B 由原来直接持有甲公司股份变成直接持有乙公司股份，而不再持有甲公司股份。分立后，甲公司也不再持有乙公司的股份。

3.解散分立

解散分立与标准式分立较为相似，是指母公司将子公司的控制权移交给它的股东。在解散分立中，母公司所拥有的全部子公司都分立出来，因此，原母公司不复存在。在拆股后，除管理队伍会发生变化外，所有权比例也可能发生变化，这取决于母公司选择怎样的方式向其股东提供子公司的股票，如图 7-5 所示。

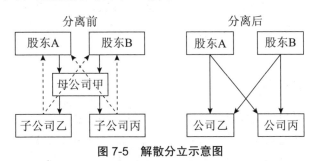

图 7-5　解散分立示意图

在图 7-5 中，甲公司的全部资产都由乙公司和丙公司承担，然后对甲公司进行分立，分立后股东 A 和股东 B 同时持有乙公司和丙公司的股份，甲公司不复存在。

二、公司分立的动因

（一）实施管理激励

从激励机制来分析，公司分立能够更好地把管理人员与股东的利益结合起来，因此可以降低代理成本。特别是当子公司的情况与母公司很不一致的时候，比如母公司处于成熟产业而子公司处于高速成长产业，或者母公司处于非管制产业而子公司处于受管制产业，激励问题会显得更加突出。公司分立后，管理人员能够更好地集中于子公司相对较少的业务。就直接报酬而言，分立出来的公司管理人员可以通过签订协议，使其报酬的高低直接与该业务单位的股票价格相联系，而不是与母公司的股票价格相联系，从而对他们可以起到激励作用。诸如股票期权等报酬协议能够对他们产生更大的激励作用。就间接利益而言，他们比在一个较大公司的一个部门工作时有了更大的自主权和责任感，也因此可以得到更高的经济收入。

（二）提高管理效率

业务范围大且广、部门多且杂是企业走多元化道路的普遍结果，即使是最优秀的管理队伍，随着他们所控制的资产规模和范围的增大，也会达到收益随之递减的临界点。当管理的边际成本超过其边际收益时，对于企业来说不仅无规模效益可言，还会导致企业价值下降。这往往是由于在庞大的企业当中并非所有的业务都具有紧密的相关性，有时甚至根本无相关性可言，从而使企业管理难度陡增。对于规模过大、机构臃肿、管理线很长的公司来说，分立不失为一个好方法。一个公司拆分为两个或多个公司，责任分化，有利于管理行为简单化，有利于精简公司的机构；同时，原来的一个经营者也变为两个或多个经营者，有利于管理幅度的缩小，管理专业化的提高，从而提高经营管理的效率。

（三）解决内部纠纷

公司分立不仅可以应用于大型公司，即使是在规模较小的公司也可得到有效应用。当股东准备结束共同经营而各自经营的时候，当股东之间发生对公司经营权行使纠纷的时候，就可以通过公司分立将公司分为数个公司。此时，公司分立作为解决公司内部纷争的手段就非常有效。

（四）反击恶意收购

当企业的多元经营超过最佳水平，其市场价值可能会被严重低估，并容易引起投资集团的收购兴趣。收购方把企业收购后，再进行资产出售、分立或股权割售，可以使企业的整体市场价值得到较大提高，从而为收购方带来巨大利益。这迫使实施多元化经营战略的企业进行反收购防御时，自己采取公司分立手段，在收购方采取行动之前把力量集中到主业从而提高自身价值。另外，当一个公司的下属子公司被收购方看中，收购方要收购整个企业时，母公司通过把该子公司分立出去，也可以减轻收购方的收购意愿，从而避免被整体收购。

（五）追求税收优惠

在某些分立中，可以获得税收方面的好处。为及时地获取税收优惠而进行分立能够成为一个重要的战略计划手段。在西方，公司分立与资产剥离等紧缩方式相比有一个明显的优点就是税收优惠。公司分立对公司和股东都是免税的，而资产剥离则可能带来巨大的税收负担。公司在资产剥离中得到的任何收益都要纳税，如果这笔钱再以股利的形式发给股东，那么还要继续纳税。

三、公司分立对企业价值的损益分析

（一）公司分立后企业价值的提升

1. 公司分立的宣布期效应

上市公司在宣布实施公司分立计划后，二级市场对此消息的反应一般较好，该公司的股价在消息宣布后会有一定幅度的上扬。这反映出投资者对"主业清晰"公司的偏好。许多投资者对专注于某一行业发展的公司比较看好，因为这些公司的业务结构比较单一因而比较容易估算出其真实价值。因为信息传递的不充分性和不及时性使得投资者在评估拥有多种业务的上市公司的合理价值时会遇到许多障碍，因此投资者希望重新认识被拆出资产的真实价值。

2. 公司分立后持续经营的业绩增长

经验数据表明，被放弃的子公司和母公司在公司分立以后的几年内通常会在业绩上超过市场整体水平。如果子公司因为包含在企业集团内部而被低估了价值，或者市场预期在公司分立之后将出现收购报价，这种趋势就更为明显。

3. 增加投资选择权

公司分立后，股东拥有两种以上的选择权。如果两个企业相互独立，投资风险会相应降低，从而其投资价值会随之提高。公司分立也增加了证券市场上的投资品种，分立后的两家公司具有不同的投资收益与风险，不同偏好的投资者便有了更多的投资机会。

（二）公司分立后企业价值的损失

1. 分立削弱规模经济效应

公司分立通常是一分为二或一分为多，会使原企业的规模大大缩小，规模经济效应带来的成本节约随之削弱。而且分立的公司需要设置新的管理部门，可能会面对比以前更高的资本成本。

2. 公司分立后新立公司的生存发展风险

公司分立只不过是一种资产契约的转移，也可能是公司变革的催化剂。在公司变革过程中，如果新设立的公司不能顺应环境的变化、组织的变革，并且在管理方面的改进也不能同步实现，则很有可能使公司价值遭受损失。

3. 公司分立过程中的法律和会计成本

完成公司分立活动要经过复杂的税收和法律程序，这是执行过程中的最大障碍，即使在美国也是如此。在美国，税收总署的批准需要 6 ～ 9 个月，这不仅包含着很高的法律和会计成本，而且还会浪费管理者的宝贵时间。其他相关法律问题也会进一步增加了公司分立的成本和复杂程度。

四、公司分立的程序

分立属于公司的重大法律行为，必须严格依照法律规定的程序进行，如图 7-6 所示。

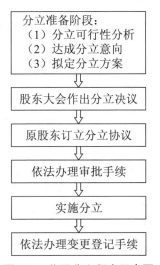

图 7-6 公司分立程序示意图

（一）分立准备阶段

在分立准备阶段，首先，应进行财务可行性分析。撇开分立的其他原因，从财务角度看，分立后只有创造比分立前更多的利润，才具有经济上的可行性。其次，在财务可行性分析的基础上，应由董事会初步达成企业分立的意向。最后，达成初步意向后，还应着手提出、起草分立草案，以便提交股东大会讨论。

（二）股东大会作出决议

根据我国《公司法》的规定，公司分立方案由董事会拟定并提交股东大会讨论决定，有限责任公司在公司作出分立决定后，须经代表 2/3 以上的表决权的股东通过；股份有限公司股东大会作出分立决议后，必须经出席会议的股东所持表决权的 2/3 以上通过。

（三）订立分立协议

由分立各方，即原公司股东就分立的相关具体事项订立协议，并签订分立合同。分立合同一般包括以下内容：分立后原公司是否存在；存续公司或新公司的名称与住所；企业的财产分割方案；原企业债券、债务的处理方案；分立后各方公司的章程；分离时需要载明的其他事项，如公司员工的安置问题等。

（四）依法办理有关审批手续

股份有限公司分立，必须经国务院授权的部门或者省级人民政府批准。

（五）实施分立

1. 所有者权益处理

如果是新设分立，企业的原所有者权益因原企业的分立而需在新企业中体现，每一个新企业应根据其净资产额、原企业股东的股权比例向所有者提供出资证明或股权证、股票等。如果是派生分立，老企业因部分资产分立出去而减少注册资本的，应向所有者出具变更后的出资证明或股权证、股票等。

2. 资产的分割和评估

新设分立方式中被解散的企业资产要在新设企业中分割，企业间要签署协议，明确分割；派生分立中，新老企业间也要对资产分割情况签订协议。

3. 债务的负担与偿还

除非债权人同意，否则在还清债务前企业不得分立。新设分立的，被解散企业的债务要分配给各新设企业负担，由新设企业按原定还债日期或同债权人达成的偿债协议还本付息。派生分立的，老企业的债务可以由老企业独自承担，也可由老企业分出一部分由新企业偿还。

4. 在签署分立协议时，债务分配情况在协议中应明确载明并通知债权人

债务分配情况包括由原公司编制的资产负债表和财产清单，应自股东大会作出分立决议之日起 10 日内通知债权人，并于 30 日内在报纸上至少公告 3 次。债权人自接到通知书

之日起 30 日内，未接到通知书的自第一次公告起 90 日内，有权要求公司清偿债务或者提供相应的担保。不清偿债务或者不提供相应担保的，公司不得分立。

（六）依法办理变更登记手续

因分立而存续的公司，其登记事项发生变化的，应当申请变更登记；因分立而解散的公司，应当申请注销登记；因分立而新设立的公司，应当申请设立登记。公司应当自分立决议或者决定作出之日起 90 日后申请登记。

五、公司分立与资产剥离的比较

（一）公司分立与资产剥离具有相同的理论基础

1. 代理理论

并购与公司的剥离、分立都与代理问题密切相关。资产剥离与公司分立则被认为是能为管理层带来利益的手段。如果某部分资产或业务不能给管理层带来"保护伞"作用，甚至成为他们发展自身的累赘时，管理层就会"卸包袱"，将这些业务分立或剥离出去。但是这些分立与剥离行为并非都符合委托人的利益需求，最主要的还是给管理层带来好处。

2. 效率理论

效率理论主要基于规模经济和协同效应理论。规模经济理论认为在一个行业中有一定的规模经济。协同效应即为"1+1>2"。

任何事务都是辩证的，都有一个临界值，超过临界值后将会走向相反方向，过犹不及。企业规模过大，会导致规模不经济；企业在不断扩张的过程中还有可能产生负的协同效应。规模不断加大，涉及领域不断增多，企业复杂化程度加深，主营业务模糊，这些都将导致企业管理复杂，机构冗繁，核心竞争力不能够凸显等问题。这时采用剥离或分立手段，能够肃清主营业务，提高企业管理效率，增加企业价值。

3. 竞争优势理论

竞争优势理论由美国哈佛大学迈克尔·波特（Michael E. Porter）教授提出。竞争优势理论同样对分立有所指导。波特在阐述协调的横向战略该如何制定中说到，如果企业中存在的业务单元有如下情况之一就应该将其进行剥离或分立，情况包括：①这些业务单元与其他业务单元没有紧密联系；②对于这些业务单元来说，要使其与其他业务单元有紧密联系要克服很多难题。从企业发展的长远角度考虑，要把不与企业主步调一致的部分剥离或分立出去，这样才有利于企业持续成长。

4. 归核化理论

归核化即归回核心，是指企业在其核心领域集中所有的人、财、物、力，凝聚力量发展其优势领域。其方法就是把多元化经营企业中的与其核心业务联系不紧密的资产或业务剥离或分立出去，从而实现集中主要力量发展自身优势。归核化理论是相对于多样化经营理论而言的，多样化经营相当于"不把鸡蛋放在同一个篮子里"，从而分散经营风险，并且通过产业互补实现稳定收益。近年来学者们的研究发现，企业的专业化程度越高，其托宾 Q 值越高，经过风险调整后的长期市场回报率也就越高，而多元化企业却存在折价现象。因此，通过归核化，能提升企业价值。

（二）资产剥离与公司分立的区别

1. 现金流的不同

资产剥离中，企业对于出售的部分资产，可以采取现金交易，也可以采取股权等其他方式交易。因此，在资产剥离中有正的现金（或等价物）流入。在公司分立中，按照我国法律，公司分立可以选择按账面价值分立，也可以按公允价值分立，但典型的分立不会为企业产生现金流，因为分立本身只是权益在两个或几个实体之间划分。

2. 控制权不同

资产剥离完成后，企业的股东不再对剥离出去的资产保有控制权，即丧失了在经营与财务上的控制权。分立完成后，母公司与子公司的关系变成两个独立的公司，但股东还是持有两个公司的股份，依然对两个公司具有控制权。

3. 税收方面的不同

根据资产剥离的定义和交易结构，在所得税处理中可以将资产剥离分为两类：部分资产剥离和整体资产剥离。部分资产剥离要根据出售价格与账面净资产确认资产剥离的损益，交纳所得税；整体资产剥离，根据我国税法，一家企业不需解散而将其经营活动的全部或其独立核算的分支机构转让给另一家企业，以换取代表接受企业资本的股权的，原则上应在发生交易时，将其分解为按公允价值销售全部资产和进行投资两项业务进行所得税处理，并按照计算确认资产转让损益。在典型的分立中，不存在非股权支付，按照现行法律不需要交纳所得税。

4. 债权人利益不同

实践中，企业常常为减轻负担，将不良资产剥离出去，但可能会伤害到债权人的利益，因为资产剥离改变了债券抵押品的性质。在公司分立中，被分立企业的负债在分立企业之间进行划分，不同的划分也可能使得债权人利益受到损害。但分立只是降低了债权所有者最初所依赖的抵押品的数量。

5. 所有权的变化

剥离与另一方或多方发生联系时，最终会使转让资产的所有权发生变化。剥离一般意味着企业规模缩小，剥离中整体产权出售（如子公司）导致一个企业的消亡。而分立行为则不涉及他方利益。分立是新企业诞生的一种方式，也可以认为是一种变相的扩张。资产剥离与公司分立的主要差异，如表 7-1 所示。

表 7-1　资产剥离与公司分立的主要差异

收缩方式	资产剥离	公司分立
母公司的现金流	产生现金流	不产生现金流
母公司的控制权	无	有

续表

收 缩 方 式	资 产 剥 离	公 司 分 立
母公司纳税情况	增加税负	典型分立无额外税负
债权人利益	影响大	有影响
所有权的变化	丧失被剥离资产的所有权	持有分立公司的股份

【案例7-2】 广东羚光（股票代码：830810）分立案例

第三节 股份回购

一、股份回购的含义

（一）股份回购的含义

股份回购是指股份有限公司通过一定的途径买回本公司对外发行的部分股份的行为。股份回购在公司资产重组中属于公司收缩的范围，是一种通过减少公司实收资本来调整资本结构的重要手段。

根据我国《上市公司回购社会公众股份管理办法（试行）》第二条规定："上市公司回购社会公众股份是指上市公司为减少注册资本而购买本公司社会公众股份并依法予以注销的行为。"股票一旦大量被公司购回，其结果必然是在外流通的股份数量减少，假设回购不影响公司的收益，那么剩余股票的每股收益率会上升，每股的市价也会随之增加。

（二）股份回购的特征

1. 股份回购的主体是公司股东与公司本身

股份回购的主体是公司股东与公司本身，在股份回购关系中的一方当事人是公司；另一方当事人是股东，即股份回购是公司股东与公司本身进行的交易，是公司从股东手中买回自己股份的行为。

2. 股份回购的客体是公司发行在外的自己的股份

股份回购的客体是公司发行在外的自己的股份。哪些股份可以回购，取决于不同的法律政策。日本、中国香港、新加坡等地禁止股份回购，而英国、美国、加拿大和一些欧洲国家在附带条件下则是准许的。如美国许多州的公司认为，仅为维持目前的企业管理层对企业的控制权而取得本企业的股票是违法的；但如果是为维护企业现行的经营方针而争夺控制权，其实质上是为了维护公司利益，则回购又是可以允许的。

3. 股份回购的结果是公司将回购的股份予以注销或库藏

公司通过股份回购取得自己股票以后，可以直接办理注销，还可以作为库藏股持有。根据我国《公司法》第一百四十二条规定，公司不得收购本公司股份。但是，有下列情形之一的除外：①减少公司注册资本；②与持有本公司股份的其他公司合并；③将股份奖励给本公司职工；④股东因对股东大会作出的公司合并、分立决议持异议，而要求公司收购其股份的。公司因前款第①项至第③项的原因收购本公司股份的，应当经股东大会决议。公司依照前款规定收购本公司股份后，属于第①项情形的，应当自收购之日起十日内注销；属于第②项、第④项情形的，应当在六个月内转让或者注销。公司依照第一款第③项规定收购的本公司股份，不得超过本公司已发行股份总额的 5%；用于收购的资金应当从公司的税后利润中支出；所收购的股份应当在一年内转让给职工。公司不得接受本公司的股票作为质押权的标的。

由上可知，公司被允许在一定期限内持有购回的股份，即允许库藏。库藏股，又称"库存股"，是指由公司购回但尚未注销的股票。库藏股具有四个特点：①必须是本公司自己的股票。库藏持有的其他公司发行的股票，是本公司的参股投资项目，不属于库藏股范围；②必须是已经发行的股票，业已印刷、尚未发行的股份属于未发行股，不在库藏股之列；③库藏股必须是没有办理注销的股票，为了核定资本，准备注销的股票也不是库藏股；④库藏股是还可再次出售的股票。

4. 股份回购主要采用支付现金的方式

公司进行股份回购，主要是将可用的现金或公积金分配给股东以换回后者手中所持的股票；或者公司通过发售债券，用募得的款项来购回它自己的股票。

二、股份回购的利弊分析[①]

（一）股份回购的"利"

1. 有利于提升公司股价

当公司将回购的股份注销或库藏后，参与公司盈余分配的股份总额就相应减少，因此可以提升每股权益。股份回购后，也减少了本公司股份的供给，在市场需求不变的情况下，给公司股价上涨提供了强力支撑。另外，公司回购股份可以向市场传达公司看好股价未来走势的积极信号。公司作为经营主体，掌握着公司的经营信息，而作为公司的股东，特别是公司中小股东（短期投资者）则很难掌握公司的经营信息，这种信息的不对称性，导致公司本身必然成为重要的信息传达者。当公司采用溢价方式回购股份时，公司向公司股东

---

① 文奕 . 公司股份回购制度研究 [D]. 昆明：云南民族大学，2010.

传达了看好公司未来经营及其股价走势的信息，有利于增强公司股东的投资信心。

2. 有利于优化公司资本结构

现代资本结构理论认为，在企业缴纳所得税情形下，由于负债利息的抵税作用，发行股票和举债对公司经济效益的影响是不同的，公司的负债比率越大，公司的经济效益就越高。因此，当公司资产负债率过低时，公司无法享受负债的好处。此时，公司便可以通过回购一定比例股份，以减少所有者权益，提高资产负债率，优化公司融资结构。股份回购还可以为公司的减资提供了一种良好的法律途径。当公司经营方针和市场需求发生重大变化时，公司的经营规模也应随之变化，为了使资本结构与经营规模相适应，公司可以购回发行或流通在外的股份并予以注销，从而保持适度的公司规模实现规模经济。

3. 有利于保护中小股东利益

现代公司在很多时候都奉行"资本多数决"原则。该原则虽然体现了股东民主、股权平等的理念，但在实践中也暴露出少数股东，特别是中小股东意志受到忽略的弊端，公司大股东常以此为手段谋求自我利益最大化而损害中小股东利益。如果公司建立并实施股份回购制度，在重大事项的表决中大股东与中小股东利益发生严重冲突时，赋予中小股东请求公司回购自己股份的权利，不仅可以充分避免中小股东利益继续遭受侵害的可能，充分保障其权益，而且也可减少中小股东和公司的协调成本，使公司利益免受因股东和公司关系持续摩擦而造成的损失。

4. 有利于实施股票期权计划与员工持股计划等激励机制

股票期权是指公司给予员工在一定的期限内，按照固定的期权价格购买一定份额的本公司股票的选择权。员工持股计划是指通过让员工持有本公司股票和期权而使其获得激励的一种长期绩效奖励计划。在实践中，员工持股计划往往是由企业内部员工出资认购本公司的部分股权，并委托员工持股会管理运作，员工持股会代表持股员工进入董事会参与表决和分红。当存在库藏股制度时，公司可以从股东手中回购本公司股份，并将其以股票期权的形式直接奖励给公司的管理人员，或交给职工持股会等相关组织管理，这有利于建立有效的激励和约束机制，增强公司内部的凝聚力和向心力。

5. 股份回购可以作为反并购战略的辅助手段

回购股份在反并购的实战中往往是作为辅助战术来实施的。当公司收到恶意收购信息时，公司可以向该股东发出定向回购要约，以高于股票同期市场价格的溢价购回股份，从而在一定程度上起到阻止恶意收购的作用。但如果单纯通过股份回购来达到反收购的效果，则往往会使目标公司库藏股过多，即不利于公司筹资，又会影响公司资金的流动性。因此，目标公司财务状况是制约这一手段的最大因素。

6. 股份回购可以作为股利分配的替代手段

股东从持有公司的股份中获得利益的主要方式就是获得股票分红受益，也就是红利。但是按照我国的税收政策，获得股票分红必须缴纳相应税负，如个人所得税，并且此类税负的税率较高，会直接影响持股人的收益。但是，如果用股份回购的形式代替发放现金红利，则会达到合理避税又增加股东受益的效果。因为采用股份回购的方式，只需缴纳较少的资本利得税，购回股份后无需缴纳个人所得税。另外，股份回购会减少股份总量，相应的单股价值就会增加，股东持有的股份的价值也会上升。因此，将股份回购作为股利分配的一种代替手段，能使股东获得税收优惠，增加他们的利益。

（二）公司股份回购潜在的"弊"

1. 公司股份回购可能违反资本维持原则

资本维持原则即资本充实原则，是指公司在其存续过程中应经常保持与其资本额相当的财产。其目的在于维持公司清偿债务的能力，保护债权人的利益。公司实施股份回购可能会违反公司资本维持原则，损害公司债权人的利益。

（1）公司回购股份的资金来源如若不作限制，那么公司则会用其经营用资本或者公司资本公积金作为资金来源回购自己的股份，其结果会导致公司资本减少甚至出现公司资本"空壳化"，破坏公司资本维持原则，损害公司债权人的利益。

（2）公司向公司股东回购股份时，作为对价支付的公司资产从公司流向了股东，如若法律对公司回购股份数不加限制，任由公司肆意实施股份回购，则公司可以通过股份回购优先分配资产给股东，长此以往势必造成公司资产减少，进而破坏公司资本维持原则，损害公司债权人的利益。

2. 公司股份回购可能违反股东平等原则

股东平等原则是指股东在基于股东资格而发生的法律关系中，不得在股东间实行不合理的不平等待遇，并应按股东所持有的股份的性质和数额实行平等待遇的原则。而公司股份回购可能会违反股东平等原则。

（1）危害股东机会平等的权利。公司只能取得已发行股份总数的一部分，若公司不按股东的持股比例回购股份，则势必导致股东间机会不平等。特别是在公司经营情况不善，财务管理紊乱或发生资本周转危机的情况下，公司可能会违背股东平等原则，只从个别或部分股东的股份中购回自己的股份，故意造成股东之间回购比例或机会的不平等，这等于将被回购股份承担的公司风险转嫁给了其他股东。

（2）可能会改变股东表决控制权。股份回购是公司资本收缩行为，势必会造成公司发行股份总额的减少，若在股东间不按持股比例回购，就会导致公司内部表决控制权的改变。

（3）危害价格公正。若公司在协议回购时，以高于真实价值的价格回购股份，则被回购股份的股东的利益增加，当然未被回购股份的股东持有的股份价值就相对下降，利益相对减少。相反，公司以低于真实价值的价格回购自己的股份，被回购的股份价值会降低，而未被回购的股份价值就会相对提高，这样会危害部分股东利益。这两种情形都会造成股票和股东利益的不平等。

3. 公司股份回购可能在一定程度上影响证券市场的公平性

公司回购股份可以向社会公众传达公司控制者看好公司乃至公司股价被低估的信号、可以将公司资金返还于股东、可以影响公司的控制权、影响证券市场上的证券流通量和交易量，因此，公司回购股份的行为往往会引起公司股价的变动，这就为公司关系人的虚假陈述、内幕交易和操纵证券市场提供了方便。所谓内幕交易是指在证券交易时，当事人一方利用其职权或特殊关系而持有影响证券价值的公司内部情报，以获得权益或减少损失为目的而进行的证券交易。比如公司内幕信息知情人可以在公司宣布回购计划之前大量买进公司股份，然后在公司宣布回购计划后出售上述股份以谋取不菲的差价；或者在公司前景欠佳时，控股股东或管理层先操纵公司提出股份回购计划、拉抬股价，然后借机出售。

【案例 7-3】　百度宣布 10 亿美元股份回购计划

2015 年 7 月 29 日，全球最大的中文搜索引擎百度公司宣布，其董事会已批准了一项股票回购计划，根据该计划，该公司在接下来的 12 个月内，可能会回购最高十亿美元金额的股票。

该公司将根据市场条件以及相关规定，在公开市场上按照市价，以协商交易、大宗交易和通过其他法律允许的手段不定期回购股票。该公司董事会将定期审查股票回购计划，并会授权调整其条款和规模。该公司计划使用现金回购股票。

二、股份回购的理论假说

（一）股利避税假说

股利避税假说是指公司通过股份回购实现股利避税，最终达到增加股东财富的目的。在 20 世纪 70 年代，美国政府为挽救下滑的美国经济，限制上市公司发放现金股利，提高了现金股利税，由于股份回购给股东带来的是资本利得，而资本利得税率比现金股利税率低，且公司如果通过举债回购股票，利息费用可以在所得税前扣除，于是上市公司便通过股份回购的方式向股东发放现金以规避较高的现金股利税。

（二）财务杠杆假说

财务杠杆假说是指公司通过股份回购加大财务杠杆从而达到优化资本结构的目的。财务杠杆假说认为，公司通过股份回购可以减少权益资本，从而提高财务杠杆比率，以获得公司债务利息费用的抵税效应，提高每股收益，进而优化资本结构和增加公司的价值。

（三）信号传递假说

信息或信号传递假说是 20 世纪 70 年代末 80 年代初被学术界颇为认同的理论，公司将要进行股份回购的公告对投资者来说是一个信号。公司股票市价被市场严重低估时，企业就可能通过公开市场回购一部分股票，以引导市场投资者重新评估该企业，同时借以重新唤起投资者的信心。

（四）财富转移假说

财富转移假说认为，股份回购会造成财富在不同的证券所有者和在股东之间的转移。

公司股份回购在某种程度上相当于将一部分资产清偿给股东，股东的财富相应增加，而债权人的利益则将受损。股份回购必须向股东支付一定的超出市场价格的溢价，但并非所有股东都参与回购，财富会在股东之间转移。

（五）反收购假说

公司管理层为了维持自己对公司的控制权，规避敌意收购，以股份回购的形式收回一部分股权，能够在一定程度上导致股价上升，也会导致公司流通在外的股份减少，公司手中持有的股份比例上升，从而使收购方获得控制公司的法定股份比例变得更为困难。在反收购战中，股份回购使得公司流动资金减少，如果用于股份回购的资金来源于银行贷款或发行债券，则该公司的负债能力可能会被用完，从而减弱作为被收购目标的吸引力。

（六）自由现金流量假说

自由现金流量假说认为公司过量的现金流会增加管理层和股东之间的代理成本，因此，鉴于股东希望减少股东和管理层之间的代理成本，管理层应该通过股份回购将这些过量的现金发还给股东。

四、股份回购的操作方式

股份回购起源于 20 世纪 70 年代的美国，经过多年的发展，在发达资本市场上已经比较成熟，概括起来，股份回购操作方式主要有以下几种。[①]

（一）公开市场回购

公开市场回购是一种使用最普遍的股份回购方式，是公司在证券市场以等同于任何潜在投资者的地位，按照公司股票当前市场价格回购股票的行为。在美国，90% 以上的股份回购采用这种方式。美国证券交易委员会对实施公开市场回购的时间、价格、数量等方面都要有严格的监管规则，制定这些规则的目的是防止价格操纵和内幕交易，尽可能地减少股份回购对股票市场价格的影响。

公开市场回购的优点是能够提高公司股票的流动性，给股价以长期的支撑，若公司无法在短时间内完成回购计划的话，可以持续较长时间进行回购。缺点是：由于这种方式很容易推高股价，若不能在短时间内完成回购行为，就会大大增加回购成本，另外交易税和交易佣金方面的成本也很高。

（二）现金要约回购

现金要约回购是指公司在特定时间，以某一高出股票当前市场价格的水平，发出要约，回购既定数量的股票。现金要约回购可分为固定价格要约回购和荷兰式拍卖回购两种。

---

① 张丽媛 . 上市公司股份回购财务效应分析 [D]. 太原：山西财经大学，2010.

1. 固定价格要约回购

固定价格要约回购是指公司在回购要约中以确定的回购价格购买一定数量的股份。其优点是赋予所有股东向公司出售其所持股票的均等机会，而且通常情况下公司享有在回购数量不足时取消回购计划或延长要约有效期的权力；如果股东提供的股票超过了要约回购数，公司有权决定是否购买全部或部分的超额供给，操作起来较为灵活。其缺点是难以确定恰当的要约价格，使公司既能按照计划回购到既定数量股票，又可以避免为此付出过高的代价。与公开市场回购相比，固定价格要约回购通常被市场认为是更积极的信号，其原因可能是要约价格存在高出市场当前价格的溢价。

2. 荷兰式拍卖回购

荷兰式拍卖亦称"减价拍卖"，它是指拍卖标的的竞价由高到低依次递减直到第一个竞买人应价（达到或超过底价）时击槌成交的一种拍卖。

荷兰式拍卖回购是先由公司确立计划回购的股票数量，以及愿意支付的最低与最高价格（一般最低价格稍高于现行市场价格且范围较宽）。然后，由股东向公司提出他们愿意出售的股票数量，以及在设定的价格范围内他们能够接受的最低出售价格。在接到股东的报价后，公司将它们按从低到高的顺序进行排列，然后决定能够实现事先设定的全部回购数量的最低价格，这个最低价格将用于支付给那些报价低于或等于该价格的股东。如果报价低于或等于该回购价格的股票数量多于公司事先设定的回购数量，公司可以按比例购买。如果股东提供的股票数量太少，公司可以取消这次回购，也可以设定的最高价格购买股东所提供的全部股票。与固定价格要约回归相比，荷兰式拍卖回购溢价低，选择性大，灵活性强，已日益成为一种颇受欢迎的回购方式。

（三）私下协议批量回购

私下协议批量回购是不通过公开市场进行的一种收购方式，是指公司以协议价格直接向一个或几个主要股东购回股票。协议购买的价格往往低于当前市场价格，尤其是卖方首先提出的情况下。有时公司也会以超常溢价向存在潜在威胁的非控股股东批量回购股票。但由于这种方式有别于公开市场操作，不能体现全体股东的利益，可能会产生利益输送、区别待遇等委托代理问题，损害中小股东的利益，所以这一方式通常只作为公开市场收购方式的补充而非替代措施。

（四）可转让出售权

在公司实施股份回购时，有些股东可能不愿意出让自己的股份，导致回购要约到期后这些股东不能实现任何收益，同时这些未实现要约股东的一部分财富便会向实现要约的股东进行转移。为解决这一问题，人们创造了可转让出售权回购方式。可转让出售权是指实施股份回购的公司赋予股东在一定期限内以特定价格向公司出售其持有股票的权利，这一权利一旦形成，就可以同所依附的股票分离，而且可以在市场上自由地买卖，那些不愿出售股票的股东可以单独出售该权利，这样既平衡了全体股东的利益又满足了各类股东的不同选择。

（五）交换要约

作为现金回购股票的替代方案，公司可以向股东发出债券或优先股的交换要约，赋予股东一种将其所持有公司股份转换为公司另一种证券的选择权。但由于债券和优先股的流动性相对差一些，为此，公司在交换时可能需要支付较高的溢价，回购成本较高。因此，现实中绝大多数股份回购都采用现金形式进行。

根据我国《上市公司回购社会公众股份管理办法（试行）》第九条规定，上市公司回购股份可以采取以下方式之一进行：①证券交易所集中竞价交易方式；②要约方式；③中国证监会认可的其他方式。根据此规定，国际上目前可行的回购方式原则上在我国都可以应用。

【案例 7-4】　　　网易发股份回购及现金股利计划

2012 年 11 月 15 日，网易今日宣布董事会批准了一项新的股份回购计划以及特殊现金股利计划。根据回购计划，网易将在不超过 12 个月的期限内，通过纳斯达克全球精选公开市场交易回购总金额不超过 1 亿美元的流通美国存托凭证。该股份回购计划的资金来源为公司可用运营资本。

网易董事还批准了一项每普通股 0.04 美元，或者每股美国存托凭证 1.00 美元的特殊现金股利计划（每股美国存托凭证代表 25 股普通股）。该项特殊现金股利预计将于 2013 年 1 月 18 日发放给 2013 年 1 月 15 日登记在册的全体股东。预计该特殊股利的总支出将达到 1.31 亿美元。网易 CEO 丁磊表示，这些举措印证了网易稳健的财务状况，并能够提高股东回报和提升公司价值。

五、股份回购的程序

根据我国《上市公司回购社会公众股份管理办法（试行）》，以及《关于上市公司以集中竞价交易方式回购股份的补充规定》，股份回购工作主要包括以下七个步骤，如图 7-7 所示。

（一）股份回购准备阶段

在准备阶段，首先应进行财务审计、资产评估和法律审查。为保护各方利益相关者的利益，确保公司净资产的准确性，在回购前需聘请具有证券资格的会计师事务所对公司的财务状况进行审计、聘请资产评估事务所对公司的资产进行评估。其次也要聘请财务顾问和律师事务所就股份回购事宜进行咨询，出具专业意见。

（二）召开董事会

召开董事会，对公司回购部分股份并注销股份、回购资金来源、回购方式、回购价格和金额、招考股东大会方式、时间及上报主管部门批准的有关事宜作出决议。股份回购程序，如图 7-7 所示。

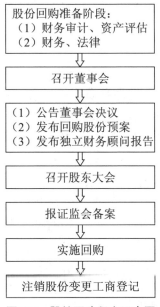

图 7-7　股份回购程序示意图

（三）发布公告

上市公司董事会应当在作出回购股份决议后的两个工作日内公告董事会决议、回购股份预案，并发布召开股东大会的通知。

其中，回购股份预案至少应当包括以下内容：回购股份的目的；回购股份方式；回购股份的价格或价格区间、定价原则；拟回购股份的种类、数量及占总股本的比例；拟用于回购的资金总额及资金来源；回购股份的期限；预计回购后公司股权结构的变动情况；管理层对本次回购股份对公司经营、财务及未来发展影响的分析。

独立财务顾问应当就上市公司回购股份事宜进行尽职调查，出具独立财务顾问报告，并在股东大会召开 5 日前在中国证监会指定报刊公告。独立财务顾问报告应当包括以下内容：公司回购股份是否符合本办法的规定；结合回购股份的目的、股价表现、公司估值分析等因素，说明回购的必要性；结合回购股份所需资金及其来源等因素，分析回购股份对公司日常经营、盈利能力和偿债能力的影响，并说明回购方案的可行性；其他应说明的事项。

（四）股东大会作出决议

上市公司股东大会对回购股份进行决议，须经出席会议的股东所持表决权的 2/3 以上通过。上市公司作出回购股份决议后，应当依法通知债权人。

（五）向中国证监会报送回购股份备案材料

上市公司回购股份备案材料应当包括以下文件：回购股份的申请；董事会决议；股东

大会决议；上市公司回购报告书；独立财务顾问报告；法律意见书；上市公司最近一期经审计的财务会计报告；上市公司董事、监事、高级管理人员及参与本次回购的各中介机构关于股东大会作出回购决议前 6 个月买卖上市公司股份的自查报告；中国证监会规定的其他文件。

（六）实施股份回购

中国证监会自受理上市公司回购股份备案材料之日起 10 个工作日内未提出异议的，上市公司可以实施回购方案。采用集中竞价方式回购股份的，上市公司应当在收到中国证监会无异议函后的 5 个工作日内公告回购报告书；采用要约方式回购股份的，上市公司应当在收到无异议函后的 2 个工作日内予以公告，并在实施回购方案前公告回购报告书。上市公司在回购报告书的同时，应当一并公告法律意见书。

上市公司实施回购方案前，应当在证券登记结算机构开立由证券交易所监控的回购专用账户；该账户仅可用于回购公司股份，已回购的股份应当予以锁定，不得卖出。

上市公司应当在回购的有效期限内实施回购方案。上市公司距回购期届满 3 个月时仍未实施回购方案的，董事会应当就未能实施回购的原因予以公告。

（七）注销股份变更工商登记

回购期届满或者回购方案已实施完毕的，公司应当停止回购行为。变更工商登记结束，股份回购便可宣告结束。

【案例 7-5】 达海智能（股票代码：831120）回购股份案例

复习思考题

一、在线测试题（扫描书背面的二维码获取答题权限）

二、简答题

1. 企业资本收缩包括哪几种基本模式？

2. 什么叫资产剥离？资产剥离有哪些类型？

3. 资产剥离的动因是什么？

4. 什么是公司分立？公司分立有哪些类型？

5. 公司分立的动因是什么？

6. 公司分立与资产剥离有哪些区别？

7. 什么是股份回购？股份回购主要有哪些操作方式？

三、论述题

1. 如何理解股票回购可能违反股东公平原则？

2. 试分析公司分立对企业价值的损益影响。

第八章 债务重组与清算

内容提要

企业经营不善,就有可能导致企业陷入财务困境,甚至可能导致企业破产。在企业发生财务困难的情况下,企业有必要实施债务重组。本章第一节主要介绍了债务重组的基本内容,包括债务重组的含义、动因、方式和程序等内容;第二节主要介绍了公司清算的含义及其程序,也对公司清算与破产清算进行了区分;第三节主要介绍了破产清算的含义及其程序。

学习要点

- 了解企业债务的含义,熟悉企业偿债能力的指标体系;
- 掌握债务重组的动因和方式,了解债务重组的程序;
- 了解公司清算的含义及程序;
- 了解破产清算的含义及程序。

第一节 债 务 重 组

一、企业债务概述

(一)债务

债务指债权人向债务人提供资金,以获得利息及债务人承诺在未来某一约定日期偿还的这些资金。

从会计意义看,债务是指由过去交易、事项形成的,由单位或个人承担并预期会计导致经济利益流出单位或个人的现时义务,包括各种借款、应付及预收款项等。

从经济意义看,债务是必须返还的资金。除了借入的资金以外,如果发行的是债券,还必须还本付息,即归还本金和支付利息,这也被称为债务。

(二)企业债务

1. 企业债务的定义

企业债务是指企业所承担的能以货币计量的,将以资产或劳务偿付的负债。对于企业来说,债务的来源主要有以下三种:为满足战略性发展需要而筹措的长期债务;短期资金不足而借入的短期借款;日常经营活动产生的应付项目。其中,为满足企业战略发展需要而对外筹措的长期借款是企业主动承担的债务,是有计划、有安排进行筹措并能够利用战略发展后获得的收益进行偿还的部分。这部分债务主要对应企业购置设备、引进技术、开发新产品、对外投资、调整资本结构等而筹措的资金。短期借款则是企业为了应对短期资金不足而向企业外部筹措的资金,如企业为现金周转或偿还债务等而筹措的资金。应付部分则一定与企业生产经营过程相关。

2. 企业的偿债能力

企业的偿债能力是指企业用其资产偿还长期债务与短期债务的能力。企业偿债能力是反映企业财务状况和经营能力的重要标志。偿债能力是企业偿还到期债务的承受能力或保证程度，包括偿还短期债务和长期债务的能力。

企业偿债能力，静态地讲，就是用企业资产清偿企业债务的能力；动态地讲，就是用企业资产和经营过程创造的收益偿还债务的能力。企业有无现金支付能力和偿债能力是企业能否健康发展的关键。

反映企业偿债能力的指标主要有：流动比率、速动比率、现金比率、资本周转率、清算价值比率和利息支付倍数等。

（1）流动比率。流动比率，表示每1元流动负债有多少流动资产作为偿还的保证。它反映公司流动资产对流动负债的保障程度。

$$流动比率 = 流动资产合计 ÷ 流动负债合计$$

一般情况下，该指标越大，表明公司短期偿债能力强。通常，该指标在200%左右较好。在运用该指标分析公司短期偿债能力时，还应结合存货的规模大小，以及周转速度、变现能力和变现价值等指标进行综合分析。如果某一公司虽然流动比率很高，但其存货规模大，周转速度慢，则有可能造成存货变现能力弱，变现价值低，那么，该公司的实际短期偿债能力就要比指标反映的弱。

（2）速动比率。速动比率，表示每1元流动负债有多少速动资产作为偿还的保证，进一步反映了流动负债的保障程度。

$$速动比率 =（流动资产合计 - 存货净额）÷ 流动负债合计$$

一般情况下，该指标越大，表明公司短期偿债能力越强，通常该指标在100%左右较好。运用该指标分析公司短期偿债能力时，应结合应收账款的规模、周转速度和其他应收款的规模，以及它们的变现能力进行综合分析。如果某公司速动比率虽然很高，但应收账款周转速度慢，且它与其他应收款的规模大，变现能力差，那么该公司较为真实的短期偿债能力要比该指标反映的差。

（3）现金比率。现金比率，表示每1元流动负债有多少现金及现金等价物作为偿还的保证，反映了公司可用现金及变现方式清偿流动负债的能力。

$$现金比率 =（货币资金 + 短期投资）÷ 流动负债合计$$

该指标能真实地反映公司实际的短期偿债能力，该指标值越大，反映公司的短期偿债能力越强。

（4）资本周转率。资本周转率，表示可变现的流动资产与长期负债的比例，反映公司清偿长期债务的能力。

$$资本周转率 =（货币资金 + 短期投资 + 应收票据）÷ 长期负债合计$$

一般情况下，该指标值越大，表明公司近期的长期偿债能力越强，债权的安全性越好。由于长期负债的偿还期限长，所以，在运用该指标分析公司的长期偿债能力时，还应充分考虑公司未来的现金流入量，以及经营获利能力和盈利规模的大小。

（5）清算价值比率。清算价值比率，表示企业有形资产与负债的比例，反映公司清偿全部债务的能力。

$$清算价值比率 =（资产总计 - 无形及递延资产合计）÷ 负债合计$$

一般情况下，该指标值越大，表明公司的综合偿债能力越强。由于有形资产的变现能力和变现价值受外部环境的影响较大且很难确定，所以运用该指标分析公司的综合偿债能力时，还需充分考虑有形资产的质量及市场需求情况。如果公司有形资产的变现能力差，变现价值低，那么公司的综合偿债能力就会受到影响。

（6）利息支付倍数。利息支付倍数，表示息税前收益对利息费用的倍数，反映公司负债经营的财务风险程度。

$$利息支付倍数 =（利润总额 + 财务费用）÷ 财务费用$$

一般情况下，该指标值越大，表明公司偿付借款利息的能力越强，负债经营的财务风险就越小。由于财务费用包括利息收支、汇兑损益、手续费等项目，且还存在资本化利息，所以在运用该指标分析利息偿付能力时，最好将财务费用调整为真实的利息净支出，这样才能最准确地反映公司的偿付利息能力。

二、债务重组的含义

2014 年 7 月 23 日最新修订的《企业会计准则第 12 号——债务重组》，规范了债务重组的确认、计量和相关信息的披露，"债务重组，是指在债务人发生财务困难的情况下，债权人按照其与债务人达成的协议或者法院的裁定作出让步的事项"。也就是说，只要修改了原定债务偿还条件的，即债务重组时确定的债务偿还条件不同于原协议的，均作为债务重组。此定义有如下五个要点。

1. 债务人发生财务困难是债务重组的前提条件

财务困难是指企业处于经营性现金流量不足以抵偿现有负债的状态，即常说的资不抵债。此时企业的正常业务开展受到影响，无法或者没有能力按原定条件偿还债务，需要利用债务重组等方式来摆脱财务困境。

2. 债权人作出让步是债务重组的明显特征

债权人作出让步是指债权人同意发生财务困难的债务人在债务重组日或债务重组日后以低于重组债务账面价值的金额或价值偿还债务。我国现行会计准则规定，如果债权人不肯减少偿还金额，仅仅延长偿债期限是不符合债务重组规范要求的。

3. 持续经营是债务重组的隐含条件

只有债务人在可预见的未来仍然会继续经营下去，债权人、债务人达成的偿债协议才称得上是进行债务重组。企业处于破产清算或改组改制时发生的债务重组不属于债务重组准则规定的范围，由其他企业会计准则来规范。

4. 达成的协议或法院的裁定是债务重组的依据

重组双方可以通过协商签订债务重组协议，也可以通过法院裁定。该协议或裁定对债权债务双方都具有约束力，债务重组程序将按照该协议或裁定进行。

5. 债务重组日的确定

债务重组日不只可以发生在到期后，还可以发生在债务到期前和到期日。确定债务重组日，是为了在债务重组日更准确地确认和计量债务重组损益。避免因重组损益确认日的不规范，而歪曲债务重组损益对企业产生的利润或企业应纳税的金额，能使报表信息更加真实可靠。

从债务重组的定义和特征可以看出，债务重组准则所规范的债务重组不是广义的债务偿还条件的变更，而是在债务人发生财务困难的情况下，按照债务重组准则规定的重组方式，对债权人作出让步的交易或事项。企业发生的以下债权债务处理的交易和事项，不属于债务重组准则规范的债务重组：①债务人发行的可转换公司债券按正常条件转为其股权（因为没有改变条件）；②债务人破产清算时发生的债务重组（此时应按清算会计处理）；③债务人改组（权利与义务没有发生实质性变化）；④债务人借新债偿旧债（借新债与偿旧债实际上是两个过程，旧债偿还的条件并未发生改变）。

三、债务重组的动因

（一）债务人视角

1. 减少企业债务，降低资产使用成本

简单从定义来看，不难看出由于债务重组的一个重要因素是债权人做出让步。因此，通过债务重组可以有效减少债务人负债，进而将降低企业资产负债率。债权人在一定程度上分担了债务人的经济负担。同时企业债务重组还可以通过修改债务条件进行，如减少本金、减免利息等。通过这些措施可以有效减小企业未来财务压力，从而有效降低企业未来的财务费用，进而降低企业资产的使用成本。

2. 增加债务人收益，增加企业净利润

根据企业债务重组的方式，企业在债务重组过程中可以获得两种形式的收益：企业债务重组利得；资产处置收益。由于营业外收入（包括债务重组收益和非流动资产处置利得）、部分流动资产抵债造成的营业收入（以存货原材料抵债等）及处置部分投资造成的投资收益（交易性金融资产等）的增加，会导致企业当期净利润的上升，从而也增加了债务人的收益。

3. 盘活部分闲置资产，提高资产使用率。

通过非现金资产抵偿债务是企业债务重组的重要方式之一。债务人可以通过使用部分闲置资产来抵债，实现债务重组进而盘活闲置资产，有效降低资产闲置水平，提高资产使用率。从一定程度上来说，将有利于企业的长远发展。

（二）债权人视角

1. 加速资金周转，增强资产真实性

企业应收账款属于企业的流动资产，长时间占用会导致企业流动资产周转性下降，形

成大量的呆账、坏账损失。通过资产重组虽然债权人损失了部分债务，但从另一个侧面来讲，也使债权人减少了部分应收账款，加快了企业资金周转速度，进而提高了企业资金的增值能力，增强了企业资产的真实性。

2. 减少资金占用，降低资金使用成本

通过债务重组，一些长年累月形成的呆账、坏账，会长期占用企业资产，同时形成巨额的收账费用。鉴于这些原因，债权人选择债务重组，可以在一定程度上有效减少收账费用和由于债务人对本公司资产的占用而形成的垫资费用。也可以在一定程度上避免因债务人拖欠导致本公司必需举债的后果，减少了债权人企业的财务费用负担。

3. 提高损益真实性，提高公司形象

通过债务重组，可以降低债务人由于资不抵债导致破产的可能性，而减轻债务人的经济负担也使得债权人可以避免更大程度的损失（丧失全部求偿权）。若债权人被拖欠账款数额过大，时间过长，便会形成潜亏的可能性，从而降低企业盈利的真实性。通过债务重组可以实现部分债权，增强损益的真实性，从而有助于提高企业的社会形象以及企业的长期发展。

四、债务重组的方式

（一）以资产清偿债务

1. 以现金（包括库存现金和银行存款）资产清偿全部或部分债务

以现金清偿债务的，债务人应当在满足金融负债终止确认条件时，终止确认重组债务，并将重组债务的账面价值与实际支付现金之间的差额，计入当期损益。以现金清偿债务的，债权人应当将重组债权的账面余额与收到的现金之间的差额，计入当期损益（营业外支出）。债权人已对债权计提减值准备的，应当先将该差额冲减减值准备，冲减后尚有损失的，计入营业外支出（债务重组损失）；冲减后减值准备仍有余额的，应予以转回并抵减当期资产减值损失。

2. 以非现金资产清偿债务

债务人以非现金资产清偿债务的，应当在符合金融负债终止确认条件时，终止确认重组债务，并将重组债务的账面价值与转让的非现金资产的公允价值之间的差额，计入当期损益（营业外收入）。转让的非现金资产的公允价值与其账面价值的差额为转让资产损益，计入当期损益。债权人收到非现金资产时，应按受让的非现金资产的公允价值计量。

（二）将债务转为资本

将债务转为资本的，债务人应当将债权人放弃债权而享有股份的面值总额确认为股本（或者实收资本），股份的公允价值总额与股本（或者实收资本）之间的差额确认为资本公积。重组债务的账面价值与股份的公允价值总额之间的差额，计入当期损益。

将债务转为资本的，债权人应当将享有股份的公允价值确认为对债务人的投资，重组债权的账面余额与股份的公允价值之间的差额，先冲减已提取的减值准备，减值准备不足冲减的部分，或未提取损失准备的，将该差额确认为债务重组损失。

（三）修改其他债务条件

1. 不附或有条件的债务重组

在不附或有条件的债务重组中，债务人应将重组债务的账面余额减记至将来应付金额，减记的金额作为债务重组利得，于当期确认计入损益。重组后债务的账面余额为将来应付金额。

以修改其他债务条件进行债务重组，如修改后的债务条款涉及或有应收金额，则债权人在重组日，应当将修改其他债务条件后的债权的公允价值作为重组后债权的账面价值，并将重组债权的账面余额与重组后债权账面价值之间的差额确认为债务重组损失，计入当期损益。如果债权人已对该项债权计提了坏账准备，则应当首先冲减已计提的坏账准备。

2. 附或有条件的债务重组

附或有条件的债务重组，对债务人而言，修改后的债务条款如涉及或有应付金额，且该或有应付金额符合或有事项中有关预计负债确认条件的，债务人应当将该或有应付金额确认为预计负债，并将重组债务的账面价值与重组后债务的入账价值和预计负债之和的差额，作为债务重组利得，计入营业外收入。

对债权人而言，修改后的债务条款中涉及或有应收金额的，不应当确认或有应收金额，不得将其计入重组后债权的账面价值。根据谨慎性原则，或有应收金额属于或有资产的，或有资产不予确认。只有在或有应收金额实际发生时，才将其计入当期损益。

（四）以上三种方式的组合方式

以前面所讲的几种方式组合起来进行债务重组，即通常所讲的混合（债务）重组，主要有以下几种组合形式：以现金、非现金资产组合清偿某项债务；以现金将债务转为资本组合清偿债务；以非现金资产将债务转为资本清偿债务；以现金资产将债务转为资本清偿债务；以资产将债务转为资本等清偿某项债务。对于混合债务重组方式，应注意以下几点。

（1）无论是从债务人还是从债权人角度讲，应考虑清偿的顺序。一般的偿债顺序为：被豁免的金额→以现金资产偿还金额→以非现金资产偿还金额→债转股部分金额→剩余债务的金额。

（2）债权人收到的用于抵债的多项非现金资产不需要按公允价值相对比例进行分配，只需直接按照所收到资产各自的公允价值入账。以非现金资产抵偿债务，该资产应该按照其公允价值来确定可以抵偿的债务金额。

五、债务重组的程序

债务重组的程序包括非法定债务重组操作程序和法定债务重组操作程序。

（一）非法定债务重组操作程序

非法定债务重组操作程序包括四个阶段：重组前策划、签订债务重组协议、完成债务重组、进行债务重组处理四个阶段。

1. 重组前策划

重组前策划是指债权方和债务方双方进行债务重组的财务可行性分析以及重组时间、重组方式等内容的选择与设计。这个步骤是与双方的协商及彼此了解相伴而行的，其间交织着债权方和债务方以及各自出资方的博弈，双方各自拟定重组策划书，报各自出资方审核批准，涉及国有资产的，还须取得相关国资管理部门的批准。

2. 签订债务重组协议

债权方和债务方双方经过协商，就债务重组内容（债务重组的具体方式、金额、时间等）达成一致，签订协议书，以法律形式明确双方的权利与义务关系，以防止日后造成经济纠纷。涉及国有资产的，还须取得相关国资管理部门的批准。然后，双方按照协议约定组织实施协议约定事项。

3. 完成债务重组

债权方和债务方双方组织重组资产的交付，履行相关法律程序，及时进行产权手续的变更，并按照要求进行公告，完成重组事项。

4. 进行债务重组账务处理

在重组资产交付完成以及相关产权转移手续办结后，清理和收集重组资产相关资料，确认相关价值数据，按照准则的规定核算企业在债务重组日（债务重组完成日）的债务重组损益，并进行相关账务处理。跨年度的，须按照相关法律、法规的规定确定其期间归属，并按规定进行追溯调整。

（二）法定债务重组操作程序

法定债务重组操作程序一般须经过以下程序：法定债务重组申请、法院的调查和裁决、组成重组机构、制订重组计划、完成重组。

1. 法定债务重组申请

企业面临财务困难、经营混乱或面临停业危险时，应由符合法律规定的董事会、股东、债权人或其他机构向法院提出重组申请，在申请书中载明申请人的名称、申请资格企业名称、住址和负责人姓名；申请重组的原因及事实；经营业务状况；企业的资产、负债、损益、其他财务状况以及对企业重组的意见。

2. 法院的调查和裁决

法院收到申请后，应选派对企业经营业务比较熟悉、具有专门知识和管理经验的非重组关系人作为调查人进行调查，并在法定期限内将调查结果报告法院。调查内容包括：债权人和股东姓名、住址、债权及股份总额；企业经营状况、财务状况及资产估价情况；企业负责人对经营管理有无玩忽职守或失职行为及相应责任；申请事项中有无弄虚作假行为。调查后，由法院对申请作出肯定裁决或驳回。如果申请手续不符合法律规定、重组申请有不实事项、企业已被宣告破产或已解散、企业已没有重建的希望，法院则驳回申请。如果没有驳回申请的理由，则应作出准许重组的裁决。

3. 组成重组机构

在实施阶段，法院应选派监督人、重组人，召开关系人会议，并决定债权、股东权的申请期限及场所，对所申报的债权和股东权进行审查的期限和场所及第一次关系人会议的日期及场所，同时应发布重组公告。

4. 制订重组计划

重组计划是指以维持债务人的继续经营、清理债权债务关系、制定挽救手段为内容的协议。重组计划一般由重组人拟定，计划的制订必须坚持公正和可行的原则。公正是指对同类债权或股权应一视同仁，可行是指计划的实行必须有恰当的措施和手段加以保证。

重组计划的主要内容包括：①变更一部分或全部债权人或股东的权利，为了达到重组的目的，重组债权人或股东应对企业做出一定的让步，包括按比例减少股份、免除部分债权、债权延期、降低利率等；②变更经营范围，改变经营内容，并针对以往经营失利的管理原因，提出更高管理水平的措施；③处置财产，确定债务清偿办法及资金来源；④确定企业资产的估价标准和评估办法；⑤变更公司章程；⑥发行新股或债券；⑦裁决或调动企业职工；⑧确定重组执行期限；⑨其他必要事项。

重组计划拟定后，应将企业业务情况及财务报告、重组计划一并提交关系人会议通过后，重组人应将重组计划提请法院，由法院认可后，即可付诸实施。

5. 完成重组

重组人必须在重组计划规定的期限内完成重组工作，召开重组后的股东大会，确认修改后的公司章程，并选举新的董事和监事，然后再由重组人向法院申请批准完成重组的裁决，并向登记机关申请变更登记。

【案例 8-1】 泛海建设债务重组

2012 年 10 月 31 日，泛海建设公告宣布，公司拟与中国长城资产管理公司北京办事处（以下简称"长城资产"）、北京国际信托有限公司（以下简称"北京信托"）签订《债权转让协议》，约定长城资产收购北京信托于 2012 年 11 月 25 日到期的 7.99 亿元的债权（第二期），泛海建设承诺并保证为此提供 30 个月的担保，并向长城资产履行债务清偿责任。

公告显示，作为原债权人，北京信托于 2012 年 4 月前，分五期实际募集了资金 19.986 亿元，全部用于增加泛海东风公司注册资本。根据相关协议约定，泛海须按约定日期分三次支付行权费。但截至公告日，泛海已按期向北京信托支付了一期行权费 6.740 8 亿元，二、三期尚未到期。

在签订《债务重组协议》后，第二期行权费由长城资产提供，而泛海东风公司则拟与长城资产签订《抵押合同》，承诺以其依法拥有的位于北京市朝阳区东风乡绿隔地区的第一宗地 J-1 地块及在建工程为《债务重组协议》项下债务人的债务清偿义务提供抵押担保。

与此同时，泛海及旗下北京星火房地产开发有限责任公司拟分别与长城资产签订《连带保证合同》，承诺为《债务重组协议》项下债务人的债务清偿义务承担连带责任保证担保。泛海董事会认为，泛海东风公司本次债务重组解决了该公司目前发展的资金需要，有利于推进项目建设，符合公司地产的发展战略。

第二节　公司清算

一、公司清算的含义

（一）公司清算的定义

公司清算是指公司依法解散后，公司清算主体按照法定方式、法定程序对公司的资产、债权债务、股东权益等公司的具体情况进行全面的、客观的清理和处置，从而清理公司债权债务，处理公司财产，了结各项法律关系，并最终消灭公司法人资格的一种法律制度。

公司清算是公司在解散之后，对其财产进行清理，了结公司债权债务关系，消灭公司法人资格的必经程序。公司清算有广义和狭义之分，广义的公司清算包括破产清算在内的公司清算；狭义的公司清算不包括破产清算。公司法上的清算，一般是指狭义上的公司清算，以下简称为"公司清算"。本节以下未特别说明的，均指狭义上的公司清算。

（二）公司清算与破产清算的区别

公司清算与破产清算在法律属性上存在着重大差异，由此形成了迥然不同的两类法律制度。公司清算，是指公司因非破产原因解散，按公司法规定的程序进行的清算，即狭义上的公司清算。破产清算，是指因破产原因解散并按照破产程序进行的清算。公司清算与破产清算的区别主要有以下几点。

第一，清算发生的原因不同。破产清算的原因是公司"不能清偿到期债务"；而公司清算则是公司在有足够财产清偿债务情况下因解散而进行的清算。

第二，清算的程序不同。破产清算必须严格按照《破产法》规定的破产程序进行清算，破产清算是一种强制清算程序；而公司清算则是按《公司法》的有关规定进行清算，清算程序一般具有较强的任意性，公司清算人可以按照公司的具体情况灵活掌握清算的进程。

第三，清算人的选任不同。破产清算是法院按照《破产法》的规定，从法定的人员范围中依法定的程序和方法选任；而公司清算则由公司按照《公司法》的规定确定清算人，在特殊情况下才由法院依法指定清算人。

第四，债权人在清算中所起的作用不同。在破产清算中，债权人组成债权人会议，参与破产清算程序，决定公司清算中的有关重大事项，如决定破产财产的分配方案和破产财产的处理方案等；而在公司清算中，债权人则不具有这种作用，清算人对公司全体股东负责。

通过对两者的比较，我们可以看出，公司清算有可能转化为破产清算，即在公司清算过程中，如果发现公司的实际资产不足以清偿债务时，公司清算应当转为破产清算。

二、公司清算的类型

（一）按清算是否由公司自行组织划分为普通清算与特别清算

1. 普通清算

普通清算，是指公司自行组织的清算。公司解散后由公司内部自行组成清算机构进行清算。公司解散后，应立即进行普通清算。在普通清算过程中，当有下列情形之一时，法院便可命令公司实行特别清算。

（1）当公司实行普通清算遇到明显障碍时。

（2）当公司负债超过资产有不实之嫌时，即形式上公司负债超过资产，但实际上是否真正超过尚有嫌疑。

2. 特别清算

特别清算，是指公司依法院的命令开始，并且自始至终都在法院的严格监督之下进行的清算。特别清算只有在普通清算程序开始后才有可能启动，特别清算是在普通清算过程中遇到无法逾越的障碍时，由相关行政机关或法院介入而具体进行的清算。

（二）普通清算与特别清算的区别

1. 两者适用的起因不同

对于适用普通清算还是特别清算，公司一般无自行选择的权利。在公司解散的一般情况下，只要能进行清算的，适用普通清算；普通清算不能正常进行时，才适用特别清算。

2. 清算人的选任方式不同

普通清算一般是由公司自行选任清算人；而特别清算则由法院强制选任清算人。大陆法系许多国家股份有限公司与有限责任公司分别立法，特别清算制度多规定在股份有限公司制度中，有限责任公司一般规定为准用股份有限公司相关规定，但台湾公司法上认为，特别清算是股份有限公司特有的制度，有限责任公司的合并、解散及清算准用无限公司之有关规定。然而，"有限公司兼具资合性色彩，其股东所负之间接有限责任，实与股份有限公司之股东责任雷同，法律规定一律准用典型人合公司之无限公司相关规定，是否合理不无疑问，将来宜修法为准用股份有限公司之相关规定"。

3. 法院在两个程序上的作用不同

在普通程序上，法院仅发挥消极的监督作用，而在特别程序上，法院则积极介入与干预清算事务的进行。

4. 清算机关在两个程序中有很大的区别

普通清算中清算机关一般仅有清算人和股东会，而在特别清算中，清算机关非常复杂，有清算人、债权人会议、监察人和检查人等。

5.清算程序上亦有多处不同制度与规定

例如，和解协议的达成与执行只能是特别程序中所特有的。另外，普通程序可以转化为特别程序，反之则不可以。

特别清算是介于普通清算和破产清算之间的一种程序，特别清算与破产清算的区别主要体现在三个方面：第一，清算原因不同，破产清算是因为破产原因而进行的，特别清算不适用破产原因，它是在普通清算不能的情况下进行的清算；第二，两者适用的法律规范不同，破产清算适用的是破产法规范，特别清算适用的是公司法规范；第三，债权人在清算中地位和作用不同。虽然债权人会议在两种程序中都存在，但在破产清算程序中，债权人会议决定破产程序的重大事项，对清算人进行监督，而特别清算中的债权人则不具有这种职能。

三、公司清算的一般清算程序

（一）确定清算人或成立清算组（或清算委员会）

当解散清算由自愿原因导致时，有限责任公司由股东组成清算组，股份有限公司由股东大会确定清算组成员。如果公司在15日内没有成立清算组，债权人可以申请人民法院指定有关人员成立清算组。

当解散清算由强制原因导致时，由有关机关组织股东、有关机关人员及有关专业人员成立清算组。

（二）开展清算工作

清算组在清算期间，需要进行以下五项工作。

1.债权人进行债权登记

清算组应当自成立之日起，10日内通知债权人，并于60日内，在报纸上至少公告3次，要求债权人向清算组申报债权。债权人应当自接到通知书之日起，30日内，未接到通知书的，自第一次公告之日起，90日内，向清算组申报其债权。债权人申报时，应当说明债权的有关事项，并提供有关证明。

2.清理公司财产，编制资产负债表及财产清单

清算组负责清理公司财产，编制资产负债表与财产清单，提出财产评估作价和计算依据。清缴所欠税款，清理债权债务，处理企业清偿债务后的剩余财产。清算开始之日前的180日内，破产公司隐匿、私分或无偿转让财产，或非法压价出售财产，或对原来没有财产担保的债务提供担保，或对未到期债务提前清偿，或放弃自己债权的，清算组应当向法院申请追回有关财产。解散清算中，发现资不抵债时，应当立即向法院申请宣告破产。

3.在对公司资产进行估价的基础上，制订清算方案

清算组在清理公司财产，编制资产负债表与财产清单后，应当制订清算方案。清算方案报股东会或有关主管机关审核。

4. 执行清算方案

公司财产的清偿顺序为：支付清算费用→支付公司所欠职工工资和劳动保险费用→支付公司所欠税款→清偿公司债务→向优先股股东分配剩余财产→向普通股股东分配剩余财产。其中，财产不足支付同一顺序要求的，按照比例分配。

5. 代表公司参与民事诉讼

（三）提交清算报告，办理清算的法律手续

公司清算工作结束以后，清算组应当制作清算报告，并造具清算期内会计报表和各种账务清册，报有关方面确认，并报送公司登记机关，申请注销公司登记，公告公司终止。

第三节 破 产 清 算

一、企业破产及其流程

（一）破产

1. 破产的定义

破产是指债务人不能清偿到期债务时，由法院强制执行其全部财产，公平清偿全体债务人，或者在法院监督下，由债务人与债权人会议达成和解协议，整顿、复苏企业，清偿债务，避免倒闭清算的法律制度。

2. 破产界限

所谓破产界限，即法院据以宣告债务人破产的法律标准，在国际上又通称为法律破产原因。在破产立法上，对破产界限有以下两种规定方式。

（1）列举方式，即在法律中规定若干种表明债务人丧失清偿能力的具体行为，凡实施行为之一者，便被认定达到破产界限。

（2）概括方式，即对破产界限进行抽象性的规定，它着眼于破产发生的一般性原因，而不是具体行为。破产界限的概括方式规定，通常有三种概括：一是不能清偿或无力支付；二是债务超过资产，即资不抵债；三是停止支付。

我国破产法规定，企业因经营管理不善造成严重亏损，不能清偿到期债务的，依本法规定宣告破产。可见，在我国"不能清偿到期债务"，是法定的企业破产原因和条件。我国和世界上其他大多数国家均采用概括方式来规定企业破产的界限。

（二）企业破产程序

依据《中华人民共和国企业破产法》，企业破产的主要程序如图 8-1 所示。

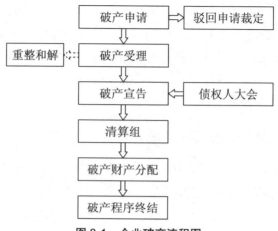

图 8-1　企业破产流程图

1. 破产申请阶段

企业法人不能清偿到期债务，并且资产不足以清偿全部债务或者明显缺乏清偿能力的，可以向人民法院提出重整、和解或者破产清算申请。债务人不能清偿到期债务，债权人可以向人民法院提出对债务人进行重整或者破产清算的申请。企业法人已解散但未清算或者未清算完毕，且资产不足以清偿债务的，依法负有清算责任的人应当向人民法院申请破产清算。

2. 破产申请的受理阶段

债权人提出破产申请的，人民法院应当自收到申请之日起 5 日内通知债务人。债务人对申请有异议的，应当自收到人民法院的通知之日起 7 日内向人民法院提出。人民法院应当自异议期满之日起 10 日内裁定是否受理。

人民法院受理破产申请的，应当自裁定作出之日起五日内送达申请人。债权人提出申请的，人民法院应当自裁定作出之日起 5 日内送达债务人。债务人应当自裁定送达之日起 15 日内，向人民法院提交财产状况说明、债务清册、债权清册、有关财务会计报告以及职工工资支付和社会保险费用的缴纳情况。

人民法院裁定不受理破产申请的，应当自裁定作出之日起五日内送达申请人并说明理由。申请人对裁定不服的，可以自裁定送达之日起 10 日内向上一级人民法院提起上诉。

人民法院受理破产申请后至破产宣告前，经审查发现债务人不符合《破产法》第二条规定情形的，可以裁定驳回申请。申请人对裁定不服的，可以自裁定送达之日起 10 日内向上一级人民法院提起上诉。

3. 债权申报与债权人会议阶段

人民法院受理破产申请后，应当确定债权人申报债权的期限。债权申报期限自人民法院发布受理破产申请公告之日起计算，最短不得少于 30 日，最长不得超过 3 个月。债权人应当在人民法院确定的债权申报期限内向管理人申报债权。在人民法院确定的债权申报期限内，债权人未申报债权的，可以在破产财产最后分配前补充申报；但是，此前已进行的分配，不再对其补充分配。

依法申报债权的债权人为债权人会议的成员，有权参加债权人会议，享有表决权。债权尚未确定的债权人，除人民法院能够为其行使表决权而临时确定债权额之外，不得行使表决权。债权人可以委托代理人出席债权人会议，行使表决权。代理人出席债权人会议，应当向人民法院或者债权人会议主席提交债权人的授权委托书。债权人会议应当有债务人的职工和工会的代表参加，对有关事项发表意见。债权人会议设主席1人，由人民法院从有表决权的债权人中指定。

债权人会议行使下列职权：核查债权；申请人民法院更换管理人，审查管理人的费用和报酬；监督管理人；选任和更换债权人委员会成员；决定继续或者停止债务人的营业；通过重整计划；通过和解协议；通过债务人财产的管理方案；通过破产财产的变价方案；通过破产财产的分配方案；人民法院认为应当由债权人会议行使的其他职权。

4. 破产的重整与和解阶段

该部分不是破产的必经程序。重整与和解也被称为预防破产程序。重整是指债权人申请对债务人进行破产清算的，在人民法院受理破产申请后、宣告债务人破产前，债务人或者出资额占债务人注册资本1/10以上的出资人，可以向人民法院申请重整，即对该企业进行重新整顿、调整，即不对无偿付能力债务人的财产进行立即清算，而是在法院主持下由债务人与债权人达成协议，制订重组计划，规定在一定期限内债务人按一定方式全部或部分清偿债务，同时债务人可以继续经营其业务的制度。

破产和解，是指在人民法院受理破产案件后，在破产程序终结前，债务人与债权人之间就延期偿还和减免债务问题达成协议，终止破产程序的一种方法。和解是一种特殊的法律行为，双方法律行为以双方当事人的意思表示一致为条件，而这种法律行为不仅需要债权人会议与债务人意思表示一致，而且还要经过人民法院的裁定认可，方能成立。

虽然重整与和解不是破产的必经程序，但通过企业资产业务的重整，可能避免企业被破产清算的命运，给企业继续发展的机会。从长远来看，可能会给债权人更大程度的利益保障。因此，重整与和解阶段具有重要的意义。

5. 破产宣告与破产清算阶段

（1）破产宣告。破产宣告是法院依据当事人的申请或法定职权裁定宣布债务人破产以清偿债务的活动。破产宣告标志着破产程序进入实质性阶段。债务人被宣告破产后，债务人称为破产人，债务人财产称为破产财产，人民法院受理破产申请时对债务人享有的债权称为破产债权。一旦企业被宣告破产，便失去了民事主体资格，裁定自公告之日起发生法律效力，破产企业即日起停止正常经营活动。

（2）破产清算。人民法院依法宣告企业破产以后，应当在15日内成立的企业主管部门、政府财政部门等人员组成的清算组，对该破产企业进行清算。企业破产分配完毕，由清算组向法院申请终结破产程序并向登记机关办理注销登记。

二、破产清算

（一）破产清算的含义

破产清算是指宣告股份有限公司破产以后，由清算组接管公司，对破产财产进行清算、评估和处理、分配。清算组由人民法院依据有关法律的规定，组织股东、有关机关及有关专业人士组成。所谓有关机关一般包括国有资产管理部门、政府主管部门、证券管理部门等，专业人员一般包括会计师、律师、评估师等。

《公司法》中的破产清算是指处理经济上破产时规定债务如何清偿的一种法律制度，即在债务人丧失清偿能力时，由法院强制执行其全部财产，公平清偿全体债权人的法律制度。破产概念专指破产清算制度，即对债务人宣告破产、清算还债的法律制度。

根据《中华人民共和国企业破产法》，企业法人不能清偿到期债务，并且资产不足以清偿全部债务或者明显缺乏清偿能力的，依照本法规定清理债务。企业法人有前款规定情形，或者有明显丧失清偿能力可能的，可以依照本法规定进行重整。

（二）破产清算的程序

1. 破产宣告

破产宣告是法院依当事人的申请或依职权对已经具备破产条件的债务人作出宣告其为破产人的司法裁定。债务人被宣告破产后，破产清算程序便由此启动。

2. 破产财产变价

变价方案由管理人制订并提交债权人会议讨论。破产企业为全民所有制性质的，其资产的评估应依据有关国有资产评估的规定，由管理人向国有资产管理部门申请办理资产评估立项，经国有资产管理部门授予资格的评估机构进行评估，并经国有资产管理部门备案。变价出售破产财产应当通过拍卖进行，但是债权人会议另有决议的除外。

3. 分配

分配方案由管理人制订并提交债权人会议讨论，最后提交法院裁定。破产财产的分配顺序如下：

（1）清偿破产费用和共益债务；

（2）职工的工资和医疗、伤残补助、抚恤费用，所欠的应当划入职工个人账户的基本养老保险、基本医疗保险费用，以及法律、行政法规规定应当支付给职工的补偿金；

（3）破产人欠缴的除前项规定以外的社会保险费用和破产人所欠税款；

（4）普通破产债权。

4. 破产清算的结束

破产财产分配完毕，破产清算即告结束。清算组应提请法院终结破产程序。破产程序终结后，由清算组织向原审批机关办理破产公司的注销登记和其他登记手续。

（三）债务人财产

1. 债务人财产的范围

破产申请受理时属于债务人的全部财产以及破产申请受理后至破产程序终结前债务人取得的财产。

2. 不属于债务人财产的范围

对此问题，新破产法没有规定，最高人民法院2002年7月发布的《关于审理企业破产案件若干问题的规定》可资借鉴。

（1）债务人基于仓储、保管、加工承揽、委托交易、代销、借用、寄存、租赁等法律关系占有、使用的他人财产。

（2）抵押物、留置物、出质物。

（3）担保物灭失后产生的保险金、补偿金、赔偿金等代位物。

（4）依照法律规定存在优先权的财产。

（5）特定物买卖中，尚未转移占有但相对人已完全支付对价的特定物。

（6）尚未办理产权证或者产权证过户手续但已向买方交付的财产。

（7）债务人在所有权保留买卖中尚未取得所有权的财产。

（8）所有权专属于国家且不得转让的财产。

（9）债务人工会所有的财产。

（四）破产债权

清算组确定破产债权。破产债权，是指依照破产程序受偿的债权。破产债权的范围包括以下七个方面。

（1）破产宣告前成立的无财产担保的债权，以及虽有担保但放弃优先受偿权利的债权。

（2）未到期的债权，视为已到期债权，但是应当减去未到期的利息。

（3）连带之债的债务人破产时，债权人所享有的债权。

（4）保证人破产时，债权人所享有的债权。

（5）清算组解除合同，而致使对方当事人受到损害时，其损害的赔偿额。

（6）债权人对破产公司负有债务的，如果债权大于债务，那么超过部分构成破产债权。

（7）有财产担保的债权，其数额超过担保物价款的，未受清偿的部分，作为破产债权。

（五）破产费用和共益债务

1. 破产费用

破产费用包括以下三个方面：

（1）破产案件的诉讼费用；

（2）管理、变价和分配债务人财产的费用；

（3）管理人执行职务的费用、报酬和聘用工作人员的费用。

2. 共益债务

所谓共益债务是指在破产申请受理后，为全体债权人的共同利益或者为进行破产程序所必须负担的债务，其内容包括：

（1）因管理人或者债务人请求对方当事人履行双方均未履行完毕的合同所产生的债务；

（2）债务人财产受无因管理所产生的债务；

（3）因债务人不当得利产生的债务；

（4）为债务人继续营业而应支付的劳动报酬和社会保险费用以及由此产生的其他债务；

（5）管理人或者相关人员执行职务致人损害所产生的债务；

（6）债务人财产致人损害所产生的债务。

3.破产费用和共益债务的清偿

破产费用和共益债务清偿的原则包括以下四个方面：

（1）破产费用和共益债务由债务人财产随时清偿；

（2）债务人不足以清偿所有破产费用和共益债务，先行清偿破产费用；

（3）债务人不足以清偿所有破产费用或者共益债务的，按照比例清偿；

（4）债务人财产不足以清偿破产费用的，管理人应当提请法院终结破产程序。

【案例 8-2】 浙江安吉同泰皮革有限公司执行转破产清算案

扫描此码　案例学习

【案例 8-3】 无锡尚德太阳能电力有限公司破产重整案

扫描此码　案例学习

复习思考题

一、在线测试题（扫描书背面的二维码获取答题权限）

扫描此码　自我测试

二、简答题

1.企业偿债能力的指标体系包括哪些内容？

2.什么是债务重组？债务重组包括哪些方式？

3.简述债务重组的动因。

4.什么是公司清算？公司清算与破产清算的区别是什么？

5.什么是破产清算？一般包括哪几个阶段？

三、论述题

1. 某企业因经营管理不善，依法被人民法院宣告破产。经管理人确认：

（1）该企业的全部财产变价收入为 300 万元；

（2）向建设银行信用贷款 66 万元；

（3）其他债权合计为 300 万元；

（4）欠职工工资和法定补偿金 65 万元，欠税款 35 万元；

（5）管理人查明法院受理案件前 3 个月无偿转让作价为 80 万元的财产（不包括在以上变价收入中）；

（6）破产费用共 30 万元。

请问：本案中，建设银行可以得到多少清偿款？

第九章　跨国资本运营

内容提要

跨国资本运营是资本运营在内涵外延上的拓展，是资本运营在空间上的跨越国界，与国内资本运营相比，跨国资本运营面对的环境较为复杂，采取的策略也具有其独特性。本章第一节介绍跨国股权经营模式；第二节重点阐述合资经营的基本内容；第三节介绍企业海外上市的基本内容；第四节介绍跨国融资的方式，包括国际证券融资、国际信贷融资、国际贸易融资、国际租赁和金融互换等方式；第五节重点阐述跨国并购的基本内容；第六节介绍外汇管理的基本内容，详细阐述了外汇风险管理。

学习要点

- 了解跨国股权经营的基本模式、环境评估方法以及四种战略；
- 掌握合资经营的基本内容；
- 掌握企业境外上市含义，熟悉企业境外上市的方式；
- 了解主要境外证券市场的基本情况；
- 掌握跨国并购的基本内容；
- 了解跨国融资的方式；
- 熟悉常见的外汇风险及其管理模式和方法。

第一节　跨国资本运营的股权经营

一、跨国资本运营的股权经营模式简介

跨国股权经营模式是指跨国公司通过向国外输出资本、经营企业，并获得国外企业经营管理权的经营方式。它可以分为独资经营模式和合资经营模式两种，如图 9-1 所示。

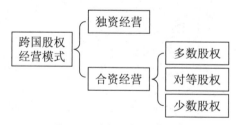

图 9-1　跨国股权经营模式

独资经营模式是指母公司拥有国外子公司的全部股权，通常拥有 95% 以上的股权即可认为是独资经营。跨国公司采取独资经营模式进入海外市场时，其进入方式可以分为两种：新建独资子公司，即通过新建一个独资子公司进入海外市场；跨国并购，即通过购买海外企业来建立独资子公司。

合资经营，又称合营，简称 JV（joint venture），一般定义为由两家公司共同投入资本成立，分别拥有部分股权。按照母公司拥有国外子公司股权的比例，又可以分为多数股权、对等股权和少数股权经营模式，多数股权是指母公司拥有国外子公司 50% 以上、95% 以下的股权；对等股权是指合资双方各拥有 50% 股权，少数股权是指母公司拥有国外子公司 50% 以下的股权。各种跨国股权经营模式的优缺点比较如表 9-1 所示。

表 9-1　各种跨国股权经营模式的优缺点

跨国经营模式	优　　点	缺　　点
新建独资子公司	高度控制权 具有区位经济优势 可以自己挑选厂址、员工、技术等	建造成本昂贵、费时 要求具备相当的国际知识 所有权带来的风险
跨国并购	高度控制权 快速进入市场 具有区位经济优势	所有权带来的风险 文化差异可能难以应付 可能会把问题一并"买"过来
合资经营	财务风险比建立子公司低 享有合作伙伴的资源、专有技术	存在部分控制权或负溢出效应风险 仍存在一定的所有权风险

在跨国公司进入海外市场时，可以采用绿地投资（greenfield investment，GI）和跨国并购的方式。绿地投资又称创建投资，是指跨国公司等投资主体在东道国境内依照东道国的法律设置的部分或全部资产所有权归外国投资者所有的企业。绿地投资有两种形式：一是建立国际独资企业，二是建立国际合资企业。

二、跨国股权投资的环境评估

跨国投资环境，是指影响跨国投资决策和投资结果的各种因素。跨国投资决策，是跨国公司执行全球性投资的一种战略决策。由于世界各国地理位置不同，经济发展不平衡，政治法律不一致等，会导致各国投资环境的不同。表 9-2 对跨国公司与国内企业在投资决策分析时所考虑的环境因素，进行了具体比较。

表 9-2　国内企业与跨国公司投资决策分析时所考虑的环境因素

国　内　企　业	跨　国　公　司
1. 单一的语言和民族	1. 多种语言和民族
2. 市场相对统一，而且有相似性	2. 不同的、富于变化的市场
3. 信息易获得，而且比较准确	3. 信息不易取得，而且成本较高
4. 政治因素不很重要	4. 政治因素经常是重要的
5. 政府的干预较少	5. 国民经济计划、政府政策会影响公司的决策
6. 单个企业对经营环境几乎没有影响力	6. 大型公司具有较大的影响力
7. 进入市场的障碍较少	7. 进入市场的障碍较多
8. 经营环境相对稳定	8. 多国经营环境，其中许多国家经营环境很不稳定
9. 相同的资金供求状况	9. 不同的资金供求状况
10. 单一的货币	10. 不同的货币，而且币值的稳定性不一样
11. 经营的法规是成熟明了的	11. 不同的经营法规，易变且不明了
12. 习惯于分享责任和利用财务控制的管理	12. 独断的、不运用预算与控制方法的管理

与国内企业相比，跨国公司对外直接投资决策的基本原则和方法是相同的。但国际直接投资涉及面广，国际环境比较复杂，在进行投资决策前，要充分考虑其他国家的政治、经济等因素对投资的影响，必须对其准备投资国家的投资环境进行评估。

跨国公司评估投资环境的方法很多，各公司采用的评估方法也不尽相同。跨国投资环境的评估分析，主要有如下一些评估分析方法。

（一）三菱综合研究所评估法

该评估法，是日本三菱综合研究所 1974 年对欧洲国家投资时采用的评估模型。该评估法，对跨国投资环境，列出了四种要素（经济活动水平、地理条件、劳动力条件与奖励制度），并给出了加权平均的评估数值。一个国家的评估数值越高，说明该国的投资环境越好。

（二）国别冷热比较评估法

1968 年，美国学者 Litvak 与 Banting，从美国投资者的立场出发，归纳出影响跨国投资的七大环境因素：政治稳定性、市场机会、经济增长情况、地理与文化差异、文化一元化程度、法律障碍、地理障碍。根据这七大环境因素，有关国家，可按投资环境的好（称为"热"）坏（称为"冷"）进行排序。

（三）投资环境评分评估法

投资环境评分分析法，又称多因素等级评分法，它考虑了影响跨国投资环境的八个因素，并根据这八大环境因素，对有关国家投资环境的好坏进行评分，如表 9-3 所示。

表 9-3　投资环境评分评估法

序　号	投资环境因素
1	将盈利返回母国的难易程度
2	准许外商在东道国持有股权的情况
3	外商与东道国本地公司在待遇、管制方面的差异
4	货币稳定性
5	政治稳定性
6	关税保护意识情况
7	东道国当地资本供应能力
8	东道国 5 年内的年通货膨胀率情况

（四）国际风险评估法

国际风险评估法，是美国专业性商业环境风险评估公司（Business Environment Risk Intelligence，BERI）提出的。该评估法，考虑了影响跨国投资环境的三个方面：营运风险情况；政治风险情况；将盈利返回母国的难易程度情况。该评估法在对这三个方面进行评分后，取算术平均。

（五）综合评估法

综合评估法，主要考虑跨国投资的有关投资目标能否实现，并且分析政治与法律环境、涉外经济环境、基本建设与劳动力环境等因素，然后确定评分标准，并进行评分。

三、跨国股权投资的战略

跨越国界、在全球范围内竞争的跨国公司，由于其所涉及的行业不同，竞争的特点亦不同。从世界范围看，存在两种不同的竞争，相应地也有多国战略、全球战略、跨国战略和地区战略四种战略。

（一）多国战略（multidomestic strategy）

当面临多国竞争时，公司应使自己在不同国家的战略，分别与该国的市场相吻合。此时，公司的总体国际战略，就是它所有国家战略的"集合"。多国竞争发生在一国范围内，在某一国市场的竞争与其他国家内的竞争是相互独立的。在多国竞争的情况下，实际上没有一个"国际市场"，仅仅存在多个独立市场的"集合"。多国竞争的行业很多，包括：食品业、零售业、服装业、人寿保险等。造成多国竞争的原因，主要是该行业的竞争受当地的政治、经济、文化、民族、生活习惯、宗教等多种因素的影响较大，而各国这些具体情况相差较大。

（二）全球战略（global strategy）

当面临全球竞争时，公司在全球所有国家采取大致相同的竞争策略。虽然在必要时，需对某个国家的、具体的特殊情况进行细微的调整，但它基本的竞争手段在全球范围内是一样的。在全球竞争中，价格及其他竞争条件在各国市场中存在很强的相关性，存在真正意义上的"国际市场"。一个公司在某一国的竞争地位，会影响它在其他国家的竞争。各竞争对手均寻求在全球范围内形成综合竞争优势，以便各国战略相互补充（如在低工资国家设厂、应用著名商标等）。全球竞争的行业，有汽车、电视、轮胎、电子通信设备、复印机、手表、民用飞机等。造成全球竞争的原因，是该部分行业可以满足人类的共同需要，这些需要受当地环境影响较小，而低成本、高质量则成为重要的竞争优势。表 9-4 列示了两种不同战略的主要差异。

表 9-4　多国战略与全球战略的差异

	多 国 战 略	全 球 战 略
1. 战略舞台	有选择的目标国家和贸易区	包括产品关键市场的大多数国家
2. 经营战略	使战略与每个东道国的环境相适应，国家之间很少或没有战略协调	全球范围内基本相同的战略，必要时对国家之间战略进行微调
3. 产品系列战略	适应当地需要	在全球范围内出售标准化很强的产品
4. 生产战略	在许多东道国均有生产厂	厂址选择是以能取得最大竞争优势为依据

	多 国 战 略	全 球 战 略
5. 原材料及零部件供应来源	最好由东道国供应商供货	世界上任何地方有吸引力的供应商
6. 营销和经销渠道	适应东道国的习惯和文化	更多的是世界范围内的协调，在必要时，采取微调政策以适应东道国环境
7. 公司组织	由子公司来负责在每个东道国的经营	所有主要战略决策在全球总部进行协调，采用全球组织结构来统一各国的经营

（三）跨国战略（transnational strategy）

还有一些企业在这样的行业中进行竞争：这些行业既注重调整产品和服务以满足当地市场的需求，又注重在全球范围内进行一体化运营。从某种程度上来看，这是一种全球战略和多国战略的结合，这一战略既在全球范围内实现规模经济和区位优势，又能适应竞争的需要而使其产品和服务本地化。

采用跨国战略的公司有时倾向于通过产品标准化来实现全球化。例如，宝洁公司在全球范围内简化了其个人护理产品生产线和配方。现在，宝洁的美发护理产品"沙宣"在全球采用的都是同一种香味。尽管如此，为了满足当地需求，在喜欢清淡香味的地区，如日本，气味就淡一些；在喜欢强烈气味的地区，例如一些欧洲国家，气味就浓一些。

虽然在全球范围内提供相似产品和服务便于公司管理，但如果各个市场上客户的偏好显著不同，就会带来客户流失的风险。因此，这也是一种可能导致潜在冲突和管理问题的战略。用跨国战略的公司会受困于满足当地需求和全球一体化的两难选择。要想在两者之间取得平衡，公司必须能够快速将其核心竞争力在全球范围内转移，同时要随时准备利用新的或经过改进的核心竞争力，而不管这些竞争力是在哪里培养出来的。

（四）地区战略（regional strategy）

全球战略和跨国战略有时并不一定是跨国公司的最佳选择。事实上，有时跨国公司很难确定应该对当地需求做出怎样的反应。在全球市场上，人们对某些产品的需求是一致的，这时适合采用全球战略，而对另一些产品的需求则存在差异，这时适合采用多国战略。实际上，有些时候采取地区战略可能是最好的选择。

地区战略允许管理者在某一地理区域内制定决策、设立目标、满足客户需求。地区战略也会通过平衡区域内的区位优势来追求效率和规模经济。例如，在某一区域内把生产线放在劳动力成本低的国家，可以使生产成本最小化。

第二节　合资经营

一、合资经营概述

（一）合资的概念

合资经营，又称合营，一般定义为由两家公司共同投入资本成立，分别拥有部分股权，并共同分享利润、支出、风险以及对该公司的控制权的经营模式。通常，合资企业是由跨国公司与东道国企业在东道国法律管辖范围内共同出资组建的。

在中国，合资企业一般是指中外合资。《中华人民共和国中外合资经营企业法》规定：中外合资企业是外国公司、企业、其他经济组织或个人，按照平等互利的原则，经中国政府批准，在中华人民共和国境内，同中国的公司、企业、个人或其他经济组织共同举办的合营企业。中国投资者和外国投资者共同出资、共同经营、共负盈亏、共担风险。外国合营者可以是企业、其他经济组织或个人。中国合营者目前只限于企业、其他经济组织，不包括个人和个体企业。经审查机关批准，合营企业是中国法人，受中国法律的管辖和保护。

（二）合资经营企业的形式

合资经营是以资产为纽带将各方连接起来的合资经营企业，通常可以分为股份有限公司和有限责任公司两种形式。其中，股份有限公司适用于建立规模较大的企业，有限责任公司适用于中小型企业。在建立海外合资企业时，要结合投资意图加以选择。如果从事大规模的投资活动，而又缺乏资本时，则可以考虑股份有限公司的形式，以便于发行股票来筹集资金。如果在海外的投资活动所需资金不多，则考虑成立有限责任公司，这样可以利用东道国当地法律对有限责任公司的便利条件，达到简单、便利、经济的目的。

（三）合资经营的特征

合资经营模式通常具有以下特征：

（1）合资企业的投资者至少来自两个或更多国家或地区。合资企业为两个或多个母公司共同创造出来的组织实体。

（2）组建的合资企业具有东道国国籍的法人地位，是一个独立的经济实体。

（3）各方提供的任何资产都折算成一定股份，并按照股权份额分享利润，分担风险。

（4）根据协议、合同、章程建立合资经营企业的管理机构，共同管理企业。

案例 9-1　新中国第一家中外合资企业：北京航空食品有限公司

1979 年 6 月 28 日的《人民日报》在头版的显著位置刊发了一条消息，此消息指出，中国决定与外资合营某些企业，并为此起草了一个《中华人民共和国中外合资经营企业法（草案）》提请全国人大会议审议。这部法律虽然带着历史痕迹和计划经济色彩，但仍以其开创性、奠基性为我国打开国门、引进外资提供了可靠的法制保障，标志着中国对外开放迈出了实质性步伐。

1980 年 4 月 10 日，中外合资企业——北京航空食品有限公司被批准成立，5 月 1 日公司在北京正式挂牌。这是全国第一家中外合资企业，取得了国家外资委发放的中外合资企业第"001 号"。

在北京航空食品有限公司的荣誉室里，存放着一件特殊的展品，一页镶在镜框里的批准文件，文件号为"外资审字（1980）第一号"。这是二十多年前，中国外资管理委员会批准该公司成立的通知，也是内地批准成立的首家外资企业的"准生证"。

1978 年 12 月 23 日，三十岁的伍淑清第一次到内地。在到广州的火车上，伍淑清从广播里听到了邓小平的声音，她记得很清楚，邓小平说：要以经济建设为中心，欢迎外商到中国投资。

经过十多天的考察，伍淑清辗转返回香港后，第一件事就是向父亲伍沾德建议，到内地去投资发展。1979 年 6 月，当时民航局的沈图局长等人和伍淑清的父亲伍沾德进行了长达一年多的协商、谈判。

在谈判的过程中，沈图把准备和香港一家食品公司合资搞航空食品的事情汇报给了邓小平。邓小平说："你要了解一下，你的合作伙伴懂不懂得做面包，做出来的面包掉不掉渣。不懂得做面包，做的面包掉渣，就不要谈了。"

伍淑清觉得，邓小平考虑问题非常务实，非常实事求是。经过数轮洽谈，双方决定合办航空食品公司，总投资约 600 万美元。在通过国家有关部门审批后，于是，有了中国的"001 号"合资企业。

1980 年 4 月 10 日，伍淑清和中国民航合资的北京航空食品有限公司被批准成立，这是中国第一家中外合资企业。

北京航空食品有限公司的正式成立填补了中国民航航空食品生产的空白，开启了中国引进外资和兴办三资企业的序幕。北京航空食品有限公司结束了中国航空餐只是凤尾鱼加煮熟鸡蛋的历史，不仅以高质量的供餐和良好的服务，提高了中国航空食品配餐的质量和水平，更赢得了许多国际航空公司的信赖。

来源：内蒙古经济生活广播 日期：2018 年 8 月 2 日

二、合资企业建立的动机类型

Hamgan（1985）认为跨国公司建立合资企业的动机有以下八个因素：①减少不确定性；②获取战略资源；③知识或信息的交流；④改善竞争地位；⑤防御行为；⑥寻求协同效益；

⑦技术转移；⑧业务多元化。Contractor & Lorange（1988）则提出七个动机因素来解释合资企业建立动机，包括：①降低风险；②实现规模经济；③技术交流；④减少竞争；⑤规避东道国政策；⑥实现国际扩张；⑦获取合作伙伴互补性资产。

弗雷德·威斯通等（1998）认为合营的动因有：①分担投资费用，或使拥有投资资金的大公司与有产品或生产设想但资金不充足的小公司联合，以捕捉机会；②可能取得更丰富的学习经验；③即使对一家大公司而言，合营也是一种降低所需投资支出及分散风险的方法；④反托拉斯当局在合营和兼并之间选择时可能更愿意批准前者。

Kogut（1989）从交易成本理论、组织学习理论及战略行为理论三个方面将合资企业建立动机划分成三个维度：知识获取型、效率寻求型及战略行为型。Claiste, Husan & Buckley（2005）将合资企业建立动机划分为市场进入型和非市场进入型两个类型，其中非市场进入型动机又进一步可划分为三个维度：竞争驱动型、效率驱动型、资源驱动型。

综合以上研究观点，合资企业建立动机可划分为四个类型：市场进入驱动型、竞争行为驱动型、战略资源驱动型、效率驱动型，各自关注的问题如表9-5所示。

表9-5　合资企业建立动机维度划分

动 机 类 型	关注的问题
市场进入驱动型	快速进入新的市场，提升品牌知名度，实现国际扩张等
竞争行为驱动型	通过战略行为影响竞争格局，减小竞争，维持有利的竞争地位
战略资源驱动型	获取互补的技术或资源、当地知识、管理诀窍等
效率驱动型	降低成本，实现规模经济

三、合资经营的利弊分析

（一）跨国公司采用合资经营的好处

跨国公司采用合资经营的好处主要有五个方面。①相对于独资经营而言，更容易进入东道国。由于内外合营，可减少东道国政策变化或被征收的风险。②由于企业是合资经营，共负盈亏，合营企业除享受对外资的优惠外，还可以获得国民待遇。③可以利用当地的合伙者、东道国政府以及社会各界的公共关系，取得生产经营所需的各种资源，顺利开展各种经营活动。④对于拥有技术优势的跨国公司而言，如果以机械设备、专有技术、管理知识等作为股本投资，实际上没有或很少投入资金，而是输出了"产品"。如果合资企业生产中使用的原材料依赖跨国公司供给，则外国投资者又获得原材料有限供应权，扩大母国出口。⑤合资企业生产的产品往往是东道国需要进口或当地市场紧俏的产品，具有稳定的销售市场，能给投资者带来长期、稳定、丰厚的利润回报。

（二）东道国采用合资经营方式的好处

东道国采用合资经营方式的好处主要有以下四个方面。

（1）弥补东道国资金的不足。通过合资方式吸引外资，无须还本付息，而且使用期限长，一般为 20～30 年，有些可长达 50 年。合资经营企业可以用厂房、设备、场地等作为资本投入，还可以用投产后的产品及收入为提成，可以节省资金和外汇的支出。

（2）充分利用溢出效应。跨国公司的先进技术会部分溢出，东道国企业通过引进、消化、吸收，加快技术进步的进程，可以取得更丰富的学习经验，学习和掌握跨国公司的现代化管理方法、技能和经验等。

（3）合资企业产品可以利用外国公司的销售渠道打入国际市场，扩大出口创汇，解决合资企业外汇收支平衡问题。

（4）有利于扩大东道国的劳动就业的机会，且有助于提高东道国劳动者的素质。有利于扩大东道国的原材料供应，带动东道国相关产业和配套协作企业的发展。相应地，也会带来东道国税收的增加。

（二）合资经营模式的缺点

合资经营模式的缺点主要有三个方面。

（1）合资经营是一种长期合同形式，随着未来情况的变化，合同可能过于僵化而无法随之做出所要求的调整。合资经营各方容易在经营目标、盈利分配等方面产生分歧。当初的合伙人可能由于不再努力而失去当初所拥有的某些优势，从而致使合营失去吸引力。

（2）合资企业的控制问题。母公司仅凭其拥有的所有权无法决定合资企业的行为和经营管理活动，控制力的问题会影响合资企业的业绩。

（3）负的溢出效应风险会降低通过合资经营获得的效益，如专有技术泄露的可能性等会给合资方带来一定的障碍。

四、合资经营企业的建立

进行合资经营需要解决一系列问题，这些问题主要有以下四个方面。

（一）合资企业的资本构成

1. 注册资本
注册资本是指合资企业在东道国有关当局登记的资本，是各方出资的总和，是对外承担债务所负责任的资金限额。

2. 投资比例
投资比例是合资各方在合资企业注册资本中所占的份额，各方需要在平等互利的基础上，协商恰当的投资比例及各投资者所持的普通股、优先股份额。

3. 出资方式
合营的资金在时间上可以一次缴纳，也可以分期缴纳；在形式上可以有现金、实物、工业产权三种形式。

合资各方需要确定好各方以何种形式、在什么时间、投入多少资金。对于实物、工业产权要商定如何作价和折旧。

（二）合资企业的组织与管理

合资企业的组织与管理主要是商定如下一些事宜。（1）确定董事会的组成人员及其职权。（2）确定合资企业的机构。（3）确定总经理和副总经理及其职责和待遇，安排部门经理等。（4）确定合作各方对合资企业的责任、管理权限等。

（三）合资企业的经营

（1）合资企业的供销业务，包括原材料的来源、质量规格、价格等，以及产品内外销的比例、价格、商标及商品名称等。（2）合资企业的财务及利润分成，这要根据国际惯例、东道国的有关规定，确定合资企业财务会计的内容、方法，以及利润和留存的比例等。

（四）合营的期限

合营的期限一般由固定和不定两种。其中，固定期限要确定年限，同时合资各方还要讨论合营期限内股权转让的原则、条件，以及"当地化"的有关规定等。

五、合资经营失败的原因[①]

有证据表明，参与合资经营的企业很早就想进行合资经营，但没有花费充分的时间和精力来制订计划以使合资经营企业运作起来。《商业周刊》（1986）援引麦肯锡公司（McKinsey & Co.）和永道公司（Coopers & Lybrand）的独立研究指出，70%的合资经营企业没有达到预期或被解散。Osborn（2003）的研究发现，公司之间有30%～61%的概率无法谈成合资公司的合作关系，或是所成立的合资公司在五年内就失败了。此外，在欠发达国家的合资公司也较不稳定，而且与当地政府合作的合资公司的失败概率也较大，似乎与私有企业对企业经营的实际知识的掌握较成熟有关。另外，在需求与生产技术快速变动的情形下也较容易失败。这些合资经营企业过早夭折的一些原因可归纳为下列几点：

（1）期望的技术没有开发出来；

（2）合资经营前的计划不够充分；

（3）有关实现联营企业基本目标的其他方式不能达成协议；

（4）具有专门技术或知识的经理人拒绝与他方分享知识；

（5）由于母公司在困难情况下无力分享控制权或达成协议，管理问题可能越发严重。

【案例9-2】 中国最大的合资制药企业——西安杨森制药有限公司

扫描此码 案例学习

---

① J. 弗雷德·威斯通，S. 郑光，胡安·A. 苏. 接管、重组与公司治理 [M]. 李秉祥，等，译. 大连：东北财经大学出版社，2000：367.

第三节 境外上市

一、境外上市概述

（一）境外上市的含义

境外上市（overseas listing，OL）是指境内股份有限公司依据规定的程序向境外投资者发行股票，并在境外证券交易所公开上市。

我国《证券法》第二百三十八条规定："境内企业直接或间接到境外发行证券或者将其证券在境外上市交易，必须经过国务院证券监督管理机构依照国务院的规定批准。"因此，我国企业境外上市可以采取直接上市或间接上市两种模式。

境外上市与海外上市，在多数场合，两者使用并无差别。其中的细微区别可能在于，境外上市常用来描述中国内地公司到香港股票交易所发行上市 H 股。中国香港已经归属于中国主权的一部分，但由于香港股票市场和内地的沪、深市在很多方面是分割的，内地公司到香港上市可以理解为狭义的境外上市。而海外上市的用语则更为形象地描述了中国企业漂洋过海到纽约、伦敦或新加坡等国际资本市场上的发行上市。本书使用境外上市一词，一是遵从国内文献中存在的惯用语；二是从广义角度来讲，境外包含海外，故称境外上市比较恰当。

我们习惯上说的境外上市，笼统地包括了企业在境外发行股票和将股票在境外市场挂牌交易，实际上这两者并不是一件事情。境外上市可以是在境外首次公开发行或增资发行，随后在股票交易所挂牌，这则称为发行上市。但也可以是在不增加新股发行的情况下，将国内已经发行和流通的股票引荐到境外市场，建立海外二级市场，这可以称为境外二次上市或交叉上市。

另外，在相关的国际文献中，研究者通常使用国外上市（list abroad）或者境外交叉上市（corss border listing，CBL）等术语，其中，国外上市的意思与境外上市内涵相同，而境外交叉上市除了有在外国上市之意，还强调股票不只是在一个国家上市，而是在国内外两个或两个以上国家上市交易。

（二）境外上市的意义

第一，探索一条循序渐进、逐步与国际接轨的改革路径。特别是在法人制度、企业制度、上市公司的监管制度和国际标准等方面，逐步缩小距离。

第二，推动国有企业向股份公司以及现代企业制度转换，主要是通过资产剥离、资产折股、资产评估，以及规范关联交易、信息披露制度、董事的责任化等进行转换等。

第三，为探索市场经济条件下的企业现代化提供了保证，推动了企业财务会计制度的变革。

第四，促进中国的证券市场与国际接轨，有利于规范中国资本市场，同时在市场经济的条件下，为国有企业改造，整体推动国民经济发展起到重要作用。

二、中国企业境外上市的方式

（一）境外直接上市

1. 境外直接上市概述

境外直接上市，是指直接以国内公司的名义向国外证券主管部门申请发行的登记注册，并发行股票，向当地证券交易所申请挂牌上市交易，即我们通常说的 H 股、N 股、S 股等。H 股，是指中国企业在香港联合交易所发行股票并上市，取"Hongkong"第一个字"H"为名；N 股，是指中国企业在纽约交易所发行股票并上市，取"New York"第一个字"N"为名，同样 S 股是指中国企业在新加坡交易所上市。

通常，境外直接上市都是采取首次公开募集（IPO）方式进行。境外直接上市的主要困难在于：国内法律与境外法律不同，对公司的管理、股票发行和交易的要求也不同。进行境外直接上市的公司需通过与中介机构密切配合，探讨出能符合境外法规及交易所要求的上市方案。

由于公司注册地仍在内地，实质上是中国法人在境外上市，而且上市集资仍需返回大陆，所以证监会的政策指引是鼓励的。1999 年 9 月 21 日证监会发布的《境内企业申请到香港创业板上市审批与监管指引》（通称"红筹指引"）规定：国有企业、集体企业及其他所有制形式的企业，在依法设立股份有限公司后，均可向证监会提交申请，证监会依法按程序审批，成熟一家，批准一家。该文件精神同样适用于境内企业到境外其他证券市场的直接上市。因为境外直接上市需经过境内、境外监管机构的严格审批，正因为需经过这些相对严格的程序，申请企业一旦获准在境外上市，将能够比较容易地获得投资者的信任，公司股价能达到尽可能高的价格，公司可以获得较大的声誉，股票发行的范围也更广。

2. 境外直接上市的条件

国务院颁布的《关于股份有限公司境外募集股份及上市的特别规定》（中华人民共和国国务院令第 189 号）对境外上市外资股的监管、批准程序及有关问题进行了规范。《关于企业申请境外上市有关问题的通知》（证监发行字〔1999〕83 号）规定，符合境外上市条件的境内股份有限公司，均可向中国证券监督管理委员会申请境外直接上市融资，证监会依法按程序审批，具体申请条件如下：

（1）筹资用途符合国家产业政策、利用外资政策及国家有关固定资产投资立项的规定；

（2）申请公司净资产不少于 4 亿元人民币，过去一年税后利润不少于 6 000 万元人民币，境外融资额不应少于 5 000 万美元；

（3）具有规范的法人治理结构、较完善的内部管理制度和稳定的高级管理层；

（4）上市后分红派息要有可靠的外汇来源，并符合国家外汇管理的有关规定；

（5）申请公司要严格按照证监会规定的程序提交申请材料。因境内公司境外直接上市是一项系统的资本运作工程，须有境外推荐人、境外主理商、境外会计事务所、境外律师事务所等中介机构深入参与。为此，证监会规定，境内公司在确定中介机构之前，应将拟选中介机构名单书面报证监会备案。

（二）境外间接上市

由于直接上市程序繁复，成本高、时间长，所以许多企业，尤其是民营企业为了避开国内复杂的审批程序，往往以间接方式在海外上市，即国内企业境外注册公司，境外公司以收购、股权置换等方式取得国内资产的控制权，然后将境外公司拿到境外交易所上市。

间接上市主要有两种形式：造壳间接上市和境外买壳上市。其本质都是通过将国内资产注入壳公司的方式，达到国内资产上市的目的，壳公司可以是上市公司，也可以是拟上市公司。

1. 造壳间接上市

造壳间接上市，即本国企业在境外上市地或允许的国家与地区、避税地（如英属维尔京群岛、开曼群岛、百慕大群岛等），独资或合资重新注册一家中资公司的控股公司，由该公司以现金收购或换股并购方式取得境内公司资产所有权，对内地企业进行控股，再以境外控股公司的名义申请上市，从而达到内地企业境外间接上市的目的。

造壳间接上市按境内企业与境外公司关联方式的不同，又可分成四种形式：①控股上市，一般指国内企业在境外注册一家公司，然后由该公司建立对国内企业的控股关系，再以该境外控股公司的名义在境外申请上市，最后达到国内企业在境外间接挂牌上市的目的，这种方式又可称为反向收购上市；②附属上市，是指国内欲上市企业在境外注册一家附属机构，使国内企业与之形成母子关系，然后将境内资产、业务或分支机构注入境外附属机构，再由该附属公司申请境外挂牌上市；③合资上市，一般是适用于国内的中外合资企业，在这类企业的境外上市实践中，一般是由合资的外方在境外的控股公司申请上市；④分拆上市，是指从现有的境外公司中分拆出一子公司，然后注入国内资产分拆上市，由于可利用原母公司的声誉和实力，因而有利于成功上市发行，分拆上市模式适用于国内企业或企业集团已经是跨国公司或在境外已设有分支机构的情况。

造壳间接上市的优势：①自己新设立壳公司，没有现有壳公司的历史问题和包袱，可直接获得融资；②拟上市公司通常设在维尔京、开曼或百慕大等英美法系地区或境外上市地，有关法律要求与国际接轨，较受国际投资者的认可和接受，较容易取得上市资格；③上市申请可以避开内地复杂的审批程序，持续融资能力较强。

2. 境外买壳上市

本章第二节对于买壳上市进行了详细的介绍，境外买壳上市是境内买壳上市的拓展，不同之处在于所买的壳公司是境外的上市公司，即非上市公司（买壳的公司）通过收购境外上市公司（壳公司）的控股权，从而实现对境外上市公司的控制，同时通过反向收购方式将非上市公司的资产和业务注入上市公司，实现境外间接上市的运作行为。

（三）发行存托凭证

存托凭证又称预托证券，是由股票发行公司委托国外投资银行在国外证券市场发行的对应其股票的一种证券。投资人持有存托凭证就好比间接持有股票，只不过投资银行担任中介者的角色。当发行公司发放股利时，投资银行会依存托凭证投资人持有凭证的比例，将股利转换为外币后分配给投资人。

以股票为例，存托凭证是这样产生的：某国的某一公司为使其股票在外国流通，就将一定数额的股票，委托某一中间机构（通常为一银行，称为保管银行或受托银行）保管，由保管银行通知外国的存托银行在当地发行代表该股份的存托凭证，之后存托凭证便开始在外国证券交易所或柜台市场交易。存托凭证的当事人，在国内有发行公司、保管机构，在国外有存托银行、证券承销商及投资人。

按其发行或交易地点的不同，存托凭证被冠以不同的名称，如美国存托凭证（american depository receipt，ADR）、欧洲存托凭证（European depository receipt，EDR）、全球存托凭证（global depository receipts，GDR）、中国存托凭证（Chinese depository receipt，CDR）等。

三、境外上市主要证券市场简介

（一）香港证券市场

香港证券交易的历史，可追溯到 1866 年，但直至 1891 年香港经纪协会设立，香港才成立了第一个正式的股票市场。1969 年至 1972 年，香港设立了远东交易所、金银证券交易所、九龙证券交易所，加上原来的香港证券交易所，形成了四间交易所鼎足而立的局面。1980 年 7 月 7 日四间交易所合并而成香港联合交易所。四间交易所于 1986 年 3 月 27 日收市后全部停业，全部业务转移至香港联合交易所。香港证券市场的主要组成部分是股票市场，并有主板市场和创业板市场之分。香港创业板在 1999 年推出。

1. H 股上市

H 股是指中国的股份有限公司（注册地在内地）在香港证券交易所发行并上市的外资股。H 股为实物股票，实行"T+0"交割制度，无涨跌幅限制。国际资本投资者可以投资 H 股。2014 年 4 月 10 日，中国证监会正式批复沪港通，上海证券交易所和香港联合交易所允许两地投资者通过当地证券公司（或经纪商）买卖规定范围内的对方交易所上市的股票，开展互联互通机制试点。

中国注册的企业，可通过资产重组，经所属主管部门、国有资产管理部门（只适用于国有企业）及中国证监会审批，组建在中国注册的股份有限公司，申请发行 H 股在香港上市。其优点是：企业对国内公司法和申报制度比较熟悉，且中国证监会对 H 股上市，政策上较为支持，所需的时间较短，手续较直接。其缺点是：未来公司在股份转让或其他企业行为方面，受国内法规的牵制较多。

2. 红筹上市

红筹股（red chip），这一概念诞生于 20 世纪 90 年代初期的香港股票市场。中华人民共和国在国际上有时被称为红色中国，相应地，香港和国际投资者把在境外注册、在香港上市的那些带有中国大陆概念的股票称为红筹股。

发行红筹股上市是指在海外注册成立的控股公司（包括香港、百慕大或开曼群岛），其主要资产和业务都在境内，作为上市个体，申请发行红筹股上市。红筹上市的优点是红筹公司在海外注册，控股股东的股权在上市后 6 个月即可流通；上市后的融资如配股、供股等股票市场运作灵活性高。

国务院在 1996 年 6 月颁布的《关于进一步加强在境外发行股票和上市管理的通知》（即《红筹指引》）严格限制国有企业以红筹方式上市。中国证监会亦在 2000 年 6 月发出指引，所有涉及境内权益的境外上市项目，须在上市前取得中证监不持异议的书面确认。

（二）美国证券市场

美国证券市场是一个多层次、全方位的市场体系，它共分五个层级，即交易所、店头市场、电子版市场、粉单市场以及非主流报价市场。在美国发行或出售证券，均需遵守美国联邦证券法律和法规，其中最重要的是 1933 年的《证券法》和 1934 年的《证券交易法》。在美股发行证券必须按《证券法》向美国证券管理委员会（U.S. Securities and Exchange Commission，SEC）报送注册报告书。SEC 主要审查注册报告书中所披露的信息是否充分和准确。

美国有四个全国性的股票交易市场，即纽约证券交易所（NYSE）、全美证券交易所（AMEX）、纳斯达克市场（NASDAQ）和招示板市场（OTCBB）。此外，还有低一级层次的粉单市场及一些区域性市场。

1. 纽约证券交易所

纽约证券交易所是美国和世界上最大的证券交易市场。1792 年 5 月 17 日，24 个从事股票交易的经纪人在华尔街一棵树下集会，宣告了纽约股票交易所的诞生。1863 年改为现名。2007 年 4 月 4 日，纽约证券交易所与泛欧证券交易所合并，纽约 - 泛欧证券交易所正式成立。自 20 世纪 20 年代起，它一直是国际金融中心，这里股票行市的暴涨与暴跌，都会在其他国家的股票市场产生连锁反应，引起波动。

2. 美国证券交易所

美国证券交易所前身为纽约股票证券交易场外市场联盟，主要交易建国初期美国政府的债券和新成立企业的股票，后来逐渐形成了完善的交易规则。1921 年，由场外交易变为场内交易。1953 年，正式改名为全美证券交易所，且沿用至今。其业务包括股票业务、期权业务、交易所交易基金（ETFs）业务。该交易所是世界第二大股票期权交易所。

3. 纳斯达克市场（NASDAQ）

纳斯达克由全美证券交易商协会（NASD）创立并负责管理，是全球第一个电子交易市场。由于吸纳了众多成长迅速的高科技企业，纳斯达克给人一种扶持创业企业的印象。纳斯达克在成立之初的目标定位在中小企业。因为企业的规模随着时代的变化而越来越大，现在纳斯达克反而将自己分成了四部分："全国市场"（national market）、"中小企业市场"（small cap market）、以美分为交易单位的柜台买卖中心（OTCBB）和粉单交易市场（英文叫"pink sheets"，是垃圾股票交易的地方）。

案例 9-3　乐信上市——解密中国科技金融独角兽如何走上斯达克

4. 招示板市场（OTCBB）

招示板市场（over the counter bulletin board，OTCBB）的全称是场外交易（或柜台交易）市场行情公告板（或电子公告板），是美国最主要的小额证券市场之一。OTCBB 不是证券交易所，也不是挂牌交易系统，它只是一种实时报价服务系统，不具有自动交易执行功能。在 OTCBB 报价的股票包括：不能满足交易所或 NASDAQ 上市标准的股票以及交易所或 NASDAQ 退市的证券。OTCBB 没有上市标准，任何股份公司的股票都可以在此报价，但是股票发行人必须按规定向 SEC 提交文件，并且公开财务季报和年报。这些条件比交易所和 NASDAQ 的要求相对简单。OTCBB 采用做市商制度，只有经 SEC 注册的做市商才能为股票发行人报价。NASD 和 SEC 对 OTCBB 报价的做市商进行严格的监管。目前，有不少中国企业先在 OTCBB 上市，之后再转到 NASDAQ 或其他交易所上市。

5. 粉单交易市场（pink sheets）

粉单交易市场，又称为粉红单市场、粉纸交易市场（pink sheet exchange）。粉单交易市场，在 1913 年成立，为一私人企业，因最初是把报价印刷在粉红色的单子上而得名。粉单交易市场为那些还没有上市的证券提供交易报价服务，是纳斯达克最低层的报价系统，在这个系统中，市场每周对交易公司进行一次纸上报价，流动性比 OTCBB 更差。粉单交易市场不是一个自动报价系统，而是经纪商通过电话询问至少 3 个做市商的报价之后，再与最佳报价的市场做市商成交。

（三）新加坡证券市场

新加坡证券交易所成立于 1973 年 5 月 24 日，其前身可追溯至 1930 年的新加坡经纪人协会。新交所采用了国际标准的披露标准和公司治理政策，为本地和海外投资者提供了管理良好的投资环境，经过几十年的发展，新加坡证券市场已经成为亚洲主要的证券市场。新加坡政治经济基础稳定、商业和法规环境亲商，使新加坡证券交易所成为亚太区公认的领先股市。另外，外国公司在新交所上市公司总市值中占了 40%，使新交所成为亚洲最国际化的交易所和亚太区首选的上市地之一。

新交所目前有两个交易板，即第一股市（"主板"，mainboard）及自动报价股市（"副板"，The Stock Exchange of Singapore dealling and automated quotation system，SESDAQ）。自动

报价股市成立于 1989 年，它的成立宗旨是要提供一个使具有发展潜力的中小型企业到资本市场募集资金的渠道。自动报价股市成立之初，只开放给在新加坡注册的公司申请上市。自 1997 年 3 月起，新交所开始允许外国公司登陆 SESDAQ。中国已成为新加坡证券市场最大的外国企业来源地，中国企业已经成为新交所的主力。

【案例 9-4】 鹰牌控股新加坡上市

（四）英国——伦敦证券交易所

作为世界第三大证券交易中心，伦敦证券交易所是世界上历史最悠久的证券交易所。它的前身为 17 世纪末伦敦交易街的露天市场，是当时买卖政府债券的"皇家交易所"，1773 年由露天市场迁入司威丁街的室内，并正式改名为"伦敦证券交易所"。伦敦证券交易所目前累计上市融资量居世界第一，其国际股票市场是全世界最大的非本国股票市场，其中外国证券占 50% 左右。伦敦证券交易所拥有数量庞大的投资与国际证券的基金。对于企业而言，在伦敦上市就意味着开始同国际金融界建立起重要联系。其特点为：机构投资人主导，资金量大，国际化，友好，融资成本低，监管环境明智、宽松、有效。

1. 主板市场

主板市场是伦敦证券交易所的旗舰市场，是为已经具备一定规模而又寻求进一步发展的公司而设计的。主板市场为企业提供了利用欧洲最深厚、最广阔的资本市场进行融资的途径，高效的二级市场交易平台为流动性、有效的价格形成及交易延迟的最小化提供了最好的环境。主板上市的主要标准为：最小市值不低于 70 万英镑，过去 3 年经审计的财务报告，公司至少 75% 的业务有 3 年的经营记录，在过去 3 年中对公司主要资产拥有控制权，公众持股不低于 25%。

2. 二板市场

伦敦证券交易所于 1995 年推出二板市场（alternative investment market，AIM），也称创业板，这是继美国纳斯达克市场之后，欧洲成立的第一家二板市场，专为小型、新兴和快速成长的企业进入公开资本市场而设。中国公司在创业板上市以民营企业为主。

英国二板市场的特点如下：

（1）宽松的上市条件。对企业没有经营年限的要求，也没有最低市值要求，适应中小企业融资特点的便捷上市程序，满足中小企业需求的小额多次融资方式。

（2）快捷透明的上市时间表。上市审批权在伦敦交易所，整个上市过程快捷而透明，完全取决于公司的商业决策和保荐人的工作进度，不受其他因素的干扰，公司对整个过程控制程度高，可预见性强。中国企业自启动上市流程到完成上市通常只需 4 ~ 6 个月时间。

（3）以"终身保荐人"为核心的监管制度。终身保荐人制度是指上市企业在任何时候都必须聘请一名符合法定资格的公司作为其保荐人。保荐人的职责是保证 AIM 的上市企业遵守 AIM 制定的规则，进行质量控制和上市适宜性审核，企业可以自由选择和更换保荐人。

（4）强大的融资能力。国际资本雄厚，世界上所有的主要机构投资者都投资于本市场。

（5）上市后低廉的维护成本，没有过多的监管包袱，合规方面工作量不大。

3. SEAQ 系统国际板介绍

SEAQ 系统国际板是指针对国际股票市场的电子实时屏幕报价系统。有两条途径可以取得在 SEAQ 系统国际板上报价的资格：一是已获准在伦敦证券交易所挂牌上市的证券；二是属于发展中市场区的证券。所谓发展中市场区是指那些尚未符合伦敦证券交易所关于加 ASEAQ 系统国际板标准的交易所或交易场所，它建立于 1992 年 9 月，主要包括拉丁美洲、俄罗斯、印度和中国台湾的证券。

证券要在发展中市场区获得报价资格以便进入 SEAQ 系统国际板，还须满足以下条件：①该证券必须在属于国际证券交易所联合会的成员或通信成员的证券交易所挂牌上市；②该证券必须有伦敦证交所成员行号或经认可的人士同意为伦敦证交所就其挂牌担当联络人，③伦敦证券交易所的成员行号必须让伦敦证交所确信，该发行证券的公司已至少对在其当地的证券交易所及时披露信息的工作有妥善安排；④对每一种发展中的市场证券，必须至少有两个双价（确定性报价和指导性报价）制定人接受登记。

SEAQ 报价系统的股价行情是双价制定人直接输入伦敦证交所的中央计算机系统，再随即发送给各大行情传播机构，由其将信息传遍世界。收视 SEAQ 的报价不受限制、任何人都可通过某个行情传播机构掌握行情。

（五）加拿大证券市场

加拿大证券市场由多伦多证券交易所（TSX）、多伦多创业交易所（TSXV）和 CNQ 交易所三个交易所组成。

1. 多伦多证券交易所（TSX）

TSX 为主板市场，于 1852 年成立，是世界第七大、北美第三大证券交易所。TSX 适合于有着优良业绩的成熟公司或具有良好产业化前景的先进技术型公司，很多在 TSX 上市的公司也同时在纽约交易所上市。

2. 多伦多创业交易所（TSXV）

TSXV 是多伦多交易所的创业板市场，它是全球最大的创业板市场，有 2 200 家上市公司。TSXV 适合于有一定业绩或经营历史并希望筹集一百万到五百万加元资金的企业。TSXV 的前身温哥华证券交易所素以矿产勘探行业融资而闻名于世，近年来又被公认为协助各类新兴产业——诸如高科技、制造业、生物医药、电脑软件、国际互联网网络开发领域的证券交易所，其入市门槛较低。TSXV 的另一个职能是向其他几家交易所输送新生力量，每年都有一定数量的上市公司在 TSXV "毕业"进入到规模更大的股票交易所。

3. CNQ 交易所

CNQ 交易所成立于 2004 年 5 月，起初的功能定位为自动报价系统（类似于纳斯达克的 OTCBB）。CNQ 的成立使加拿大资本市场更加活跃、更具竞争性。CNQ 以上市公司的信息透明化为监管原则，充分发挥上市成本低、速度快的优势，在信息透明的前提下尽量少干预上市公司的运作。CNQ 适合于急于以低成本上市并急需少量资金的公司。

（六）澳大利亚证券市场

澳大利亚证券交易所（ASX）是总市值排名世界第七的证券交易所，属于世界十大证交所之一，也是亚太地区最大的资本市场之一，目前已有两千多家企业挂牌，其中包括 70 多家海外企业，市值逾 1.6 万亿美元。澳大利亚证券交易所（ASX）由澳大利亚证券委员 ASIC（Australia Securities Institution Commission）直接管理。目前，澳大利亚大概有 100 多家证券公司（Stock Broker）从事证券经纪业务和投资银行业务，有两百多家基金管理公司投资于证券市场。

澳大利亚证券交易所以中小企业为主。中小企业在澳证所（ASX）的上市公司数量中占大部分比例，该所 5 000 万澳元以下的中小型企业占市场的 53%，5 000 万澳元到 1 亿澳元之间的企业占 11%，1 亿澳元到 2 亿澳元之间的企业占 21%。

中国拥有全世界最有活力的中小企业，在澳证所（ASX）上市将有助于其在商业计划早期推动公司发展，且成熟的退出机制使早期投资者可以顺利获得投资收益。

（七）境外市场上市条件比较

我国企业境外上市主要选择在香港联合交易所（SEHK）、美国纽约证券交易所（NYSE）和美国 NASDAQ 股票市场上市。除此之外，部分企业还在伦敦证券交易所（LSE）、香港创业板（GEM）、新加坡股票交易所（SES）、新加坡股票自动报价市场（SASDAQ）、美国柜台交易市场（OTCBB）、加拿大创业板（CDNX）、加拿大温哥华股票交易所（VSE）、欧洲第二市场（EURO Next）、欧盟股票自动报价市场（EASDAQ）等挂牌交易。我国民营企业大多选择在美国柜台交易市场（OTCBB）上市交易。表 9-6 对境外市场上市条件进行了简单对比。

表 9-6　境外证券市场上市条件对比分析表

比 较 项 目	香　港	美　国	新加坡	英　国	加 拿 大	澳大利亚
基金量	多	多	一般	多	多	一般
当地证监会监管力度	强	极强	强	强	强	强
对企业品牌号召力	强	强	较强	强	较强	一般
变现能力	强	极强	较强	极强	较强	较强
媒介推介力度	强	一般	一般	一般	一般	一般
对策略基金的吸引	有力	有力	较有力	有力	较有力	较有力
对中国企业欢迎程度	好	较好	较好	较好	较好	较好
中国政策影响力	强	一般	较强	一般	一般	一般
上市费用	一般	较高	较低	一般	一般	一般

第四节 跨国融资

一、国际证券融资

国际证券融资通常有国际股票融资、国际债券融资两大类型。

（一）国际股票

如果股份公司的股票成为国际投资的对象，即当公司股票的发行和交易跨越国界时，这种股票就是国际股票。简言之，国际股票是在国内外发行的，可以由外国投资者购买的股票。本章第三节境外上市已经对国际股票融资进行了详细的介绍，本节就不再详述。

（二）国际债券

国际债券，是指各种国际机构、各国政府及企事业法人，遵照一定的程序在国际金融市场上以外国货币为面值发行的债券。国际债券，大致可分为外国债券、欧洲债券和全球债券等几种债券。

1. 外国债券（foreign bond）

外国债券，是指在发行者所在国家以外的国家发行的，以发行地所在国的货币为面值的债券。其中，比较著名的有如下的扬基债券、武士债券和龙债券。

（1）扬基债券（yankee bond）。扬基债券，是指在美国债券市场上发行的外国债券，即美国以外的政府、金融机构、工商企业和国际组织在美国国内市场发行的、以美元为计值货币的债券。扬基债券的特点包括：一是期限长、数额大，扬基债券的期限通常为 5～7 年，一些信誉好的大机构发行的扬基债券期限甚至可在 20 年以上，扬基债券发行额平均每次都在 7 500 万美元到 1.5 亿美元，有些大额发行甚至高达几亿美元；二是美国政府对其控制较严，申请手续远比一般债券烦琐；三是发行者以外国政府和国际组织为主；四是投资者以人寿保险公司、储蓄银行等机构为主。

（2）武士债券（samurai bond）。武士债券，是指在日本债券市场上发行的外国债券，即日本以外的政府、金融机构、工商企业和国际组织在日本国内市场发行的、以日元为计值货币的债券。武士债券均为无担保发行，典型期限为 3～10 年，一般在东京证券交易所交易。

（3）龙债券（dragon bonds）。龙债券，是指以非日元的亚洲国家或地区货币发行的外国债券。龙债券是东亚经济迅速增长的产物。从 1992 年起，龙债券得到了迅速发展。龙债券在亚洲地区（中国香港或新加坡）挂牌上市，其典型偿还期限为 3～8 年。龙债券对发行人的资信要求较高，一般为政府及相关机构。

外国债券，还有在英国发行的外国债券（bulldog bonds）、在西班牙发行的斗牛士债券（matador bonds）、在荷兰发行的伦勃朗债券（Rembrandt bonds）等许多种。外国债券相对于本国国内发行的债券而言，要求有较严格的信息披露标准，并会面临更严格的限制。结果是，下述欧洲债券市场的增长大大快于外国债券市场。

2. 欧洲债券

欧洲债券，是指一国政府、金融机构、工商企业或国际组织，在国外债券市场上，以第三国货币为面值发行的债券。在这里，"欧洲"不再是一个表示地理位置的概念，而是意味着境外的意思。欧洲债券的发行人、发行地以及面值货币，分别属于三个不同的国家。

欧洲债券产生于20世纪60年代，最初出现的是欧洲美元债券。20世纪70年代以来，以日元、德国马克及瑞士法郎为面值的欧洲债券所占比重逐步增加。目前，欧洲债券在国际债券中占据主导地位。欧洲债券之所以对投资者和发行者有如此巨大的魅力，主要有以下几方面的原因。

（1）欧洲债券市场是一个完全自由的市场，债券发行较为自由灵活，既不需要向任何监督机关登记注册，又无利率管制和发行数额限制，还可以选择多种计值货币。

（2）发行欧洲债券筹集的资金数额大、期限长，而且对财务公开的要求不高，方便筹资者筹集资金。

（3）欧洲债券通常由几家大的跨国金融机构办理发行，发行面广，手续简便，发行费用较低。

（4）欧洲债券的利息收入，通常免缴所得税。

（5）欧洲债券以不记名方式发行，并可以保存在国外，适合一些希望保密的投资者需要。

（6）欧洲债券安全性和收益率高。欧洲债券发行者多为大公司、各国政府和国际组织，它们一般都有很高的信誉，对投资者来说是比较可靠的。同时，欧洲债券的收益率也较高。

3. 全球债券（global bond）

全球债券是20世纪80年代末产生的新型金融工具，是指在世界各地的金融中心同步发行，具有高度流动性的国际债券。世界银行在1989年首次发行了这种债券，并一直在该领域占主导地位。全球债券的发行面值有美元、日元及德国马克等。有些国家也发行过全球债券，如瑞典在1993年2月发行了20亿美元的全球债券。

二、国际信贷融资

国际信贷，是指一国借款人在国际金融市场上向外国金融机构借入货币资金的一种信用活动。国际信贷，是国际间资本流动和转移的表现，反映了国际借贷资本的流动，是国际经济活动的一个重要方面。

国际信贷按不同的标准，可分为不同的种类。

（1）按贷款的利率分，有无息贷款、低息贷款、中息贷款和高息贷款四种。

（2）按贷款的期限分，有短期贷款（1年以内）、中期贷款（一般2～5年）和长期贷款（5年以上）三种。

（3）按贷款的性质和来源分，有政府贷款、国际银行贷款、国际金融组织贷款等。

以下介绍几种主要国际信贷方式的情况。

（一）外国政府贷款

外国政府贷款，是指一国政府利用财政资金向另一国政府提供的优惠性贷款。一般分为无息贷款和计息贷款两种。无息贷款，即贷款免予支付利息，但贷款国政府要收取一定的手续费。计息贷款，即需要支付利息的贷款，但它的利息大大低于商业性贷款。年利率一般在 1%～3%。除贷款利息之外，有时政府贷款协议规定，借款国需要向贷款国政府支付不超过 1% 的贷款手续费。

发达国家向发展中国家提供政府贷款，除了现汇贷款之外，一般都规定贷款必须用以购买贷款国家的资本货物和技术设备，有时还规定贷款必须与银行出口信贷按照一定比例混合使用，从而使提供信贷的国家既能够输出国家资本，又能够带动并扩大其产品出口，还可以为其民间资本寻找出路。

政府贷款的期限比较长，通常为 10～20 年，更长期限的可以达到 30 年。政府贷款的期限均在贷款协议中予以规定。具体划分为：①贷款的使用期（提款期限），即使用提取贷款的期限，一般规定为 1～3 年，②贷款的偿还期（还款期限），规定从某年开始，在此后的 10 年、20 年或者 30 年之内，每年分一次或者两次偿还贷款的本金和利息；③贷款的宽限期（宽缓期），即贷款开始使用后的一段时期内，不必偿还本息或者只付息不还本的期限，一般规定为 5 年、7 年或者 10 年。

（二）国际金融组织贷款

国际金融组织，是由世界各国参加的、在金融领域内相互协调合作的国际性组织。国际金融组织贷款，根据其业务范围，可以分为世界性金融组织贷款与区域性金融组织贷款。前者主要由世界银行集团进行贷款，后者主要由区域性开发银行进行贷款。

1. 世界银行集团贷款

世界银行集团贷款，是指世界银行及其附属机构国际开发协会和国际金融公司的贷款。

世界银行，其全称为国际复兴与开发银行（International Bank for Reconstruction and Development，IBRD）。世界银行为了帮助会员国经济复兴和经济建设，支持和鼓励不发达国家的生产和资源开发，便以低于市场利率的条件向发展中国家提供中长期贷款。世界银行以在国际资本市场上发行债券作为其主要资金来源。

国际开发协会（International Development Association，IDA）专门对较穷的发展中国家发放条件优惠的长期贷款。贷款不收利息，只收 0.75% 的手续费，贷款期限为 50 年。国际开发协会的资金来源主要有会员国认缴的股本、发达会员国提供的补充资金、世界银行净收益拨款及协会业务经营收益等，也包括部分发达国家的捐款。

国际金融公司（International Financial Corporation，IFC）的主要任务是，对发展中成员国私人企业的新建、改建和扩建等提供资金，为政府和企业提供技术援助和咨询服务，促进外国私人资本在发展中国家的投资，促进发展中国家的资本市场发展与经济增长。其主要业务是提供贷款和对企业直接投资。贷款额度为 10 万～2000 万美元，期限为 7～15

年。贷款利率稍低于市场利率，且无须政府担保。其资金来源于成员国认缴股本、借入资金和营业收入。

世界银行集团贷款，有如下三个限制条件：

（1）只有参加国际货币基金组织的国家，才允许申请成为世界银行的成员，贷款是长期的，一般为 15～20 年不等，宽限期为 5 年左右；

（2）只有成员国才能申请贷款，私人生产性企业申请贷款要由政府担保；

（3）成员国申请贷款一定要有工程项目计划，贷款专款专用，世界银行每隔两年要对其贷款项目进行一次大检查。

2. 区域性开发银行（regional development banks）贷款

（1）亚洲开发银行（Asia Development Bank，ADB）。亚洲开发银行的宗旨，是通过发放贷款和进行投资、技术援助，促进本地区的经济发展与合作。其主要业务是向亚太地区加盟银行的成员国和地区的政府及其所属机构，境内公私企业以及与发展本地区有关的国际性或地区性组织提供贷款。贷款分为普通贷款和特别基金贷款两种：前者贷款期为 12～25 年，利率随金融市场的变化调整；后者贷款期为 25～30 年，利率为 1%～3%，属长期低利优惠贷款。该行的资金来源，主要是加入银行的国家和地区认缴的股本、借款和发行债券，以及某些国家的捐赠款和由营业收入所积累的资本。

（2）非洲开发银行（African Development Bank，ADB 或 AFDB）。非洲开发银行的宗旨，是为成员国经济发展、社会进步提供资金，协调各成员国经济发展规划，以逐步实现非洲经济一体化。该行的资金来源主要是成员国认缴的股本。其业务也局限于向成员国提供普通贷款和特别贷款。其中特别贷款条件优惠，不计利息、期限长，最长可达 50 年。

（3）欧洲投资银行（European Investment Bank，EIB）。欧洲投资银行，是世界上最大的区域性国际投资银行，由欧洲共同体成员国合资经营，其主要任务是发展共同体内不发达地区的经济，为成员国不易举办的新工业企业或共同项目提供资金，改造保护现有企业，开辟新的生产途径。欧洲投资银行的资金来源主要由成员国分摊，也从欧共体内外资本市场筹措，同时还有成员国提供的特别贷款。资金运用则主要是对运输和电信投资、修建电站和铺设输油、煤气管道等贷款。该行有时也对共同体以外的国家提供贷款。

（4）美洲开发银行（Inter-America Development Bank，IADB 或 IDB），也称泛美开发银行。泛美开发银行，是由拉美地区内外的一些国家联合组建，向拉美国家提供贷款的金融机构。其宗旨是 集中美洲各国的资金力量，对需要资金的国家与地区的经济社会发展计划，提供资金和技术援助，促进成员国的经济发展。其业务主要是向成员国政府和公私企业发放贷款，期限可长达 10～25 年。该行的资金主要来源于成员国认缴股本、银行借款及债券发行。

（5）欧洲复兴开发银行（European Bank for Reconstruction and Development，EBRD）。欧洲复兴开发银行建立于 1991 年，目标是帮助其 26 个参加国完成经济改革，促进竞争、私有化和创业。欧洲复兴开发银行的 3/4 以上货款，是借给经济转型国家私营部门的。

3. 国际商业银行贷款

国际商业银行贷款，是指在国际金融市场上，一家或几家国际大商业银行向一国政府及其所属部门、金融机构、私营工商企业或银行提供的贷款。

（1）国际商业银行贷款按形式可分为以下两类：①期限贷款，期限贷款的期限是固定的，可以是 1 年以下短期贷款，或 1 年以上甚至 10 年、20 年的长期贷款；②转期循环贷款，是指银行同意在未来一段时期内，连续向借款人提供一系列短期贷款。

（2）国际商业银行贷款，按贷款期限分类，主要分为如下三类。①短期信贷，是指一年期以下的贷款，短则 1 天、1 周、1 个月、3 个月，长则 6 个月、1 年。商业银行短期信贷都是在银行间通过电话、电传成交、事后以书面确认，完全凭银行同业间的信用。②双边中期贷款，是指一家银行对另一家银行提供的金额在 1 亿美元左右的贷款，贷款期限为 3～5 年，这种贷款双方要签订贷款协议。③银团贷款（又称集团贷款、辛迪加贷款），是指金额大（1 亿美元以上），期限长（1 年期以上）的贷款。一般是由一家银行牵头，组成由几家或更多银行参与的银团，共同提供款项。牵头银行为主要贷款银行，其他银行为参与银行。借款者只同牵头银行签订贷款协议。

在国际资金市场上，银行同业间的信贷，除 1 年期以下的短期资金拆放，为一家银行承担外，1 年期以上的贷款，如 5 年、7 年或 10 年期的贷款，贷款金额较大者，多采取银团贷款方式。

三、国际贸易融资

国际贸易融资是最传统的外汇资金融通渠道，该融资的具体方式很多，如进出口押汇、打包放款、国外票据贴现、出口信贷和福费廷等。

（一）进出口押汇（bill purchased）

进出口押汇，是银行向出口商融资的一种方法，由出口方银行和进口方银行共同组织。进出口商进行交易时，出口商将汇票以及提单、报单和发票等全套货运单据向银行抵押，借取汇票金额一定百分比的资金。由银行凭全部货运单据向进口商收回贷款的本息。在汇票由受票人偿付后，银行留下预付的金额，加上利息和托收费，其余的贷记给出口商。根据进出口押汇按承做地点的不同分为进口押汇和出口押汇，前者是指进口方银行所承做的押汇，后者是指出口方银行所承做的押汇。

1. 进口押汇

进口押汇是银行应客户要求在进口结算业务中给予客户资金融通的业务活动。进口押汇申请人需在信用证开立时向银行提出书面申请，进口押汇申请书应明确押汇金额、押汇期限。经银行审批同意后，双方签订进口押汇协议书。押汇期限一般不超过 90 天，押汇利息从银行垫款之日起开始收取，到期时与本金一并归还。

2. 出口押汇

出口押汇是指出口商凭进口方银行开来的信用证，将货物发运后，按信用证要求缮制单据并提交议付行，议付行以出口单据作抵押，在收到开证行支付的货款之前，向出口商融通资金的业务活动。信用证最终付款取决于开证行，因此出口押汇是银行对出口商保留追索权的融资方式。

（二）打包放款（packing credit）

打包贷款，又称出口信用证抵押贷款，是指出口企业用收到的正本信用证作为还款凭据和抵押品向银行申请的一种装船前融资。银行向出口商提供的这种短期贸易贷款是用于支持出口商按期履行合同义务出运货物。由于早先该贷款主要用于解决包装货物之需，故俗称打包放款。从形式上看，打包贷款的抵押品是正本信用证，而实质上是处在打包中的待装船出运的货物。一般而言，打包放款的金额，不超过信用证金额的 80%。

打包放款的放款期，自借款起用之日到货款回笼结汇之日止，或办理出口押汇、贴现之日止，以国外进口商开出的信用证有效期和收汇期为依据。一般是信用证有效期加 20 天宽限期，贷款期限最长不超过 6 个月。

（三）国外票据贴现

1. 远期承兑票据贴现

远期承兑票据贴现，是银行对于未到期的远期票据有追索权地买入，为客户提供短期融资的业务。贴现申请人应向银行提交贴现申请书，承认银行对贴现融资保留追索权。银行一般只办理跟单信用证下银行承兑票据的贴现，对于无贸易背景，用于投资目的的远期承兑票据不予贴现。对于政治局势不稳定，外汇管制严，对外付汇有困难的国家和地区的银行以及资信不好的银行所承兑的汇票，不办理贴现。贴现票据原则上不超过 360 天，贴现天数应从贴现日起算至到期日的实际天数，贴现息从票款中扣除。

2. 买入票据

买入票据，是指银行应收款人的要求，对非本银行付款的银行即期票据，从票据面额中扣除一定的贴息，将余款支付给收款人的一项融资业务。

这种票据由收款人提出申请，并由银行同意买入，如遇国外付款行拒付时，银行保留追索权，即无须经收款人同意，银行便可主动从其账户中冲回原票款。

（四）出口信贷（export credit）

出口信贷，是指一国政府为支持、鼓励本国商品出口，提高本国商品的国际竞争力，通过利息补贴和信贷担保的方式，由本国银行或其他金融机构为促进本国出口商扩大出口，提供较低利率优惠贷款的一种融资方式。从贷款的对象看，出口信贷可分为买方信贷和卖方信贷。

1. 买方信贷（buyer's credit）

买方信贷，是由出口国的银行或其他金融机构，通过签订贷款合同，直接提供给进口方或进口方银行的一种利率较为优惠的出口信贷。

买方信贷有两种形式：①由出口方银行预先向进口方银行提供一个总的买方信贷额度，签一个买方信贷总协议，规定一些总的信贷原则，到项目落实，需要使用时再分别由使用者向银行申请贷款；②事先没有买方信贷协议，而是在办理进口手续、签订进口合同时，由出口国银行和进口商签订相应的信贷协议。其中，第一种形式最为常见。

买方信贷一般 5～7 年，利率参照经济合作和发展组织（OECD）利率，每半年还款一次。

它适合于大宗的、复杂的、信贷期限较长的出口交易，如金额很大的，按长期信贷条件进行的资本货物、设备和成套设计项目的出口。

2. 卖方信贷（supplier's credit）

卖方信贷，由出口方银行对本国的出口商提供中、长期贷款，再由出口商向进口商提供延期或分期付款信贷，来增加其产品对进口商的吸引力。在卖方信贷下，出口方银行提供的贷款一般不超过出口商品总值的85%。其余的15%以定金方式由进口商在买卖合同签订的若干天内付清。在全部交货后的某段时间内，进口商分期偿还出口商85%货款的本息，出口商再将此款，偿还其从银行取得的贷款。

银行在实施卖方信贷时，除了向出口商收取贷款利息外，还收取信贷保险费、承担费和管理费等，出口商又将这些费用附加在出口货物上转嫁给进口商。因此，延期付款货价比现汇付款价高出3%～4%。

买方信贷和卖方信贷各有特点。买方信贷属出口方银行与进口商或出口方银行与进口方银行之间的关系，出口方银行对进口商或进口方银行提供的是银行信用。从接受信用者而言，买方信贷的成本较低。但是，卖方信贷手续简便等优点是买方信贷所不具备的。

（五）福费廷（forfaiting）

福费廷，也称为买断或包买票据，是商业银行为国际贸易提供的一种较新的中、长期融资方式。一般来讲，福费廷是指在延期付款的国际贸易中，出口商把经过进口商承兑的、期限在半年以上（可能是五六年期，甚至更长期限）的远期汇票，以贴现方式、无追索权地售给出口商所在地银行或大金融公司，以提前取得资金的一种融资方式。

福费廷市场，诞生于20世纪50年代后期至60年代初期世界经济结构发生变化之际。目前，福费廷广泛用于延期付款的成套设备、机器、飞机、船舶等贸易中。出口商通过这种融资方式可以得到以下好处。

（1）减少资产负债表上的或有负债，并增强资金的流动性（这两项表明出口商的借款能力增强）。

（2）避免了仅通过向国家或私人部分投放可能出现的损失，而且不会出现资金流动问题（这些问题在已投保的债权未到期期间是无法避免的）。

（3）没有信贷管理、托收问题及相关风险和费用。由于包买商承担了收取债款的一切责任和风险，所以出口商原先面临的商业信用风险、国家风险、汇率风险、利率风险等都得到了消除。只要出口商出售的是有效的、合格的并有银行担保的债权凭证，其有关契约责任即可告以终结。

四、国际租赁

（一）国际租赁概述

国际租赁，又称租赁贸易或租赁信贷，当租赁由不同国别的当事人和其他人参与而具有国际性，即称谓国际租赁。一般采用中、长期租赁，期限通常为 3 年、5 年、10 年，也可长达 20 年，甚至 30 年。在租赁期间，出租人将自己的物件，交承租人使用，出租人对财产始终保有所有权，承租人只享有使用权。在租赁合约期内，双方不得随意中止合同，出租人按合同向用户收取租金。租期届满后，有三种处置方式：①承租人将设备退还给租赁公司；②用户可要求续租，即按原租约继续租用（续租应减少租金）；③按双方商定的较低价格，将租赁设备买下来（称为购留，有时也可无偿取得）。

租赁当事人主要由出租人、承租人、供应商组成。实际上，当一笔租赁交易发生时，租赁当事人还包括贷款人（银行或银团）、担保人、安排租赁交易的经销人和经纪人。这些人根据自己在租赁交易的地位，行使权利、履行义务、承担责任，并据此签署：①贷款协议；②租赁协议；②买卖合约；④信托文件；⑤担保文件；⑥其他有关文件。

国际租赁的方式可根据租赁期限的长短、是否提供服务、支付情况和资金来源等来划分。目前，国际上通用的主要方式，有融资租赁和经营租赁两种。

（二）融资租赁（finance lease）

1. 融资租赁的概念

融资租赁，也称为金融租赁或购买性租赁、资本租赁（capital leases）。它是以融资为目的而进行的一种租赁活动，也是目前国际上使用得最为普遍、最基本的形式。

融资租赁，是第二次世界大战后，首先由美国的企业家将传统的租赁、贸易与金融方式有机组合后而形成的一种新的交易方式。1952 年，美国加州一食品厂的董事长叙恩·费尔德接到了大批量的订单，在苦于没有足够的资金来添置设备以满足订货生产的情况下，采用了长期租赁设备的方式来进行生产。

根据国际统一私法协会《融资租赁公约》的定义，融资租赁是指这样一种交易行为：出租人根据承租人的请求及提供的规格，与第三方（供货商）订立一项供货合同，根据此合同，出租人按照承租人在与其利益有关的范围内所同意的条款，取得工厂、资本货物或其他设备（以下简称设备）。并且，出租人与承租人（用户）订立一项租赁合同，以承租人支付租金为条件，授予承租人使用设备的权利。

融资租赁的概念，包含以下七个方面的内容。

（1）就租赁目的而言，承租人是为了进行设备投资而进行租赁的。企业在进行设备投资时，不是直接购买所需设备，而是向租赁公司提出要求租赁所需设备，与租赁公司签订租赁合同，租赁公司则代为融资，并根据承租人的要求，同供货人签订供货合同，购进相应设备，然后交给承租人使用。

（2）拟租赁的设备，一般不是通用设备，而是由承租人根据自己的生产需要而选定的具有一定规格、性能和型号的生产设备。出租人只负责按用户的要求给予融资便利，购买设备，不承担设备缺陷、延迟交货等责任和设备维护的义务；承租人也不得以此为由拖欠和拒付租金。

（3）租金分期归流。出租人在基本租期内，只将设备出租给一个特定的用户，承租人交付租金的次数和每次所付金额均可由双方具体磋商。租期结束时，租金归流的累计数，大体相当于购买设备的价款加上管理费用和出租人的盈利，或根据出租人所在国关于融资租赁的标准，等于投资总额的一定的比例，如80%。换言之，出租人在此交易中就能收回全部或大部分该项交易的投资。

（4）从租赁期限上看，租赁融资的期限较长，并且是不中断的，承租人必须按合同定期交付租金，不得中途解除合同。

（5）设备的所有权与使用权长期分离。设备的所有权，在法律上属于出租人；设备的使用权，在经济上属于承租人。

（6）设备的保险、保养、维护等费用及设备过时的风险，均由承租人负担。

（7）基本租期结束时，承租人对设备拥有续租、退租或留购三种选择权。

2.融资租赁业务种类

融资租赁业务按不同的标准，可以进行如下不同的分类。

（1）资本性租赁和信贷性租赁。从承租人在租赁期满后，能否取得租赁物品所有权的角度来看：融资租赁可分为资本性租赁和信贷性租赁。资本性租赁，是指在租赁期满时，承租人可以依照合同规定，取得租赁物所有权的租赁。信贷性租赁，是指出租人向承租人提供信贷，并在租赁项目的使用年限行将结束时，把租赁项目的所有权转移给承租人的一种交易方式。

（2）直接租赁、转租租赁与回租租赁。从出租人设备贷款的资金来源和付款对象来看，融资租赁可分为直接融资租赁、转租租赁与回租租赁。

直接融资租赁（drect fnancing lases），是指承租人以最终购买为目的，选择设备和供应商，出租人通过筹集资金，直接从指定的供应商那里，购回承租人选定的租赁物，并租给承租人使用，且由承租人负责租赁物的安装、维护、保险、税金等费用，租赁合同执行完毕，租赁物件所有权转移给承租人。这是一种最典型的、业务发展初级阶段的方式。这种方式在我国被广泛采用。

项目融资租赁，是直接融资租赁的高级阶段。项目融资租赁，一般按销售收入的百分比收取租金，达到双方同意的租金支付总额，所有权就转移给承租人。在承租期内，双方共担风险、共享收益，但出租人不参与项目的经营管理。

转租租赁（sub-lease），是指出租人向第二方（其他金融租赁公司或供应商）租入租赁物，再转租给承租人的金融租赁方式。这种方式多用于国际金融租赁。

回租租赁（sale-lease back），又称售后回租，是指承租人将已拥有的租赁物，按账面价格或重估价格卖给出租人，然后再向出租人租回使用的金融租赁方式。这种方式有利于承租人改善经营和财务状况，多用于承租人急需现金周转或承租人的资产重组。

（3）单一投资者租赁与杠杆租赁。从出租人在一项租赁交易中的投资比例来看，融资租赁可分为单一投资者租赁与杠杆租赁。

单一投资租赁，是指在租赁交易中，设备购置成本全部由出租人独自承担的租赁。单一投资租赁，体现着融资租赁的基本特征，是融资租赁业务中采用最多的形式。而融资的其他形式，是在此基础上，结合了某一信贷特征而派生出来的。但是，在单一租赁中，出租人运用自有资金购买设备，必将受自身资金实力所限，因而是一种规模不大的传统租赁形式。

杠杆租赁（leveraged leases），又称平衡租赁或第三者权益租赁，是融资租赁的一种高级形式，适用于价值在几百万美元以上，有效寿命在 10 年以上的高度资本密集型设备的长期租赁业务，如飞机、船舶、海上石油钻井平台、通信卫星设备和成套生产设备等。

杠杆租赁，是一种融资性节税租赁，在一项租赁交易中，出租人只需投资租赁设备购置款项 20%～40% 的金额，即可在法律上拥有该设备的完整所有权，享有如同对设备 100% 投资的同等税收待遇；设备购置款项的 60%～80%，由银行等金融机构提供的无追索权贷款解决，但需出租人以租赁设备作抵押、以转让租赁合同和收取租金的权利作担保。参与交易的当事人、交易程序及法律结构，比融资租赁的基本形式复杂。

（4）动产租赁和不动产租赁。按租赁物资的财产性质为标准，可分为动产租赁和不动产租赁。动产租赁，也叫设备租赁，是指以各种动产，如机器设备、运输工具、计算机为标的物的租赁交易。不动产租赁，是以房屋、土地等不动产为对象的租赁交易。

（三）经营租赁（operating leases）

1. 经营租赁的概念

经营租赁，又称为业务租赁或可操作性租赁。它是一种短期租赁，指的是租赁公司根据租赁市场的需要选购通用性设备，供企业用户选择租用。在经营租赁的条件下，租赁公司不仅要为承租人提供融资条件，而且在租赁期间还要负责设备的安装、保养、维修、支付保险费、缴纳税金以及各种专门的技术服务，并要还要承担技术设备过时的风险。因此，这种租赁形式一般用于技术更新周期较短，服务性较强或利用率较低的通用性机械设备，如电脑及辅助设备、施工机械和运输车辆、飞机、钻探。经营租赁的租期短于资产的生命期，其租金明显多于租赁的其他形式。

日常生活中常见的出租汽车、出租自行车、出租摄像机、出租照相机、出租碟片等，都可以纳入经营性租赁的范围。对于难得使用或暂时性使用的客户来说，采用经营租赁是非常划算的。这不仅省去了一大笔开支，以及修理与维护的精力，而且还不怕设备落后或被淘汰，可以随时挑选最喜爱、最先进的型号。

2. 经营租赁的特点

（1）经营租赁的租期较短，如几个月或几个星期，有的只有几天，甚至几个小时。在租赁期间，承租人可以在合理的限制条件范围内，提出中途解约的要求，而无须支付违约罚款。租赁期满或中止合同后，承租人对租赁物可进行退租或续租的选择，但没有留购的权利。

（2）出租人一般拥有自己的出租物仓库，租赁物件的选择也由出租人决定，承租人只是在出租人已拥有的设备中选择自己需要的租赁物件。一旦承租人提出要求，即可直接把设备出租给用户使用，出租人还为承租人提供设备的保养维修服务，同时，出租人还将承担设备过时的风险。因此，租赁物件一般是通用设备或技术含量高、更新速度快的设备。

（3）承租人是不定的用户，用户按租约交租金，在租用期满后退还设备。

（4）经营租赁的目的主要是短期使用设备。承租人利用经营租赁，一般是由于只需临时性或短期使用某种设备，因此没必要出钱购买。这种租赁方式适用于租赁期较短、技术更新较快的项目，且在租约期内可中止合同，退还设备，不过租金相对要高些。

（5）由于这种方式出租人必须连续多次出租设备才能收回设备的投资并获取利润，故又称为"非全额清偿"的租赁。

五、金融互换

（一）金融互换概述

1. 金融互换的概念

金融互换（financial swaps），其全称为金融互换合约，是指两个或以上的交易当事人按照商定的条件，在约定的时间内，交付一系列支付款项的金融交易合约。金融互换，主要包括货币互换与利率互换两类。

金融互换，多用于债务管理上，它具有其他金融衍生工具所不具备的功能。其功能有：①通过金融互换可以在全球各市场之间进行套利，从而降低融资者的融资成本；②利用金融互换，可以管理资产负债表组合中的利率风险和汇率风险；③利用金融互换，可以规避外汇管制、利率管制以及税收管制。

2. 互换与掉期的区别

互换与掉期的英文单词是同一个——Swap，常有人把它们混为一谈，但它们不是同一事物。其区别主要有以下两点。

（1）性质不同。掉期是外汇市场上的一种交易方法，是指对不同期限，但金额相等的同种外汇作两笔反方向的交易，并没有实质的合约，而互换则有实质的合约。

（2）交换场所不同。掉期在外汇市场上进行，它本身没有专门的市场。互换则在专门的互换市场上进行交易。

（二）货币互换（currency swaps）

货币互换，是指以一种货币表示的一定数量的资本及在此基础上产生的利息支付义务，与另一种货币表示的相应的资本额及在此基础上产生的利息支付义务进行相互交换。

因此，货币互换的前提，是要存在两个在期限与金额上利益相同，而对货币种类需要相反的交易伙伴，然后双方按照预定的汇率，进行资本额互换。其中，每年按照约定的利率和资本额进行利息支付互换，协议到期后，再按原约定汇率将原资本额换回。

通过货币互换，可以使得交易双方达到降低融资成本，解决各自资产负债管理需求与资本市场需求之间矛盾的目的。

（三）利率互换（interest rate swaps）

利率互换，产生于货币互换业务的不断发展，是指双方同意在未来的一定期限内根据同一币种的不同利率的债务进行对双方都有利的现金流交换的安排。互换的期限一般在 2 年以上，有时甚至在 15 年以上。

与货币互换的不同之处在于利率互换是在同一种货币之间展开的，并且利率互换一般不进行本金互换，而只是以不同利率为基础的资本筹措所产生的一连串利息的互换，即便是利息也无须全额交换，而是仅对双方利息的差额部分进行结算。

六、跨国流动资金管理

（一）国际现金管理

财务管理中，属于现金的项目，包括企业的库存现金、各种形式的银行存款以及流动性很强的有价证券。跨国公司的现金管理原则与一般的国内企业是相同的，即在资产的流动性与资产的盈利性之间取得均衡，在保证生产经营正常周转的前提下，提高现金收支效率，尽量减少库存现金和银行存款的持有量，优化剩余现金投资组合，提高资产回报率。但跨国公司面对的国际环境比较复杂，如一国对国际资金流动的限制、汇率的频繁变动，甚至还有一些政治因素等。尽管如此，跨国公司也可以通过国际现金管理，在提高短期收益的同时，降低公司整体的现金持有水平。

1. 现金集中管理

集中化的国际现金管理有如下优点。

（1）能降低公司平时保持的总现金资产，从而增强了公司的盈利能力。以总部作为管理平台，使公司得以在资金有多余的子公司与资金短缺的子公司之间进行合理调度，提高资金使用效率，减少多余的现金资产，降低融资成本。

（2）公司总部比子公司更了解公司的所有活动，能够统揽公司经营全局，从而发现许多单个子公司想象不到的困难和机会，更能够依据全球汇率、利率波动和税收政策差异以及政治气候，灵活调整资金流向，规避风险、提高收益。

（3）将外汇交易以及其他一些现金交易由总部集中处理，公司可以从银行那里得到更好的服务和更优惠的报价。

（4）能促进公司内部现金管理专业化，提高管理效率，并降低公司内部暴露总资产，当东道国政府实行管制时，还能减少公司资产损失。

（5）能使跨国公司在法律和行政约束范围内，最大程度地利用转移定价机制，增强公司盈利能力。

在当今汇率、利率变动频繁、金融风险日趋加大的情况下，更需要跨国公司对现金采取集中管理。加之，融资问题、组织架构和经营管理更趋复杂，成本管理也日益重要，都在客观上推动着更多的跨国公司建立起高度集中的国际现金管理体系，跨国公司总部也被赋予了越来越多的职责和权力。

2. 跨国资金调度

跨国资金调度，常可以采取以下三种策略。

（1）将可利用的资金，流转到期望获利最高与风险较小的地方。跨国公司的高级经理和财务人员在制定资金调拨（转移）决策时，要估算资金的机会成本；并将临时闲置的资金尽快转换为硬通货；衡量资金库所在国的优劣，将现金中心设在较理想的国家。

（2）国际资金的调拨，应根据全公司的需要进行，为公司的全球战略目标服务。为此，许多跨国公司制定了如下"一般性政策"：①在一个机构的各部门，制定统一的或近似的股息支付比率；②分摊给子公司的间接费用和管理费用力求一致；③在健全的基础上，制定公司内部转移价格；④在外汇储备较缺乏的国家，采取子公司股本投资最小化政策。因为在这些东道国，股息支付总不如贷款利息那样得到迅速的准许，所以预付给国外子公司的资金，都应在东道国登记。

（3）资金调拨应尽可能用硬通货，并在尽可能短的时间内进行，以减少调拨损失。

3. 净额支付

净额支付，指的是跨国公司各子公司之间只以资金流入与流出的净额进行支付的一种结算方式。净额支付的方式一般有如下两种：

（1）通过结算中心结算。可以由净支出方汇款到结算中心，再由结算中心兑换成收款方的当地货币川支付给收款方。

（2）支出方直接汇款给收款方。如果支出方手中持有收款方的当地货币，则支出方可以直接汇款给收款方，省去货币兑换成本。

4. 现金收支管理

现金的收支配比得当，可以降低现金持有量，更好地发挥现金的使用效率。常用的现金收支管理方法有如下四种：

（1）现金支出与流入的时间配比。公司尽量使其现金支出与流入发生的时间趋于一致，这样可以使其所持有的交易性现金余额降到最低水平。

（2）加快应收账款的结算。发生应收账款会增加公司的资金占用，使机会成本和融资成本上升。跨国公司加快应收账款的结算，一方面要注重应收账款的回收，另一方面要加速资金在公司内部各子公司以及总部之间的流动。

（3）延迟应付账款的支付。公司可以在不影响自己信誉的前提下，尽可能延迟应付账款的支付期，充分运用供货方提供的信用优惠。

（4）合理利用"浮游量"。现金的浮游量，是指公司账户上现金余额与银行账户上所列示的存款余额之间的差额。从企业开出支票，受票人收到支票并存入银行，至银行间款项划出企业账户，中间需要一段时间。在这段时间内，企业仍然可动用在活期存款账户上的这笔资金。不过，在使用时，一定要注意控制好时间，以免发生透支。

（二）内部借贷款管理

现有的公司内部贷款主要有三种形式，即直接贷款、内部背对背借贷和平行贷款。直接贷款前面已有介绍，下面介绍后两种。

1. 内部背对背借贷

内部背对背借贷，是指以某一银行或金融机构为媒介，在子公司之间形成的内部借贷。

它可以利用各子公司所在国之间的外汇管制差别、利率差别、所得税税率差别来转移资金，从中牟利。

例如，假定某跨国公司在美国子公司 A 有多余现金，但难以汇出，而同一公司在日本的子公司 B，需要现金，但难以筹措。这时，该公司可物色一跨国银行，与这两家子公司签订背对背的借贷协议。子公司 A 将现金以较低的利率存入该银行在美国的分支机构，同时，该银行在日本的分支机构，以较低的利率贷款给子公司 B。内部背对背贷款如图 9-2 所示。

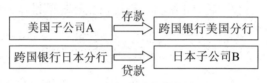

图 9-2 内部背对背借贷流程

2. 内部平行借贷

平行贷款（parallel loan）是 20 世纪 70 年代在英国首先出现的为逃避外汇管制而创新的一种国际金融业务，是指分隔两地的两家跨国公司，分别在对方国家有子公司，由于子公司互相有当地货币的需求，但由于外汇管制等原因，难以取得当地货币，于是通过对方的母公司彼此贷款，各取所需，以规避取得当地资金的障碍。两笔贷款的到期日相同，按期支付利息，并承诺在指定到期日各自归还所借货币。

当海外子公司所在东道国当地资金市场有限、融资利率较高，尤其是存在外汇管制危险或税收差别时，平行贷款常被用来向位于这些国家的子公司融资。但平行贷款也存在信用风险问题，这是因为平行贷款包括两个独立的贷款协议，它们分别具有法律效力，其权利与义务不相联系，当一方出现违约时，另一方不能解除履约义务。

例如，假定中国一家跨国公司分别在美国有一家子公司 A、在英国有一家子公司 B，如果该公司物色到另一家跨国公司有子公司 C 与 D，它们恰好与子公司 A 与 B，同处美国和英国，也即子公司 A 与 C 同在美国，而子公司 B 与 D 同在英国。而且，子公司 C 与 D 的现金需求情况，又恰好与子公司 A 与 B 的现金需求情况相反。这时，这两个跨国公司，不需要将资金汇入与汇出，就能解决子公司 A、B、C 与 D 的现金余缺。平行贷款如图 9-3 所示。

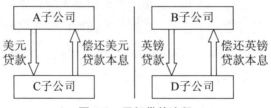

图 9-3 平行贷款流程

第五节　跨国并购

一、跨国并购的概念及分类

（一）跨国并购的概念

跨国并购是并购在内涵外延上的拓展，是并购在空间上的跨越国界，它会涉及两个以上国家的企业、两个以上国家的市场和政府控制下的法律制度。基于本书第五章对于并购概念的介绍，本书认为跨国并购是跨国兼并和跨国收购的总称，如图9-4所示。

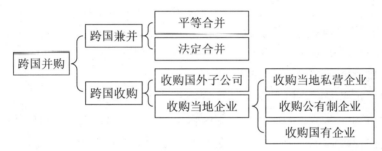

图9-4　跨国并购的结构

跨国并购是一国企业为了达到某种目标，通过一定的渠道和支付手段，将另一国企业的所有资产或足以行使运营活动的股份收买下来，从而对另一国企业的经营管理实施实际的或完全的控制行为。可见，跨国并购涉及两个或两个以上国家的企业，上述的"一国企业"或称为"母国"企业，是并购企业，一般是实力较为强大的跨国公司，是跨国并购的主体；"另一国企业"或称为"东道国"企业，是被并购企业，也称为目标企业。跨国并购所用的支付手段，包括现金、贷款、以股换股、发行债券等方式。

（二）跨国并购与国内并购的区别与联系

国内并购与跨国并购同属并购范畴，在本质上是一致的。但跨国并购是跨越国界的行为，与国内并购相比具有不同的特点。

（1）跨国并购与国际因素密切相关。跨国并购的动因与国际因素有较大的相关性，如世界市场的竞争格局、贸易与投资的自由化进程、世界经济一体化、区域化集团化趋势、跨国投资的国际协调等，这些都给跨国并购带来了影响，因此，对跨国并购的动因分析必须将其放在世界经济范围内进行。

（2）跨国并购的主体大多数是跨国公司，而跨国公司实施并购计划更多地是从全球发展战略的角度来考虑经济利益的得失问题，这就使得跨国并购理论与一般的并购理论有了较大的不同。

（3）跨国并购与国内并购相比，具有更多的进入障碍，使得跨国并购的实施更为复杂。如母国与东道国之间的经济利益及竞争格局、公司产权及管理模式、外资政策及法律制度、历史传统及文化语言等方面的差异。

（4）跨国并购在对市场的影响方式和范围方面与国内并购不同。国内并购非常直观地表现为市场份额的改变和市场集中度的提高。而跨国并购对于母国市场与东道国市场而言，并未直接表现为母国与东道国市场份额和市场集中度的改变，而是表现为并购者对市场份额的占有程度和市场竞争力的扩展，以及世界市场份额和市场集中度的改变。

（5）跨国并购中主要是跨国收购，而跨国兼并相对较少。跨国兼并意味着两个以上的法人最终变成一个法人，不是母国企业的消失，就是目标国企业的消失，这种情况在跨国并购中并不多见。

（三）跨国并购的分类

本书第五章对并购的分类进行了详细的说明，其分类原则也同样适用于跨国并购的分类。本节依据前述分类原则，简要说明跨国并购的分类。按跨国并购双方的行业关系，跨国并购可以分为横向跨国并购、纵向跨国并购和混合跨国并购。

1. 横向跨国并购

横向跨国并购是指两个以上国家生产或销售相同或相似产品的企业之间的并购。其目的是扩大世界市场的份额，增加企业的国际竞争力，直至获得世界垄断地位，以攫取高额垄断利润。在横向跨国并购中，由于并购双方有相同的行业背景和经历，所以比较容易实现并购整合。横向跨国并购是跨国并购中经常采用的形式。

2. 纵向跨国并购

纵向跨国并购是指两个以上国家处于生产同一或相似产品但又处于不同生产阶段的企业之间的并购。其目的通常是为了稳定和扩大原材料的供应来源或产品的销售渠道，从而减少竞争对手的原材料供应或产品的销售。并购双方一般分别是原材料供应者或产品购买者，所以对彼此的生产状况比较熟悉，并购后容易整合。

3. 混合跨国并购

混合跨国并购是指两个以上国家处于不同行业的企业之间的并购。其目的是实现全球发展战略和多元化经营战略，减少单一行业经营的风险，增强企业在世界市场上的整体竞争实力。

二、跨国并购的动因①

许多跨国并购的动机与国内并购的动机相似，而其他动机则是跨国并购所独有的。这些动机包括如下一些。

---

① J. 弗雷德·威斯通，S. 郑光，胡安·A. 苏. 接管、重组与公司治理 [M]. 李秉祥，等，译. 大连：东北财经大学出版社，2000：450-455.

（一）成长

这种观点认为，追求企业成长是跨国并购的重要动因。成长对企业的生存和发展是至关重要的。促进企业从事跨国兼并以追求企业增长的主要因素有四点。①实现长期战略目标。在缓慢增长的经济中，盈利企业将其富余的资金投资于增长更快的海外经济体，比投资于缓慢增长的国内经济更合理，从而实现其长期盈利的战略目标。②寻求饱和的国内市场能力之外的成长。母国市场可能已经饱和，或者母国市场容量太小，而不能容纳母国公司巨人化的成长。例如，皇家荷兰壳牌公司、荷兰联合利华公司等，这些企业的巨额销售量和增长必定来自荷兰经济之外。③市场向国外扩张并保护国内市场份额。国内领先企业可能由于规模经济而具有较低的成本。向国外扩张可以使中等规模企业实现提高竞争力所必须的规模。④有效的全球竞争所需要的规模和范围经济。在世界经济的全球化背景下，要获取范围经济的收益，一个绝对的企业规模水平是必须的，一定的规模也是实施有效全球竞争战略所必需的。

（二）技术

这种观点认为，技术方面的考虑对国际兼并的影响主要包括两个方面：①利用技术性知识的优势，技高一筹的企业可能进行跨国并购以利用技术优势；②获取欠缺的技术，技术上逊色的企业可能收购技术先进的国外目标企业以提高国内外的竞争地位。

（三）差异化产品的拓展优势

所谓产品差异化，是指企业在其提供给顾客的产品上，通过各种方法造成足以引发顾客偏好的特殊性，使顾客能够把它同其他竞争性企业提供的同类产品有效地区别开来，从而达到使企业在市场竞争中占据有利地位的目的。汽车的差异化特征比较明显，各国消费者对品牌、性能的看重也给各汽车公司提供了差异化经营的机会。各国汽车公司基于品质、性能等方面的差异化，纷纷向国外市场拓展。20世纪20年代美国汽车产业还处于发展初期，大量汽车被出口到欧洲。后来这种局面被打破，首当其冲的是德国大众汽车公司进入美国，接着是日本汽车在美国颇受欢迎，国外制造商进而在美国建立了制造业务。

（四）政府政策

政府政策、管制、关税和配额能够在一些方面影响跨国并购。出口尤其容易受到关税和配额、非关税壁垒的影响。特别是在要保护的市场规模很大时，跨国公司通过跨国并购，可以绕过保护性关税、配额、非关税壁垒等，获得海外市场。

（五）汇率方面的考虑

这种观点认为，一国的外汇汇率对跨国并购有很大影响。本币的坚挺或疲软能影响交易的支付价格和融资成本，也能影响到被收购企业的经营成本，以及汇回母国的利润价值。

管理外汇风险也成为跨国公司的又一项经营成本。本币坚挺国家的企业，出于成本的考虑，将会积极地兼并收购外国的企业，而货币疲软国的企业，则可能会成为强势国企业兼并的对象。

（六）政治和经济的稳定

企业通常偏向于在安全、可预测的环境中投资。政治和经济的相对稳定是吸引外国收购者的重要因素。跨国公司必须估计政府鼓励性干预和压制性干预的可能性。在政治方面必须考虑战争、政府变动、政权移交等情形。在经济方面应考虑劳资关系、市场规模、金融市场的广度与深度、基础设施等。

（七）有差异的劳动力成本、劳动力生产率

东道国相对较低的劳动力成本和相对较高的劳动力生产率是吸引跨国并购的一个重要因素。通过跨国并购，获取低成本和高效率的劳动力，可以直接降低企业的生产成本，从而增加跨国公司的利润，提升跨国公司的竞争优势。

（八）追随客户的需要（银行尤其如此）

这种观点认为，在包括银行业、会计师事务所、律师事务所和广告等在内的服务业中，为了与客户保持长期稳定的关系，有可能会采取跨国并购的行动。长期银行业务关系的重要性是银行跨国并购的一个重要因素，如果银行有足够的客户移到了国外，那么银行也向国外扩张以保持与客户的长期合作关系，在经济上是合理的。

（九）多样化

跨国并购能在地理上通过生产线实现多样化。各国经济通常不是完全相关，通过跨国并购在多国拥有企业，可以获得多样化组合投资分散系统性风险的效应。跨国并购也能在全球范围内获得协同效应，即产生"1+1>2"的效果。

（十）资源贫乏的国内经济获取有保证的资源供给

这种观点认为，在垂直兼并中，尤其是对于国内资源短缺的兼并方，保证原料来源可能是促使其从事跨国并购的重要原因。跨国并购是对付原料进口贸易壁垒的重要手段。通过跨国并购，直接参与当地的资源生产与开发，然后输回国内是保障资源长期、有效和稳定供应的有效途径。

【案例9-5】　技术换市场，吉利收购马来西亚宝腾汽车及其莲花品牌

经过多轮博弈，成功碾压PSA、雷诺及铃木汽车等强大的竞争对手，吉利终将宝腾及旗下莲花收入囊中。2017年5月24日，浙江吉利控股集团与马来西亚DRB-HICOM集团（以下简称"DRB"）签署协议，吉利收购DRB旗下宝腾控股（PROTON Holding）49.9%的股份以及英国豪华跑车品牌路特斯集团（LotusGroup）51%的股份，

吉利集团将成为宝腾汽车的独家外资战略合作伙伴。总支出费用至少为 12 亿元人民币。

　　吉利收购宝腾，迈出了进军东南亚市场的第一步，有助于扩大吉利集团旗下品牌在亚洲和欧洲的市场份额。吉利将和 DRB 一起合作推动宝腾莲花的扭亏为盈，不断提升两者的可持续发展。博越将成为吉利第一款在宝腾工厂生产和组装的车型，并使用宝腾名义进行贴牌生产，在东南亚市场生产、经营、营销以及分销博越 SUV。

　　2020 年吉利控股集团的产销量将达到 300 万辆，宝腾和路特斯的加盟，将为吉利进军东南亚市场带来产业协同的基础，从而进一步完善吉利的全球化布局。为宝腾输入技术及产品，以换取东南亚市场，吉利将中国车企曾经的"以市场换技术"的被动局面彻底翻转，开创了中国汽车业技术输出的新时代。

　　来源：浙江境外投资，2018-1-31.

三、跨国并购的流程

　　跨国并购的流程从企业层面而言，主要分为三个阶段：准备阶段、谈判与实施阶段和整合阶段，每个阶段工作的侧重点各不相同，如图 9-5 所示。

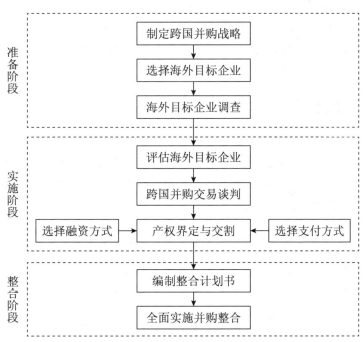

图 9-5　跨国并购交易流程图

（一）准备阶段

　　跨国并购战略的制定是整个并购的首要环节，它对以后将要进行的并购行为有着总体指导意义。所有的跨国并购行为以及形成的文件、方案等均须符合并购战略。因此，跨国并购战略要在考虑企业使命、企业生产经营总体战略、内部环境和外部环境等因素的基础上来制定。

跨国并购目标企业的选择在很大程度上决定了并购的成功与否。目标选择不当，可能将直接导致并购交易失败，或者导致交易后的并购整合过程困难重重。目标企业选择实际上可以分为两个步骤：搜寻相对合适的潜在目标企业，从中选出最为合适的并购目标。在选择目标企业过程中，对潜在目标企业的详尽调查是非常重要的一环，它将直接影响下一步对并购目标企业的价值评估。

（二）实施阶段

在交易实施阶段，首先要评估目标企业价值。在并购时，交易价格往往是以目标企业的评估价值为基础来确定的，这个评估价值需要交易的双方都认可，因此评估价值必须是公允的。确定目标企业后，接下来就进入了谈判阶段。通常要组建谈判小组，通过谈判，并购双方需要对交易的具体细节、并购后的整合计划、法律程序等进行协商并达成一致。

企业在并购过程中要充分考虑并购的融资方式，一般情况下资金有以下四种来源：企业自有资金、对外发行股票融资、对外发行债券融资和向金融机构贷款。确定好融资方式后，还需要考虑并购款的支付方式。目前，有四种支付方式可供选择：现金支付、股票支付、债券互换、综合证券混合支付。

产权界定与交割是完成并购交易实施阶段的最后一个环节，它是并购双方明确并购方对目标企业资产所有权归属的一种法律行为。并购方应当严格按照目标企业所在国家的法律法规，进行资产清查与交割，报请当地政府部门审批，履行产权交割过户。

（三）整合阶段

跨国并购交易完成后，就进入了整合阶段。而整合阶段的第一步就是要选择合适的人员来组成海外并购整合工作组。该并购整合工作组是一个专门进行并购交易后的整合工作的团队，后续的文化整合、人力资源整合和业务整合具体实施方案，以及具体的整合实施工作等都交由并购整合工作组来完成。

全面实施整合时，应主要关注文化整合、人力资源整合以及业务整合三大方面。并购方应当对这三大方面进行整体性、系统性的安排，使得并购后的目标企业能够达到海外并购战略目标的要求。

跨国并购最终能否成功，整合阶段是关键。大多数跨国并购失败案例显示，主要原因就是整合工作的失败。跨国并购不仅仅是一种财务活动，只有在整合业务上取得成功，才是一个成功的并购，否则只是在财务上的操纵，这将导致业务和财务上的双重失败。

四、跨国并购风险及防范

（一）跨国并购风险

本书前面已阐述了并购的运营风险、信息风险、融资风险、反并购风险等。许多跨国并购的风险与国内并购面对的风险相似，而其他风险则是跨国并购所独有的，这些风险包括以下四种。

1. 政治与社会风险

跨国并购涉及两个国家或地区。在全球事务中，政治与经济密不可分，政治风险包括政治环境的不确定、政治力量的更迭、政策的不连续性等。许多国家将经济作为政治的延续，常将市场行为作为国家行为来对待。国家间发展程度的差异以及历史事件也会引发一些国家国民对跨国并购的民族情绪，进而对跨国并购产生伤害。2006 年 12 月开始的持续 8 个月的中国海洋石油有限公司（中海油）并购优尼科失败案例就是政治因素导致并购失败的经典案例。

2. 汇率风险

跨国并购的支付涉及跨国支付，通常需要使用大量目标企业所在国的货币进行支付，并购企业需要筹集外汇，汇率的变化和不确定性会带来一定的风险。

3. 跨文化管理风险

所谓跨文化冲突是指不同形态的文化或者文化因素之间由于存在较大的差异而导致的相互对立、相互排斥的过程。由于跨国并购涉及两个不同国家、不同民族之间的文化整合，文化冲突对跨国并购成败的影响尤为明显。在全球范围内，80% 左右的并购失败案例都是源于直接或间接的新企业文化整合的失败。

4. 法律风险

跨国并购的过程其实就是一个法律过程，涉及事前、事中与事后三个阶段。事前的法律过程一般涉及公司法、证券法、银行法、会计法、反垄断法、劳动法、外汇管理条例等；事中的法律风险主要来自目标公司所在国对并购项目的反垄断审查，同时也会面临各种以国家安全为由的审查；事后的法律风险主要来自劳工法、环境法、知识产权法等方面，并购企业如果处理不当，就有可能产生隐患和风险。

（二）跨国并购风险的防范

1. 全面搜集信息并审慎审查

跨国并购风险的诱因之一就是信息不对称和信息不完全。因此，并购企业在制定并购战略和实施并购行动之前，需要拓宽各种渠道全面了解目标企业所在国的社会文化、政治状况、法律规定、市场环境等信息，以及目标企业的各种信息，并对各种信息进行认真、慎重的审查，做好各种预案，以减少跨国并购中政治风险和社会风险所带来的伤害。

2. 防范跨国并购中的法律风险

防范跨国并购中的法律风险，需要在事前寻求目标企业所在国专业机构的支持，获得及时的法律服务；事中需要专业机构提供法律意见，避免与当地法律冲突；事后要通过专业机构的帮助避免劳工、知识产权等方面的纠纷。同时，还需要大力提高企业内部的法务处理能力，引进和培养法务人员。

3. 防范跨文化管理风险

在并购准备阶段就要对并购双方企业文化进行诊断，找出差异，设定解决预案。在文化整合过程中，应采取适合企业自身特征的文化整合模式，尊重各国文化传统，提倡求同存异，增进彼此信任和了解，使双方在未来企业的价值、管理模式、制度安排等方面达成共识，建立双方员工都能接受的企业文化。

【案例 9-6】	欧姆龙健康医疗跨国并购布局欧洲，呼吸系统事业全球战略升级

扫描此码　　案例学习

第六节　外汇管理

一、外汇管理简述

外汇管理，主要有外汇收支管理与外汇风险管理。

跨国公司的外汇收支管理，一般是指严格遵循有关法律、法规，健全外汇收支管理制度，科学合理地编制外汇收支计划，尽力维持收支平衡的管理活动。为此，普遍实行外汇收支指标分管责任制、外汇开支额度审批制与外汇收支检查、分析制等。

在浮动汇率制度下，汇率受货币市场供求关系和各国经济发展不平衡等因素的影响，随时处于变化之中。汇率的变动，可能会使以外币计价的债权、债务与资产等的价值发生较大的增减变动。外汇风险对企业财务状况会产生较大的直接影响，所以跨国公司都非常重视外汇风险管理。

所谓外汇风险是指在国际经济、贸易和金融活动中，由于各国货币的国际汇价的变动而引起的企业以外币表示的资产价值、负债、收入、费用的可能增加或减少，进而产生收益或损失，从而影响当期利润和未来现金流的风险。外汇风险的根本原因是汇率的变动，其结果是不确定的。通常情况下，跨国公司只要有外汇业务发生，就必然离不开外汇风险。为减少或避免这种风险，跨国公司都非常重视外汇风险管理。

外汇风险管理（foreign exchange risk management），是指采用各种有效规避汇率风险的手段对以外币计价的债权、债务与资产等的管理。

外汇风险管理的目标通常有四个：①防止出现短期支付困难而造成的破产等风险；②使企业资产的现金流和负债的现金流相匹配；③稳定、降低融资成本或稳定未来收益；④较准确地预测企业现金流量。

二、外汇风险的分类

外汇风险种类较多，通常可划分为会计折算风险、交易风险和经济风险三种。

（一）会计折算风险（accounting translation explore）

会计折算风险，也称为会计暴露风险。它是指，以外币度量的国外子公司或分支机构的资产、负债、费用、损益与银行存款等，按照某时的汇率，折算成母公司或总部所在国货币后，可能造成的收益或损失。简言之，会计折算风险，是指汇率变动引起资产负债表、损益表上某些外汇资产的价值和负债的成本造成的收益或损失。

会计折算风险，只出现在编制合并报表中，并不影响企业的现金流量。跨国公司在编制合并报表时，由于控股公司和它的国外子公司或分支机构分布在不同的国家和地区，在平时，各分支机构按照不同的货币对经济事项进行反映，而在编制合并报表时，必然要把每一种不同的货币换算成统一的货币形式，故随着汇率的变动，合并报表的数值也将受到不同程度的影响。

（二）交易风险（transaction explore）

交易风险，也称为业务暴露风险。它是指在以外币结算的交易中，从买卖成立到货款收付结算的期间内，因汇率变动而产生的可能给企业带来收益或损失的外汇风险。

外汇的交易风险，可能发生在国际贸易、外币借贷、外汇期货交易以及海外机构的采购与销售等活动中。企业在做外汇业务时，一般是以一种货币作为结算货币的，但在外汇业务发展到结算时，由于汇率的变动，会使得企业多付或少付结算货币。

（三）经济风险（economic explore）

经济风险，也称为经济暴露风险。它是指汇率变动引起公司未来现金流量发生变动的风险。

具体一些说，汇率的经济风险，是指汇率的变动，使公司的产销数量、销售价格与成本费用等发生变动，从而引起公司未来现金流量发生变动的风险。

一国货币的贬值，将使进口商品的国内价格提高、出口产品的国外价格降低。这种相对价格的变化，将使进口减少，出口增加，从而影响企业的销售规模与销售收入，以及企业的未来收益和现金流量。货币升值与贬值的方向相反，作用也正好相反。

汇率经济风险比前述两种风险更重要，必须格外重视，因为它对公司财务的影响是长期性的，而会计折算风险与交易风险是一次性的。同时，经济风险涉及供、产、销以及企业所处的地域等各个方面，因此，对经济风险的管理除了企业财务部门参与外，往往需要总经理直接参与决策。

三、外汇风险管理模式

（一）分散化模式（decentralization mode）

分散化模式，是指将外汇风险管理的任务，交给各有关分支机构来执行。

1. 分散化模式的优点

（1）信息专门化。下级管理人员通过观察和实践，可得到一些有关市场情况的信息，这些信息很难全部及时传递给公司总部，且有的难以量化，难以描述，从而影响公司总部对子公司所提供信息的判断。分散化模式，可将决策制定放在需要信息、储存信息、选取信息以及加工信息的地方，从而获取信息的专门化效益。

（2）反应迅速。分散化模式可避免如下三个环节可能出现的延误：将决策所需信息从子公司传递到总公司；总公司审议；将总公司批准的决策返回给子公司。

（3）激励子公司管理人员的积极性。分散化模式赋予子公司管理人员更大的自主权，使他们对分配的任务更主动、兴趣更浓，极大地提高了工作效率。

2. 分散化模式的缺点

分散化模式的主要缺点是目标一致性问题。采用分散化模式时，各责任中心经理可能把最好地实现本部门的目标作为标准，而把其他中心或总公司的目标排除在外，以致损害公司的整体利益，即组织功能失调。

（二）集中化模式（centralization mode）

集中化模式，是指将外汇风险管理的任务，集中由总部来执行。

1. 集中化模式的优点

（1）集中化模式有利于集中优秀的、专门的外汇管理人才。跨国公司，特别是历史悠久和规模大的跨国公司，在其总部通常以高薪聘请优秀的财务专家，把决策权集中在他们手中，能够在更大的范围和程度上利用专家的智慧和才干，提高公司理财水平。

（2）采用集中化模式，可以从整体上协调外汇头寸，优化内部资源配置，满足子公司对资金的不同需求。同时，还可获取资金调度和运用中的规模经济效益。

（3）集中化模式有利于利用内部支付网络，从而减少外汇管理成本，降低外汇兑换风险。

2. 集中化模式的缺点

集中化模式的缺点，主要在于容易挫伤子公司经理的积极性，在一定程度上削弱子公司经理的自主权，使他们变得消极，甚至对公司总部抱有不满情绪。

随着经济、金融全球化发展和国际竞争的加剧，一般说来，外汇风险管理采用集中化模式的较多。

四、外汇风险管理方法

（一）外汇会计折算风险管理

外汇会计折算风险方面的管理方法，主要有如下三种。

1. 调整资产负债项目

调整资产负债项目，是指在估计到汇率变化方向时，为减少会计折算风险，而调整有关资产负债项目。

当估计到一个子公司当地汇率的变化方向时，为减少会计折算风险，该子公司可以采用如表 9-7 所示的措施，调整有关资产负债项目。

表 9-7　估计到子公司所在国汇率变化方向时，有关资产负债项目的调整措施

有关资产负债项目	调 整 措 施	
	估计当地货币升值	估计当地货币贬值
当地货币表示的现金、存款、有价证券	增加	减少
当地货币表示的应收账款	延缓收回	加速收回
当地货币表示的借款、应付账款	减少、加速支付	增加、延缓支付
上缴给总公司的账款、内部应付账款	延缓支付	加速支付
总公司下拨的账款、内部应收账款	加速收进	延缓收进

2. 外汇套期保值（foreign forwards hedging）

外汇套期保值，也称外汇远期契约避险，是指交易者卖出或买入金额相当于已有的一笔外币资产或负债的外汇，使原有的这笔外币资产或负债避免汇率变动的影响，从而达到保值目的的风险管理方法。它是利用远期外汇交易，弥补（或转移）其业务上的风险，关闭原先暴露的外汇头寸。

3. 外币借款

外币借款，是指当估计一种外币将要贬值时，为了使未来的该种外币收入能够保值，而从银行或金融机构，借入与该笔外币收入相同的金额，然后将它兑换成本币，并且运用这些资金进行投资的风险管理方法。只要其中"投资收益＋美元贬值损失＞借款利息"，这样的借款就是有利的。

（二）外汇交易风险管理

外汇交易风险方面的管理方法，除了上述"调整资产负债项目""外汇套期保值"与"外币借款"外，主要还有如下四种。

1. 风险转移（risk shifting）

风险转移，是指估计汇率变化会给当前的交易带来不利时，设法将风险转移给交易的对方。例如，可以设法将应收账款的币种，改为较具有升值潜力的币种；可以设法将应付

账款的币种，改为较具有贬值趋势的币种。

2. 风险分担（risk sharing）

风险分担，是指交易双方在签订交易合同的同时，签订有关汇率风险的分担协议。该协议中，一般规定一个外汇交易风险的分担比例计算方法：如果付款之日的即期汇率，处于双方都能接受的范围之外，那么，双方应按此法计算出来的比例，分担外汇交易产生的风险。

3. 提前或延期进行外汇结算

提前或延期进行外汇结算，是指如果交易有关的汇率可能有较大的变动，那么就提前或延期收付有关外币款项。一般的做法如表 9-8 所示。

表 9-8　外币提前或延期结算的决策方法

	外币可能升值	外币可能贬值
应收外币时	允许推迟结算	争取提前结算
应付外币时	允许提前结算	争取推迟结算

4. 外汇期权套期保值

外汇期权套期保值，是指通过买卖外汇期权，来回避外汇交易风险。其基本方法是：当交易中有外币的应收账款时，可以在期权市场上买进"执行价格"较高的该外币的出售权；当交易中有外币的应付账款时，可以在期权市场上买进"执行价格"较低的该外币的购买权。

还有，外汇期货（foreign futures）与外汇掉期（foreign swaps）等，也可用来回避外汇交易风险。其中，外汇掉期，是指在两个不同的到期日同时买进并卖出一种相同数量的货币的风险管理方法。

（三）外汇经济风险管理

经济风险涉及供、产、销以及企业所处的地域等各个方面。因此，外汇经济风险方面的管理方法主要是走多元化路线，即实行生产经营的多元化和财务活动的多元化。

1. 生产经营多元化

生产经营多元化，是指公司在不同国家与地区，同时在不同领域（包括生产、流通、服务与金融等领域）经营。在汇率变动的情况下，以一个子公司的收益弥补另一个子公司的损失，以在某些市场上的优势弥补在另一些市场上的劣势，使经济风险产生的不同影响相互抵消，从而在总体上保持公司未来现金流的稳定性，从而减少经济风险。

2. 财务的多元化

财务多元化，主要是指融资多元化和投资多元化。融资多元化，也即公司从不同国家筹集不同货币的资金，如果有的外币贬值，有的外币升值，就可使外汇风险相互抵消。投资多元化，即不把鸡蛋放在一个篮子里，企业可以向多个国家和地区投资，创造多种外汇收入，适当避免单一投资带来的风险。

复习思考题

一、在线测试题（扫描书背面的二维码获取答题权限）

二、简答题

1. 试比较各种跨国股权经营模式的优缺点。

2. 请列举投资环境评分评估法考虑的环境因素。

3. 简述出口商采取福费廷融资方式的优点。

4. 跨国并购的动机有哪些？

三、论述题

1. 试论述合资经营的利弊。

2.1982 年可口可乐掌门人郭思达收购哥伦比亚影业，动用了 7.5 亿美元，这让所有人都大跌眼镜，因为这相当于哥伦比亚公司股票市值的两倍。仅仅在一年后，哥伦比亚就为可口可乐带来了 9000 万美元的利润。更为重要的电影也成为了可口可乐宣传自己，打击对手的阵地。在哥伦比亚出品的电影中，明星大腕儿喝的都是可口可乐，特别是英雄人物一定会喝可口可乐。而百事可乐或是在消极的情节下出现，或是出现在反面角色的手中。仿佛百事可乐就是邪恶的商标。虽然这后来，哥伦比亚电影公司也开始走下坡路了。但是 7 年之后，郭思达把哥伦比亚电影公司卖给了日本的索尼，索尼为了获得控股权付出了 48 亿美元，这几乎是郭思达当初买哥伦比亚时价格的 7 倍。

请分析：

（1）从并购双方行业相关性的角度指出上述并购属于哪种类型？

（2）分析可口可乐并购哥伦比亚电影公司的利益。

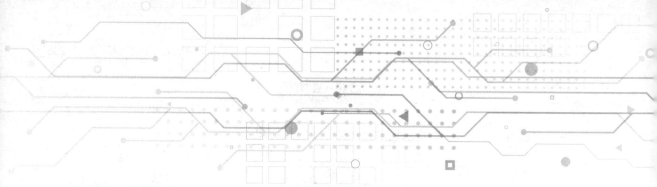

参考文献

[1] 曾江红.资本运营与公司治理（第二版）[M].北京：清华大学出版社，2014.

[2] 车正红，李华，冯英娟.资本运营理论与实务（第 2 版）[M].北京：清华大学出版社，2013.

[3] 汪洪涛，朱翊照.资本运营管理（第二版）[M].上海：复旦大学出版社，2017.

[4] 边俊杰.企业资本运营理论与应用 [M].北京：经济管理出版社，2014.

[5] 陈湛匀.资本运营——拟人化的解析：理论，方法，案例 [M].北京：中国金融出版社，2012.

[6] 叶育甫.企业资本运营理论与实务 [M].北京：科学出版社，2017.

[7] 林勇.资本运营理论与实务 [M].北京：科学出版社，2018.

[8] 欧阳芳.资本运营理论与实务 [M].北京：北京邮电大学出版社，2016.

[9] 张燕，郭晶.新编资本运营（第二版）[M].北京：经济科学出版社，2013.

[10] 夏乐书.资本运营理论与实务（第五版）[M].大连：东北财经大学出版社，2016.

[11] 王开良.资本运营技巧与风险管理 [M].北京：中国书籍出版社，2015.

[12]（美）勒纳，（美）利蒙，（美）哈迪蒙.风险投资、私募股权与创业融资 [M].路跃兵，刘晋泽，译.北京：清华大学出版社，2015.

[13] 李曜.风险投资与私募股权教程 [M].北京：清华大学出版社，2013.

[14]（美）德帕姆菲利斯.收购、兼并和重组：过程、工具、案例与解决方案（原书第 7 版）[M].郑磊，译.北京：机械工业出版社，2015.

[15] 郭勤贵，马兰，杨佳媚.大并购：互联网时代资本与战略重构 [M].北京：机械工业出版社，2017.

[16] 邓明然，叶建木，方明，敖慧.资本运营管理（第二版）[M].北京：高等教育出版社，2012.

[17] 周春生.融资、并购与公司控制 [M].北京：北京大学出版社，2007.

[18] 朱翊照、王德萍.资本运营管理 [M].上海：复旦大学出版社，2010.

[19] 道格拉斯·R.艾默瑞、约翰·D.芬尼特.公司财务管理 [M].荆新，等，译.北京：中国人民大学出版社，1999.

[20] 威廉·F.夏普.投资学（第五版）[M].北京：中国人民大学出版社，2018.

[21] 滋维·博迪、亚历克斯·凯恩、艾伦·L.马库斯.投资学（原书第 10 版）[M].汪昌云，等，译.北京：机械工业出版社，2017.

[22] 斯蒂芬·A.罗斯等.公司理财（原书第 11 版）[M].吴世农，等，译.北京：机械工业出版社，2017.

教师服务

　　感谢您选用清华大学出版社的教材！为了更好地服务教学，我们为授课教师提供本书的教学辅助资源，以及本学科重点教材信息。请您扫码获取。

》 教辅获取

本书教辅资源，授课教师扫码获取

》 样书赠送

财政与金融类重点教材，教师扫码获取样书

 清华大学出版社

E-mail: tupfuwu@163.com
电话：010-83470332 / 83470142
地址：北京市海淀区双清路学研大厦 B 座 509

网址：http://www.tup.com.cn/
传真：8610-83470107
邮编：100084